ちくま学芸文庫

道徳と宗教の二つの源泉

アンリ・ベルクソン
合田正人　小野浩太郎 訳

筑摩書房

【目次】道徳と宗教の二つの源泉

道徳と宗教の二つの源泉

Henri Bergson

Les deux sources de la morale et de la religion

1932

凡例

一、翻訳の底本としては、Frédéric Keck, Ghislain Waterlot によって成った同書の単行本新版 (Presses Universitaires de France, 2008 を用いた。

二、本文中に付した（1）（2）……の数字は原註の所在を表しており、原註は巻末に収めた。

三、本文ならびに原註で〔　〕で示された部分は訳者が補った部分を表している。

第1章　道徳的責務

社会秩序と自然秩序

　禁断の果実の思い出は、人類の記憶のなかでと同様、各個人の記憶のなかでも最古のものである。この思い出が他の思い出、それも、われわれが好んでそこに立ち返るような好む他の思い出によって覆われていなかったなら、われわれはこの事実に気づくだろう。もしわれわれに好き放題させておいたなら、われわれの幼年時代はどのようなものだっただろうか。次から次へとわれわれは楽しいことを追い求め、じっとしてはいなかっただろう。しかし、見ることも触れることもできない一つの障害、すなわち一つの禁止が突然現れたのだ。なぜわれわれは服従したのか。このような問いが立てられることはほとんどなかった。それはわれわれが両親と先生の言うことを聞く習慣を身につけていたからだ。しかしわれわれは、彼らが両親であり先生であるという理由で自分は彼らに服従しているということをはっきり感じていた。したがって、われわれの眼には、彼らの権威は彼ら自身というよりも、われわれに対する彼らの立場に由来していると映った。彼らは社会のなかで特定の地位を占めており、まさにそこから命令は発せられていた。それも、他所から発せられていたなら持つことのなかった浸透力を伴って。言い換えると、両親と先生は権限を委ねられて活動しているように思えた。このことをわれわれは明白に理解していたわけではないが、両親と先生の背後に、彼らを介してその全体でわれわれにのしかかってくる何か巨大なもの、というよりはむしろ何か際限のないものがあることは察知していた。後にわれわれは、それは社会であると言うことになるだろう。そこで社会について哲学しようとして、われわれはそれを一つの有機体に譬えるだろう。その諸細胞は不可視の紐帯によって結ばれ、巧妙な位階のなかで互いに従属し合い、それらは全体の最大利益のために、部分の犠牲を当然のごとく要求しうる規律に自然に従っている。確かに、これは比喩でしかないかもしれない。なぜなら、必然的法則に従う有機体と自由意志によって構成される社会とは別物だからだ。けれども、複数の意志が有機的に組織される以上、社会は有機体を模倣する。そして、多かれ少なかれ人為的なこの有機体のなかでは、習慣が、自然の諸作品のなかで必然性が果たすのと同じ役割を果たす。この第一の観点から見るなら、社会的生は、共同体の要求に応える、程度の差はあれしっかりと人々に根づいた諸習慣の体系としてわれわれに現れる。それらの習慣のうち一部は命令する習慣であるが、ほとんどは服従する習慣である。社会的権限を委ねられて命令する人物に服従するにせよ、あるいはまた、漠然と知覚されるか感じられる社会そのものから非人称的な命令が発せられるにせよ、そうなのだ。服従する習慣の各々はわれわれの意志に圧力をかける。われわれはそれから逃れることもできる。けれども、その後、鉛直線を離れた振り子のように、われわれはその習慣へと引っ張られ、再びそこに連れ戻される。ある秩序が乱されたら、それは回復されねばならないだろう。要するに、どんな習慣によってもそうであるように、われわれは強制されていると感じるのである。

だが、以上に述べてきた責務は、他の責務とは比較にならないほど強い責務である。ある大きさが他の大きさよりも途轍もなく大きく、後者が前者に比べて無視できるほどの大きさでしかない場合、数学者たちは、前者は後者と別の秩序に属すると言う。これは社会的責務にとっても同様である。社会的責務の圧力を他の数々の習慣の圧力と比較するならば、そこでは、程度の差は本性の差と等しくなる。

実際はどうかを指摘しておくと、この種のすべての習慣は、支えとなるものを相互に与え合っている。それらの習慣の本質および起源など忖度《そんたく》しないようどれほど努めようとも、われわれはそれらが相互に関係を有していると感じている。この種の諸習慣は、われわれを直接取り巻く周囲からわれわれに要求されたものであるか、もしくは、この直接的な周囲のそのまた周囲からわれわれに要求されたものであるかで、このように続けていけば、最後にわれわれはその極限《リミット》に行き着く。それが社会であろう。これらの習慣の各々は、ある社会的要求に直接的または間接的に応えており、かくしてすべての習慣は互いに支え合い、一団を形成する。それらの多くは、単独で提示されたならば、小さな責務でしかないだろう。だが、それらは責務一般の不可欠な部分である。この全体は、自分が全体として存在することをその部分に負っているが、お返しに、総体の包括的権威を各部分に授ける。こうして集合的なものが単独的なものを強化し、その結果、「これは義務だ」という文句が、他と切り離された個々の義務を前にしてわれわれが覚えうる躊躇に打ち克つことになる。本当のことを言えば、われわれ、一つの全体的責務を構成するような部分的で加算可能な諸責務の集まりのことを明確に考えているわけではない。それどころか、諸部分から成る一つの合成物はおそらくここには真の意味では存在しない。一つの責務が他のすべての責務に負っている力は、むしろ有機体の各細胞が、それを一要素とする有機体の奥底から取り入れる、不可分で欠けるところなき生命の息吹に比される。社会はその構成員の各々に内在するものとして様々な要求を持つが、大小を問わず、これらの要求の各々が社会の生命力の全体を表しているのだ。しかし、これもまた依然として比喩でしかないと繰り返しておこう。人間社会は自由な人々の一つの総体である。社会が課す諸責務は社会の存続を可能にし、社会に一定の規則性を導入するけれども、この規則性は数々の生命現象の揺るぎない秩序と単に類似しているにすぎない。

しかし、すべてが力を合わせて、この規則性と自然の規則性は同等のものであるとわれわれに信じ込ませようとする。私は、ある行為を褒め、他の行為を非難する際に見られる人間たちの意見の一致のことを単に語っているのではない。私が言いたいのは、価値判断に含まれた道徳的戒めがたとえ遵守されなくても、それらが遵守されているかに見えるよう仕組まれているということだ。通りを散歩するときには病気を見ることがないのと同様に、われわれは、人類がわれわれに示す外面の背後に、どんな不道徳性がありうるかを測ることはない。もし他人を観察することだけにとどまったならば、人間嫌いになるには多くの時間がかかるだろう。他人について嘆いたり、軽蔑したりするようになるのは、自分固有の弱さに気づくことを通してなのだ。そのとき人が目を背ける人間性は、自身の奥底に発見した人間性なのである。悪は非常にうまく隠され、秘密は非常にほとんど遍《あまね》く守られているので、各人は万人に欺かれる。他人をどれほど厳しく裁く振りをしようとも、われわれは心の奥底では、彼らのほうがわれわれよりましだと思っている。このような幸福な錯覚に、大部分の社会生活は立脚している。

社会がこの種の錯覚を促すために全力を尽くすのは当然である。そのうえ、社会によって制定され、社会秩序を維持する数々の法律は、ある面では自然の諸法則に類似している。よもや哲学者の目に、相違が根底的なものと映らないなどということはないはずだ。事実確認する法則と命令する法則とは別物であると哲学者は言う。命令する法則に関しては、それを免れることが可能である。それは強制しはするが、必然化することはない。逆に、事実確認する法則は回避不能である。なぜなら、何らかの事実がそこから逸脱するならば、当の法則が法則として採用されたのは誤りであったことになるからだ。その場合、真であるような法則は別途存在し、それは、観察されたものすべてを表現できるような仕方で言明され、先に法則に刃向かった事実も他の事実と同じようにこの法則に適合するだろう。——おそらくその通りである。けれども、大部分の人間たちにとっても両者の区別はこれほど明白であるかというと、それにはほど遠い。物理法則であれ、社会法則であれ、道徳法則であれ、どんな法則も彼らの目には命令と映る。自然のある秩序というものが存在し、この秩序は諸法則によって表現されている。だから、諸事実は、この秩序に適合するために、それらの法則に「服従している」はずなのだ。科学者自身も、法則が事実を「統制しており」、それゆえ、諸事物がそれに則らねばならなかったプラトン的〈イデア〉に似たものとして、法則が事実に先立って存在していると信じるのをやめることはほとんどできない。科学者は、一般化の階梯を昇るにつれて、この強制的な性格を法則に与えずにはいられなくなる。超越的な石板、すなわち近代科学がいま一つのシナイ山に探しに行ったであろう石板〔モーセに授けられたとされる律法の石板のことを踏まえている〕に永遠の昔から書き込まれているのとは別の仕方で力学的諸法則を表象するためには、まさに自分自身を敵に回して格闘しなければならない。しかし、ある一定の一般性にまで達した物理法則がわれわれの想像力にとって命令の形を取るのに対して、万人に向けられる強制的要請は逆に、いささか自然の法則のようなものとしてわれわれに現れる。これら二つの観念はわれわれの精神のうちで出会い、そこで一種の交換を行う。法則は命令からその強制的な性格を手に入れ、命令は法則からその不可避性という性格を受け取るのだ。社会秩序への違反はこうして反自然的な性格を帯びる。つまり、たとえ違反が頻繁に繰り返されるとしても、違反は、自然にとっての怪物のごとく、社会にとっての一つの例外としての効果をわれわれに及ぼすのである。

さて、われわれが社会的命法の背後に何と宗教的命令があることに気づくならば、どうなるだろうか。これら二つの語の関係はほとんど重要ではない。宗教をどのような仕方で解釈するにせよ、また、宗教が本質的に社会的であるにせよ偶々《たまたま》社会的であるにせよ、一つ確実なのは、宗教がつねに社会的な役割を果たしてきたということである。もっとも、この役割は複雑である。それは時代と場所によって変化する。だが、われわれの社会のような社会では、宗教は社会の要求を支持し、それを強化する効力を第一義的に有している。宗教は更にずっと先まで進むこともできるが、少なくともこの地点には至る。社会は、罪のない人々を罰し、罪人を大目に見ることのできるような刑罰を制定するが、その社会が功績に当然の報いを受けさせることはほとんどない。社会は粗く見、ごくわずかなもので満足する。しかるべき仕方で報償と刑罰を計量するような人間の秤はどこにあるというのか。しかし、プラトン的〈イデア〉が、その大雑把な模倣物しか知覚されない実在を、完全無欠なものとしてわれわれに顕現するのと同様に、宗教は、われわれの制度、法律、習慣がせいぜいその都市国家《シテ》の際立った点を時たま示すにすぎないようなある都市国家《シテ》へとわれわれを導き入れる。この世では秩序は単に大雑把なもので、多かれ少なかれ人為的に獲得されたものだが、あの世では秩序は完全であり、他のものに依存することなく実現されている。したがって宗教は、社会の命令と自然的法則の隔たりを、常識の諸習慣によってそれがすでに狭められているとはいえ、完全に埋め、われわれの目に見えぬようにするのだ。

　こうして、われわれはまたしても同じ比喩に連れ戻される。多くの点で欠点のある比喩ではあるが、われわれが関心を抱く点についてはそれを受け入れることができる。すなわち、ある国の構成員は一個の有機体の諸細胞のように支え合い、習慣は知性と想像力に補佐されて、彼らのあいだにある一定の規律を導入し、その規律は、互いに区別された諸個体のあいだにそれが確立する連帯によって、吻合せる諸細胞から成る一個の有機体の統一性をいみじくも模倣するのである。

　もう一度言うが、すべてが力を合わせて、社会秩序を、諸事物のなかに観察される秩序の模倣たらしめているのだ。自分自身へ向き直ることで、われわれ各人は、自分自身の好み、欲望、気まぐれに従って、他の人間のことなど考えなくてもよいという自由を明白に感じる。ところが、そのような気持ちが生じるや否や、それに反対する力が不意に現れる。

蓄積された社会的諸力すべてから成る力が。各人を自分の側に引きつける個人的な動機とは異なって、この力はある秩序——ただしそれは自然的諸現象の秩序との類似を欠いてはいない——に達するだろう。有機体を構成する細胞が一瞬意識をもち、自分を解放しようとの意図をわずかでも抱くや否や、細胞は必然性に再び捕らわれてしまう。社会に属する個人は、自然のこの必然性を模倣する社会の必然性をたわませ、それを破ることさえできるし、彼自身それを創造するのにいくらかは寄与したのだが、それでもやはり、何よりも個人はこの必然性を被る。かかる必然性の感情は、それを免れうるという意識を伴うとはいえ、やはりその個人が責務と呼んでいるものである。責務についてこのように考えるなら、また、最もありふれた意味にそれを解するなら、責務が必然性に対して持つ関係は、習慣が自然に対して持つ関係に等しい。

社会のなかの個人

したがって、責務は正確には外部から到来するのではない。われわれ各人は、自分自身に属するのと同様に社会にも属している。深層において働くことで、われわれ各人の意識は、下降すればするほど、より独特で、他人たちとは通約不能で、更には表現不能な人格を各人に明かすのだが、われわれ自身の表層では、われわれは他の諸人格と連続し、それらに類似し、彼らとわれわれのあいだに相互依存を創り出す規律によって、われわれは彼らに結びつけられる。自分自身のこの社会化された部分に身を置くことは、われわれの自我にとって、安定した何かと結びつく唯一の手段なのだろうか。衝動的で気まぐれで後悔に満ちた生活からこれ以外の仕方で逃れることができないなら、それは唯一の手段であろう。しかし、われわれが自分自身の最深層で、それを探索することができるなら、おそらくわれわれは別の種類の平衡、それも表層的平衡よりも望ましいものたる平衡を発見するだろう。水面へと伸びている水中植物は、水の流れによって絶えず揺れ動いているが、その葉は水面上で再び合流し、絡み合って、上方で植物を安定させている。しかし、植物はしっかりと地中に根を張っているのであり、下方から植物を支えている根は葉よりもさらに安定している。もっとも、自己自身の奥底にまで掘り進む際の努力についてはさしあたりは語らない。その努力が可能だとしても、それは例外的なものである。つまり、自我が自分を繋ぎ止めるのは通常は、自我の表層においてであり、外に現れた他の諸人格が織り成す緊密な組織においてなのである。自我の堅固さはこの連帯性のうちにある。だが、自我が自分を繋ぎ止める点において、自我はそれ自身が社会化されている。われわれは責務を人々のあいだの紐帯として表象しているが、それはまずもって、われわれ各人を自分自身に結びつけるものなのである。

したがって、純粋に社会的な道徳は個人的な義務を無視していると非難するのは誤りである。社会的連帯は社会的自我がわれわれ各人のうちで個人的自我に付加されたときからしか存在しないのだから、理論的にわれわれが他の人間たちに対してしか責務を負っていないとしても、事実上われわれは自分自身に対して責務を負っている。この「社会的自我」を育成する《キュルティヴェ》ことが、社会に対するわれわれの義務の本質なのである。われわれのうちに何か社会的なものがなかったなら、社会はわれわれと係るいかなる取っ掛りももたないだろう。しかし、もしわれわれが自分のうちに現存するものとして社会を見出すなら、われわれは社会にまで行き着く必要はほとんどなく、われわれ自身で十分である。社会のかかる現存の度合いは人によって異なる。けれども、誰も社会から絶対的に離れることはできないだろう。誰も社会から孤立することを欲しないだろう。なぜなら、自分の力の大部分が社会に由来すること、また、己が活動性に最も大きな生産性を保証してくれる活力の間断なきこの緊張、努力の方向のこの一定性を、自分は社会的生からの不断に刷新される要求に負っていることをわれわれははっきり感じているからだ。もし社会から孤立することを欲するとしても、実際、誰もそうすることはできないだろう。なぜなら、われわれ各人の記憶と想像力は、社会がそこに置いたもので培われており、社会の魂は、それが話す言語に内在しているからだ。また、たとえ誰もそこにおらず、頭のなかであれこれ考えるしかできないとしても、彼はなおも自分自身に対して話しかけているからだ。どんな社会生活からも離れた一個人を思い浮かべようとしても無駄である。島で生活するロビンソン・クルーソーは、物質的な面でさえ、他の人間たちとの接触を保っている。なぜなら、難破船から運び出した製造物なしでは彼は切り抜けることができず、それら製造物は彼を文明のなかに、ひいては社会のなかに留《と》め置くからだ。しかし、精神的な接触は彼にとってより必要不可欠である。なぜなら、もし彼が絶えず生じる難事に、自分自身その限界を知っている個人の力しか対置することができないなら、彼はすぐに意気阻喪してしまうだろうからだ。彼は観念的に社会と結びついたままで、そこから自分の活力を汲み出しているのである。彼がいかに社会を見ないとしても、社会はそこにあって、彼を見守っている。もし個人的自我が社会的自我を生き生きと現存するものとして維持するなら、個人的自我は、たとえ孤立しているとしても、社会全体の励まし、更には社会全体の支持を受けてなすであろうことをなすだろう。しばし情勢に強いられて孤独を余儀なくされた人々、また、深い内的生命の資源を自分自身のうちに見出さない人々は、「自由放任」が、つまり、社会的自我によって指定された水準に個人的自我を固定しないことがどれほどつらいかを知っている。だから彼らは、社会的自我が個人的自我への厳しさをいささかも緩めることがないように、社会的自我を保持し続けるべく配慮するだろう。必要ならば、彼らは社会的自我に物質的かつ人為的な支えを探し与えるだろう。キップリングの語る、インドの森の奥の小屋に独居する森の番人のことが思い出される。毎晩、彼は夕食のために礼服を着用したが、それは「独りでいても自己への尊敬を失わないため[1]」なのである。

個人のなかの社会

この社会的自我がアダム・スミスの言う「公平な観察者」(spectateur-impartial)(『道徳感情論』第一部で提起された観念)であるとか、この自我を道徳意識と同一視しなければならないとか、この自我が受ける印象の善し悪しに応じて、われわれは自分に対して満足したり、あるいは不満足になったりするとか、われわれはそこまで言うつもりはない。後にわれわれは、道徳感情に、より深い源泉を発見するだろう。ここで、言語は同じ名称で非常に異なる事柄を一括りにしてしまう。殺人者の後悔と、他人の利己愛(amour-propre)を傷つけたり、あるいは子供に対して不正を行ったりした場合に覚える執拗で、胸をえぐるような後悔、これらの二つの悔恨のあいだに何か共通するものがあるだろうか。無垢な魂の信頼を裏切ることは、自分の基準、手段、測定方法を社会から借り受けないがゆえに平衡感覚をもたないように思えるある種の意識に関しては最も愚かな悪事の一つである。けれども、この種の意識は最も頻繁に行使される意識ではないし、人格によってその敏感さは多少とも異なる。一般的に、道徳意識による審判は社会的自我による審判なのである。同じく一般的に、道徳的苦悩とは、この社会的自我と個人的自我との諸関係の乱れである。極悪犯罪者の魂における後悔の感情を分析していただきたい。まず、あなたはその感情を刑罰への恐れと混同するかもしれない。なぜならそれは、犯罪を隠したり、犯人が見つからないようにするために、絶えず補完され刷新されるこのうえもなく細密な心配の種だからだ。細部を見逃してはいないか、後に司法当局が事実を暴露する手がかりをつかむのではないかという考えが絶えず苦悶させるのだ。だが、もっと詳しく観察していただきたい。この犯罪者にとって重要なのは、刑罰を逃れることよりもむしろ、過去を抹消すること、そして、あたかも犯罪が犯されなかったように見せかけることなのである。誰も犯罪があったことを知らない場合、それは犯罪がなかったのとほとんど変わらない。したがって、犯罪者が、犯罪について人間的意識が有するかもしれない一切の知識を抹消することで消し去ることを望むのは犯罪そのものなのである。ところが、彼の犯罪についての知識は存続し、かくして、犯罪者自身は犯罪の跡を消して社会のなかに身を置き続けたいと思っているのに、この知識がますます彼を社会の外へ排除するようになる。なぜなら、人々はかつての彼、つまりもはや彼がそうでない人間になおも同じ評価を下すからだ。だから、社会が話しかけるのはもはや彼に向けてではない。社会は別人に話しかけるのだ。犯罪者は自分がどのような人間か知っており、無人島にいるより以上に人々のあいだで孤立を感じている。なぜなら、彼は無人島に独りきりであっても、彼を包み支える社会のイメージを持ち続けるだろうが、今や彼は事物からと同じくイメージからも切り離されているからだ。彼は罪を告白することによって、社会へと復帰するだろう。そのとき、人々は彼に対して犯罪者にふさわしい待遇をするだろうが、この場合、人々が話しかけるのはまさに彼自身であろうし、彼は他の人間たちとの協力を取り戻すだろう。彼は他の人間たちに罰せられるが、彼らの側にいて、幾分かは彼自身が自分の罪を断罪する者なのだ。こうして、彼の人格の一部分、その最良の部分は罰を免れるだろう。以上が、犯罪者を自首に追いやる力である。自首まで行くことはなくとも、犯罪者はしばしば友人、あるいは誰でもいいが誠実な人に罪を告白するだろう。こうして、万人に対してとまでは行かないが、少なくとも誰かに対して、彼は真実の姿を取り戻すことで、ある一点で、いわば一本の細い糸によって社会と再び結びつく。以前のようには社会に復帰してはいないとしても、彼は社会のすぐ脇に、そしてすぐ近くに身を置いている。彼は社会にとってよそ者《エトランジェ》であることをやめる。いずれにせよ、彼はもはや、かつてのように完全に、社会とも、自分のうちに持っている社会的なものとも関係を絶ってはいない。

社会への個人の密着がはっきり示されるためには、以上のような荒々しい断絶が必要である。通常、われわれは責務について考えを巡らすよりもむしろ、それらに従っているだけである。そのつど責務の観念を喚起し、定式を言明しなければならないなら、義務を果たすことははるかに骨の折れることだろう。しかし、習慣だけで十分であり、われわれは大抵、社会がわれわれに期待していることを社会に与えるには、したいようにするだけでよい。それに、われわれと社会のあいだに仲介者を挟み込むことで、社会は事態を著しく容易にした。われわれは家族を持ち、ある仕事や職業をなしている。われわれは町や区や県に属してもいる。こうした集団が社会のなかにぴったり嵌っているところでは、その集団に対するわれわれの責務を果たせば、それ以上のことをしなくても、社会に対する責務を果たしたことになる。社会は円周に当たり、個人は中心にいる。中心から円周へと、次第に大きくなる同心円と同じ数だけ、個人が属する様々な団体がある。円周から中心へと、円が小さくなるにつれて、責務が他の責務に付加され、最終的には、個人は責務の全体を前にする。こうして、責務は進むにつれて膨れ上がっていく。だが、責務はより複雑になるにつれて抽象性を失い、より受け入れやすいものとなる。十全に具体的になるとき、責務は、われわれの社会的地位がわれわれに指定する役割を社会のなかで果たすという、あまりに馴染んでいるので自然なものとわれわれに映る傾向と合致する。この傾向に身を任せる限り、われわれはほとんどこの傾向に気づくことはない。この傾向は、あらゆる根深い習慣と同様、われわれがそこから離れる場合にのみ命令的なものとして現れる。

個人にその日常的生存の予定を与えるのは社会である。数々の命令指示に従わず、責務に服従しなければ、われわれは、家庭生活を営むことも、職業に従事することも、日々の生活に必要な家事をすることも、買い物をすることも、街を散歩することも、またそれどころか自分の家で生活することさえできない。われわれはつねに選択することを迫られているが、規則に適合するものをおのずと選択しているのである。われわれがその選択を意識することがあるとしても、それはほんの一瞬のことであり、われわれはいかなる努力もしない。道は社会によってすでに敷かれた。われわれの眼前にはその道が開けており、われわれはそれを辿ればよい。道なき野原を横切るには、より大きな発意が必要となるだろう。義務というものをこのように解するならば、それはほとんどつねに自動的に果たされている。義務への服従は、最も頻繁に見られる事例では、無頓着ないし身を委ねることとして定義されるだろう。では、どうしてこの義務への服従は逆に緊張状態として現れ、義務それ自体も堅苦しく厳格な事象として現れるのか。明らかにそれは、服従が自己自身への努力を含む場合があるからだ。これは例外的な場合である。けれども、人々はそれに注目する。なぜなら、何かを躊躇するときにつねに起こるように、強烈な意識がかかる例外的な場合に伴うからだ。本当のことを言えば、意識はこの種の躊躇そのものであり、ひとりでに始められた行為はほとんど気づかれることがない。われわれの責務は相互に連帯しており、また、責務の全体がその部分たる責務の各々に内在しているから、すべての義務は、ある任意の義務が例外的にまとった色合いを帯びてしまうのである。実践的な観点から見れば、先述したような仕方でものごとを考えることには、いかなる不都合もなく、むしろ利点さえある。実際どれほど自然に義務が果たされるとしても、自分のうちに抵抗を覚えることがある。そのような抵抗を覚悟し、良い配偶者、良い市民、真面目な勤め人、結局は誠実な人間のままでいるのは容易であるということを既定事項とみなさないのは有益である。それに、このような意見には相当の真理が含まれている。なぜなら、社会の枠内に身を置き続けるのは比較的容易だとしても、まずはその枠内へ入らねばならなかったのであり、この挿入は努力を要するからだ。自然に任せた場合の子供の不服従、教育の必然性はその証左である。たとえ責務の一つ一つについて自問する必要はもはやないとしても、責務の総体に潜在的に与えられた同意について個人を称えることは至極当然である。騎手は馬に運ばれるだけでよいが、その前に彼は鞍にまたがらなければならなかった。社会と向き合う個人についても同様である。義務は自動的に果たされうる、と言うことはある意味で間違っており、あらゆる意味で危険である。だから、義務への服従は自分自身への抵抗であるということを実践的格律《マクシム》にしようではないか。

だが、推奨することと説明することは別物である。責務について、責務の本質と起源について説明するために、義務への服従とは何よりもまず自分自身への努力であり、緊張状態もしくは凝縮状態であると主張するなら、多くの道徳理論を損なってきたようなある心理学的な誤謬を犯すことになる。こうして人為的な数々の困難、哲学者たちを分断するところの問題が生じたのだが、使用されている言葉を分析するなら、われわれはこれらの問題が消滅するのを目にすることになるだろう。責務とは、他の諸事実と通約不能で、他の諸事実を超えたところに神秘的に出現したもののように描かれる唯一無比の事実ではまったくない。数多くの哲学者、特にカントにつながる哲学者がこのように責務を描いたのは、彼らが、ある傾きに似た平静な状態たる責務の感情を、責務に対立するものを打ち破るためにわれわれがしばしば自分に与える動揺と混同してしまったからである。

諸抵抗への抵抗

リューマチの発作が過ぎ去った後、筋肉と関節を動かすのに、不如意を、苦痛をさえ感じることがある。これは身体の諸器官がつきつける抵抗の総体的感覚である。この感覚は少しずつ減少し、最後には、体の調子がいい時に身体運動について持つ意識のなかに消えてしまう。もっとも、この感覚は生まれつつある状態で、というよりもむしろ、消え去りつつある状態でまだ存在していて、強まる機会をただ窺っているのだということを承認することもできる。実際、リューマチを病んでいるときには、われわれは発作を覚悟しなければならない。けれども、腕と足を動かす際の習慣的感情のなかに痛みの軽減しか見ず、運動能力をリューマチによる不如意への抵抗の努力として定義する人については、何と言ったらいいだろうか。まず、このように定義することで、彼は運動習慣を説明することを諦めるだろう。実際、運動習慣の各々は諸々の運動の特殊な結合を含み、その結合によってしか理解されえない。歩く、走る、体を動かすという一般的な能力は、これらの基礎的な運動習慣の総体でしかなく、この基礎的な習慣の各々は、それが含むより特殊な運動によってのみ説明される。しかし、この一般的な能力を全体としてしか考察せず、しかも、その能力を抵抗と対立した力に祭り上げてしまったがゆえに、この能力の隣に、独立する実体としてリューマチを必然的に現れさせてしまう。責務について思索した多くの人々によって、同種の誤りが犯されたように思われる。われわれは数えきれないほどの責務を持つが、その各々はそれぞれ固有の説明を必要とする。それらの責務すべてに従うことは自然なことであり、より正確には習慣的なことである。例外的にそれらの責務の一つから離れ、抵抗するとしよう。もしこの抵抗に抵抗するならば、緊張あるいは収縮の状態が生じるだろう。かくも厳格な相貌を義務に与えるとき、われわれが外在化するのがまさにこの種の強張りなのである。

哲学者たちが責務を合理的な要素に解消できると思い込んでいるとき、彼らが考えているのもこの強張りである。抵抗に抵抗するためには、つまり、欲望や情熱や利害によってわれわれが正道から外れようとするとき正道にとどまるためには、われわれは自分自身にその理由を必然的に与えなければならない。たとえわれわれが何か不正な欲望に他の欲望を対抗させたとしても、後者の欲望は意志によって引き起こされたもので、ある観念に呼びかけることでしか現れることができなかった。要するに、知性的な存在は知性を介して自己自身に働きかけるのだ。しかし、合理的な経路を辿って責務に立ち戻るからといって、そこから、責務自体も合理的な秩序に属していたという結論が導かれるわけではない。この点については後で詳述することにしよう。今はまだ諸々の道徳論を検討するつもりはない。ただ次のことを述べるにとどめたい。生来のものにせよ、獲得されたものにせよ、傾向と言われるものと、理性的存在が、傾向に力を取り戻させ、傾向に反対するものを打ち破るために用いるだろう合理的方法とは同じものではないのである。後者の場合、抑えられていた傾向は再び現れることが可能である。だが、そのときおそらく、すべてはあたかもわれわれがこの合理的な方法によって当の傾向を再構成するのに成功していたかのように進行する。だが実際には、この傾向を妨げ抑えていたものをただ斥けただけなのである。実践においては、どちらにしても結局同じことだし、私もまったくそうだと思う。つまり、事実をいずれの仕方で説明するにせよ、〔先の再構成に〕成功したという事実はまぎれもなくそこにあるのだ。成功するためには、ものごとが第一の仕方で展開されたと思い描くほうがおそらくいいだろう。けれども、事態が現実にそうであったと仮定することは、責務の理論を歪曲することであろう。これこそ、ほとんどの哲学者たちに起こったことではないだろうか。

われわれの考えを誤解しないでいただきたい。われわれはここまで道徳のある一定の側面にのみ目を向けてきたが、たとえこの側面に限っても、義務に対するその他の数多の態度が確認されるだろう。これらの態度は、両極端にある二つの態度、というよりはむしろ二つの習慣のあいだに間隔を置いて並べられる。第一のものは、社会によって引かれた数々の道の上で往来する運動であるが、この運動は非常に自然なものなので、われわれはこれらの道の存在にほとんど気づかない。第二のものは、逆に躊躇と熟考である。いくつもの道を次々と試しながら、選ぶべき道について、行き着く先について、往復の行程について躊躇し熟考するのである。第二の場合、新しい問題が次々と、多少なりとも頻繁に現れる。また、義務がすっかり描かれているところでも、義務を果たしつつ、義務に微妙な陰影が加えられる。しかし、まずもって、第一の態度が大多数の人々の態度であり、けだしそれは未発達な諸社会において一般的である。次いで、第二の態度では、個々の特殊な事例でいかに熟慮し、格律を定式化し、原理を言明し、諸帰結を導出するとしても無駄である。欲望や情熱がものを言い、誘惑が強く、危うくそれに負けそうになり、突然立ち直るのであれば、その原動力は一体どこにあったのか。一つの力がはっきり現れる。先にわれわれが「責務の全体」と呼んだ力である。われわれは社会生活の数えきれない要求に応える無数の特殊な習慣を身につけた《コントラクテ》が、この力はこれらの習慣の濃縮したエキスであり精髄である。この力はあれだこれだと指し示すことのできるものではない。この力がものを言うとすれば——それは作用することのほうを好むのだが——、「しなければならぬからしなければならぬ」と言うだろう。それゆえ、理由を検討し、格律を比較し、原理に遡ることで、知性が行う活動は、定義からして社会的諸要求に服従するものたる一つの行動に、より多くの論理的整合性を与えることであった。だが、責務はこの社会的要求に由来していた。誘惑されているあいだ、人々は論理的整合性を求める欲求だけのために、自分の利害、情念、虚栄心を放棄することはない。実際、理性的存在にあって、理性が統制的なものとして介入するのは、規則と責務的格律のあいだの論理的整合性を確保するためであって、だからこそ、哲学は理性のうちに責務の原理を認めることができたのだ。それはとりもなおさず、機械を作動させているのはハンドルであると思い込むことであろう。それに、社会的要求は互いに補い合っている。合理的な推論に裏打ちされることが最も少なく、こう言ってよければ、単にお決まりのことだけを行うような誠実さの持主も、論理的に一貫した諸要求に則ることで、みずからの行動に合理的な秩序を与えている。私は、この論理的整合性は社会が後から獲得したものであると主張する。論理的協調は本質的に経済《エコノミー》である。この協調はまず、総体から大まかにいくつかの原理を引き出し、次いで、その原理と一致しないあらゆるものを総体から除去することにある。逆に、自然は過剰なものである。一つの社会が自然に近ければ近いだけ、偶発的なものと非整合的なものがより大きな場所を占めるようになる。原始人《プリミティヴ》たちにおいて、曖昧な観念連合、迷信、自動症《オートマティスム》によって説明される数多の禁止や命令に出会うことがある。諸規則に全員が従えば、それらが常軌を逸したものであっても、社会により緊密な結びつきを確保することになる以上、それらの禁止と命令は無用なものではない。しかし、この場合、規則の有用性は、鸚鵡《おうむ》返《がえ》しのごとく、人々が規則に従っているという事実だけに由来する。それ自身で価値がある命令や禁止はというと、それらは社会の保存と安楽を積極的に目指すものだ。おそらく長い時が経った後、この種の命令や禁止は生き残るために他の規定や禁止から切り離された。そのとき、社会的要求は相互に調整され、諸原理に従属したものになった。しかし、それはどうでもいい。論理は現存する諸社会に深く浸透しており、自分の行動を合理的に推論しない者でさえ、これらの原理に合わせて行動するならば、合理的に生きることになるだろう。

しかるに、責務の本質は理性の要求とは別物である。ここまででわれわれが示唆したかったことはすべてこの点に尽きる。思うに、より未発展な社会ならびにより初歩的な意識を対象にするにつれて、われわれの論述は次第に実在とより一致するようになるだろう。誠実な人にわれわれが今日見出す正常な意識だけに話をとどめるなら、われわれの論述は図式的なままである。しかし、その場合われわれは互いに浸透し合う感情、観念、傾向からなる特異な複雑さをまさに相手にしているのだから、本質が現れることを可能ならしめる図式を操れる場合にのみ、われわれは不自然な分析と恣意的な綜合を避けることができるだろう。このような図式をこそわれわれは描こうと試みてきた。習慣のように意志を圧迫するものとして責務を思い描いていただきたい。各責務が、他の数々の責務の集積から成る塊を引きずり、各責務が行使する圧力のために、全体の重みを利用していると思い描いていただきたい。そのとき諸君は、単純で基礎的な道徳意識にとっての責務の全体を得るだろう。これが本質的な点である。責務が最高度の複雑性に達する場合にも、責務は結局はそこに還元されうるだろう。

定言命法について

こうして分かるのは、基礎的責務がいつ、また、カント的意味とはおよそかけ離れたいかなる意味で「定言命法」の形態を取るのかということである。それはカントが言うところからほど遠いものだ。定言命法の実例を日常生活に見つけようとすれば、途方に暮れるだろう。根拠もなく、問い返しも許さない軍事指令は「しなければならぬからしなければならぬ」とまさに言う。とはいえ、いかに兵士に命令の理由が与えられなくとも、兵士は後で何らかの理由を想像するだろう。純粋な定言命法の事例を求めるなら、われわれはそれをアプリオリに構成するか、さもなければ、少なくとも経験を様式化しなければならないだろう。そこで、一匹の蟻のことを考えてみよう。反省的思考の閃きがこの蟻をよぎり、そのとき蟻は、他の蟻たちのために休みなく働くのはまったく間違っていると判断するだろう。けれども、怠けたいという漠たる意志は、少しの間しか、すなわち知性の光が輝いている間だけしか続かないだろう。その最後の瞬間、本能が再び優勢になって、力ずくで蟻を本来の仕事へ連れ戻すだろうが、そのとき、本能に吸収される間際の知性は、別れの挨拶代わりに「しなければならぬからしなければならぬ」と言うだろう。この「しなければならぬからしなければならぬ」は、瞬間的に弛緩した糸が再びぴんと張りつめることで発揮するような牽引力を瞬間的に被り、それに貫かれた意識でしかあるまい。同じ命令は、自分が演じている夢から覚める態勢に入り、まさに夢から覚めつつある夢遊症者の耳にも鳴り響くだろう。しかし、すぐに彼が元の状態に再び陥ってしまうとすれば、定言命法は、姿を現しかけてはすぐに消え去った反省的思考にとって、夢遊状態に戻ることとの不可避性を言葉で言い表すものとなるだろう。要するに、絶対的に定言的な命法は本能的もしくは夢遊症的な性質のものなのである。この種の命令は、正常の状態ではそのようなものとして演じられ、また、反省が自分を定式化するのに必要だが、理由を見つけるには足らない間だけ呼び覚まされる場合に、そのようなものとして表象される。しかしそのとき、理性的存在にあって、命法はまったく明らかに、展開されるこの存在の活動がなおも知性的でありながら本能の形態をより濃く帯びるにつれて、定言的な形態をまとうのではないだろうか。最初は知性的であったが、本能の模倣に向けて進む活動は、人間にあって、まさに習慣と呼ばれるものである。最も力強い習慣の力はというと、集積されたすべての力、すべての基礎的な社会習慣から成っていて、かかる習慣は必然的に最も完璧に本能を模倣する習慣である。そうであるなら、余すところなく表象され、ありとあらゆる理由によって正当化された責務と純粋に体験された責務とを分けるほんの一瞬、責務が定言命法の形態、すなわち「しなければならぬからしなければならぬ」を現実にまとうことには何の不思議もないだろう。

責務と生命

進化の途上で分岐する二つの大きな道筋とそれらの二つの先端にある社会について考えてみよう。それらのうち最も自然なものとして現れる社会の型は、明らかに本能型であろう。蜂の巣の蜜蜂を相互に結びつけている紐帯は、一つの有機体の互いに連携し従属し合った諸細胞を一緒にまとめ支えている紐帯に〔他方の先端よりも〕はるかによく類似している。今少し、進化のもう一方の先端で、自然が、個人的選択にある余地が残されるような社会を獲得したいと欲したと仮定してみよう。このような社会によって、自然は規則性の点で、もう一方の社会で本能が収めている成果と比較しうる成果を知性に獲得させるに至るだろう。つまり、自然は習慣に頼ることになるだろう。「道徳的」と呼ばれうるこの種の習慣の各々は、偶然的なものにすぎない。しかし、習慣の総体、すなわち、これらの諸習慣を身につけさせる習慣は、強度の点でも規則性の点でも、本能の力に比肩する力を持つもので、そのような習慣が、社会の根底そのものにあって社会を実在させる条件なのである。これこそまさに、われわれが先に「責務の全体」と呼んだものである。もっとも、社会と言っても、それは自然から生まれたばかりの人間社会でしかない。それは原始的で基礎的な社会だろう。とはいえ、人間社会がいかに進歩し、いかに複雑化し、いかに精神的なものになるとしても、社会創設の規約、というよりもむしろ自然の意図は残り続けるだろう。

実際、事態はこのように展開した。ここでは、われわれがかつて論じた点〔『創造的進化』第三章を参照〕には深入りせず、知性と本能は、未発達の段階では相互浸透していたが、成長につれて分離しなければならなかった意識の二つの形態である、とだけ言っておこう。この発展は動物進化の二つの主要な線上で、〈節足動物〉と〈脊椎動物〉によって遂行された。節足動物の進化の先端には、〈昆虫〉の本能、とりわけ〈膜翅目〉の昆虫の本能があり、脊椎動物の進化の先端には、人類の知性がある。本能と知性の本質的な目的はともに様々な機具を使うことである。だが、知性が用いる道具は発明されたものであるから、可変であり、予想されるものではない。他方、本能は自然によって与えられた生体器官を用いるので、この種の道具は固定されたものである。そのうえ、機具は労働に用いられることを目的としており、労働はその専門化が進むにつれて、つまり、相互に補い合う多様な専門性を有する働き手の間で分業が進むにつれてより効率的なものとなる。このように、社会的生は漠然とした一つの理想として、本能と知性に同じように内在しており、この理想は一方では蜂の巣や蟻塚で、また他方では人間的諸社会で最も完璧に実現されている。人間の社会であれ、動物の社会であれ、社会というものは有機的組織であって、それは、構成要素同士の連携を、一般的にはそれらの主従関係をも含んでいる。したがって社会は、単純にそれらが生きられるにせよ、さらに進んで表象されるにせよ、一連の諸規則あるいは諸法則を提供する。ただし、蜂の巣や蟻塚では各個体の仕事がその構造によって用途を限定され、組織全体も比較的固定されているのに対して、人間の都市国家《シテ》は可変的な形態を有し、あらゆる進歩に開かれている。その結果、動物の社会では、規則の一つ一つは自然に強要されていて、必然的なものであるが、他方、人類の社会において唯一自然に属するものは、規則というものの必然性である。したがって、人類の社会において責務一般に到達するために、多様な責務の根にまで掘り進んで行くにつれて、責務は必然的なものと化していくだろうし、また責務はその強制的な点で本能に近づくだろう。にもかかわらず、個々の責務を、それがどのようなものであれ、本能と結びつけて考えるなら、大きな間違いを犯すことになるだろう。つねに自分に言い聞かせねばならないのは、いかなる責務も本能には属さないとはいえ、もし人間社会がいわばバラストとして可変性と知性を積載していなかったなら、責務の全体は本能であっただろうということである。それは、話す習慣の背後に控えた本能と同じく潜在的《ヴィルチュエル》な本能である。実際、ある人間社会の道徳はその社会の言語と比較しうるものなのだ。蟻が記号《シーニュ》を交換しているというのは確かにありそうなことではあるが、その場合、蟻たちを相互に疎通《コミュニケ》させる本能によって蟻たちに記号《シーニュ》が与えられる、というのは注目すべきことである。逆に、言語というものは実際に使用されることで作り出される。語彙にも構文規則にも、自然に由来するものは何もない。しかし、話すことは自然に属することであり、おそらく昆虫社会で使用されている、自然を起源とする固定された記号は、自然がわれわれに話す能力を授ける際に、道具を発明し利用する創造的能力、すなわち知性をわれわれに付け加えなかったならば、われわれの言語が呈したであろう姿を表象している。人間社会が知性的ではなく本能的であったならば、責務はどのようなものでありえたかという点に絶えず立ち返ろう。それではわれわれは個別のいかなる責務も説明しないだろうし、責務一般についてさえもわれわれは、そこにとどまるなら誤りであるような観念を与えるだろう。にもかかわらず、この本能的社会のことを、知性的な社会の対として考えねばならないだろう。さもなければ、導きの糸なしに、道徳の基礎をめぐる研究に踏み込まざるをえなくなる。

この観点から見れば、責務はその独特な性格を失う。責務は、生命の最も一般的な現象に属することになる。一つの有機体を構成する諸要素が厳格な規律に従属しているとき、これらの要素は自分が拘束されていると感じ社会的本能に従っている、と言えるだろうか。明らかに否である。しかし、この有機体がかろうじて一つの社会であるにすぎないとしても、蜂の巣と蟻塚はその内部の諸要素が互いに不可視の紐帯で結ばれた紛れもない有機体である。蟻の社会的本能——私が言いたいのは、例えば働き蟻にその構造上あらかじめ決定されている仕事を実行させる力のことである——は、生物個体の各組織、各細胞を個体全体の最大利益のために働かせている原因と、それがどのようなものであれ、根本的に異なるものではありえない。それに、どちらの場合でも責務というものは其の意味では存在せず、存在するのはむしろ必然性であろう。しかしわれわれは、道徳的責務の根底に、現実的なものではなく潜在的なものとしてこの必然性をまさに透かし見る。ある存在が強いられていると感じるのはこの存在が自由であるときだけであり、責務は、それを一つ一つ個別に考えるならば、自由を前提としている。しかし、頂点に位置する特殊な諸責務が存在すること自体は必然的であって、頂点から、責務一般へ、すなわち、先に述べたように底辺に存する責務の全体へ降下するにつれて、責務は必然性が生命の領域で採用する特定の形態のごときものとしてわれわれに現れる。そのとき責務は、一定の目的を実現するために、知性、選択、ひいては自由を要求するのである。

閉じた社会

これは非常に単純で原始的な、そうは言わないまでも少なくとも基礎的な社会でしかない、と改めて申し立てる者がいるかもしれない。たしかにそうである。だが、後述する機会があるはずだが、文明人が特に原始人と異なるのは、膨大な知識と習慣の集まりによってであり、意識が覚醒して以来、文明化した人間は知識と習慣をそれらが保存されていた社会環境から汲み上げてきたのだ。自然的なものはその大部分が、後天的に獲得されたものによって覆われている。けれども、それははるか昔からほとんど変わることなく存在し続けている。習慣と知識は、かつて人々が想像したように、有機体内に染み入り、遺伝的に伝達されていくのではない。たしかに、この自然的なものが、何世紀にもわたる文明の発展のあいだにその上に蓄積された後天的習慣によって押し潰されていたならば、責務を考察するに際してそれを無視できるだろう。ところが、最も文明化が進んだ社会においても、それはとても良い状態で、非常に生き生きとしたものとして保存され続けている。あれこれ特定の社会的責務を明らかにするのではなく、われわれが責務の全体と呼んだものを説明するためには、この自然的なものに立ち返らなければならない。それに、われわれの文明化した社会は、自然によってわれわれが直接的に差し向けられた社会とどれほど異なるとしても、後者の社会と根本的な類似を示している。

実は、これらの文明化した社会も閉じた社会なのである。たしかにこれらの社会は、本能によってわれわれがそこへと向かわされた小さな人間集団、文明の物質的、精神的な獲得物のすべてがそれらの置かれていた社会環境から消失するなら、同じ本能が今日でもおそらく再び形成するであろう小さな人間集団に比すなら非常に巨大なものでありうるが、いかにそうだとしても、これらの社会は本質的に不断に一定数の個人を包容し、他の諸個人を排除する。先に、われわれは道徳的責務の根底には社会的要求があると述べた。だが、そこでは、どのような社会が問題であったのか。それは人類全体と言えるような開かれた社会が問題であったのか。われわれはこの問いに決着をつけなかったが、これは同胞《サンブラブル》に対する人間の義務について論じる時に通常そうしないのと同様である。人々は慎重に曖昧さのなかにとどまっている。人々は、「人類社会」は現在すでに実現されていると明言するのは差し控え、そのように信じさせておくことを欲するだろう。また、そのように信じさせておくのが良いのである。なぜなら、われわれは異論の余地なく、人間として人間に対する義務を持っているからであり（少し先で論じるように、それらの義務はまったく異なる起源を持つのであるが）、この種の義務を同国人に対する義務から根本的に区別するなら、前者の義務を弱めることになりかねないからだ。行動はそこに自分の利を見出す。しかし、このような区別を問題にしない道徳哲学というものは、真実を捉え損ね、その分析は必然的に誤ったものになるだろう。実際、他人の生命と財産を尊重する義務は、社会的生の基本的な要求であると言うとき、われわれはどのような社会を問題にしているのか。この問いに答えるためには、戦争中にどのようなことが起きるか考えるだけで十分である。そこで、殺人と略奪は、背信、欺瞞、虚偽と共に、単に合法とされるだけでなく、称賛に値するものとなる。戦闘員たちは『マクベス』〔第一幕第一場〕の魔女のように言うだろう。

「よいはわるい、わるいはよい」(*Fair is foul, and foul is fair*)

社会がそれまでわれわれに勧めてきた態度が、本当に人間に対する人間の態度であったならば、こんなにも簡単にすべてが一瞬で変わってしまうことなどありえるのだろうか。ああ、私はそれに対して社会がどのように言うのか分かっている(繰り返すが、社会がこのように言うのは正しい)。だが、社会が思考し欲することを知るためには、社会が言うことに過度に耳を傾けてはならず、社会が行うことに注目しなくてはならない(デカルトがその暫定的道徳に記した「彼らが言うことを聞くな、彼らが行うことを見よ」を踏まえている)。社会はこう言う。社会によって定められた義務は、理論上はまさに人類に対する義務であるが、不幸にも避けがたい例外的状況では、その義務の遂行は一時的に停止されることがある、と。もし社会がこのように言わないとすれば、直接的に社会に由来するものでないとはいえ、それに留意することが文句なく社会の得策であるようないま一つの道徳の進展に道を塞ぐことになってしまうだろう。他方で、比較的稀にしか生じず、例外的であるものの、例えば病気を異常なものとみなすことは、われわれの精神的習慣に適っている。しかし、病気は健康と同じくらい正常であり、一定の観点に立てば、健康は病気を予防し、それを遠ざける恒常的な努力として現れる。それと同様に、平和は現在までつねに防衛のための準備、あるいは攻撃のための準備でさえあり、いずれにせよ戦争への準備であった。われわれの社会的義務は社会を結束させることを狙うものであり、否応なしに、敵前での規律をわれわれに対して構成する。つまり、社会が規律に従わせようと呼びかける人間は、幾世紀ものの文明を通じて社会が獲得したあらゆる成果によって大いに豊かにされ、その原始的本能は分厚いニスで覆われるに至ったのだが、それでもやはり社会はこの本能を必要としているのだ。要するに、われわれが社会的責務の根底に看取した社会的本能はつねに——本能は比較的不変なものであるから——、どんなに巨大な社会であれ閉じた社会をつねに目指している。たしかに、この本能はいま一つ別の道徳〔人類に対する義務〕によって覆われているが、まさにそのようにして、本能はこの道徳を支え、自分の力、すなわちその強制的な性格のいくばくかをその道徳に貸し与えている。しかるに、この本能それ自体は人類を目指すことはない。どれほど大きな国の国民であるとしても、国民と人類の間には、まさしく有限と無際限(indéfini)、すなわち、閉じたものと開かれたものの隔たりがある。市民的徳は家庭で学ばれるが、それと同様に、祖国を愛でることで、全人類を愛するための準備になると、好んで言われている。その場合、われわれの共感《サンパシー》は連続した進展によって拡大し、同じものであり続けながら大きくなり、最後には人類全体を包み込むだろう。これこそアプリオリな推論というものであって、魂についての純粋に主知主義的な発想にそれは由来する。われわれが愛着しうる三つの集団〔家族、祖国、人類〕は次第に増加する人間たちを内包するということ、その点が確認されるが、このことから、愛される対象の継起的増加には単に感情の漸増的拡大が対応していると結論される。そのうえ、この錯覚を更に強めているのは、幸運な出会いによって、この推論の最初の部分が事実と一致していることである。つまり、家族と社会は起源において渾然一体を成しており、なおも緊密に連携しているという実に単純な理由で、家庭的徳は市民的徳と強く結びついているのだ。しかし、繰り返すが、われわれが実際に生きている社会と人類全体の間には、閉じたものと開かれたものの間にあるのと同じ対比がある。これら二つの対象の差異は本性の差異であって、単に程度の差異ではない。もし、魂の諸状態を取り上げ、祖国への愛着と人類への愛という二つの感情を比較するならばどうであろうか。社会的結束は大部分、他の社会から自分の社会を守るための必要性に由来すること、また、一緒に生活している人間を愛するのは、他のすべての人間に対抗してのことであること、これらのことは誰の目にも明らかではないだろうか。このようなものが原始的本能である。この本能は、幸いにも文明が獲得した成果の下に隠されているけれども、なおも現存している。今日でもわれわれはおのずと、また直接的にわれわれの両親と国民を愛するが、人類への愛は間接的で、後から獲得される。われわれは両親と国民のところへまっすぐ向かうが、人類へは迂回することによってしか到達しない。なぜなら、宗教が人類を愛するように人間を誘うのは、神を介して、また神においてのみだからだ。同様に、哲学者が人間的人格の至上の尊厳と万人が持つ尊敬される権利をわれわれに示すために、われわれの眼差しを人類へと向かわせるのは、われわれ全員がそこで合一するところの〈理性〉を介して、また〈理性〉においてのみである。宗教と哲学、どちらの場合でも、われわれは家族と国民を通って、段階的に人類に到達するのではない。われわれは一挙に人類よりも遠くへ赴き、人類を目標とすることなく人類を超えることによって、人類に至っていなければならない。宗教と哲学のいずれの言語を使って説明するにせよ、すなわち、愛が問題であるにせよ、尊敬が問題であるにせよ、ここでは、もう一つの道徳、別種の責務が社会的圧力に重ね合わされるのだ。これまでわれわれは社会的圧力しか考察してこなかった。今はもう一つの道徳へと移行する時である。

われわれはここまで純粋な責務を探し求めてきた。それを見つけるために、われわれは道徳をその最も単純な表出へと還元せざるをえなかった。その利点は責務が何から成るかを見ることであった。不都合な点は、道徳を甚だしく縮小してしまうことであった。もちろん、われわれがこれまで脇に置いてきた道徳は強制的なものでないというのではない。強制しない義務というものを想像しているのだろうか。そうではない。しかし、原始的に純粋に強制的であったものがまさにわれわれが述べてきた通りのものであるとしても、この責務は放射し拡散し、遂には、それを変貌させる何か別のもののなかへ吸収されてしまいさえするのだ。そこで次に、完璧な道徳がいかなるものであるかを見てみよう。われわれは同じ方法を使い、今度はもはや下方へではなく、上方へと、極限へと移行しよう。

英雄の呼びかけ

いつの時代にも、この完璧な道徳を体現するような並外れた人間たちは出現した。キリスト教の聖人以前にも、人類はギリシャの賢人、イスラエルの預言者、仏教の阿羅漢、そして、他にも彼らのような人間たちを知っていた。絶対的と呼んだほうがいいであろう、この完璧な道徳性を求めて人々がつねに立ち返ったのはこれらの人々のもとにであった。このことだけでもすでに、この道徳性の特徴を示しており、多くのことを教えてくれる。このことはまた、ここまで問題にしてきた道徳とわれわれが今検討し始めた道徳とのあいだには本性の差異、極小と極大という二つの極限の差異があって、それは単に程度の差異ではないことをわれわれに予感させてくれる。前者の道徳は非人称的な表現形式にまとめられるにつれて、より純粋で完全なものとなるが、他方、後者の道徳が混じりけのないものになるためには、人々の模範となるような傑出した人格のうちにそれが体現されねばならない。前者の一般性は人々が道徳法則を普遍的に受け入れることに由来するが、後者の一般性は人々が一つの模範を共通に模倣《イミタシオン》することに由来する。

しかし、なぜこのように聖人には模倣者がいるのか。また、なぜ善の偉人たちは、その背後に群衆を引き連れたのか。彼らは何も求めはしないが、人々を得る。彼らは言葉で説得する必要はなく、そこにいるだけで十分である。彼らの存在は一つの呼びかけである。というのも、これこそまさに、もう一つの道徳の性格であるからだ。自然に由来する責務は圧力もしくは圧迫であるが、完全無欠な道徳のなかには呼びかけがある。

この呼びかけの本性については、偉大な道徳的人格を実際に前にしたことがある人々だけがそれを余すところなく体験した。しかし、われわれ各人も、持ち合わせの行動原則では対応できない事態が生じた際には、このような場合しかじかの人から自分が何を期待されていたのかを思案したことがある。われわれが思考によってこうして喚起したのは、親であることも友人であることもあった。けれども、その人はわれわれが決して出会ったことのない人でもよかった。われわれはその人の生涯について話を単に聞いただけなのだが、そのときわれわれは、想像力によってわれわれの行動をその人の判断の下に置き、彼の非難を恐れ、称賛を誇りに思った。また、それはわれわれの魂の奥底から意識の明かりの下へ引き出された一つの人格であってもよかった。この人格はわれわれの内部で生まれたものであり、われわれはこの人格がいずれわれわれをすっかり征服してしまうだろうと感じながら、さしあたりは、弟子が師に対してそうするように、その人格と結びつきを持つことだけを望んだ。実を言えば、この人格は、一つの模範が採用された日に描かれるものである。すなわち、類似しようとする欲望は、採るべき形態を理念的に生み出すもので、それ自体がすでに類似である。いずれ自分のものとなる言葉は、われわれが自己のうちでその響きをすでに聴いたところのものである。それが誰であるかはどうでもよい。ただ、次のことを確認しておこう。われわれが論じてきた第一の道徳は、複数の非人称的な責務へとよりはっきりと分離されていくにつれて力を増すが、逆に第二の道徳は、たとえ知性がそれに同意するにせよ、意志を揺り動かすまでには至らない一般的な戒めのうちに最初は散らばっていて、格律の多様性と一般性が一人の人間の統一性と個性に溶け込むにつれて、われわれをより強く牽引するものとなるのだ。

では、第二の道徳の力はどこから来るのか。ここで、自然的責務を引き継いだ、というよりもむしろ最後には自然的責務を吸収してしまうその行動原理とはいかなるものなのか。それを知るために、われわれに暗黙のうちに何が要求されているのかまず見てみよう。これまで問題となってきた諸々の義務は、社会的生によってわれわれに強制される。それらは、人類というよりはむしろ国に対してわれわれを強制するものだ。したがって、第二の道徳――もしわれわれが二つの道徳を決定的に区別するならば――は、それが単に社会的である代わりに、人類的なものであるという点で、第一の道徳と異なると言えるだろう。まったく間違った言明ではあるまい。実際、人類に到達するのは国を拡大することによってではないことを、われわれはすでに見た。つまり、社会道徳と人類道徳のあいだには、程度の差異ではなく、本性の差異がある。前者は、われわれが自然に強制されていると感じるときに通常念頭に置いている道徳である。だが、われわれはこれらの非常に明瞭な義務を超えたところに、それらとは異なり、より不明瞭だがそれらに重ね合わされた義務を思い描くことを好む。献身、自己贈与、犠牲の精神、仁愛《シャリテ》、このようなものが、この義務について考えているときわれわれが口にする語である。しかしそのとき、一時《いっとき》でもわれわれは言葉以外のものについて考えているのだろうか。いや、おそらく否《ノン》であろうが、われわれはそのことをちゃんと納得している。ただ定式がそこにあるだけで十分である、とわれわれは言う。機会が来れば、定式は意味を余すところなく獲得し、それを満たすことになる観念は実行力ある行動と化すだろう。たしかに、多くの者にとっては、その機会は訪れず、行動は延期されるだろう。ある人々の場合、意志が少し揺り動かされはするものの、それがあまりに微弱なので、受け取った衝撃は実際には社会的義務に帰されることがあるかもしれない。人類的義務へと拡大され虚弱化された社会的義務に。それに反して、定式が内容で満たされ、内容が賦活されたとしよう。新しい生がここで告知される。もう一つの道徳が到来したことをわれわれは理解し、感じる。したがって、人類愛をここで語ることで、おそらくこの道徳を特徴づけることになるだろう。しかしながら、それでこの道徳の本質を表現することにはならない。なぜなら、人類愛は、自己充足し、人々に直接働きかける原動力ではないからだ。青少年の教育に従事する人々は、「利他主義」を説くことでは、利己主義に勝利できないのを熟知している。高潔な魂の持ち主がいて、彼は自己犠牲の精神に満ちあふれているが、「全人類のために」奉仕するという考えを前にして、急にその熱意は冷めてしまうということさえあるかもしれない。目的はあまりにも壮大で、効果はあまりにも分散しすぎているのだ。したがって、人類愛がこの道徳を構成する要素であるとしても、それは、ある地点に到達しようという意図のうちに、介在する空間を踏破する必要性が含まれているのとほとんど同じであると言えるだろう。ある意味ではこれは同じことだが、別の意味ではまったく異なる。もしわれわれが間隔のことだけを、一つずつ通っていかねばならない無数の点のことだけを考えるなら、ゼノンの矢の場合と同様、われわれは出発するのを思いとどまるだろう。それに、われわれはそこにいかなる関心も魅力も見出さないだろう。しかし、もしわれわれが間隔の先端のことしか念頭に置かず、あるいはまた、もっと遠くを見つめさえしながら、その間隔を一跨ぎするなら、われわれはその無限の多数性の端に辿り着くと同時に、ある一つの単純な行為を簡単に果たすことになる。行為のこの単純さは間隔の無限の多数性と同等なのである。では、この場合、終着点はどのようなものなのか。努力の方向はどのようなものなのか。一言するなら、何がわれわれに真に要求されているのか。

まず、われわれがこれまで考察してきた人間の道徳的態度を定義しよう。この人間は社会と一体となり、彼と社会は共に個人および社会の保存という同一の課題に没頭している。つまり、人間と社会は自分自身のほうを向いている。たしかに、個別的利害が一般的利害と変わることなく一致しているかどうかは疑わしい。個人はその人固有の利益しか追求できないという原理を立て、それによって個人は他者の利益を意欲するよう導かれると主張したとき、功利主義的道徳がいかなる解決不能な諸困難につねに出会ってきたかをわれわれは知っている。一個の知性的存在は、個人的利害に属するものを追求して、実際にはしばしば、一般的利害が要請するのとはまったく異なることを行うだろう。にもかかわらず、功利主義的道徳が次々と新たな形態をまとって執拗に現れ続けるのは、この種の道徳が支持できないものではないからだ。そして、もしこの道徳が支持されうるとすれば、それはほかでもない、自分の利害と他人の利害のあいだで実際に選択せねばならない知性的活動の下に、自然によって原始的に確立された本能的活動の基盤があって、そこでは個体的なものと社会的なものが混ざり合う寸前の状態にあるからだ。細胞は自分自身のために生きるが、同様に自分が属する有機体のためにも生きており、有機体に生命力をもたらすと共に、反対に有機体から自分の生命力を借り受けてもいる。必要ならば、細胞は全体のために自己を犠牲にする。おそらくそのとき、もし細胞が意識を持っていたならば、自己を犠牲にしたのは自分のためだと思うだろう。けだしこれは、自分の行動について反省的に考える蟻の魂の状態であろう。蟻は、自分の活動が自分の利害と蟻塚の利害のあいだの中間的な何かに懸っていると感じるだろう。ただ、この根源的な本能にわれわれは本来の意味での責務を結びつけた。責務はその起源において、個人的なものと社会的なものが互いに区別されない状態を含んでいるのだ。この責務に対応する態度は、自分自身へと向き直った個人ならびに社会の態度であると、われわれが言いうるのはそのためである。この場合、魂は個人的であるのとまったく同時に社会的でもあって、一つの円のなかを回っている。魂は閉じている。

もう一つの態度は開かれた魂の態度である。では、この魂は何を受け入れるのだろうか。開かれた魂の愛は動物、植物、すなわち全自然にも広がっていく以上、この魂は人類全体を包容すると言っても言い過ぎではないし、それでもまだ言い足りないくらいであろう。けれども、開かれた魂を占めにくるものが何であろうとも、そのいずれも、この魂が取った態度を定義するには十分ではあるまい。なぜなら、この魂は場合によっては、こうしたものすべてなしで済ますことができるだろうからだ。開かれた魂の形態はその内容に依存しない。われわれはその形態を内容で満たしてみたが、同様に今はそれを空にすることもできるだろう。仁愛《シャリテ》は、地上にもはや他のいかなる生物も存在しないところでさえ、仁愛を有した者のところに存続するだろう。

もう一度言うが、われわれが閉じた魂から開かれた魂へと移行するのは、自己を膨張させることによってではない。あまりにも純粋に主知主義的な心理学は、言語の指示に従い、おそらく魂の諸状態を、それらが結びつけられた対象によって規定するだろう。すなわち、家族愛、祖国愛、人類愛という三つの心的傾向のうちに、この心理学は、より多くの数の人間を包み込むために、次第に膨張する同一の感情を見るだろう。これらの魂の状態は同一の態度もしくは同一の運動によって外部に言い表される事実、これら三つの状態はいずれもわれわれをある方向に傾かせるという事実は、それらを愛という概念のもとに分類し、同じ語によって表現することをわれわれに可能ならしめる。そのとき、次第に拡大していく三つの対象を名づけることによって、これらの魂の状態は区別され、魂の各状態はその対象に結びつくことになるだろう。実際、これらの魂の状態を名指しするにはこれで十分である。しかし、これは魂の諸状態を描写することだろうか。それらを分析することだろうか。最初の一瞥で意識は、最初の二つの感情と第三の感情のあいだに本性の差異を認める。前者の二つの感情は選択を、ひいては排除を含んでいる。それらは闘争へと駆り立てることがあるだろう。それらは憎悪を排除しない。第三の感情は愛でしかない。第一と第二の感情はそれらを引きつける対象にまっすぐ向かってそこに留《と》め置かれる。第三の感情はその対象の引力には屈しない。この感情はその対象を目指したのではなかった。それは、より遠くへ飛び出して、人類を通り過ぎることによってしか人類に到達しない。厳密に言って、この感情は対象をもつのだろうか。後にわれわれはこう問うことにしたい。さしあたっては、魂のこの態度はむしろ運動と言えるもので、自己充足しているということを確認するにとどめよう。

感動と推進

しかし、開かれた魂の態度に対して提起される問題は、閉じた魂の態度については完全に解決されている。実際、後者の態度は自然によって望まれたものだった。われわれは、どのようにして、また、なぜそのような態度を取らなければならないと自分が感じるのかを検討してきたところである。それに対して、開かれた魂の態度は後から獲得されたものである。つまり、それは努力を要求したし、つねに努力を要求している。どうして、開かれた魂の模範となった人々は、彼らの後に続こうとする人々を見つけたのか。また、この場合、社会的圧力の対となる力はいかなるものなのか。われわれに選択の余地はない。本能と習慣以外に、意欲に直接働きかけるものとしては、感受性の作用しかないのだ。もっとも、感情によって遂行される推進は責務と非常に類似している。愛の情念、とりわけ生まれたばかりの愛の情念を分析してほしい。この情熱が目指すのは快楽だろうか。だが、それは同様に苦悩でもあるのではないだろうか。おそらくは悲劇が待ち受けていて、まるまる一生をしくじり浪費し台無しにしてしまうのではないか。そんなことは分かっているし、感じてもいる。だが、それが何だというのか。しなければならぬからしなければならぬのだ。生まれたばかりの情念の大きな不実さはまさに義務を偽造することである。しかし、情念にまで行く必要は少しもない。最も静かな感動《エモシオン》のうちにも、一定の行動の要請が入り込むことは可能で、この種の要請は、それが抵抗に出会わない、つまり同意されたことしか強要しないという点で、先に定義された責務と異なるが、それでもやはり、何かを強要するという点で責務と類似している。われわれがこの点に最もよく気づくのは、この要請がその実践的効力を一時停止させ、そうすることで、この要請について反省し、自分が感得するものを分析する余地をわれわれに残す場合であろう。これは例えば音楽的感動のなかで起こることだ。ある音楽を聴いているあいだ、われわれはそれがわれわれに暗示するのとは別のことを欲することはできないし、また、音楽を聴きながらじっとしていられないなら、われわれはまさにこのように音楽に暗示されて自然に、必然的に動いているように思える。音楽が歓喜、悲哀、憐れみ、共感を表現するとすれば、毎瞬間われわれは音楽が表現するものそれ自体である。それは単にわれわれであるだけでなく、他の多くの人々、いや他の人々すべてでもある。音楽が泣くとき、全人類、そして自然全体が音楽と共に泣く。実を言えば、音楽はこれらの感情をわれわれのなかに導き入れたのではない。音楽はむしろ、通りがかりの人がダンスへと駆り立てられるように、われわれをそれらの感情のなかに導き入れたのである。このようなやり方で振舞うのだ、道徳の先導者たちは。

彼らにとって生は、新たな交響曲がもたらしうるような、思いもかけない感情の響きを有している。われわれが音楽を行動で言い表すことのできるよう、彼らはわれわれを彼らと共にこの音楽のなかへ引き入れるのだ。

感動と創造

感情が対象に依存させられ、また、どんな感動もが、知的表象の、感受性における反響とみなされるのは、過剰な主知主義によってである。音楽の例をもう一度取り上げよう。音楽がわれわれのうちに様々な感動、すなわち歓喜、悲哀、憐れみ、共感を惹起すること、これらの感動は非常に強いものになりうること、これらの感動は何ものとも結ばれていないのに、われわれにとって申し分のないものであることは誰もが知っている。われわれはここで芸術の世界にいるのであって現実の世界にいるのではない、と言われるかもしれない。そのとき、われわれは戯れでしか感動せず、われわれの魂の状態はまったく想像的なものであり、加えて、われわれがその感動を現実の人生ですでに体験したことがなかったならば――もっとも実人生が対象によって規定されているとき芸術はもはやそこから対象を引き剝がすことしかしないのだが――、音楽家は感動をわれわれのうちに引き起こすことはできないだろうし、感動を引き起こさずにはそれを仄めかすこともできないだろう。

このように言うことは、歓喜、悲哀、憐れみ、共感が、単に一般性を表現する言葉でしかないのを忘れることになろう。たしかに、音楽が感得させるものを表現するには、これらの言葉を参照しなければならない。けれども、そこで忘れられているのは、新しい音楽の各々には新しい感動が貼り付いており、これらの感動はこの音楽によって、この音楽のなかで創造され、旋律もしくは交響曲の唯一無比なる構成そのものによって決定され限定されているということだ。だから、これらの感動は、芸術によって現実の人生から抜き出されたものではなかった。これらの感動を言葉として表現するために、芸術家によって創造された感動を、生のなかでそれと最も類似したものに接近させるよう強いられているのは、われわれなのである。試しに、諸事物によって実際に引き起こされた魂の状態、つまり、事物のなかに前もって描かれていたような魂の状態を取り上げてみよう。自然そのものによって欲せられた魂の状態の数は決定されており、制限されている。欲求に応える行動へと駆り立てるものだという点で、われわれはそれらの状態を見分ける。逆に、これとは異なる魂の状態は、音楽家の創作にも比される真の創作であって、その起源には人間がいる。例えば山は、いつでも、それを眺める人々に、感覚に似た特定の感情、実際にその山に貼り付いた感情を伝えることができた。しかし、ルソーは山について、新しく独自な一つの感動を創造した。ルソーがそれを流通させたので、この感動はありふれたものとなった。とはいえ今日でもなお、その感動をわれわれに感得させるのは、山そのものと同じく、い動が他のまったく異なる対象よりもむしろ山に執着したのにはいろいろ理由があった。山や山より以上にルソーその人である。たしかに、ジャン＝ジャックの魂に由来するこの感動が他のまったく異なる対象よりもむしろ山に執着したのにはいろいろ理由があった。山によって直接的に引き起こされた基礎的諸感情は感覚に隣り合うもので、新しい感動と一致していたはずである。ところが、ルソーはこれらの基礎的感情を寄せ集めた。ルソーは、それ以来単なる倍音となってしまうこれらの感情を一つの音色のなかに入らせ、真の創造によって、彼はその音色の根本的な調子を与えたのだ。自然一般に対する愛についても同様である。いつの時代も自然一般は、ほとんど感覚であるような感情を引き起こした。木陰の穏やかさ、せせらぎの清冽さなどを、要するに、ローマ人たちがそれによって田園の魅力を特徴づけた「アモエヌス」（*amœnus*）〔心地よさ〕という語が想起させるものを、人々はつねに楽しみ、好んできた。しかし、ある個人もしくは幾人かの人々によって間違いなく創造された新しい感動が、先行的に実在していたこれらの音をいわば倍音として利用し、かくして、新たな楽器の独自の音色にも比される何ものかを生み出したのだ。それは、われわれがそれぞれのお国で自然の感情と呼んでいるものである。こうして導入された根本的な調子は、東洋、特に日本では、別のものでありえただろう。そのとき音色も別のものであっただろう。感覚に近い感情は、それを規定している対象と密接に結ばれているが、加えて、以前に創造され、まったく新しいわけではない感動をもこれらの対象に引き寄せることができる。これは、まさに愛にとって起こったことである。いつの時代も、女性は欲望とは区別されたある傾向を男性に吹き込んできたはずだ。この傾向はそれでも欲望と隣接し、いわばそれに溶接されたままで、感情と感覚とに同時に属している。しかし、ロマネスク的な愛は一つの日付をもっている。中世にあって、自然な愛を、ある意味では超自然的な感情のなかに、キリスト教が創造し、世界に放った宗教的感動のなかに吸収させることが思いつかれた時がそれである。愛の情念のような仕方でみずからを表現するとして、神秘主義《ミスティシスム》が批判されるとき、忘れられているのは、愛のほうがまずもって神秘思想《ミスティック》を模倣し、そこから熱情、高揚、恍惚感を借りてきたことである。神秘主義は、それが変貌させた情念の言語を援用することで、自分の財産をただ取り戻しただけなのである。おまけに、愛が崇拝に近づくにつれて、感動と対象との不均衡はより大きくなり、結果として、愛する者が抱く失望もより深くなる。もっとも、彼が感動を通して対象を見、対象に触れず、対象を宗教的に取り扱うことに飽くことなく努力し続ける場合は別であるが。古代人はすでに愛の錯覚について語っていて、それは感官の誤りに類似し、われわれが好む女性の容姿、彼女の体つき、振舞い、性格に係る錯覚だったという点を指摘しておこう。ルクレティウスの描写が思い出される。そこでは、錯覚は単に愛される対象の諸性質にのみ係り、近代における錯覚のように、愛から期待されうるものに係ることはない。古代における錯覚とわれわれがそこに付け加えた錯覚とのあいだには、対象そのものから発する原始的感情と、外から呼び起こされ、原始的感情を覆いそこから溢れ出た宗教的感動とのあいだにあるのと同じ差異がある。失望に残された余地は今や並外れて大きい。なぜなら、それは神的なものと人間的なものにある隔たりであるからだ。

一つの新たな感動が、芸術、科学、文明一般の偉大な創造物の起源にあるということ、それは疑いないようにわれわれには見える。それは単に、感動が刺激を与えるものであるからではないし、感動が知性をして何かを企てさせ、意志をして存続させるからではない。そのはるか先まで行かなければならない。一方で、思考を生み出すような感動が存在するし、他方で発明は、たとえそれが知性的秩序に属するとしても、感受性に係るものをその実質として有することがあるのだ。だから、「感動」、「感情」、「感受性」という語の意味について諒解しておかねばならないのである。感動というものは魂の情動的振動であるが、表層の動揺と深層の隆起とは別ものである。前者の場合、その効果は散逸するが、後者の場合、効果は分化されずにとどまる。前者の場合、全体が動くことなく諸部分が揺れ動くだけだが、後者の場合、全体が前へと押し出される。しかし、比喩を脱却しよう。感動の二つの種類、感情の二つの様態、感受性の二つの現出を区別しなければならない。感覚とは異なる情動的状態であること、感覚とはちがって、物理的刺激の心理的転移に還元されないこと以外には、両者は共通点をもたない。一方では、感動は一つの観念もしくは表象された一つのイメージに続いて生起する。つまり、感性的状態はまさに知性的状態に由来するのであって、知性的状態は感性的状態に何も負うことなく自己充足しており、たとえそれが感性的状態から反動的効果を受け取るとしても、それで得るものよりも失うもののほうが多い。以上が、感受性へと転落した表象によって規定される感受性の興奮であり動揺なのである。しかるに、もう一方の感動は、表象の後に続くが表象とは区別されたままで、表象によって規定されることがない。いやそれどころか、この種の感動は、不意に到来する知性的諸状態との関係で言うと、むしろ原因であってもはや結果ではない。この感動は諸表象を孕んでいるが、どの表象も真に形成を遂げたものではなく、感動がその有機的発展によって自身の実質から引き出した、あるいは引き出しうるものなのだ。第一の感動は知性以下のものである。総じて心理学者たちが係っているのはこの種の感動であり、感受性と知性を対立させるとき、あるいは感動を表象の漠たる反映とみなすとき、念頭に置かれているのもこの種の感動である。それに対して、第二の感動については、われわれは知性以上のものであると進んで言うだろう。もっとも、知性以上という言葉が、価値の優越という考えをすぐさま、しかもそれのみを排他的に連想させないとしてだが。それはまた時間における先行性、生み出すものと生み出されるものとの関係でもある。そして実際には、第二の種類の感動のみが諸観念を発生させるものとなりうるのである。

感受性に非常に広く、非常に立派な場所を取り置く心理学を、軽蔑の意味を込めて「女性的なもの」として扱うとき、理解されていないのが以上の点である。このように述べる人々の第一の誤りは、いとも簡単に観察できるのに、それをせずに、女性について流通している月並みな考えに満足していることである。われわれは、ある不正確な表現を修正するためだけに、二つの性の比較研究を行うつもりはない。女性は男性と同じくらい知性的だが、感動しうる能力に関しては劣っており、もし女性において魂の何らかの力能がより劣った発展を呈するとすれば、それは知性ではなく感受性のほうである、と言うにとどめよう。もちろん、ここで問題なのは、深い感受性であって表層の興奮ではない。(2) しかし、それはどうでもよい。感受性に精神の最も高度な能力を割り当てると、人間を貶めることになると思っている人々の最大の誤りは、理解し、議論し、受け入れたり拒絶したりする知性、要するに批判で事足れりとする知性と、創造する知性の差異が正確にどこにあるのかを見ないことである。

創造は何よりも感動を意味する。単に、文学や芸術だけではない。周知のように、科学的発見は集中と努力を含んでいる。天才は粘り強い忍耐として定義された。たしかに、知性は単独のものとして表象され、注意力一般も単独のものとして表象されるが、注意力は多少なりとも発達を遂げると、多少なりとも強く知性を集中させるだろう。しかし、このように知性の外側にあり、無規定で内実を欠いたこの注意が、知性と結びつくだけで、知性のうちに存在していなかったものをいかにして出現させうるのだろうか。心理学がまたしても言葉に欺かれていることが強く感じられる。ありうるすべての事例で発揮されるあらゆる注意を同じ語で指し示すことで、心理学は、それらの注意すべてが同じ性質を持つと想定して、それらのあいだにもはや大きさの差異しか見ないのである。真実はどうかというと、各々の事例で注意は、それが向けられる対象によって特殊なニュアンスを持ち、いわば個別化されている。だからこそ心理学には、注意についてと同じく「利害《アンテレ》」〔関心〕について語り、特殊な事例に即してより多様化し易い感受性を暗黙裡に介入させる傾向がすでにあるのだ。しかし、それでも多様性は十分に強調されてはいない。関心を抱く能力一般が措定されるが、それはつねに同じものにとどまり、依然として、対象への適用の度合いに応じてしか多様化されないだろう。だから、関心一般については語らないでおこう。関心を吹き込んだ問題とは感動に裏打ちされた表象であって、感動は好奇心、欲望、一定の問題が解けたことを先取りした歓喜であるので、表象と同じく独自なものであると言っておこう。感動こそ、数々の障害にもかかわらず知性を前進させるのだ。何よりも感動こそ、それが一体化することになる知的諸要素を活気づける、というよりもむしろ、それらに生命を与え、あらゆる瞬間に、それと共に有機的に組織されうるであろうものを寄せ集め、最終的には、問題の言明を解として開花させるのだ。そうであるなら、ましてや文学と芸術ではどうなるのか！　天才的作品は大抵、表現不能と思われつつも表現されることを欲してきた比類ない感動から生み落とされてきた。しかし、それがいかに不完全でも、そこに創造的な部分があるならば、どんな作品でも同様ではないだろうか。文学的作品を書いたことのある人なら誰でも、あるがままにされた知性と、作家と主題の一致、すなわち直観から生まれる独特で唯一無二の感動がその炎で焼き尽くす知性との差異を認めることができた。第一の知性の場合、精神は、はるか昔から語という鋳型に流し込まれて、社会が凝固した状態で精神に供する諸観念を相互に組み合わせることで、熱せられることなく作用する。第二の知性の場合、知性によって与えられる素材はあらかじめ溶け合っており、次いで、そのような素材が諸観念へと、それも精神そのものによって形成された諸観念へと新たに凝固するように思われる。これらの観念が、それらを表現する既存の語を見つけるとすれば、それはどの観念にとっても予期せざる僥倖の帰結である。実を言うと、そうした好機を時に助長し、語の意味が思考に象るよう語の意味に無理強いしなければならなかった。この場合、努力は苦しく、結果は運任せである。しかし、このような場合にのみ、精神は自分が創造者であると感じ、あるいはそう信じるのだ。精神はできあいの諸要素の多様性から出発して、古き統一性の新たな配置となるような雑多な統一性に到達することはもはやない。精神は、同時に一にして唯一無二と見えるような何かへと一挙に移り、次いでこの何かは、前もって語のうちに与えられた複数の共通概念としてどうにかこうにかみずからを分割しようとするだろう。

要するに、表象の帰結として表象に付加される感動とは別に、表象に先立ち、表象を潜在的に含み、ある程度まで表象の原因であるような感動が存在するのだ。ほとんど文学作品とは言えないような戯曲でも、われわれの神経を興奮させ、第一の種類の感動を惹起できるだろう。たしかに強力ではあろうが月並みなもので、われわれが人生のなかで日常的に体験する数ある感動から取られた感動、いずれにせよ表象を含むことなき感動を、である。それに対して、偉大な劇作品がわれわれに惹起する感動の本性はまったく異なる。比類ないものとして、この感動は、われわれの魂を揺さぶるに先立って、詩人の魂のうちに、そしてそこにのみ出来した。かかる感動からこそ、この作品は生まれ出たのだ。なぜなら、作者が作品を書き進めながら参照としたのはまさにこの感動だからだ。この感動は創造への要請でしかなかったが、すでに規定された一定の要請であって、ある作品の完成によっては満たされるが、それが別の作品によって満たされることはない。ただ、別の作品が当の作品と内的に深く類似していて、二つの作品のあいだのこの類似《アナロジー》が、諸観念とイメージへのある一つの音楽の、いずれもまずまずの二つの翻訳のあいだの類似に比すべきものである場合だけは別である。

感動と表象

道徳《モラル》の発生に感動が占める大きな持分を認めたからといって、われわれは「感情の道徳」(morale de sentiment)を提示しているのではまったくない。なぜなら、ここで問題となっているのは、表象として、更には教説としてさえも結晶化することが可能な感動であるからだ。こうして結晶化した教説からは、他のどんな教説からもそうであるように、この道徳を演繹することはできなかっただろう。いかなる思弁も責務を造り出すことはできないし、責務に似た何ものも造り出さないだろう。理論の美しさがどうであれ、それに係りなく私はそれを容認しないと言えるだろうし、たとえそれを私が受け入れるとしても、私は自分の思う通り振舞う自由をなおも有していると主張するだろう。けれども、感動の雰囲気が現存するなら、私がそれを呼吸したなら、この雰囲気が私に浸透するなら、私はこの感動に即して、それに励起されて行為するだろう。ただし、それは強制もしくは必然性によってではなく、私がそれに抵抗しようとは欲しない傾向の力によってである。だがそのとき、私は自分の行為を感動そのものによって説明する代わりに、諸観念への感動の転移によって構築されるであろう理論からでも、自分の行為を演繹できるだろう。今、われわれはある重大な問題へのありうべき答えを垣間見ている。後に、われわれはこの問題に再び出会うことになるが、これまでも、副次的ながら先にそれにわずかに触れたばかりである。宗教が新しい道徳をもたらすとして、宗教は、神について、宇宙について、両者の関係についてのその思想によって、すなわち、それが受け入れさせる形而上学によってこの道徳を課する、とはよく聞く話である。それに対しては、逆に道徳の優越性によってこそ宗教はある人々の魂を捉え、諸事物についてのある考え方へとこれらの魂を向かわせるのだとの答えがあった。しかし、知性は価値の差異を規則もしくは理想との比較によってしか評価することができず、理想と規則が現存する道徳によってすでに必然的にもたらされている以上、知性は、それに提示される道徳の優位性を認めるだろうか。他方、世界の秩序についての新しい考え方が、われわれのすでに知っている数々の哲学に加えられるべきいま一つの哲学とは別物だということがどうしてあるだろうか。たとえわれわれの知性がその哲学に与するとしても、われわれはそこに、他の説明よりも理論的にましな一つの説明しか決して見出さないだろう。また、たとえ知性が、自分とよりよく調和するという理由で、ある新しい行動規則を勧めるかにわれわれに見えるとしても、このような知性の賛同は意志の転向とは非常にかけ離れたものである。しかし、真実はというと、純粋な知的表象の状態にある学説がある道徳を人々に採用させること、ましてやそれを実践させることはおよそないだろうし、他方、行動規則の体系として知性によって構想された道徳が、ある学説を知的により好ましいものたらしめることはないだろう。新しい道徳、新しい形而上学に先立って感動があって、感動は延長されて、意志の側では弾み《エラン》と化し、知性においては説明的表象と化す。例として、キリスト教が仁愛《シャリテ》の名のもとにもたらした感動を想定してもらいたい。この感動が人々の魂を摑むと、その結果としてある行動が起こり、ある学説が広まっていく。形而上学がそのような道徳を強要したのではないし、道徳がこの形而上学をわれわれに好ませたのでもない。形而上学と道徳は同じものを表現するが、前者は知性の語彙で、後者は意志の語彙で表現する。そして、表現すべき事象が与えられるや否や、これら二つの表現は共に受け入れられる。

われわれの道徳の優に半分が義務を含んでいて、義務の責務的性格は最終的には個人に対する社会の圧力によって説明されるということ、この点はさほど難儀することなく同意されるだろう。なぜなら、実際に、これらの義務はごく普通に実践され、明瞭で正確な定式を有しており、その場合、これらの義務をその十全に可視的な部分において把持し、その根まで下降するなら、それらが拠って来る社会的要求を発見するのはわれわれにとって容易だからだ。けれども、道徳のそれ以外の部分、ある感動的状態を表現しており、そこではもはや圧力ではなく魅力に屈するのだということ、多くの人々はそれを認めるのに躊躇するだろう。その理由は、ここでは大抵、自己の根底に最初にあった感動を再び見つけることができないからだ。その残滓たるいくつかの定式はあるし、感動に内在する、新たな生についての考え、いやむしろ生に向き合うある態度が固まっていくにつれて、それらの定式は、社会的意識と名づけることのできたもののなかに沈殿していった。まさにわれわれは消えた感動の灰を前にしており、この感動の推進力は感動に含まれていた炎に由来するがゆえに、社会的生活の根本的諸要求を表現するより古い諸定式が、その責務的性格の何がしかを感染によって新たな諸定式に伝えないなら、件の残存する諸定式は総じてわれわれの意志を揺るがすことができないだろう。これら二つの併置された道徳的表現は今やもはや一つでしかないように思われる。第一の道徳はその命令的性格を少々第二の道徳に貸し与え、他方、それと引き換えに、自分ほど狭隘ならざる社会的意味、自分よりも広く人間的な意味を第二の道徳から受け取った。しかし、灰を攪拌してみよう。そこに、われわれはまだ熱い部分を見つけるだろうし、そのまま続ければ、遂には火の粉が吹き上がるだろう。再び炎が上がることもあるだろうが、実際に燃え上がったならば、火の手は段々と周囲に広まっていくだろう。私が言いたいのは、第二の道徳の数々の格律《マクシム》は、第一の道徳の格律とはちがって、別々に働きかけるのではないということだ。それらの格律の一つが抽象的であることをやめ、意味に満たされて作用力を獲得するや否や、他の諸格律も同様の動きを見せようとするだろう。そして最終的には、かつてはそれらを背後に置き去りにした熱き感動のなかで、すべての格律が甦ってそれらを感得する人間たちのなかで再び一体化する。様々な宗教の創始者と改革者、神秘主義者、聖人、われわれが人生の途上で出会うことができ、最大の偉人たちと肩を並べるとわれわれに映る道徳的生の無名の英雄たち、こうした人々すべてがそこにいる。模範たる彼らに引き寄せられ、征服者の一群に合流するかのように、われわれは彼らに加わる。実際、彼らは征服者である。なぜなら、彼らは自然の抵抗を打ち砕き、人類を新たな運命へと高めたのだから。こうして、実在に触れるためにうわべだけのものを取り除くとき、つまり、二つの道徳が相互の交換によって、概念的思考と言語において採用した相互に共通の形態を考察するのをやめるとき、われわれはこの統一された道徳の二つの極端に圧力と熱望を見出す。圧力は、それがより非人称的なもの、すなわち、習慣、更には本能とさえ呼ばれる自然の力に近づくにつれて、より完全なものとなるのだが、熱望のほうは、それが諸個人によってよりはっきりとわれわれのうちに引き起こされ、また、それが自然をより巧みに征服していくように見えるにつれて、より強力なものとなっていく。確かに、自然そのものの根元にまでわれわれが下降していくならば、おそらく、すでに形成された人間種に旋回しながら直接的に現出する力と、次いで傑出した諸個人を介して間接的に作用し、人類を前方へと推す力が同一の力であることに気づくだろう。

しかし、この圧力の熱望に対する関係を定めるために、形而上学のようなものに訴える必要は少しもない。もう一度言うが、これら二つの道徳を相互に比較することが容易でないのは、これらの道徳が純粋な状態ではもはや現れることがないからだ。第一の道徳は第二の道徳に強制的な力の何がしかを貸し与え、反対に、第二の道徳は第一の道徳にその芳香の何がしかを放散した。こうして今、われわれは様々な道徳的規定の一系列を前にしており、どちらの極端から出発して辿るかによって、それは漸増していく系列とも漸減していく系列ともなる。二つの極限に関しては、むしろ理論上の意義があり、それらが実際に到達されることはほとんどない。このように一つの系列を成すとはいえ、圧力と熱望を別々にして、それ自体として考察してみよう。圧力には、自己保存しか目指そうとしないような社会の表象が内在している。社会が自分と共に諸個人を引き込んだ旋回運動が、その場で生み出され、習慣を介して、遠くから本能の不動性を模倣する。諸々の純粋な責務がすべて果たされたと想定した場合、責務の総体についての意識を特徴づける感情は個人的かつ社会的な安泰感で、それは生活の正常な営みに伴う状態に似ている。この感情は歓喜よりもむしろ快楽に類似していると言えるだろう。逆に、熱望の道徳には、進歩の感情が暗に含まれている。われわれが論じていた情動は前進への熱狂であり――この熱狂(enthousiasme)によって熱望の道徳はある者たちには受け入れられ、次いで、彼らを通して世界に広められた。それに、ここでは「進歩」と「前進」が熱狂そのものと一体化している。それを自覚するためには、目指されている終着点もしくは接近すべき完成を思い描く必要はない。熱狂の歓喜のなかに、安楽の快楽以上のものがあれば十分であって、後者の快楽は前者の歓喜を含んでおらず、逆に、歓喜が自分自身のうちに快楽を包容し、吸収してさえいるのだ。こうしたことを、われわれは感じているのだが、こうして獲得された確信は、何らかの形而上学に依存するどころか、逆に、形而上学により堅固な支えを与えるだろう。

しかし、このような形而上学以前に、また、直接体験されたもののはるか近くにあるのは、感動にのしかかるに応じて感動から湧出するような単純な表象である。われわれは先に、宗教の創始者と改革者、神秘主義者と聖人のことを語った。彼らの言語に耳を傾けてみよう。その言語は、魂をそれ自身と都市国家《シテ》のうちに同時に閉じ込めていた自然と袂を分かつことで、みずからを開く魂の特殊な感動を表象としてもっぱら翻訳している。まず、これらの人々は自分が体験したものは解放の感情であると言う。安泰感、快楽、豊かさなど普通の人々の気を引くものはすべて、彼らにはどうでもよいのだ。こういったものから解放されると、彼らは安堵し、次いで無上の喜びを感じる。とはいえそれは、かつて自然がわれわれのために欲した生に、われわれを堅固な絆で結びつけることで自然が過ちを犯したということではない。そうではなく、もっと先へ進まなければならない。自分の家ではわれわれを満足させる便利な品々も、それらを旅行に持っていかねばならないなら邪魔物となり、単にかさばるだけの荷物となるだろう。かくして動かされた魂が他の魂たちと、更には自然全体とさえ共感する傾向をより強く持っているということは、閉じた社会のなかで旋回している魂の相対的な不動性が、人間種を構成したのと同じ作用によって自然が人類を相異なる個体性に細分化したことにまさに起因しないとすれば、驚くべきことかもしれない。一つの種を構成するどんな作用もそうであるように、人間種を構成した作用も停止であった。再び前進を開始することで、人は打ち切るという決断を打ち切る。完璧な効果を得るためには、たしかに残りの人々を引き連れねばならないだろう。しかし、幾人かの人々が後に続き、他の人々も機会が来れば同じようにするだろうと確信するなら、それだけでもすでに大したことである。つまり、執行が始まると共に、閉じた円が最終的には断たれるという希望が存在するのだ。いずれにせよ、隣人愛を得るのはそれを説教することによってではない、ということはいくら繰り返しても言い足りないだろう。人類を包み込むことになるのは、より狭い感情を拡張することによってではない。われわれの知性が、このような感情の拡張を適切な歩みだとどれほど確信したとしても、ものごとは別様に振舞う。われわれの悟性にとって単純であるものも、必ずしもわれわれの意志にとって単純であるわけではない。ある道が最短であると論理が言うとしても、経験が出来して、この方向に道がないことを見つける。本当のところは、愛に至るにはここでは英雄性《エロイスム》を経由しなければならないということだ。もっとも、英雄性は述べ伝えられることはない。それは自分を示すだけでよく、英雄性がただ現存するだけで他の人間たちを動かすことができるだろう。それは、英雄性それ自体が運動への回帰であり、創造的行為に似た感動――どんな感動もそうであるように伝達可能な――から流出したものだからだ。われわれは他の人間たちを神において愛する、と言うことで、宗教はそれなりの仕方でこの真理を表現している。そして偉大な神秘主義者たちは、己が魂から神に向かい、神から人類へと再び下降する一つの流れについての感情を抱いていると公言している。

前進

このような解放された魂には、物質的な障害のことは語らないでいただきたい！　語ったとしても、この魂は、障害は避けられねばならないとも、それは力ずくで突破されうるとも答えないだろう。この魂は障害など実在しないとはっきりと言うだろう。かかる魂の道徳的確信について、それは山をも持ち上げるだろうと言うことはできない。なぜなら、この魂には持ち上げるべき山が見えないからだ。諸君が障害についてあれこれ推論する限り、障害はそれがあるところから動かないだろう。諸君が障害を見つめている限り、諸君はそれを諸部分へと分解し、それを一つずつ乗り越えねばならないだろうが、細分化は限りないものでありうるので、諸君がすべてを汲み尽したことを語るものは何一つない。しかし、諸君が障害の存在を否定するなら、諸君はそれをひとまとめに全部取り除くことができる。実際に歩くことで運動を証明した哲学者はまさにそうしたのだ。彼の行為は、合間の諸点一つ一つを飛び越えるために必要であるとゼノンが判断した努力、そのつど再開しなければならないが結局は無益な努力の端的な否定である。道徳のこの新たな側面を深めるなら、生命を産出する努力との一致――それが現実のものであれ錯覚であれ――の感情がそこに見出されるだろう。外側から見れば、生命の働きは、その作品の各々において、終わりなく続けられるであろう分析に委ねられる。例えば、われわれの目のような器官の構造を最後まで記述し終えることは決してないだろう。しかし、援用された手段の総体とわれわれが呼ぶものは実際には一連の克服された障害でしかない。自然の行為は単純なものだが、視覚を得るために自然が一つ一つ構築したかに見える機構の無限の複雑さは、機能の実行を分割不能なものとして可能にするために、互いに打ち消し合った対立の果てしない交錯でしかない。例えば、鑢屑《やすりくず》の奥深く突っ込まれた見えない手のようでもので、われわれが見えるものしか考慮しないなら、それ自体では単純な手の動作は、鑢屑が相互に均衡を保つために互いに引き起こす作用と反作用の果てしない一系列として現れるだろう。このようなものが、生命の現実の作用と、それを分析する諸感官および知性に対して生命がまとう相貌との対照であるなら、物質的な障害をもはや知ることなき魂が、生命の原理そのものと一致していると、正しいかどうかはともかく感じるのは驚くべきことだろうか。

結果と原因のあいだにまずどれほどの異質性が見出されようとも、また、行動規則と諸事物の根底についての断定とは非常に大きく隔たっているとはいえ、われわれはつねに、人間種を生み出した原理と接触することで、自分は人類を愛する力を汲んでいると感じた。私が言いたいのはもちろん、魂全体を吸収し熱する愛のことである。しかし、より微温的で軟《やわ》で断続的な愛も、知性のなかにとどまり、言語のなかに沈殿したより色褪せ、より冷めたイメージでないときには、魂全体を熱する愛の輻射以外のものではありえない。こうして道徳は二つの異なる部分を含み、一方は人間社会の起源的構造にその存在理由を持ち、他方はこの構造の説明原理のうちにその説明を見出す。第一の部分では、責務は、全体の形式を維持するために社会の諸要素が相互に及ぼす圧力を表象しており、かかる圧力の効果は、この圧力といわば向き合う諸習慣の体系によってわれわれ各人のうちで前もって描かれている。このような機構の部品の各々が一つの習慣なのだが、その総体は一つの本能に比すべきもので、自然によってこの機構は準備されている。第二の部分にも、お望みならなおも責務があるのだが、責務はここでは熱望もしくは弾みの力、人間種へ、社会的生へ、多少なりとも本能に同化可能な習慣の体系へ至り着いた弾《エラン》みそのものの力なのである。推進の原理は直接的に作用しており、それがかつて組み立て、暫定的にそこで停止していた諸機構を媒介とすることはもはやない。つまり、ここまでの所論すべてを要約して述べるなら、自然は人間種を進化の流れに沿って置くことで、それが蟻と蜜蜂の社会を欲したのと同様に、人間種が社交的なものであることを欲したのである。ところが、知性がそこにある以上、社会的生の保持はほとんど知性的な機構に託されざるをえなかった。ほとんど知性的と言ったが、この機構は、その各部品が人間の知性によって改造され改良されるという点では知性的だが、人間は人間であることをやめることなしには、部品の総体を廃棄し、保守的機構をもはや受け入れないということはできないという点で本能的なのである。本能は一時的に習慣の体系に場所を譲ったが、習慣一つ一つは偶然的なものと化していた。ただ、それらが社会の保存へと一致して向かうことだけが必然的であり、結局はこの必然性が本能を連れ戻したのだ。全体の必然性は、諸部分の偶然性を通して感じられるが、この必然性こそわれわれが道徳的責務一般と呼ぶものなのである。もっとも、それらの部分は社会の目から見てのみ偶然的であり、社会が諸習慣を教え込む個人にとっては、部分も全体のように必然的である。さて、自然によって欲せられた機構は、自然によって起源的に構成された諸社会と同様に単純なものだった。自然は、われわれの社会のような社会の法外な発展と無際限な複雑さを予見していただろうか。まず、問いの意味をはっきりさせておこう。われわれは、それが何であれ何かを自然が文字通りの意味で欲したとか予見したとか言いたいのではない。しかし、われわれは、一つの機能を一つの器官に割り当てるたびに自然の意図について語る生物学者と同じやり方をする権利を有している。このような仕方で生物学者は単に器官と機能との適合を表現しているのだ。人類がどんなに文明化したとしても、社会がどんなに変容したとしても、社会的な生へと向かういわば有機的な傾向は起源における状態から変化していないとわれわれは主張する。われわれはこれらの傾向を再び見つけ、それらを観察することができる。この観察の結果は明瞭である。すなわち、人間の起源的で根本的な道徳構造は、単純で閉じた社会のために作られているのだ。これらの有機的傾向は明確にはわれわれの意識に現れないし、そうでなければならない。それでもやはり、これらの傾向は責務のなかで最も賢固なものを構成している。われわれの道徳がどれほど複雑なものと化したにせよ、また、この道徳は自然の諸傾向の単なる変容ではなく、自然の方向には進まない諸傾向と重なり合っているとはいえ、かかる流動的な塊に含まれた純粋責務に係るすべてのものから沈殿物を抽出しようと意欲するとき、われわれが行き着くのは上述の自然的諸傾向なのである。このようなものが、道徳の最初の半分である。後の半分は自然の計画には属さなかった。これによってわれわれが言いたいのは、自然は知性による社会的生の一定の拡張を予見してはいたが、それは限られた拡張であったということだ。自然は、このような拡張が起源的構造を危うくするまで続けられるのを欲することはできなかった。もっとも、自然というものは非常に周到だが、非常に騙されやすくもあって、人間が自然を欺いた事例は数多ある。間違いなく自然は、人間が他の生物たちのように限りなく子孫を生み続けることを欲した。個体の増殖によって種の保存を確かにするために、自然は最も入念な予防措置を採った。だから自然は、われわれに知性を与えたものの、その知性がすぐに性行為とその結果を切り離す手段を見つけ出すこと、人間が種《たね》を蒔く快楽を捨てずに収穫を差し控えるようになるかもしれないことを予見しなかった。人間が社会的連帯を人類的友愛《フラテルニテ》へと広げるとき、人間が自然を欺いたといっても、それは上記とはまったく別の意味においてである。それでもやはり人間は自然を欺いている。なぜなら、社会の構図が人間の魂の起源的構造のなかで先形成され、現存する人間に生来的で根本的な諸傾向のなかにその計画を認めることができるとして、これらの社会は、集団が緊密に結合されていること、しかし、集団と集団のあいだには潜在的な敵意があることを要請したからだ。つまり、攻撃もしくは自己防衛する準備がつねにできていなくてはならなかったのだ。とはいえ、自然は戦争のために戦争を望んだというのではもちろんない。都市国家《シテ》が持つ障壁を突破した人類の偉大な指導者たちは、そうすることによって、まさに生の弾み《エラン・ヴィタル》（élan vital）の方向へと身を置き直したように見える。しかし、生に固有の弾みは生命そのものと同様に有限である。その道のりの全行程において、弾みは数々の障害に出会い、かくして相継いで現れた種は、躍動の力とそれに敵対する諸力との合力である。生の弾み《エラン・ヴィタル》は前方に推すが、後者の諸力はその場で旋回させる。自然の懐から出た人間は知性的で社交的な存在であるが、その社交性（sociabilité）は小さな社会に行き着くよう計算されており、その知性は個人の生活と集団の生活を促進することに向けられていた。しかし知性は、それ自身の努力によって膨張し、予想外の発展を遂げた。知性は、己が本性の制限ゆえに人間が余儀なくされていた隷属から人間を解放した。このような条件のもと、人間たちのなかでも特に天分に恵まれた者たちには、閉じたものを再び開き、自然が人類のために行えなかったであろうことを、少なくとも自分自身のために行うことが不可能ではなくなった。これらの者たちの模範は遂には、少なくとも想像力のなかで、他の者たちを追従させるに至った。思考の天才がいるのと同じく意志の天才がいて、天才はどんな予測をも超える。これらの天才的な意志を介して、物質を貫く生の弾みは、種の未来のために、種が形成された時には問題とすらなりえなかった新たな約束を物質から取りつけた。社会的連帯から人類的友愛へと進むことで、われわれはこのようにある自然と決別したが、全自然と別れたわけではない。スピノザの表現の意味を少々変えて、われわれが〈所産的自然〉（Nature naturée）から離脱するのは、〈能産的自然〉（Nature naturante）に戻るためであると言えるだろう。

閉じた道徳と開かれた道徳

このように、第一の道徳と第二の道徳のあいだには、停止と運動のあいだにあるのと同じ隔たりがある。第一の道徳は不動とみなされている。たとえ変化するとしても、この道徳は変化した直後に変化したことを忘れたり、あるいはまた、変化したことを認めなかったりする。この道徳がいついかなる時に呈示する形態も、つねに自分が決定的なものであると主張する。それに対して、第二の道徳は推進力であり、運動への要求である。つまり、それは原理的に動性なのである。それによってこの道徳は己が優越性を証明する――更にはそれによってのみみずからの優越性をまずもって定義する――だろう。第一の道徳を取るなら、諸君はそこから第二の道徳を生じさせることはできないだろう、運動体の一つもしくは複数の位置から運動を引き出せないのと同様に。逆に、運動のほうが不動性を包摂しているのであって、運動体によって通過された各位置は、潜在的な停止とみなされ、そのようなものとして知覚されさえする。しかし、杓子定規な証明は少しも必要ではない。優越性は表象される前に生きられるのであり、そもそも、それがまず感じ取られないなら、次いでそれが証明されることはありえないだろう。これは生命的音調の差異なのだ。都市国家《シテ》の道徳を規則的に実践する者は、個人と社会に共通な安泰の感情を抱くが、このような感情は様々な物質的抵抗の相互干渉を表している。それに対して、みずからを開いていく魂、その目から物質的障害が消失した魂は歓喜にすっかり浸かっている。快楽、安泰感もそれなりのものではあるが、歓喜はそれ以上である。なぜなら、歓喜は快楽と安泰感に含まれていなかったが、これら二つの感情は歓喜のうちに潜在的に見出されるからだ。実際、快楽と安泰感は停止でありその場での足踏みであるが、歓喜は前進なのである。

その結果として、第一の道徳は比較的簡単に定式化できるが、第二の道徳に関してはそうはいかないことになる。われわれの知性と言語は実際には諸事物に係っていて、移行や進展を表象するにはより大きな気づまりを覚える。福音書の道徳は本質的に開かれた魂の道徳である。その数々の勧告のなかでも最も明確なものにおいて、この道徳が逆説、更には矛盾すれすれであること、その点が指摘されたのは正しかったのではないだろうか。もし富が悪であるならば、自分が所有しているものを貧者たちのために放棄することで、われわれは貧者たちを害しているのではないだろうか。もし平手打ちを受けた者がもう片方の頬を差し出すならば、正義（justice）とはいかなるものであるのか。それなしには仁愛《シャリテ》が存在しないところの正義とは。しかし、魂のある状態を誘発するというこれらの格律《マクシム》の意図を考慮するならば、逆説は消え去り、矛盾は解消される。富者が富を放棄せねばならないのは、貧者たちのためではなく、富者自身のためである。「心」の貧しき者は幸いなるかな。美しいことは、奪われていることでも、断つことでさえなく、窮乏を感じないことである。魂が自分を開いていく行為は、紋切り型の定式のなかに幽閉され物質化された道徳を、純粋な精神性へと拡張し、高めることを効果とする。その際、囚われの道徳はもう一つの道徳にとって、運動を撮影したスナップ写真のごときものとなる。これが山上の垂訓で繰り返される対句の深い意味である。「あなた方も聞いている通り……である。しかし、私は……と言っておく」〔『マタイによる福音書』五・二一―四八〕。前者には閉じたものがあり、後者には開かれたものがある。一般に流通している道徳が廃棄されたわけではなく、進展に沿ったある一瞬としてそれは現れている。古い方法は放棄されず、より一般的な方法へと統合されている。これは動が静を自分のうちに吸収し、静が動の特殊な一つの事例と化すときに生じることである。この場合、厳格には、運動と傾向についての直接的な表現が必要となるだろう。だが、運動と傾向をなおも静と不動の言語で翻訳しようとなおも欲するなら――まさにそうするほかないのだが――、矛盾すれすれの表現が得られるだろう。それゆえ、われわれとしては、福音書の幾つかの戒律における実践不可能なものを、微分法初期の説明が示す非論理的なものに比較してみたい。実際、古代の道徳とキリスト教のあいだには、古代数学と近代数学のあいだにあるのと同種の関係が見出されるだろう。

古代人たちの幾何学は、われわれの一般的方法を先取りして応用したような特殊な解法をもたらすことはできた。しかし、この幾何学はわれわれの一般的方法を引き出すことはなかった。そこには、静から動へと跳躍させたであろう弾《エラン》みがなかった。それでも、静による動の模倣が可能な限り推し進められてはいた。例えば、ストア派の教説をキリスト教の道徳と突き合わせるとき、われわれはこの種の印象を抱く。ストア派の人々は世界市民を公に自称し、更に、同一の神に由来するのだから万人は兄弟であるとつけ加えた。言葉はほぼ同じだった。しかし、響《エコー》きは同じではなかった。なぜなら、それらの言葉は同じ語調では発せられなかったからだ。ストア派の人々は非常に美しい模範を示した。彼らが人類を引き込むのに成功しなかったのは、ストア主義が本質的に一つの哲学だからである。かくも高尚な教説に心を奪われ、そこに嵌まり込むとき、哲学者はおそらくこの教説を実践しつつそれを生気づけている。例えば、ピグマリオンの愛が彫り上がった彫像に生命を吹き込んだように。しかし、このことと、大火災のように魂から魂へと無際限に広がっていく熱狂とはかけ離れている。このような感動は当然、一つの教説を構成する諸観念へと、更には、精神的共通性以外の類似を持たないいくつもの異なる教説へと明確化されうるだろう。しかし、感動は観念に後続するのではなく、観念に先立っているのだ。古代ギリシャ時代に、このような感動の何がしかを見つけるためには、ストア派の人々のもとにではなくむしろ、教説をもたらさず、何も書くことなしに、ギリシアの偉大な哲学者たち全員の模範的指導者であったソクラテスのもとに赴かねばならないだろう。たしかに、ソクラテスは理性的活動、特に精神の論理的機能を最重要視する。彼が道連れとするアイロニーは、反省の試練に耐えられない意見を自己矛盾に導いてそれらの意見を斥け、それらを恥じ入らせることに向けられている。ソクラテスが解している問答は、プラトンの弁証論〔問答法〕を生み出し、続いて、本質的に合理的な哲学の方法を生み出したが、この方法はわれわれが今も使っているものだ。この問答の目的は概念に到達し、これらの概念を定義に閉じ込めることであり、これらの概念はプラトンのいう〈イデア〉となり、イデアの理論が今度は、伝統的な形而上学の、これまた本質的に合理的な構築の類型として役立つだろう。ソクラテスはもっと先に進む。彼は徳《ヴエルチユ》についてさえ学問を作る。彼は善の実践と善についての知識を同一視し、かくして道徳的生を、思考の合理的行使のなかに吸収する学説を準備する。理性がこれ以上高い地位に持ち上げられることは決してないだろう。いずれにせよ、以上がまずわれわれを驚かせることだ。しかし、もっと仔細に見てみよう。ソクラテスが教えを説くのは、デルポイの神託が告げられたからである。彼は一つの使命を受け取った。彼は貧しいが、貧しいままでいなければならない。彼は民衆に交ざり、みずから民衆になり、彼の言語は民衆の語りと同じにならなければならない。彼は何も書かないだろうが、それは彼の思想が生きたまま人々の精神へと伝達され、彼らがまたそれを他の人々の精神へと運ぶためである。彼は寒さも飢えも感じず、まったく禁欲的ではないが、欲求から解放され、身体から自由になっている。彼には一種の「ダイモーン」が連れ立っているが、この神霊は警告が必要な時はその声を発する。彼はこの「ダイモーンの合図」を堅く信じているので、この声に従わないくらいなら、むしろ死ぬことを選ぶ。彼が民衆の法廷で自己弁護することを拒み、有罪判決を進んで受けるとしても、それはソクラテスをそこから逃れさせるためにダイモーンが何も言わなかったからだ。要するに、彼の使命は、今日われわれが解している意味で宗教的で神秘主義的な秩序に属するものである。ソクラテスの教えは完璧に合理的なものではあるが、純粋な理性を超えるかに見える何かに吊るされ、それに依存している。しかし、これは彼の教えそのものにおいて気づかれることではないだろうか。もし、プラトンの対話篇の多くの場面でソクラテスのなす、霊感を授けられた、そうは言わないまでも少なくとも高揚した話がソクラテスのものではなく、プラトン自身のものであるとすれば、師ソクラテスの言語がつねに、弟子クセノポンが師のものとみなした言語でしかなかったなら、ソクラテスが弟子たちを燃え上がらせ、幾つもの時代を貫いた熱狂を理解できるだろうか。ストア派もエピクロス派も犬儒派も、ギリシアの道徳家たちはみなソクラテスから生まれた――それも単に、つねに言われてきたように、彼らが師の学説をその多様な方向へと発展させたからではなく、それ以上に、また特に、彼らがソクラテスの創造した態度をソクラテスから借り受けたからなのだが、ただしこの態度はギリシア的天才にはほとんど適合せざる〈賢人〉の態度である。みずからの知恵のうちに閉じ籠もることで哲学者が一般の人間たちから離れるとき、それが彼らに教えを説くためにせよ、模範として役立つためにせよ、あるいは単に自己の内的完成に励むためにせよ、そこにいるのは生きたソクラテス、人格の比類ない威光によって活動するソクラテスなのである。もっと先に進もう。ソクラテスは哲学を天から地上に引きずり降ろしたと言われた。けれども、プラトンによって『パイドン』でソクラテスのものとされた、魂についての考え方がソクラテスのものではなかったなら、ソクラテスの生、そしてとりわけ彼の死は理解されるだろうか。より一般的に、プラトンの対話篇に見出される、魂、魂の起源、身体への魂の挿入に係る神話は、創造的な感動、ソクラテスの道徳的教えに内在する感動を、プラトン的思考の用語で書き記すこと以外のことをしているだろうか。神話とソクラテスの魂の状態との関係は、解説プログラムと交響曲そのものとの関係と同一であるが、神話と彼の魂の状態はプラトンの弁証論〔問答法〕とは別に保存された。それらはギリシアの形而上学の地下を通り抜け、アレクサンドリアの新プラトン主義と共に、おそらくはアンモニオス〔三世紀の哲学者〕、そうでなくともソクラテスの後継者を自認するプロティノス〔哲学者でアンモニオスの弟子〕と共に地上に再び現れた。彼らはソクラテスの魂に、福音書の精神が生命を与えた肉体に比すべき教説の肉体をもたらしたのだ。これら二つの形而上学は、それらの類似に反して、いやおそらくはこの類似が原因で、一方が他方の最良の部分を吸収するまでの間戦いを交えた。しばらくは、世界がキリスト教的なものとなるか新プラトン主義的なものとなるかは予断を許さなかった。イエスに対抗したのはソクラテスであった。ソクラテスに話を限るとして、問うべきは、極めて実践的な天才たるソクラテスが他の社会にあり、他の状況下にあったなら何をしたかである。何よりも当時の道徳的経験主義ならびにアテネ的民主主義の不整合が含む危険性にソクラテスが強い衝撃を受けなかったなら、理性の諸権利を確立することで、彼が最も緊急なことに真っ先に向かう必要がなく、したがって直観と霊感を背景へと押しやらなかったなら、ソクラテスというギリシア人が、現れ出んとしていた東方人を自分のうちで屈服させていなかったなら、彼は何をしただろうか。われわれは閉じた魂と開かれた魂を区別した。誰がソクラテスを閉じた魂に分類しようとするだろうか。アイロニーはソクラテスの教えを貫いて流れており、そこで熱情はおそらく稀にしか爆発しなかった。しかし、これらの爆発は、それが新しい精神に道を開いた限りで、人類の未来にとって決定的なものであった。

閉じたものと開かれたもののあいだ

閉じた魂と開かれた魂のあいだには、開きかけの魂がある。坐している人の不動性と、走る人の運動とのあいだには、起立が、立ち上がるときに彼が取る姿勢がある。要するに、静と動のあいだの移行が道徳において認められるのだ。静止しながら一挙に運動へと飛び移るために必要な弾み《エラン》を摑むなら、この中間的状態には気づかれないままだろう。しかし、この中間的状態――それは弾み《エラン》が不十分であることとの通常の徴候である――にとどまるなら、それは注意を強く引く。同じことを他の形式で述べてみよう。われわれは、道徳における純粋な静は知性以下のものであり、純粋な動は知性以上のものであることを見た。一方は自然に望まれたものであり、他方は人類の天才がもたらしたものである。前者は、動物の幾つかの本能とは対称的な人間の習慣の総体を特徴づけている。だから、純粋な静は知性以下のものである。後者は熱望であり直観であり感動である。純粋な動は、その知的表記であるような観念へと分析されるし、また、これらの観念は無際限に細分化されるだろう。だから純粋な動は、単一性がそれと同等なものたりえない多数性を包含し乗り越えるのと同様に、望むままに知性的なものの全体を含んでいる。だから、純粋な動は知性以上のものなのだ。これら二つのもののあいだに知性そのものがある。人間の魂が一方から駆け出しながらも他方に辿り着かなかったなら、その魂は両者のあいだにとどまったであろう。この魂は閉じた魂の道徳を支配しただろうが、開かれた魂の道徳には依然として到達しなかった、というよりはむしろ、かかる道徳を創造するには至らなかっただろう。起立の帰結としてのこの魂の姿勢は、魂をして知性の平面に触れさせただろう。この魂は、それがたった今そこから離れたものに対して、無関心もしくは無感覚を実践するだろう。それはエピクロス派とストア派の人々の言う「アタラクシア」〔精神の平静〕または「アパテイア」〔無感動〕のうちにあるだろう。この魂が自分のうちに見出す肯定的なものに対しては、古きものからのこの魂の離脱が新しきものへの密着であるなら、この魂の生は観想であり、それはプラトンとアリストテレスの理想と一致するだろう。どのような面からこの魂を考察するにせよ、その姿勢は真っ直ぐで、堂々としていて、真に称賛に値するものだが、ただ、選良にだけ許されるものだろう。非常に異なる原理から出発した様々な哲学も、かかる魂のうちでは一致できるだろう。その理由は、円に閉じ込められた行動から自由な空間で展開される行動へ、反復から創造へ、知性以下のものから知性以上のものへ至る道は一つしかないからだ。これら二つのもののあいだにとどまる者は、必然的に純粋な観想の領域のなかにいて、もはや一方には執着せず他方にはまだ至っていないがゆえに、超脱《デタッシュマン》という半‐徳《ドウミ・ヴェルチュ》を、ともあれ自然に実践するのである。

われわれは純粋な知性について語っているのだが、この知性は自分のうちに閉じ籠もり、人生の目的は古代人たちが「学知」(science)とか観想とか呼んだものにあると判断する知性である。ひとことで言えば、われわれが語っているのは、古代ギリシアの哲学者たちの道徳論を第一義的に特徴づけているものなのだ。しかし、もし知性というものを、様々な素材——本章でこれまで問われてきたように一方は知性以下、他方は知性以上もの——を単に錬成し相互に調整するだけのものとみなすなら、もはや問題はギリシア哲学や東洋哲学ではなく、われわれは万人の道徳と係っていることになるだろう。義務の本質そのものを規定するために、われわれは実際、われわれに作用を及ぼす二つの力、一方の推進力と他方の牽引力を抽出した。そうしなければならなかったのだが、いかにして道徳が人々の魂を捉えるかを説明することに哲学がほとんど成功していないように思えるのは、哲学がこれら二つの力を抽出せず、今日すべてを覆っているような知性で満足してしまったからである。ただ、こうしてわれわれの論は、すでにわれわれが先触れしたように、図式的なものにとどまることを余儀なくされた。熱望であるところのものは、厳格な責務の形式をまとってみずからを強化する傾向にある。厳格な責務であるところのものは、熱望を包摂することで、膨張し拡張する傾向にある。このため、圧力と熱望は、諸概念が錬成される場たる思考の領域で出会う約束をする。その結果、圧力の原因であるものと熱望の対象であるものを一緒に結合させ、その多くが混合物であるような表象が生まれる。しかし、その結果、われわれは、われわれの意志に実際に働きかける純粋な圧力と純粋な熱望を見失うことにもなる。われわれはもはや概念しか見ることがなく、概念においては、圧力と熱望が各々結びついている二つの異なる対象が一つに溶け合うに至った。そうなると、われわれに作用を及ぼしているのは概念だということになってしまう。この誤謬は、真に主知主義的な道徳論、ということはつまり義務についての大多数の哲学的理論の失敗を説明してくれる。もちろん、純粋な観念はわれわれの意志に影響しないというのではない。だが、この影響が効力を持って行使されるのは、それが他からまったく切り離されうる場合だけだろう。この種の影響がそれと敵対的な数々の影響に抵抗するというのは難しいし、前者が後者に打ち克つことがあるとしても、それは、各々観念によって全面的に表象されることで自分に固有の活動を放棄してしまった圧力と熱望が、それぞれの力を全面的に発揮することで、独立した個体として再び現れるからである。

自己尊敬

道徳上の動機にそれぞれ独自に効力を与える二つの力、一方は社会的、他方は超社会的、一方は推進力で他方は牽引力という二つの力を考慮しようとするなら、差し挟むべき余談は長くなるだろう。例えば誠実な人間は、自分は自己尊敬(respect de soi)によって、人間の尊厳の感情によって行動すると言うかもしれない。しかし、彼がまず初めに二つの人格、野放しにされた場合の人格と、意志によって高められた人格とに分裂していなければ、彼は明らかにこのように自分を表現しなかっただろう。尊敬する側の自我は尊敬される側の自我と同じではないのだ。では、この後者の自我はどのような自我なのか、その尊厳はどこに存しているのか、この自我が抱かせる尊敬はどこに由来するのか。尊敬についての分析は脇に置くけれども、そこに、われわれはとりわけ、自分を消し去ろうとする欲求、師を前にした見習いの位置、というよりはむしろ、アリストテレスの言葉を使えば、本質を前にした偶然事の位置を見出すだろう。その場合、残された課題は、平均的人格が敬服するような卓越した自我を定義することだろう。それがまず各人に内在する「社会的自我」であることは疑いなく、われわれはこのような自我についてすでに一言した。たとえ理論上だけでも「原始的心性」（mentalité primitive）〔リュシアン・レヴィ＝ブリュールの一九二二年刊の著作の題名であり、また、そこで提起された観念〕というものを認めるならば、そこでは自己尊敬が、個人と集団の連帯感情と一致するのが見られるかもしれないが、これは、集団が孤立せる個人に現前し続け、個人を監視し、個人を鼓舞したり脅したりし、結局は、助言を請うことと服従を個人に要求するような連帯である。社会それ自体の背後には、超自然的な力能が存していて、集団はそれに依存し、この同じ力能が社会に個人の諸行為の責任者たらしめる。社会的自我の圧力はこれらのエネルギーすべてを集めて行使される。もっとも、個人は単に規律に従う習慣もしくは処罰への恐れによってのみ服従するのではない。この個人が属する集団は、たとえ戦闘での個人の勇気を高揚させるためだけにせよ、他の集団の上位に必然的に位置づけられ、力の優越性についてのこの意識は、傲岸に由来するあらゆる種類の悦楽と共に、彼自身により大きな力を保証する。すでにより「開化」した心性を考察すれば、この点は納得されるだろう。「ワレワレハローマ市民デアル」（*civis sum romanus*）という言葉のなかに、道徳的エネルギーと同時に込められた、矜持のことを思っていただきたい。ローマ市民における自己尊敬は、今日ならわれわれがローマ市民のナショナリズムと呼ぶであろうものと区別し難かったに違いない。しかし、自己尊敬が集団の利己愛と一致するのを観察するには、歴史や先史学を参照する必要は少しもない。そのためには、現在、大きな社会の只中で形成された数々の小さな社会で、現実のものにせよ見かけだけのものにせよある人々の優越を際立たせ、彼らを別格とする何らかの弁別的徴によって彼らが集合するときに何が起こるかを観察すればよい。そのとき、どんな人間も人間である限り表明する自己尊敬に、いま一つの尊敬がつけ加わる。単に人間であるだけの自我が、人間たちのあいだで抜きん出た自我に対して抱く尊敬が。つまり、集団の全成員は「団結」し、こうしてある「作法」を自分たちに課する。「名誉の感情」が生まれるのが見られるが、この感情は団体の精神と一体を成している。これが自己尊敬の最初の構成諸要素である。今日では抽象化の努力によってのみこのような側面を切り離すことができるのだが、この側面から考察されるなら、自己尊敬が強制する際には、それに伴う社会的圧力が発揮される。「自己への」尊敬が、感嘆され、敬愛される人格への尊敬であり、誰もが自己のうちにこの人格のイメージを蔵し、原本に対する複製であるかのようにこの人格と一体化するのを熱望するなら、推進力は今や明らかに牽引力となるだろう。だが、実際にはこの通りではない。なぜなら、自己尊敬という表現がどれほど自己自身への内向にまつわる諸観念だけを喚起するとしても、それは、起源においてと同様にその終着点においても、一つの社会的感情であることをやめないからだ。しかし、歴史に刻印を残した偉大な道徳的人物たちは、幾世紀を超え、またわれわれ人間の国々を超えて手を携えている。つまり、彼らは一緒になって神の国を構成しており、そこに入るようわれわれを誘っているのだ。われわれは彼らの声をはっきりとは聞かないこともできるが、それでもやはり呼びかけは発せられているのであって、われわれの魂の奥底で何かがその呼びかけに応答している。われわれは、今日われわれが属している現実の社会から、思考によって理想的な社会へと赴く。われわれが自分のうちなる人間的尊厳に敬意を表するとき、また、われわれ自身への尊敬によって行動すると明言するとき、われわれの賛辞はこの理想社会へと昇っていく。たしかに、複数の人格によってわれわれに及ぼされる作用はこのように非人称的なものとなろうとする傾向がある。そして、道徳論者たちが、人間の尊厳を生み出すのはわれわれ各人のうちに現存する理性であると説明するとき、この非人称的性格は更に強められる。けれども、この点については改めて合意しておかねばならない。理性が人間の弁別的な徴であるということ、それには誰も異議を唱えないだろう。また、美しい芸術作品が価値を有するのと同じ意味で、理性は卓越した価値を持つということにも同様に同意が得られるだろう。だが、なぜ理性は絶対的な仕方で命令できるのか、またその際、どうして理性は服従されるものとなるのかという点を説明しなければならない。理性は様々な理由を並べ立てることしかできないが、いつでもそれらに別の理由を対立させうるように思える。だから、われわれ各人のうちに現存している理性はその卓越した価値のせいで、われわれに尊敬を強い、われわれの服従を勝ち取るのだ、などと単純に言わないようにしよう。それだけでは足りない。理性の背後には、人類を神的なものにし、そうすることで、人類の本質的な属性として、理性に神的な性格を植え付けた人間たちがいるとつけ加えよう。われわれは現実の社会が持つ圧力に屈服すると同時に、われわれが理想の社会へと惹きつけられるのは、まさにそのような人間たちによってなのである。

正義

あらゆる道徳的概念は互いに浸透し合っており、その点で最も教示に富んでいるのは正義の概念であるが、それはまず、この概念が他の非常に多くの概念を包容しているからであり、次に、最も豊かな概念であるにもかかわらずそれがより単純な言い回しによって表現されるからであり、最後に何よりも、正義の概念において責務の二つの形態が互いに嵌まり合っているからである。正義は平等、比率、代償という考えをつねに喚起してきた。ラテン語の「ペーンサーレ」(*pensare*)から、フランス語の「補償」(compensation)と「代償」(récompense)が派生したのだが、このラテン語は計量するという意味を持ち、正義は天秤をもって表現されてきた。「公平」(équité)は「同等」(égalité)を意味する。「規則」(régle)と「規定」(règlement)、「公正さ」(rectitude)と「規則正しさ」(régularité)

はいずれも直線を指示する語である。算術および幾何学へのこのような準拠は、この概念の歴史を貫く正義の特徴である。この概念は、様々な交換においてすでに正確に姿を現していたにちがいない。ある社会がどれほど未発達であっても、そこでは物々交換が行われている。だが、交換される二つの物がたしかに同じ価値を持つかどうか、すなわち、同じ三番目の物に対して交換可能であるかどうかということが前もって問われることなしには、物々交換は行われえない。このような価値の同等性が規則たらしめられること、規則が集団において実際に利用されること、先述したように、「責務の全体」がかくしてこの規則の上に置かれること、ここにはすでに、明確な形式をまとい、命令的な性格を、そしてまた、正義に結びついた平等と相互性という観念を併せ持った正義がある。——しかし、正義は単に物の交換にのみ適用されるのではない。正義は次第に人格間の関係にも広がっていくとはいえ、その場合でも、物と交換を一切無視することは相当期間できない。このように拡大することで、正義は何よりも、自然的な諸衝動に劣らず自然的な相互性の観念、例えば人が引き起こすかもしれない損害に等しい損害を覚悟することで、自然的な諸衝動を抑制することに存するだろう。原始社会において諸個人への暴行は例外的にしか共同体《コミュノテ》の関心を引かないのだが、それはこの行為が神々の怒りを共同体に招いて、共同体自体に害を与えるかもしれない場合である。だから、被害を被った個人やその家族はこのとき自分の本能に従い、自然に即して反応し、復讐するだけでよい。そして、このような暴力の応酬が交換の一般法則に漠然と従うものと映らないなら、報復は加害と不均衡であることになるだろう。実際、二つの家族のうちどちらかが金銭的な代償を受けることに同意しなければ、争いは果てしなく長引きかねず、「仇討ち」は終わりなく続けられるだろう。このとき明確に姿を現すのが、すでに交換と相互性の観念のうちに含まれていた代償という観念なのである。――今度は社会が、何であれ暴力的行為を厳しく罰し抑止することを引き受けるとしてみよう。その場合、個人や家族が互いの衝突に決着をつけるために訴える規則が、正義という名前で呼ばれているならば、正義を実行するのは社会であると言われるだろう。更に、社会は加害の重大さで罰を決定するだろう。さもなければ、悪事をし始めたときにそれを止める気にはまったくならないだろうからだ。こうして、とことんやるという危険をもはや冒すことがなくなる。目には目を、歯には歯をというように、自分が受ける損害は相手に与えられた損害とつねに等しくなければならないだろう。――しかし、つねに目は目の価値を持ち、つねに歯は歯の価値を持つだろうか。量と同じく質も考慮しなければならない。タリオの法〔ハンムラビ法典などに記された同害報復法〕は一つの階級の内部でしか通用しない。被った損害や受けた暴力が同じものであっても、もし被害者がより高い階級に属するなら、より大きな代償が要求されたり、より重い刑罰が求められたりするだろう。要するに、同等性は一つの関係に係り、比例関係たりうるものなのだ。だから、正義がより多彩な事物をどれほど包容するとしても、正義は同じ仕方で定義される。

——文明のより進んだ状態において、正義が支配者と被支配者の関係に、より一般的には、社会階層間の関係にまで広がるときにも、正義がその定式を変えることはやはりないだろう。事実的状況のうちに正義は同等性や比例性への顧慮を導き入れ、それが正義を、何か数学的に規定されたもの、ひいては、見たところ決定的なものたらしめるだろう。実際、相互に主従関係にある下位階級への古代社会の分裂の起源に実力の違いがあったのは疑いえない。しかし、習慣的従属は最後には自然的なものと見えるようになり、従属していることの説明を自分自身に求めるようになる。つまり、下位階級がかなり長くその状況を受け入れた場合、その階級が潜在的に上位階級より強くなったときでも、なおもそのような状況に同意するかもしれない。なぜなら、下位階級はその支配者たちに価値の優越性を認めているだろうからだ。もっとも、支配者たちが知性的かつ道徳的に自己改善するために便宜をはかられていたなら、この優越性は現実のものであろう。だが、そのような優越性が注意深く維持された見かけでしかないことも同じくありうるだろう。いずれにせよ、現実のものであろうが見かけだけのものであろうが、この優位性が生来のものと映るには、長く持続するだけでよい。先祖代々の世襲の特権がある以上は、生来の優越性がまさに存在するに違いないと思うようになるのだ。規律ある社会を欲した自然は、人間にこのような錯覚を抱かせるべく前もって仕組んだのである。少なくとも自分が考える理想国家については、プラトンもこの錯覚を共有していた。諸階級の位階がこのように理解されるならば、責任と特権は一種の共通財産のようなものとして取り扱われ、個人の価値に応じて、つまり個人が果たす職務に応じて、彼らに分配される。正義はこのような位階の平衡を保持する。それは計測し、釣り合いを取るのだ。——どのように、このような正義からもう一つの正義へと移行するのだろうか。つまり、功利主義的な言葉で表現されないことも可能であるとはいえ、やはり自分の商業的な起源に忠実なままの正義から、交換も務めも含まない正義へと、そして、個人の不可侵の権利、他のあらゆる価値と人間の間にある通約不可能性の純然な肯定である正義へと、どのように移行するのだろうか。これからわれわれはこの問いに答えたいと思っているが、ここでもやはり、言葉が持つ魔法のような力に驚き、感嘆したほうがいいだろう。ここで、言葉の魔力とは、ある一つの言葉がある事物に当てられた後で、新しい観念に広がっていくときに、その観念に与えられる力、回顧的に最初の事物を変容させ、過去に影響を与える力である。相対的な正義から絶対的な正義への移行をどのように思い描くのであれ、つまり、その移行が複数回に亘って行われたとするか、それとも一挙に行われたとするか、どちらであるにせよ、たしかにその移行では創造が行われた。そこには特定の諸状況、特定の人間たち、おそらく特定の一人の人間がいなかったならば、存在しないこともできたであろうもの、また実際に存在しなかったであろうものが、突如現れたのだった。しかし、新たに存在したものが、以前から存在していたものを捕まえて、予見不可能な全体のなかに包み込んでしまった後で、われわれはこの新しいもののことを考える代わりに、以前からあった古いものをこの全体の一部分として考えることを好む。こうして、この全体は可能的に先在していたであろうと考えられてしまう。したがって、古代社会に次々に現れた正義についての考え方は、現在のわれわれの正義、全体としてある正義の部分的で、不完全な見方でしかなかったということになってしまう。ここで、このような非常に流通している錯覚の特殊な事例を詳細に分析することは無用であろう。この錯覚は哲学者たちにほとんど注目されることなく、多くの形而上学説を損なうものであったが、現在も認識論に解決不可能な諸問題を提起している。ここではただ、この錯覚は、どんな前進運動をも出発地点（これは実際に与えられている）と到達地点とのあいだの距離の漸減とみなすわれわれの習慣と切り離せないとだけ言っておこう。到達地点と言ったが、それは運動体が停止しようとした場合にしか停止点として実在しない。たしかに、前進運動がその最終地点に辿り着いた時には、運動というものをこのように距離の漸減とみなすことはつねに可能である。しかし、だからといって、運動とはその最終点へ近づいていくことであったと結論することはできない。まだ片方の端しかない間隔は依然として間隔ではないのだから、少しずつ減少していくことは不可能である。間隔が少しずつ減少し*ていった*であろうと言えるのは、まず運動体が、実際に停止することによってであれ、ある地点で潜在的に停止することが可能であると考えられることによってであれ、もう一方の間隔の端を作り出した後で、われわれが運動を回顧的に反省するとき、もしくは、同じように到達点を作り出し、運動を前もって再構成しておき、一度後ろへ戻ってから前進運動を単に追っていくときである。しかし、ほとんどの場合、このことにわれわれは気づかない。われわれは可能的なものの実在への先在という形態で、この回顧的な予見を事物そのもののうちに置いてしまっている。この錯覚は多くの哲学的問題の根底をなしていて、ゼノンの〈二分法《ディコトミー》〉〔のパラドクス〕はその典型である。そして、相対的正義の段々と拡大されていく諸形態を、絶対的正義への漸進的な接近として定義するとき、われわれはまさにこの錯覚を道徳のうちに再び見出す。このような錯覚に対して、われわれが言うべきはせいぜい、いったん絶対的正義が現れた後でわれわれが回顧的に相対的正義から絶対的正義へと至る軌道を引くとき、相対的正義の諸形態はその軌道に沿ってそれらの諸形態と同じ数だけ存在する停止点とみなされうるということだろう。だがそのためには、実はそこには徐々に進み行く前進運動は存在せず、ある機会に突如として跳躍がなされたのだと付言せねばならないだろう。さて、この跳躍〔*saltus*〕が、正確にいつ行われたのか定めることは興味深い問題かもしれない。同様に、どうして、絶対的正義が漠然といったん構想された後で、非常に長い間尊重されるべき理想にとどまっていたのか、その理由を探すのも有益な問題かもしれない。その理想を実現することは問題にさえならなかった。最初の点に関しては、古代社会における階級の不平等は起源においては疑いなく実力によって強いられ、次いで価値と職務の不平等として受け入れられていたが、次第と下位階級の批判に服するようになったのだとだけ言っておこう。もっとも、支配者たちの価値も徐々に下がっていく。なぜなら、以前ならば彼らは精神を内的に緊張させることによって、非常に大きな知性と意志の力を得ており、その緊張が彼らの支配的優位を固めていたが、彼らは自信過剰に陥ってその緊張を弛緩させてしまうからだ。とはいっても、彼らが連帯したままであれば、支配的地位は保持されるだろう。しかし、自己を主張しようとする傾向のために、彼らのうちに、いつの日か覇権を奪おうとする野心家が現れるだろう。とりわけ、すでに下位階級がいくらか国事に係っている場合には、彼らはこの階級に支持を求める。こうして、呪縛は解かれる。このように貴族制は民主制のなかに解体される傾向があるのだが、それは単に、政治的不平等が不安定であるからであって、それと同じく、いったん実現された政治的平等が単に一つの事実でしかなく、結果として、例外を認め、例えば都市国家《シテ》のなかに奴隷の存在を容認してしまうのであれば、政治的平等も不安定なものとなるだろう。――しかし、このような機械的に到達された平衡は、古代の正義が手にする天秤の平衡のようにつねに暫定的なもので、この平衡とわれわれが現在持つような正義、「人権」の正義とは非常にかけ離れており、後者の正義はもはや関係や尺度という考えを想起させず、逆に通約不可能性と絶対性という考えを呼び起こすのだ。この正義がその完璧な表象を伴うのは、数学者たちが言うように「無限において」でしかなく、禁止によってしかある一定の時点では明確かつ断言的に定式化されることはない。

しかし、その積極的な面で言うと、この正義は相継ぐ創造によって前進し、創造の各々は人格の、ひいては人間性のより完璧な実現なのである。この実現は諸法を媒介とすることでしか可能ではなく、これには社会の同意を必要としている。ただし、この正義は、歴史のある特定の時点での社会の魂の状態によって、徐々にひとりでに実現されると主張しても無駄である。これは前方への跳躍であり、この跳躍は社会がある経験をなすことを決心した場合にしか実行されない。そのためには社会が説得されるか、少なくとも揺さぶられたということが必要なのだが、最初の揺さぶりはいつも誰かによって与えられた。この前方への跳躍はその背後にいかなる創造的努力も前提としていないし、芸術家の発明と比較できるような発明はここにはないと言い張っても無駄であろう。それは、成就された数々の偉大な改革のほとんどが最初は実現不可能なものと見えたり、実際にそうだったという事実を忘れることであろう。これらの改革は、それらが実現されることで帰結するはずの魂の状態に、すでに到達していた社会でしか実現されえなかった。そこには閉じられた円環が存在していて、一つもしくは複数の傑出した魂が、自分のうちで社会的魂を膨張させ、背後に社会を従えながら、それを破っていなかったならば、われわれはこの円環から脱出できなかっただろう。ところで、これはまさに芸術的創造の奇跡そのものではないだろうか。天才的な作品は最初は人を狼狽させるが、ただ現存するだけで、この作品の理解を可能にする、芸術についての一つの考え方と芸術的な雰囲気を徐々に生み出していく。そのとき、作品は回顧的に天才的なものと化すだろう。さもなければ、その作品は、最初そうであったように、単に人を戸惑わせるだけのものにとどまっただろう。財政的投機では、結果として成功することが、それに先立つ思惑を正しいものにする。芸術的創造にも同種のことが存在するが、ただ異なるのは、芸術的創造での成功は、たとえそれを当初人を驚愕させていた作品そのものに最後には帰するとしても、作品そのものによって生じさせられた鑑賞者の嗜好の深い変化に起因するという点である。つまり、作品は物質であると同時に力でもあったのだ。作品は、芸術家がそれに伝えていた弾み《エラン》、というよりもむしろ、不可視ではあるが作品のうちに現存する芸術家の弾み《エラン》そのものであるような弾みを含んでいる。道徳における発明、特に正義の観念を漸次的に豊かにしていく相継ぐ創造についても同じことが言えるだろう。これらの創造は、とりわけ正義の内容と係るが、同様に正義の形式をも変容させる。――この形式から始めるとして、正義はつねに責務的なものとして現れたが、長きにわたって数ある責務の一つにすぎなかったと言っておこう。他の数ある責務と同様に、正義は社会の必要に応じるものであったし、正義を責務的なものたらしめるのは個人への社会の圧力であった。このような状況下では、不正義が与える衝撃は他の規則違反の場合と較べて、それ以上でもそれ以下でもない。奴隷には正義は存在しなかったし、あったとしても、それは相対的で、従うも従わないもほぼ任意のものでしかなかった。人民の救済は、たしかに至高の法であり続けたとはいえ、単に至高の法であっただけではない。加えて、人民の救済は至高の法として宣言されもしたのだ。しかるに、今日われわれはもはや、人民の救済は不正を正当化するということを原理に祭り上げるなどできない。たとえこの原理の何らかの帰結を受け入れるとしても。この点についてよく考えてみよう。次の有名な問いを提起してみよう。「民衆の救済、人類の生存そのもののために、一人の人間、一人の無実の人がどこかで永遠の責め苦を被っているということを知るなら、われわれはどうすればいいのだろうか」〔『カラマーゾフの兄弟』の「反抗」と題された箇所で、イヴァンによってアリョーシャに提起された問いを踏まえている〕。魔法の薬がこのことを忘れさせ、今後われわれはこのことについて何も決して知りえないということが分かっているなら、おそらくわれわれはこれを受け入れるだろう。しかし、そのことを知り、そのことを思わずにはいられないとしたら、この人はわれわれが生存できるために残酷な責め苦を受けており、まさにそれこそが生存一般の根本的条件であると考えるなら、どうだろうか。ああ、とんでもない！　こんなことを受け入れるくらいなら、もう何も存在しないほうがいいのではないか！　むしろ地球が破裂してしまうほうがいいのではないか！いったい何が起こったというのか。漠然と社会生活に内在していた正義が、どうして、そこから浮上して、社会生活の上に、万物より高く飛び上がり、定言的で超越的なものになったのか。イスラエルの預言者たちの声音と勢いを思い出してみよう。大きな不正が犯され、かつ許容されたとき、われわれが聞くのは彼らの声そのものである。幾世紀もの時の奥底から、預言者たちは抗議の声を上げる。たしかに、正義は預言者たちの時代以降著しく拡張された。彼らが説いていた正義は何よりもまずイスラエルに係っていた。不正に対する彼らの怒りは、自分に背いた民もしくはこの選ばれた民の敵に対するヤハウェの憤激だった。もし預言者たちのうちの誰か、例えばイザヤが普遍的な正義に思い至ることができたとしても、それは、イスラエルが神によって他の民から区別され、契約によって神と結ばれ、残りの人類よりもはるか高くまで昇り上がったために、早晩イスラエルが人類の模範として考えられるようになるからである。預言者たちは少なくとも、正義に激しく命令的な性格を与えた。正義はこの性格を保持し、それ以降果てしなく拡大される正義の内容にこの性格を刻み付けた。――しかし、これらの拡大もひとりでになされたわけではない。それらの各々について、十分な情報を持つ歴史家は特定の固有名を挙げるだろう。正義の内容の拡大はその各々が一つの創造であったが、扉はつねに新たな創造に対して開かれたままである。預言が正義の形式にとって決定的であったように、正義の内容にとって決定的だった進歩は、都市国家《シテ》の境界に限定され、まさにこの都市国家《シテ》の内で自由人たちだけを相手にしていた共和国に、万人を含む普遍的共和国が取って代わることに存していた。爾余《じよ》のことはすべてここに由来する。なぜなら、扉は新たな創造に対して開かれたままであったし、これからもおそらくつねに開かれたままだろうが、そのためにはまず扉が開かれる必要があったからだ。正義の第一の進歩がユダヤ教の預言に由来していたように、第二の進歩、すなわち閉じたものから開かれたものへの移行がキリスト教に起因することは、われわれには疑いえないことのように見える。第二の進歩は純粋な哲学によって果たされることができただろう。この進歩にもう少しのところまで近づき、それを掠めながらも、どうして哲学者たちは結局失敗したのかを検討することほど有益なことはない。プラトンは脇に置いておこう。プラトンは間違いなく超感覚的〈イデア〉のなかに人間の〈イデア〉も含めているが、そこから、万人が同じ本質を持つという結論は出てこなかっただろうか。このような考えから、万人は人間として等しい価値を持っており、本質の共通性は万人に同一の根本的権利を授けたという考えまではほんの一歩である。ところが、この一歩は超えられなかった。このためには、奴隷制を糾弾しなければならなかっただろうし、異国人たちは蛮族《バルバール》であるがゆえにどんな権利も要求できないというギリシア的な考えを放棄せねばならなかっただろう。もっとも、このような考えはギリシアだけに固有のものだったのだろうか。われわれはこのような考えを、古代人においても近代人においても、キリスト教の浸透しなかった場所ならどこにでも暗黙の状態で見出す。例えば中国では、非常に高尚な道徳的教説が幾つも出現したが、人類のために立法するのを気にかけることはなかった。そうと口に出すことこそないとはいえ、実際にはこれらの教説は中国の共同体にしか関心がないのである。とはいえ、キリスト教の前には、ストア主義があった。ストア派の哲学者たちは、万人は兄弟であり、賢者は世界市民であると宣言した。しかし、このような言い方は、頭のなかで考えられた理想、それも、おそらく実現不能なものとして考えられた理想を表明するものだった。偉大なストア派の哲人の誰ひとりとして、ローマ皇帝であった者でさえも、自由人と奴隷、ローマ人と蛮族とのあいだの障壁を低くすることができるとは判断しなかったとわれわれは思う。権利の平等と人格の不可侵性を含む普遍的な友愛《フラテルニテ》の観念が実効的なものと化すためには、キリスト教を待たねばならなかった。その作用は非常に緩慢なものだったと言われるかもしれない。実際、人権がアメリカの清教徒によって宣言され、その直後に、フランス革命を起こした人々によって引き続き宣言されるまでに、十八世紀という時間が流れた。けれども、この作用は福音書の教えによって始まり、無際限に継続されようとしている。称賛に値する賢者によって単に人々に提示された理想と、愛を呼び求め、愛に満ちた音信を通じて世界中に放たれた理想とは同一のものではない。本当のところは、後者の理想は、その全体が格律《マクシム》として表現可能な既定の知恵ではもはやない。むしろ、一つの方向が示され、一つの方法がもたらされたのだ。示されたのはせいぜい暫定的な一つの目的であって、それゆえこの目的は不断に刷新される努力を要請した。それにこの努力は、少なくとも幾人かの個人においては、必然的に創造の努力であったに違いなかった。この方法は、特定の社会では実際に不可能であるものを可能であると想定し、かかる想定から社会の魂にとって結果として生じるだろうものを思い浮かべ、宣伝と模範によって、この魂の状態から何かを引き出すことに存していた。

いったん獲得された効果は、回顧的にその原因を補完していくだろう。新しくはあるがすぐにも消え去りそうな数々の感情が新たな立法を引き起こすとして、新たな立法はこれらの感情の出現に不可欠であったように思われ、そこでこれらの感情を堅固なものにするのに貢献することになる。このように正義の近代的観念は、数々の成功した個人的創造によって、同一の弾み《エラン》に賦活された数々の努力によって進化していったのだ。――古代ギリシア時代には宣伝はなかった。この時代の正義はオリンポスの神々の平静な無感動を伴っていた。拡大しようとする欲求、広まっていこうとする熱意、弾み《エラン》、勢い、これらすべてユダヤ―キリスト教を起源に持つ。しかし、同一の言葉を用い続けたので、われわれはこれらが同じものであると過度に思い込んでしまった。いくら繰り返しても足りないだろうが、相継ぐ創造というものは、たとえ個人的で偶然的なものであれ、その各々が次の創造の機会となるなら、これらの創造が事後的に相互に継続しているように見えるとするなら、総じて同一の項目に分類され、同一の概念に包摂されて、正義という同一の名称で呼ばれるだろう。もっと先へ進もう。正義という名称は、こうして構成された一系列上の既存の諸地点に単に充てられるだけではない。未来を先取りすることで、この名称は系列全体を指すようになり、系列の端に、いやそれどころか、無限に遠くに位置づけられるだろう。正義という名称はずっと以前から出来上がっているので、それが表す概念のほうも――この概念は開かれたもので、その内容は無規定であるにもかかわらず――名称と同じくらい古くから、大昔から出来上がったものと想定されてしまう。こうして、達成された進歩のいずれもが、この先在する実体《アンティテ》から切り取られた部分であろうことになろう。現実は理想に噛りついて、永遠の正義の全体を断片として自分のうちに取り入れていくだろう。——このことは、単に正義の観念についてだけ真実であるのではなく、正義と等位に置かれる諸観念、例えば平等と自由についてもあてはまる。人は進んで、正義の進歩を、自由と平等への歩みとして定義する。この定義自体は非の打ち所がないが、この定義からいったい何が引き出されるだろうか。定義は過去についてては価値があるけれども、定義が未来についてのわれわれの選択を方向づけうるというのは稀である。例えば自由を取り上げてみよう。個人は、他人の自由を侵害しないどんな自由についても、それへの権利を持つとよく言われる。しかし、新しい種類の自由が授与され、その結果、現実の社会にある既存のあらゆる自由が相互に侵害されることになるとすれば、この改革によって感情と習俗を変えられた社会において、新たな自由の授与は反対の効果を生み出すことになるかもしれない。かくして、同胞《サンブラブル》の自由を侵害することなしに、どれだけの分量の自由を個人に認可することができるかをアプリオリに定めるのはしばしば不可能である。量が変化するとき、それはもはや同じ質ではない。他方、平等は自由を犠牲にすることによってしかまず獲得されないから、その結果として、自由と平等のどちらが好ましいかを問うことから始めなければならないだろう。しかし、この問いにはいかなる一般的な解答もない。なぜなら、何らかの自由を犠牲にすることも、それが全市民による自由な同意に基づいているなら、依然として自由に属するからだ。とりわけ、平等の方向でなされた改革の結果、より楽に呼吸でき、活動することにより大きな喜びが感じられるような社会が生まれるなら、残された自由はより高い質を持つだろう。いずれにせよ、道徳的創造者という考えにつねに立ち戻らねばなるまい。彼らは思考によって、生きることがより楽であるような新しい社会の雰囲気、新しい環境、すなわち、その社会をいったん経験するならば、以前の状態へと戻りたいと思わないような社会を思い描く。このようにしてしか、道徳的進歩は定義されまい。しかし、やはり道徳的進歩は事後的に、特別な道徳的本性の持主が、新しい音楽にも似た新しい種類の感情を創造し、この感情に彼固有の弾み《エラン》を刻みつけることで、その感情を他の人々に伝達したときにしか定義されえない。「自由」、「平等」、「権利の尊重」についてこのように考察するなら、われわれが区別した二つの正義の観念——一つは閉じた正義、他方は開かれた正義——のあいだには、単なる程度の差異ではなく、本性の根本的差異が存在することが分かるだろう。なぜなら、自然から生まれたばかりの社会の自動的な平衡を言い表す相対的に安定せる閉じた正義は、「責務の全体」が結びついた慣習のなかで表現され、この「責務の全体」は、もう一つの正義、相継ぐ創造へと開かれた正義の命令が世論によって受け入れられるにつれて、それらの命令を取り込むからだ。二つの内容、一方は社会によって与えられたもので他方は人間の天才の帰結なのだが、これら二つのものに同一の形式が押しつけられる。実際には、現にこれらの内容は混ざり合っているはずだ。しかし、哲学者はそれらを区別する。さもなければ、義務の起源についてと同時に、社会的進化の性格についても大きな誤りを犯すことになるだろう。社会的進化とは、いずれその社会を変革するはずの方法によってまず成長発展を遂げたような社会のそれではない。ここでは、成長発展と変革のあいだには類比も共通の尺度もない。なぜなら、閉じた正義と開かれた正義は、どれも等しく強制的で、同じように簡潔に表現され、外見は互いに類似する諸法に組み込まれるからといって、これらの法が同じ仕方で説明されるべきだということにはならないからだ。道徳の二重の起源および責務の二つの構成要素を、正義の観念以上に見事に示してくれる例は他にまったくないだろう。

圧力と熱望

現在の状況では、理性だけが唯一強制的であるかに見えるに相違ないこと、人類の関心は道徳的諸概念に固有の権威と内発的な力を持たせることにあること、最後に、文明化した社会では道徳的活動は本質的に理性的なものであること、こうしたことは疑いない。そこ各々の個別の事例でなすべきことを、これ以外の仕方でどうやって知るというのか。そこには深い力があって、一つは推進力でいま一つは牽引力である。意思決定を行う度にこれらの力に直接的に立ち戻ることはわれわれにはできない。そうすることは大抵、一方では社会一般が、他方では人類のうちの選良がわれわれのために行ったことを無駄にやり直すことだろう。こうした作業は最終的に諸規則を制定し、理想を描くに至った。そうなると、道徳的に生きるとは、これらの規則に従い、この理想に適合することである。そうすることでのみ、自己自身と十全に一致し続けていることが確信されるだろう。理性的なもの以外に、一貫したものはないのだ。そうすることでのみ、様々な行動方針の間で比較が可能となるだろう。そうすることでのみ、これらの行動方針の道徳的価値が評価されうるだろう。事態はあまりにも明白なので、われわれはほとんどそれを改めて指示したことはなく、ほとんどつねにそれを言わずもがなのこととみなしてきた。しかし、そのため、われわれの説明は図式的なものにとどまり、不十分なものに見えることになったかもしれない。実際、知性的平面では、あらゆる道徳上の要求は諸概念のなかで相互に浸透しており、各概念は、ライプニッツのモナドのように他のすべての概念を多少なりとも表象している。この平面の上もしくは下に、われわれは様々な力を見出すが、各々の力は単独で捉えられるなら、知性的平面に投影されたものの一部にしか対応していない。われわれが採った方法のこの不備は明白であるが、ただ、それは不可避である。また、われわれはこの方法が不可欠であるのを知っているし、それが適用されるときは最初から最後まで反論を引き起こさないわけにはいかないと感じている。そういう次第で、われわれとしては、締め括りとして、われわれが用いてきた方法の特徴を新たに示し、定義し直すことにしたい。幾つかの点では、ほとんど同じ言葉で、すでに語る機会のあったことを繰り返すのも辞さずに。

その成員が有機体の細胞のように、またほとんど同じことだが、蟻塚の蟻のように相互に結ばれているような人間社会は、これまで決して実在することはなかった。だが、原始的人類の様々な集合体は、現在のわれわれの集合体よりも間違いなく有機体や蟻塚に類似していた。自然は人間を社交的な動物にすることで、このような緊密な連帯性を欲したが、そうしながらも社会の利益それ自体に貢献するために、個人が自然によって授けられた知性を発達させるのが必要であるに応じて連帯性を緩めた。以上が、本章の最初の部分で確認するだけにとどめた事実である。この事実確認は、獲得形質の遺伝を鵜呑みにしている道徳哲学にとっては、ほとんど重要性を持たないだろう。この哲学によれば、われわれ現在の人間は、遠く昔の祖先が持っていた諸傾向とは非常に異なる傾向を持って生まれることになるだろう。しかし、われわれはあくまで経験に即しているのであって、この経験は、身につけられた習慣の遺伝的伝達が仮に起こるとしても、われわれにそれを一つの例外として示し、自然的な性向をいつか深く変化させるほどに規則的で頻繁に起こる事実としては示さない。文明人と原始人との差異がどれほど根底的でも、この差異は、意識の最初の覚醒以来、子供が蓄積したものにのみ由来する。幾世紀間にもわたる文明を通して人類の獲得したものすべてがそこに、子供のかたわらに沈殿している。子供に教え込まれる学問のうちにも、伝統、制度、慣行のうちにも、子供が話すために学ぶ言語の構文や語彙のうちにも、更には、子供の周囲の人々の身振りのうちにさえも。今日、元々ある自然的本性の岩盤を覆っているのは、厚く積み重なった腐植土の層である。しかし、いかにこの腐植土層が、無限に多様な原因によって引き起こされゆっくり蓄積されていった結果を表しているとしても、この層はやはり、その下にある地盤の一般的な形状に従うほかなかった。要するに、われわれの意識の根底に見出され、責務（obligation）〔この語は語源的には結ぶという意味の *ligare* を含んでいる〕という語がまさに示すように、実際にわれわれを社会の他の成員に結びつける責務とは、蟻塚の蟻同士や有機体の細胞同士を連携させているのと同種類に属する紐帯のことなのである。責務は、人間のように知性を与えられた蟻や、この知性を与えられた蟻と同じくらい独立した運動を行うことが可能となった有機細胞から見て、この紐帯がまとう形式である。もちろんわれわれは、内容なき単なる形式とみなされた責務について述べている。それは、われわれの道徳的本性のなかになおも現存する還元不能なものなのだ。言うまでもないことだが、知性的存在においては、文明が前進するにつれて、この形式に嵌め込まれた内容はより知性的でより一貫したものとなるが、それは必ずしも直接的な呼びかけに応えてではなく、形式にすでに挿入された知性的内容の論理的圧力に促されてのことである。われわれはまた、非常に間接的にでさえもはや社会的保存の欲求によってではなく個人的意識の熱望によってもたらされた一つ別の形式のなかに流し込まれるために元々作られた内容が、道徳のその他の部分と同様に、いかにして知性的平面に配置されて責務の形式を受け入れるかをも見た。もっとも、われわれが責務のなかに存する真に強制的なものに立ち戻るときはいつも、たとえ知性が責務をより充実させるために責務のうちに挿入したすべてのもの、理性が責務を正当化するために責務の周囲に置いたすべてのものを当の責務のうちに見出すことになろうとも、われわれが身を置くのは責務のこの根本的構造のうちにである。純粋な責務については以上である。

主知主義について

さて、神秘主義的な社会、すなわち、人類全体を包容し、共通の意志に動かされ、より完全な人類の絶えず新たな創造へと進みいくような神秘主義的な社会が将来的に実現することは明らかになく、それは、有機的機能を備え動物の社会に比較可能な人間的社会が過去に存在しなかったのと同様である。純粋な熱望は、剝き出しの責務のように一つの理想的な極限である。それでもやはり、神秘主義的な魂たちが、文明化した諸社会を彼らの運動へと過去に牽引し、今もなお牽引しているのだ。これらの魂が何であり、何を行ったのかという思い出は、人類の記憶のなかに沈殿している。われわれ各人はこの思い出を甦らせることができる。神秘主義的性質を帯び、その光輝を自分の周囲に放った人格の、なおも各人のうちで生気を保ったイメージにこの思い出を近づける場合には特にそうである。たとえわれわれが実際に誰か偉大な人物を想起しないとしても、そのような人物を想起することが可能であることをわれわれは知っている。このような仕方でこの人物はわれわれに潜在的な牽引力を及ぼしている。たとえわれわれがこれらの人格に関心を抱かないとしても、文明化した人類が今日受け入れている道徳性の一般的定式がわれわれには残されている。この定式は二つのものを包容している。非人称的な社会的要求によって課される命令の体系と、人類の最善のものを代表する諸人格によってわれわれ各人の意識へと投げかけられた呼びかけの総体とを。命令に結びついた責務は、その独特かつ根本的な点において、知性以下のものである。呼びかけの実効性は、かつて惹起され、今も惹起され、これからも惹起されるだろう感動の力強さに由来する。かかる感動は、諸観念へと無際限に分解できるというただそれだけでも、観念以上のものであり、知性を超えている。これら二つの力は、それぞれ魂の異なる部分で働いているが、中間的な平面、知性の平面へと投影される。それ以降、これら二つの力は知性の平面上の投影像に取って代わられる。これらの投影像は相互に混じり合い、浸透し合う。その結果、われわれは命令と呼びかけを純粋な理性の用語へと移し替えてしまう。かくして正義は仁愛《シャリテ》によって不断に拡大され、仁愛は単なる正義の形式を徐々にまとい、道徳性の諸要素は等質的で、相互に比較可能で、ほとんど通約可能なものとなり、道徳的諸問題は正確に表現され、方法的に解決されるようになる。人類はある特定の水準——責務が本能の力でしかないような動物の社会の水準よりも高いが、万事が創造的躍動であるような神々の集いの水準よりは低い——に身を置くよう誘われる。以上のように組織された道徳的生の様々な発現形態を考察するなら、それらが完璧に一貫しており、したがって、諸原理へと帰着することが分かる。道徳的生は理性的な生であることになる。

この点に関しては、誰もが同意するだろう。とはいえ、道徳的振舞いの理性的性格を確認するとしても、そこから、道徳の起源、あるいは道徳の基礎さえが純粋な理性のなかにあるという帰結が導かれるわけではない。重大な問題は何かというと、義務を果たすために放任ではまったく不十分なところで、なぜわれわれは何かを強いられるのかを考えることである。

そのときわれわれに語りかけるのが理性であるということ、私も進んでそれを認める。けれども、理性がもっぱら理性の名において自分を表現しているだけなら、理性がその背後に控える諸力の作用を理性的に言い表すのとは別のことをしているなら、どうして理性は情念や利害関心と争ったりするだろうか。理性は自己充足していると考え、それを証明すると言い張っている哲学者も、たとえ口に出すことはなくとも、これらの力を改めて導入しなければ証明に成功しない。もっとも、これらの力は哲学者の知らぬ間にすでにこっそり潜り込んでいたのだが。実際にこの哲学者の証明を検討してみよう。哲学者が理性を内容なき空虚なものとみなすか、それとも、理性に内容を与えておくかに応じて、哲学者が道徳的責務のなかに自己自身と一致し続けるという純然たる必然性を見るか、それとも、ある特定の目的を論理的に追求することへの誘いを見るかに応じて、証明は二つの形式を取る。これらの形式を順番に考察してみよう。預物が返還されねばならないのは、物を預かっている人が預物を自分のものとしてしまうと、それはもはや預物ではなくなるからだとカントが言うとき〔『実践理性批判』第一部第一篇第一章第四節を参照〕、彼は明らかに言葉を弄んでいる。さもなければ、カントの考える預物とは、例えば友人に後で返還を請求することを告げてから彼の手に一定額の金銭を託すといった物的事実のことだろう。だが、このような物的事実と通告だけでは、結果として、友人がその金銭を必要としていないなら返還を彼に決心させるだろうが、金銭に困っている場合には彼はただそれを自分のものにするだけだろう。この「預物」という語が道徳的観念を伴わない物質的イメージしか呼び起こさない限りでは、これら二つの考え方は両者とも等しく一貫している。それとも、預物は「託された」のであるから信頼は裏切られてはは「ならない」というとか、物を預かった人は「約束した」し「誓約した」とか、たとえ彼が何も言わなかったとしても暗黙の「契約」によって縛られているとか、所有する「権利」が存在するとか、そうした考えが道徳的動機としてそこにあるのか。その場合、物を預かることを引き受けて、それを返還するのを拒絶するとき、紛れもなくわれわれは自己矛盾に陥ってしまうだろう。もはや預物は単なる預物ではなく、ここで哲学者は、不道徳的なものは非理性的なものに由来すると言えるだろう。しかし、たとえそうだとしても、それは、「預物」という語が、道徳的諸観念、様々な協定や責務がそこに存在するような人間の集合体のなかで有する意味で捉えられているからだ。道徳的責務が帰着するのは、自己矛盾してはならないという空虚な必然性にではもはやない。なぜなら、矛盾は単に道徳的責務を受け入れた後でそれを拒絶することに存しており、まさにそれゆえ道徳的責務は先立つからだ。――しかし、重箱の隅をつつくようなことはやめておこう。論理の尊重に道徳を基礎づけようとする要求は、思弁的な事柄において論理に服従することを習慣づけられ、そのため、どんな事柄においても、人類全体にとって論理は至高の権威を持つと思いこみがちな哲学者や学者たちにおいて誕生することができた。研究で成功したければ科学は個々の事象の論理ならびに論理一般を遵守しなければならないし、また、それが学者である限りでの学者の関心事なのだが、だからといってそこから、われわれにとって行動をつねに論理的に整合させることが責務であり、この責務があたかも人間一般の関心、あるいはまさに人間としての学者の関心であるという結論は導くことはできない。精神の思弁的機能に対する感嘆は大きなものでありうる。だが、この思弁的機能だけで利己主義と情念を黙らせるには十分であると哲学者たちが主張するとき、彼らは自分が非常に強く鳴り響く利己主義と情念の声を一度も聴いたことがない——まことにおめでたいことだが——ということをわれわれに示している。理性を内容なき純粋形式とみなし、そのような理性に訴える道徳論については以上である。——この形式に内容を結びつける道徳論を考察するに先立って、この第二の道徳に辿り着いたと思うときでもわれわれは第一の道徳にとどまったままであることが非常に多いということを指摘しておこう。道徳的責務を〈善〉の観念の強制力によって説明する哲学者たちがまさにそうである。彼らは善の観念を組織化された社会のなかで取り上げており、このような社会では、人間の諸行動は、社会的凝集を保持し人類を進歩させる可能性の多寡に応じてすでに分類され、また、何よりも特定の諸力がこの凝集を生み出しこの進歩を保証するのだが、かくして、哲学者たちはおそらく、ある行動が善と一致していればいるほどその行動は道徳的になると言うことができるだろうし、更に、善は責務的なものと考えられていると付言することもできるだろう。しかし、それは善というものが単に、様々な活動を、それらが社会を凝集させ人類を進歩させる能力を表しているかどうか、先に定義した推進力と牽引力によって余儀なくされたものと感じられているかどうかに応じて分類するのに適した見出しとみなされているからだ。だから、これら多様な振舞い、ひいては各々の振舞いの価値が形作る位階の表象、他方ではこれらの振舞いが課せられる際の準必然性は善の観念に先だって実在し、善の観念はというと符牒や名前を与えるために事後的にしか出現しなくなり、その場合、善の観念はそれだけでは、振舞いを分類するのにも、ましてや行動を強いるのにも役立たなかったことになるだろう。逆に、〈善〉の観念があらゆる責務とあらゆる熱望の源泉であり、それゆえ〈善〉の観念が人間の諸行動を道徳的に規定するのに役立つと主張する場合には、ある行動が善の観念と一致することはどのような指標によって認められるのかをわれわれに語ることが不可欠になるだろう。結局、われわれに対して〈善〉を定義しなければならないのだ。諸存在、とは言わないまでも少なくとも諸活動が形作る位階、存在と活動の高尚さの度合いを前提とすることなく、どうやって〈善〉を定義できるのか、われわれには分からない。ところが、この位階がそれ自体で存在するとするなら、それを確立するために〈善〉の観念に訴える必要はない。それに、なぜこの位階が維持されねばならないのか、なぜこの位階を遵守することが義務づけられているのか、がわれわれには分からない。それを擁護するには、美的根拠を持ち出して、ある行動は他の行動よりも「より美しく」、この行動は諸存在の序列においてわれわれを多少とも高い位置に置くからだと理由を述べるほかあるまい。しかし、自分の利害関心への配慮を万事に優先させると断言する人間に対しては、どのように答えればいいのか。仔細に検討するならば、このような道徳論が決して自己充足していなかったことが分かるだろう。この道徳論は、それに先立ち、それを可能ならしめる数々の責務に、美的な補完物として、後からつけ足されるものだろう。ギリシアの哲学者たちは、〈善〉の純粋な観念を、より一般的には観想的な生を格別に尊重したとき、社会のなかで構成されて、端《はな》から社会生活を合意済みのものとみなす少数の選良たちに向けて語った。この道徳論は義務について論じないし、われわれが今日理解しているような真の責務を知らなかったと言われたこともある。それが責務について論じなかったというのは誠にその通りであるが、それはほかでもない、この道徳論が責務を自明のものと考えていたからだ。哲学者は、都市国家《ポリス》が強制するような義務をまずもって他のすべての人と同様に果たしたとみなされていた。その場合にのみ、自分の生を芸術作品のように扱い、それを美しくすることに向けられる道徳論が生じた。要するに、すべてを要約するなら、道徳を理性崇拝に基礎づけることは問題になりえないのだ。――先に予告したように、われわれに残された仕事は、理性が活動に対して特定の目的を提示する限りで、道徳論は理性に立脚できるのかどうかを検討することである。この場合、提示される目的は理性に適ってはいるが、理性につけ足され、それに方法的に従う術を理性からわれわれが学ぶ、そのような目的である。しかし、容易に看取されるように、いかなる目的の実現も、われわれが先に示した二重の目的、社会の凝集と人類の進歩という二つの目的を配慮することでさえ、単に理性によって提案されるだけでは、責務として強制的に課せられることはないだろう。現実に作用して意志に実際に働きかけている特定の諸力が活動中であるなら、諸力の効果を連携させ調整するために、理性はそこへ介入できるし、そうしなければならないだろう。しかし、理性はこれらの力と競い合うことはできない。なぜなら、理性《レゾン》をもって推論し、ある理由《レゾン》に他の理由を対置し、更には端的に議論するのを拒否して「我カク欲シ、カク命ズ」(*sic volo, sic jubeo*) と応答することさえつねに可能だからだ。真実を言えば、純粋に理性的な考慮に責務を基礎づけていると思い込んでいる道徳論は、すでに語ったように、また、これから繰り返すように、知らないうちに、理性とは異質な秩序に属する力をつねに再び導入しているのだ。まさにこのような理由で、この道徳論はいとも容易く成功を収めるのである。真の責務はすでに存在しており、それゆえ、その責務のうえに理性が後から置くところのものが責務的性格をまとうのは当然であろう。社会は、社会を維持するものと前進させるものと共にすでに存在しており、だからこそ、理性は道徳の原理として、人間が社会のなかで追求する諸目的のどれか一つを採用することができるようになるのだ。この目的を実現する手段の実に整合的な体系を構築することで、理性は、常識が構想し、人類一般がすでに実践しているか、あるいは実践していると言い張っているような道徳をやっとのことで再び見出すだろう。なぜかというと、これらの目的の各々は理性によって社会のなかから取り出されたがゆえに社会化されており、まさにそれによって、社会で提案されうる他のすべての目的を孕んでいるからだ。このように、たとえ個人的利害を道徳原理に祭り上げるとしても、功利主義的道徳論のまずまずの成功が示しているように、一般に普及した道徳論と十分類似した道徳を構築するのは困難ではないだろう。実際、社会のなかで生きている人間にとって利己主義は利己愛 (amour-propre) や称賛されたいという欲求などを含んでいる。その結果、純粋に個人的な利害はほとんど定義不可能なものとなる。かくも大きく一般的利害が個人的利害に入り込んでいるのであり、二つの関心を切り離すことはかくも難しいのである。自己愛（amour de soi）と呼ばれるもののなかに、そして、嫉妬や妬みのなかにさえある他人への敬意を余すところなく思い浮かべてみていただきたい。絶対的利己主義を実践したいと欲している者であれば、自己自身のうちに閉じ籠もらねばならず、隣人を嫉妬し妬むことができるほどにはもはや他人を気遣ってはならない。憎しみのこれらの諸形式のなかには共感が入り込んでいて、社会で生きる人間の数々の悪徳でさえ、何らかの徳を含まないわけではない。万人が虚栄に満ちて飽和しているが、虚栄は何よりもまず社交性を意味する。そうであるならなおさら、名誉、共感、憐れみ（pitié）のような諸感情から道徳を大凡《おおよそ》導き出すことは可能であろう。社会で生きる人間たちにおける、これらの傾向の各々は、社会的道徳が社会に卸《おろ》したものを担わされている。だから、これらの傾向のどれかで道徳を説明して論点先取りの誤謬を犯すのを避けるためには、この傾向にほとんど何も残らないことを覚悟のうえで、この傾向からその内容を一掃したのでなければならないだろう。この種の諸理論は構成する際の安易さはわれわれの猜疑心を掻き立てずにはおかないだろう。このうえもなく多様な目的が哲学者たちによってこのように道徳的目的へと変えられるわけだが、どうやら、それが可能なのは——哲学者たちはまだ賢者の石を持たないので——、哲学者たちがまず金を坩堝の底に入れておいたからだろう。同様に、これらの学説のいずれも責務を説明するわけでないことも何と明らかであろうか。もしわれわれが何らかの目的を実現するのを欲するなら、そのために一定の手段を採用することを義務づけられるということはあるだろう。けれども、この目的を放棄することが好ましいとわれわれに思えるとすれば、どうして、それを実現する手段がわれわれに課せられるのだろうか。ところが、これらの目的のうちのどれか一つを道徳原理として採用することで、哲学者たちはそこから格律《マクシム》の体系を引き出したのであって、これらの格律はというと、定言命令の形式をまとうには至らないとはいえ、それにきわめて近いものので、われわれはそれで事足れりとしてしまう。こうした事態の理由はとても単純である。哲学者たちはこれらの目的の追求を、またしても社会のなかで、決定的な圧力とそれらを拡張する補完的な熱望が存在する社会のなかで思い描いたのだ。圧力と牽引力は、互いに限定し合うことで、これら格律の体系のどれか一つに辿り着くだろう。なぜなら、格律の体系の各々は、同時に個人的でもあれば社会的でもあるような一つの目的を実現することを目指すからだ。だから、これらの体系の各々は、哲学者の到来に先立って社会的雰囲気のなかにすでに先行的に存在しており、各々の体系は、哲学者たちが後に定式化し、今度は責務的なものであるような格律と内容の点で十分に近似した格律を含んでいる。それらは哲学者たちによって再び見出されるときにはもはや命令の形式をまとってはいないのだ。なぜなら、それらはもはやある目的の知的追求を目指した勧告でしかなく、知性がこの目的を拒絶することも同じく可能であるからだ。また、これらの格律は、それに類似してはいるが責務を充塡された、より曖昧な、それどころか単に潜在的でしかない格律《マクシム》に呑み込まれてしまうからだ。こうして、前者の格律は責務的なものと化す。とはいえ、そう思われているのとはちがって、責務は高みから、すなわち、格律が理性的に演繹される原理から降り来ったのではない。そうではなく、責務は下から、ということはつまり、社会がそこに立脚するところの圧力、熱望へと拡張されうるこの圧力の奥底から上昇してきたのだ。要するに、道徳の理論家たちは、社会を、ひいてはその社会が安定と運動を負っている二つの力を前提として樹てている。社会的目的のすべてが互いに浸透し合っていること、そしてまた、これらの目的の各々はいわば社会の平衡と運動の上に置かれ、これら二つの力に裏打ちされているように見えること、それを利用することで、彼らはいともたやすく、これらの目的のどれか一つを原理とみなして、それをもって道徳の内容を再構成し、その場合の道徳が責務的なものであることを示すのである。それは哲学者たちが、社会と共に、かかる道徳の内容と形式、それが内包するすべてのものとそれによって包まれた責務の全体をあらかじめ自分に与えていたからなのだ。

さて、すべての理論的道徳に共通するこのような錯覚の下を掘ってみると、次のことが分かるだろう。責務とは、議論の相手としての必然性であり、だからこの必然性は知性と自由を伴っている。加えてこの必然性は、生理的効果の産出、更には物理的効果の産出にさえ結びついた必然性に類似している。自然によって知性を与えられることなく、個人がそこでいかなる選択の力能も持たないような人類があるとすれば、このような人類においては、集団の保存と凝集の維持に向けられた活動は必然的に成就されるだろう。かかる活動ははっきり規定された力を受けてなされるが、この力は、一匹一匹の蟻を蟻塚のために働かせ、生体組織の一つ一つの細胞を有機体のために働かせている力と同じものである。しかるに、知性が選択能力を伴ってここに介入することになる。知性は別種の、つねに現勢的な力であって、それが前者の力を潜在的な状態で、というよりもむしろ、その作用はほとんど見えないが、その圧力は感じ取られるような実在の状態で維持するのだ。それは、大時計の振子の往復が、内部のぜんまいが突然弛んでその張力があらわになるのを妨げつつもそれ自体がこの張力に由来し、ぜんまいの張力の結果として生じつつもその原因に対して抑制作用ないし調整作用を及ぼしているのと同様である。いったい知性は何を行おうとするのだろうか。知性とは、自分を生存の困難から脱出させるために個人が自然に用いる能力である。この能力は、逆に種のために働く力、個人を考慮するとしてもやはり種の利益のために働く力の方向を辿ることはないだろう。知性は、利己主義的な解決へと直進するだろう。しかし、これは知性の第一の動きでしかない。知性は不可視の圧力を被っており、この圧力を斟酌しないわけにはいかない。そこで知性は、賢い利己主義というものは、他のすべての利己主義をそれなりに容認しなければならないと自分を納得させるだろう。それが哲学者の知性であるならば、この知性は一つの理論的道徳を構築するだろうが、この理論的道徳においては、個人的利害と一般的利害との相互浸透が証明されるだろうし、責務は、知的な仕方で自分自身にとって自分を有用なものたらしめようとするなら、他人のことを考えなければならないという、各自が感じ取っている必然性に帰着するだろう。しかし、われわれは、このような意味に自分の利害を解したくはないと答えることがつねに可能で、そうすると、なぜわれわれはなおも強いられていると感じるのかが分からない。けれども、われわれは強いられており、知性はそれをよく承知していて、だからこそ知性はその証明を企てたのだ。しかし、本当のところはどうかというと、知性による証明が成功するように見えるのは、それが、話題になることこそないが本質的な何か、すなわち、われわれが被り、感じている必然性に譲歩するからでしかない。ある理性的推論がこの必然性を抑圧したのだが、それと敵対する理性的推論がそれを連れ戻すのである。だから、責務のなかにある真に責務的なものは知性に由来するのではない。知性は、責務に関して、そこに見出される躊躇だけしか説明しない。知性が責務を基礎づけるように見えるところでも、知性は、抵抗に抵抗することで、妨害を妨害することで責務を維持するにすぎない。もっとも、われわれは次の章で知性がどのような補佐の協力を得るのかを考察するだろう。さしあたりは、すでにわれわれの役に立った比喩を再び取り上げよう。今、一匹の蟻が苦しく堪え難い仕事に従事しており、あたかも自分のことを決して考えることはなく、蟻塚のためだけに生きているかのようだが、本当のところはどうやら、この蟻は夢遊症的な状態にあって、抗し難い必然性に従属している。この蟻が突如として知性的になったと仮定してみていただきたい。この蟻は自分がしていることを反省し、なぜこんなことをしているのか自問し、休息を取って楽しく時を過ごさないのは馬鹿げていると思うだろう。「蟻牲になるのは十分だ！　自分のことを考える時が来た」。まさにここで自然の秩序は転覆される。しかし、自然は見張っている。自然は社会本能を蟻に備えさせた。自然はそこに、おそらく本能が一瞬それを必要としたという理由で、知性の微光をつけ加えた。知性が本能をわずかでも乱すなら、物事を元の状態に戻し、自分が行ったことを壊すのに知性が専念するということがすぐさま必要となるだろう。かくして理性的推論は、蟻は蟻塚のために活動したほうがまったく得であることを確立し、ひいては責務を基礎づけられるように見えるだろう。ところが、本当のところは、このような基礎は堅固なものではほとんどなく、責務は全力で先在していたのだ。知性は自分で作った障害に対するもう一つ別の障害を作っただけなのである。けれども、蟻塚の哲学者は潔くそれを認めることはないだろう。おそらく、この哲学者はあくまで消極的な役割ではなく積極的な役割を知性に割り当て続けるだろう。ほとんどつねに道徳論者たちもそうしたのだが、彼らが知性に十分な場所を与えないのを危惧する主知主義者であったからそうなった場合もあれば、それよりもむしろ、彼らには責務が単純なもの、すなわち分解不可能なものとして現れていたからかもしれないし、逆に、責務のうちに抵抗によって妨げられる準必然性を認めるようなことがあれば、その場合、抵抗は知性に由来し、この抵抗への抵抗も同じく知性に由来すること、本質的なものたる必然性は知性とは別の起源を持つことが納得されるからかもしれない。本当のことを言えば、いかなる哲学者も、この必然性をまず措定することをみずからに禁じることはできない。だが、ほとんどつねに哲学者はそれとはっきりと言うことなく、この必然性を措定している。われわれはというと、この必然性を措定し、かつそのことを言明する。加えて、われわれはこの必然性を、それを認めないことが不可能であるような一つの原理に結びつける。実際、どんな哲学者と係るにせよ、人間は生きた存在であること、二つの主要な線に即してなされた生命進化は社会的生の方向で果たされたこと、生命が有機的組織化である以上、連合は生命的活動の最も一般的な形式であること、したがって、一個の有機体における細胞間の関係から社会における個人間の関係へと感知し難い推移を通して移行していくこと、これらのことは認めざるをえない。そこでわれわれは、異論を提起されざるもの、異論のありえないものを記すにとどめる。けれども、このことがひとたび認められたなら、どんな責務についての理論も無用であると同時に無力になる。無用になるというのは、責務が生の必然性であるからであり、無力になるというのは、導入された仮説はせいぜい、この知的再構成に先在していた責務を知性の目に正当化しうるだけだからだ（しかも、この正当化は実に不完全なものなのだ）。

もっとも、生命はそこでとどまることができただろうし、その成員が厳格な責務によって相互に結ばれた数々の閉じた社会の形成以上のことを何もしないでいることもできただろう。これらの社会は、知性的諸存在で構成されているがゆえに、本能によって統制された動物社会には見られない可変性を示しただろう。けれども、このような変異は、根底的変形という夢を鼓舞するには至らなかっただろう。人類は、万人を包摂する唯一の社会が可能なものとして現れるほどには変容しなかっただろう。事実上、そのような社会はいまだ存在していないし、おそらく、これからも決して存在しないだろう。集団として生きるために不可欠な道徳的形態を人間に与えることで、自然は多分、種のためにできるすべてのことをしたのだろう。しかし、知性の限界を後ずさりさせた天才的人間たちが現れ、それによって、種に一挙に与えることができるよりもはるかに多くのものが飛び飛びに諸個人に譲渡されたのと同様に、傑出した魂が到来し、これらの魂はすべての魂と縁続きであると感じ、集団の限界内にとどまって自然が打ち立てた連帯に満足する代わりに、愛の弾み《エラン》のなかで人類一般へと赴いた。このような魂の出現はその各々が、いわば唯一の個体によって構成される新たな種の創造のごときもので、生命的推進力は、人類の総体にとっては一挙に獲得できなかったであろう成果に、特定の人間のうちで、飛び飛びに到達した。

これらの魂の各々はこうして生命進化の到達点の指標となり、また、それぞれ独自の形で、創造的努力の本質そのものであるかに見える愛を顕示した。これらの傑出した魂を立ち上がらせ、生命力の横溢であるような創造的感動は、これらの魂のまわりに広がっていった。熱狂的なもの（enthousiastes）として、これらの魂は、決して完全に消えたことがなく、再び燃え上がることがつねに可能な熱狂を放射した。今日、われわれがこれらの善の偉人たちを思考によって甦らせるとき、彼らの話を聞くとき、彼らの行動を目の当たりにするとき、われわれは、彼らからわれわれに熱気が伝わり、彼らがその運動のなかにわれわれを引き込むのを感じる。これは多かれ少なかれ緩和された強制ではもはやなく、多かれ少なかれ抗しえない魅力である。しかし、第二の力も第一の力と同様に説明を必要としない。諸君は、本能と対称的な諸習慣の半ば強制的な力を与えないわけにはいかないし、感動という魂の高揚を措定しないわけにもいかない。前者の場合、諸君は起源的な責務を持ち、後者では、かかる責務の拡張であるところの何ものかを持つ。しかし、いずれの場合でも、諸君は、真に道徳的なわけでも、もっぱら道徳的であるだけでもなく、道徳論者たちがその発生を確立する必要もないような諸力を前にしている。その発生を確立しようと欲したがゆえに、哲学者たちは現実の形式のもとで責務がまとう混合的性格を見誤ってしまった。次いで哲学者たちは、知性のこれこれの表象に、意志を牽引する力を割り当てなければならなかった。しかし、それでは、観念というものがいずれ有無を言わせずその実現を要請することができるかのようではないか！　ここでは観念というものが、諸傾向と熱望——前者は純粋知性の上にあり後者はその下にある——からの共通な知的抽出物、というよりもむしろ、この総体の知的平面への投影とは別物であるかのようではないか！　起源の二元性を立て直そう。そうすれば、困難は消え去る。そして、この二元性それ自体、単一性に解消される。なぜなら、「社会的圧力」と「愛の弾み《エラン》」は生の相補的な二つの発現形式でしかないからだが、正常な状態では、生は誕生以来人間種の特徴であった社会的形式を大凡《おおよそ》保存することに専念するとはいえ、その各人が、一つの新たな種の出現がそうしたであろうように、創造的進化の努力を代表するような諸個人のおかげで、この社会的形式を例外的に変容させることができるのである。

調教と神秘性

道徳のこのような二重の起源については、おそらく教育者たち全員がその完璧なヴィジョンを有しているわけではないとはいえ、単に道徳について生徒たちに話すだけでなく、生徒たちに真にそれを教え込もうとするや、彼らはその二重性について何か気づくものだ。われわれは、純粋理性に向けられる道徳教育——それは数々の義務を定義し、それらの義務を一つの原理に結びつけ、この原理から多様な応用が細々と引き出される——の有用性と必要性そのものを否定するわけではない。議論というものが可能なのは、知性の平面上においてであり、そこにおいてのみである。反省、分析、自分および他人との議論なくしては、完璧な道徳性は存在しない。知性に向けられた教育が道徳感覚に確信と繊細さを与えるのに必要不可欠であるとしても、また、われわれの意図が善いところで、この教育がその意図の実現をわれわれに可能にするとしても、まず初めに意図があるのでなければならないし、意図は知性の方向と同程度に、いやそれ以上に意志の方位を示している。では、どのようにしてわれわれは意志に働きかけるのだろうか。二つの道が教育者には開かれている。一方は調教《ドレサージュ》の道であるが、調教というこの語は最も高尚な意味に解されねばならない。他方は神秘性《ミスティシテ》の道だが、この場合には逆に、神秘性というこの語は最も控えめな意味を有している。第一の方法によっては、非人称的な習慣からなる一つの道徳が教え込まれる。第二の方法によっては、ひとりの人物の模倣、ひいてはひとりの人物との精神的結合、ほぼ完全な合致が得られる。起源的な調教、自然によって欲せられた調教は、集団の諸習慣を採用することに存していた。この調教は自動症的なものだった。個人が半ば集合体《コレクティヴィテ》と一体であると感じているところでは、それはひとりでになされた。分業の効果により社会が分化していくにつれて、社会は、その内部でかくして構成される複数の集合体に、個人を調教し、個人をこれらの集合体、ひいては社会と調和させるという課題を譲渡していった。しかし、ここで問題なのはつねに、ただ社会の利益のために身につけられた諸習慣の体系であった。この種の道徳性が完璧であるとすれば、それが悪くても充足しているということ、それに疑いの余地はない。このように、仕事や職業の枠組みに厳密に組み込まれ、日々の労苦に打ち込み、仕事の最大量と可能な限り最も高い質をもたらすような仕方で己が生活を組織している人間は大抵、オノズカラ（*ipso facto*）他の多くの責務も果たしているだろう。規律《ディシプリン》が彼を誠実な人にしたのかもしれない。これが道徳教育の第一の方法である。それは非人称的なもののなかで作用する。いま一つの方法は必要とあらば第一の方法を補完するだろう。第二の方法は第一の方法に取って代わることさえあるだろう。われわれはこの方法を宗教的、更には神秘主義的とさえ呼ぶことをためらわない。しかし、これらの語の意味について合意しておかねばならない。罰を恐れさせ、報いを希望させるという点で、宗教は道徳を補助するものであるとよく言われる。それはおそらく正しいが、つけ加えねばならないのは、この点で宗教は、神的正義によって人間的正義の拡大と立て直しを約束すること以上のことはしないということだ。社会によって確立され、非常に不完全な仕方でしか機能しない処罰に、宗教はそれよりも無限に高い別の処罰を重ね合わせるのだが、後者の処罰は、われわれが人間の世界を離れたときに神の国で適用されるはずのものだ。にもかかわらず、こうしてわれわれが身を置いているのはやはり人間世界の平面である。たしかに宗教を介入させはするが、宗教の最も宗教的な要素においてそうするのではない。どれほど高尚になろうとも、道徳教育はなおも一種の調教として、道徳性は一つの規律として思い描かれている。なおも固執されているのは二つの方法のうち第一のものであり、第二の方法へと移ってはいない。他方、「宗教」という語が口にされるや、われわれが考えるのは一般的に宗教的諸教義であり、それらが含む形而上学である。その結果として、宗教を道徳への基礎として与えるとき、神と世界に関する考え方の総体が表象されるが、その受諾は善の実践をその帰結とすることになる。しかし、これらの思想は、それ自体として捉えられるならば、われわれの意志と行動に対して、理論、すなわち観念が影響を与えうるのと同じ仕方で作用するということは明らかである。ここでわれわれは知性の平面上におり、先に見たように、責務も、それを拡張するものも、純粋な観念から派生することはできない。純粋な観念がわれわれの意志に対して働きかけるのは、われわれがその観念を好んで受け入れ、実践する限りにおいてでしかないのだから。われわれがある形而上学を、それにどうしても賛同せざるをえないと言って、他の形而上学と区別する場合、それはおそらく正しいだろうが、この場合われわれが考えているのはもはやその内容だけではないし、純粋な知的表象でもない。何か別のもの、表象を支え、表象に何だか分からない効力を伝えるもの、特に宗教的な要素であるものが導入される。しかし、道徳の宗教的基礎となるものも今やこの要素であって、この要素が結びつけられている形而上学ではない。われわれはまさに第二の方法と係っているわけだが、それは神秘主義的経験である。われわれが語りたいのは、一切の解釈の外で、その直接性において捉えられた神秘主義的経験なのだ。真の神秘主義者たちは、彼らを浸食する波浪に単に自分を開くだけである。彼らは自分のうちに自分よりも優れた何かを感じているので、自己を確信しているのだが、そのような者として彼らは、神秘主義を見神体験、激情、忘我と考える人々にとっては驚きだろうが、偉大な行動人である自分を顕現する。彼らが自分の内部で流れるにまかせていたものは、彼らを通して、他の人間たちにまで及ぼうとする下降流である。彼らが受け取ったものを周囲に振りまく欲求を、彼らは愛の弾み《エラン》として感得する。愛に、神秘主義者たち各人が自分の人格を刻みつける。愛、それは神秘主義者各人のなかのまったく新たな感動であり、それは人間の生を別の調子へと移すことができる。愛、それによって神秘主義者たち各人はこのように彼個人として愛され、また、彼によって、彼のために、他の人間たちはその魂が人類愛へと開かれていくに任せる。愛、それはまた、神秘主義者たちに、あるいはまた彼らのなおも鮮烈な思い出にこだわり、自分の人生をこの模範に適合させるような人格を媒介としてたしかに伝わっていくこともできる。もっと先へ進もう。ひとりの偉大な神秘主義者もしくはその模倣者たちのうちの一人の言葉がわれわれの誰かのところで反響を得ることがあるなら、それは、われわれのうちに、今はまどろんでいるが、ただ覚醒する機会を待っている神秘主義者が存在しているからではないだろうか。道徳教育の第一の方法では、人格は非人称的なものと結びつき、そこに挿入されることを目指す。が、ここでは、人格は一つの人格の呼びかけに応答し、この人格は、道徳的生を堅持する人の人格、その模倣者の誰かの人格、状況によってはまさにその人自身の人格でありうる。

もっとも、どちらの方法を取るにせよ、いずれの場合にもわれわれは、人間の本性をそれ自体として静態的に捉えるにせよ、その起源において動態的に捉えるにせよ、この本性の根底を斟酌していることになる。何が誤りかというと、道徳的圧力と道徳的熱望がその決定的説明を、単なる一事実とみなされた社会的生のなかに見出すと思い込むことだろう。社会というものが実在し、したがって社会はその成員たちを必然的に拘束し、この拘束が責務であるとよく言われる。しかし何よりもまず、社会が実在するためには、個人が一連の生来的素質の総体をそっくりもたらすのでなければならない。だから、社会それ自体は説明されていない。結局、社会の獲得物の下を探求し、生に到達しなければならないのだ。人間社会は、加えて人間種も同様、生の発現にすぎない。けれども、こう言っただけでは十分ではない。単にいかにして社会が諸個人を拘束するかではもはやなく、いかにして個人は社会を裁き、社会を道徳的にすることができるのかを知りたいと欲するなら、更に深く掘り進まねばならない。社会が自足しているなら、それは最高の権威である。だが、社会は生の諸規定の一つでしかないなら、人間種を生命進化のある点に位置づけざるをえなかった生は特権的な個体へと新種の推進力を伝え、これらの個体は社会がより遠くへ進むのを支援するために生のうちに再び浸かるのだということが分かるだろう。たしかに、生の原理そのものにまで行かねばならなかっただろう。生の数々の発現を全部ひっくるめて社会的発現と呼ぶにせよ、より限定して、社会的人間のなかで知性を考えるにせよ、われわれが生の単なる発現にとどまるなら、すべてが曖昧模糊としている。これらの発現を超えて、生命そのものを探し求めにいくならば、すべては逆に明白である。そこで生物学という語に、この語が持たなければならず、おそらくいつか採用するに至るだろう非常に包括的な意味を与えようではないか。そして、結論として、圧力であるにせよ熱望であるにせよ、どんな道徳も生物学的本質を持っていると言っておこう。

第2章　静的宗教

理性的存在における不条理について

数々の宗教がかつて呈していた光景、そのうちいくつかの宗教が今なお呈している光景は、人間の知性にとってつねに屈辱的である。何という錯誤の連続であろうか！　どれほど経験が「それは間違いだ」と言い、また理性的推論が「そんなことは馬鹿げている」と言っても無駄で、むしろ人類はそれによって不条理と誤謬によりいっそうしがみつくだけである。せめてそれで人類が満足すればよかったのだが！　しかるに、宗教が背徳を命じ、犯罪を強要するのが見られた。宗教は粗野であればあるほど、よりいっそう一民族の生活のなかで実質的に場所を占める。後に科学、芸術、哲学と分かち持つはずのものを、宗教はまず自分のためだけに要求し、獲得する。人間を知性的存在と定義することから始めたとき、これは驚くべき事態である。

最も低俗な迷信がつねに長い期間一つの普遍的事実であったのを知るとき、われわれの驚きは増大する。しかも、このような迷信は現在もなお存続している。過去には、いや今日でさえ、科学も芸術も哲学も持たない人間社会が見出される。けれども、宗教を持たない社会はかつて一度も存在しなかった。

さて、この点で、われわれ人間と動物を比較するならば、われわれの困惑はいかなるものでなければならないことか！　まず確かなこととみなしていいだろうが、動物は迷信を持たない。われわれは人間の意識以外の様々な意識のなかで生じることをほとんど知らない。しかし、宗教的諸状態は通常様々な態度と行為によって外へ表されるものなので、動物に宗教性が可能ならば、われわれは何らかの徴候によってはっきり気づかされるだろう。したがって、われわれはこの点を甘受することを強いられる。すなわち、唯一理性を備えたものたるホモサピエンスは、非合理的な諸事象にみずからの生存を依存させうる唯一の存在でもあるのだ。

「原始的心性」(mentalité primitive) というものが大いに話題になっている。この心性は、今日では劣った人種の心性とみなされているが、かつては人類全般の心性であったはずで、このような心性に迷信は帰されるべきだろう。いくつかの思考様式を一つの共通名称のもとに括り、これらの思考様式のあいだのいくつかの連関を指摘すること、それは有益で非の打ち所のない仕事である。有益であるのは、民俗学的で心理学的な最も興味深い研究領域の範囲がこうして明確に定められるからだ。非の打ち所がないのは、われわれほどには文明化されていない人類のうちに、いくつかの信念や実践が存在することを確認しているだけだからだ。因みに、その素晴らしい諸著作、特に最近の諸著作でレヴィ＝ブリュール氏はこの確認で満足しているように思われる。しかしこれでは、ほとんど合理的ならざる数々の信念や実践が、どうして知性的存在によってかつて受け入れられたし、今もなお受け入れられうるのかという問題は手つかずのままである。この問題にこそ、われわれは答えを探さないわけにはいかない。好むと好まざるとにかかわらず、レヴィ＝ブリュール氏の見事な著作の読者はそこから、人間の知性は進化したという結論を引き出すだろう。人間が生来持つとされる本性的論理はつねに同一のものではなかったということだ。その場合、「原始的心性」は、異なる根本的構造に対応しており、われわれの心性がそれに取って代わったことになるが、それは今日では遅れた者たちにおいてしか出会われることはない。しかし、このように考えると、幾世紀もの間に諸個人によって獲得された精神の諸習慣が遺伝的なものと化し、本性を変容させ、種にある新たな心性を与えることができたという点を認めることになる。だが、これ以上に疑わしいことはない。仮に両親によって身につけられた一つの習慣がいつか子供に伝達されるのを認めるとしても、これは偶然的に結びつけられた諸情勢の協同に拠る一つの稀な事実である。種のいかなる変容もそこから帰結することはないだろう。しかしその場合、精神の構造は同一のままであるとしても、相継起する幾世代もの人々によって獲得され、社会的環境のなかに沈殿され、この環境によってわれわれ各人へと戻された経験だけで、なぜわれわれは文明化せざる者のようには思考しないのか、なぜかつての人間は今の人間と異なるのかを説明するには十分なはずだ。いずれの場合にも精神は同様に機能しているが、おそらく精神は同じ素材に適用されてはいない。けだし、一方と他方で、社会は同じ欲求を有していないからだ。これがまさにわれわれの探求の結論となるだろう。結論を先取りすることなく、「原始人たち」(primitifs)の観察は不可避的に、迷信の心理学的諸起源に関する問題を提起するし、また、人間精神の一般構造――ひいては現在の文明化した人間の観察――は、この問題の解決にとって十分な諸要素をもたらすようにわれわれには思えると言うにとどめておく。

ほぼ同じような仕方で、「原始的な」心性についてではもはやなく、「集合的な」(collectif)心性についても、われわれはほとんど同様の意見を述べたい。エミール・デュルケームによれば、これこれの宗教がその信仰を求めるところの諸事象がなぜ、「諸個人の理性にとって実に意想外な側面を持つのかを探る必要はない。ただ単にそれは、宗教によってそれらの事象に与えられる表象が、諸個人の理性の産物ではなく集合的精神の産物だからなのだ。ところで、集合的精神がわれわれ個人の精神とは異なる仕方で実在を表象するのは当然である。前者は後者とは別の本性を持つのだから。社会は固有な存在様式を、したがって、自分に特有の思考様式を持つ」(3)。われわれはどうかというと、諸制度、言語、諸習俗のうちに沈殿した集合的表象の実在を進んで認めるだろう。これらの表象の総体は社会的知性を、個人的知性の補完物として構成する。しかし、どうしてこれらの二つの心性は調和しないのか、どうして一方が他方を「攪乱する」ことができるのかをわれわれは知らない。経験はこれに類することは何も語らないし、社会学が以上のように仮定するいかなる理由もないようにわれわれには見える。自然は個体だけで満足し、偶発事あるいは協定から社会は生まれたと判断するなら、この説を最後まで推し進め、化学的結合における複数の単体の結合にも比すべき諸個人の出会いが集合的知性を生じさせ、集合的知性のいくつかの表象が個人的理性を困惑させると主張できるだろう。しかし、偶然的起源や協約的起源を社会に帰する者はもはや誰もいない。社会学に対して非難すべき点があるとすれば、それはむしろ社会学がもう一つの方向でその主張を推し進めすぎたことだろう。つまり、社会学の代表者たちのある者は、個人のうちに抽象物を見て、社会体のうちに唯一の実在を見ているのだ。しかし、そうであるとしても、どうして集合的心性は個人的心性のうちに前もって描かれていないのか。どうして自然は、人間を「政治的動物」としながらも、知性が「政治的」に思考する際に居心地の悪さを感じるような具合に、人間的知性を設《しつら》えたのだろうか。われわれとしては、後に個人について研究する際、いくらその社会的使命を考慮しても決して十分ではないと考えている。心理学がいくつかの方向でほとんど進歩しなかったのは、この点を疎かにしてきたからだ。とはいえ私は、一つの巣の蜜蜂たちのあいだにあるごとき不可視の吻合《ふんごう》を、一つの人間社会の成員たちのあいだに想定した、いくつかの異常な状態もしくは瀕死の状態を深く究めることに伴う利益を語っているのではない。巣の外では、蜜蜂は弱まり、死んでしまう。社会から孤絶することで、あるいはまた、社会の努力に十分に参加しないことで、人間はおそらく蜂と同様の困難に苦しめられる。この困難は倦怠と呼ばれているものだが、今までほとんど研究されてこなかった。例えば懲役刑におけるように、独居が長引くと、それに特徴的な様々な精神障害が姿を現す。これらの現象だけでもすでに、心理学がこの研究に専用口座を開くだけの価値があり、この口座は相当の利益をもたらすだろう。しかし、これだけでは十分に述べたことにはならない。科学というものの将来は、それが初めにその対象を切り取った仕方にかかっている。プラトンの語る良い料理人のように、科学が幸いにも自然な分節に沿って裁断するならば、切り出されることになる断片の数は重要ではない。つまり、部分への切断が元素への分析を準備するように、われわれは最終的に全体について一つの単純化された表象を持つことになるだろう。これこそ、いくつかの下位分割を前にして尻込みしたとき、われらが心理学が気づかなかったことである。たとえば、心理学は知覚、解釈、理解という一般的な諸能力を措定するが、その際、これらの能力が人間に適用されるか事物に適用されるかに応じて、また知性が社会環境に浸されるか否かに応じて、相異なる機序が作動するのではないかどうかを考えることはない。しかるに、人間たちの大多数はすでにこの区別を大まかになしており、それを言語のなかに取り入れさえした。すなわち、諸事物についての情報をわれわれに与える諸感官（*sens*）のかたわらに、この語とは別に、彼らは、諸人格とわれわれとの関係に係る良識（*bon sens*）という語を並べ置いたのだ。深遠な数学者、博識な物理学者、自己自身を分析する限りでは繊細な心理学者でありながら、同時にまたわれわれが、他人の行動を間違って理解し、自分の行動を誤って計算し、決して周囲の環境に適応せず、要するに良識を欠いているということもありうるという点に、どうして気づかないでいられようか。迫害されているという錯乱、より正確に言えば、解釈妄想は、推論する能力が無傷のままで、良識が傷害を受けることがありうることを示す格好の例である。症状の重篤さ、一切の治療に対する執拗な抵抗、大抵は患者の最も遠い過去に前兆が見出されるという事実、これらのことはすべて、奥深く、先天的で、明確に限定された心的不全が問題であることをはっきり示しているように思われる。社会的感覚と呼ぶこともできるだろう良識はしたがって、話す能力と同様、正常の人間に生得的なもので、話す能力と同じく、社会の存在を前提としつつもやはり諸個人の有機組織のなかで描かれる。それに、各々膜翅目と人間に到達する進化の二つの主要線の端で社会的生を制定した自然が、前もって蟻塚の一匹一匹の蟻の活動をすべての細部まで調整しておいたのに、他方で、人間にはその行動を同胞たちの行動と調整するよう、少なくとも大まかな指令を与えるのを怠ったなどということは認め難い。おそらく人間社会は、個人の活動様式、そして同じく集団の活動様式をも未決定のままにしておくという点で、昆虫社会とは異なる。しかし、それは取りも直さず、昆虫の本性では数々の行動そのものが先形成《せんけいせい》されているが、人間においては機能だけが先形成されていると言うに等しい。それでもやはり、人間は機能を現存していて、社会のうちで行使されるよう個人のうちで組織されている。それならば、どうして、後から付け足しとして現れ、個人的心性を狼狽させうるような社会的心性が存在するというのか。どうして、社会的心性は個人的心性に内在しないのだろうか。したがって、先ほどわれわれが提起した問題、すなわち、どうして馬鹿げた迷信が理性的存在の生を支配することができたのか、どうして現在もまだそのようなことができるのかという問題は、そのまま全部残されている。先に言ったように、いくら原始的心性について論じたとしても、問題はやはり現下の人間の心理学に係っている。いくら集団表象について論じても、問題はやはり個人的人間の心理学に係っている、と付言しておこう。

作話機能

しかし、まさに困難は、われらが心理学が、自然によって記された数々の線に沿ってその対象を下位分割することに十分配慮しなかった点にまず由来するのではないだろうか。迷信を生む様々な表象は幻想的《ファンタスマティック》なものであるという共通の性格を有している。心理学はそれらの表象を一つの一般的能力、すなわち想像力に結びつける。加えて心理学は、想像力という同じ見出しのもとに、科学上の発見と発明、芸術の創作活動をも分類するだろう。しかし、かくも異なる諸事物をひとまとめにし、同一の名称を与え、かくしてそれらのあいだに類縁性があるとの考えをなぜ示唆するのか。それは単に言語の便宜のためでしかなく、これらの多様な働きは知覚でも記憶でも精神の論理的作用でもないというまったく消極的な理由によってでしかない。そこで、幻想的な表象を他の表象とは別個に切り離すことし、幻想的な表象を出現させる作用を「作話」(fabulation)もしくは「虚構」(fiction)と呼ぶことにしよう。これが問題解決への第一歩になるだろう。ここで指摘しておくと、精神の活動を諸作用に分解するとき、心理学はこれらの作用の各々が何の役に立つのかを知ることに十分取り組んではいない。あまりにも多くの場合、下位区分が不十分で不自然なのはまさにそのためである。人間は多分夢想したり哲学したりすることができるが、人間はまず生きなければならない。われわれの心理学的構造が個人的かつ社会的な生を維持し、発展させる必要性に由来することはまったく疑いない。この考えに則らないならば、心理学は必ずその対象の形を歪めてしまうだろう。諸器官ならびに諸組織の用途を顧慮することなく、諸器官の解剖学と諸組織の組織学を遂行する学者について、何と言えばよいだろうか。このような学者は誤って分割し、誤って分類してしまう危険があるだろう。機能が構造によってしか理解されないとしても、機能という観念ぬきでは、構造の大筋を解明するのは不可能である。だから、あたかも精神が「何のためにでもなく、ただ娯楽的に」存在するかのように、精神を取り扱ってはならない。また、精神の構造はかくかくしかじかのものであったから、精神はそれをかくかくしかじかのために利用したと言ってはいけない。逆に、精神が構造をこのように利用すること、それが精神の構造を決定したはずなのだ。いずれにせよ、探求の導きの糸がここにある。そこで、漠然と、そしておそらくは不自然にその範囲を画定された「想像力」の領野で、われわれが作話と呼んだ自然な切抜きを取り上げ、作話が自然な仕方で何に用いられるのかを見てみよう。この機能には、小説、戯曲、神話ならびに神話に先立って存在したすべてのものが属している。ただ、人類はつねに宗教を必要としたが、小説家と劇作家がいつの時代にも存在していたわけではない。だから、どんな種類の詩歌や空想作品も、精神が架空の話を作りうるということを利用して余分として生じたが、宗教はというと、それは作話機能の存在理由であったというのは本当らしく思える。つまり、宗教との関係で、作話能力は結果であって原因ではないのだ。おそらくは個人的な、そして、たとえ個人的でないにせよいずれにしても社会的なある欲求ないし必要が精神にこの種類の活動を要求したに違いない。この必要がいかなるものであったのか考えてみよう。虚構は、それが効力を発揮するとき、生まれつつある幻覚のごときものであることに注目しなければならない。つまり、虚構は、真に知性的な能力たる判断と推理に真っ向から反対することができるのだ。ところで、知性的諸存在を創造した後、知性の未来を損なうことなしに、知性的諸活動が冒すある種の危険を回避するのを欲したとすれば、自然は何をなしただろうか。観察がわれわれに答えを与えてくれる。今日、科学が十全に開花するなか、われわれは世界で最も美しい推論の数々が一つの経験の前で崩れ去っていくのを目にしている。すなわち、何ものも事実には抗しえないのだ。だから、個人と社会にとって危険な斜面で、知性が最初の段階で踏みとどまらねばならなかったなら、それは見かけ上の確認、すなわち事実の幻影によってしか可能ではなかった。現実の経験のないところでは、まさに経験の模造をこそ生み出さねばならなかったのだ。もしイメージが生き生きとし強迫的なものであるなら、虚構はまさに知覚を模倣することができるだろうし、それによって、行動を妨げたり、変更させたりすることができるだろう。徹頭徹尾偽りであるような経験が知性の前に立ちはだかり、知性が真の経験から引き出す数々の帰結に関して遠くへ行き過ぎそうになるときに、知性の歩みを停止させせうるだろう。けだし自然はこのような仕方で事を進めたのだろう。これらの条件のもとでは、知性は形成されるや否や迷信に侵され、本質的に知性的な存在がおのずと迷信を受け入れ、知性的存在以外に迷信に捉われる存在はないことが分かっても驚くことはないだろう。

このとき新たな問いが提起されるのはたしかである。作話機能は何の役に立つのか、自然はどんな危険を避けねばならなかったのかをより詳細にまず考えねばならないだろう。

この点についてはまだ深く考えず、人間精神は真実のなかにも虚偽のなかにも身を置くことができるが、どちらの方向へ進んだにせよ、精神は真っすぐ前進するという点に注意しておこう。つまり、人間精神は結果から結果へ、分析から分析へと進み、真理のなかでより完全に花を咲かせるのと同様に、誤謬のなかにより深く嵌り込んでいくのだ。われわれは、すでに進化した人類しか知らない。というのは、われわれが今日観察する「原始人」はわれわれと同じ年月を経た者たちだし、宗教史が研究する資料も比較的近い過去のものだからだ。したがって、われわれが係っている信仰の厖大な多様性は、長期間の過剰増殖の結果である。これらの信仰の不条理さもしくはその奇妙さから、われわれはおそらく、精神のある機能の歩みのなかに、奇妙なものもしくは不条理なものに向かうある方向性があると結論することができる。ただし、これらの性格がかくも強められたのは、この機能もまたそれと同じく遠くまで拡張されたからでしかない。この方向そのものしか考察しないならば、傾向が非理性的な面を持つことから受ける衝撃は減少し、かかる非理性的なものの有用性をおそらく把握するだろう。この傾向が行き着いた数々の誤謬が、ある一つの真理の歪曲、それもこの時点で種にとって有益な歪曲である——後になって初めてこの真理が若干の個人に対してありのままに現れるはずだとしても——ということもありえるだろう。しかし、これだけではない。第二の問いが提起されるが、この問いにこそむしろ前もって答えなければならないだろう。この傾向はどこから生まれたのか、という問いである。それは生命の他の数々の現出と結びついているのだろうか。先にわれわれは自然の一つの意図について語った。それは、生物学においてと同様心理学においても便利な比喩だった。こうしてわれわれは、観察された装置が個人や種の利害に仕えていることを強調した。しかし、この表現は不明瞭である。更なる正確さを期して、われわれは、考察されている傾向は一つの本能であると言いたい。ただ、まさに本能の場所において、幻想的なイメージが精神のなかに出来するということを銘記しなければならない。これらのイメージは、本能に割り当てられることがありえたかもしれない役割、知性を欠いた存在においては、おそらく本能に割り当てられるであろう役割を果たしている。これらのイメージは潜在的本能に由来する、とさしあたり言っておこう。こう言うことでわれわれが言いたいのは、進化の別の線の先端たる昆虫社会において、われわれは本能がある行動を機械的に惹き起こすのを目にするが、この行動は、有用性という点で、知的で自由な人間にほとんど幻想のごときイメージが示唆する行動に比されるということだ。しかし、一方では実在的な本能に、他方では潜在的な本能に至るような、分岐しつつも補い合う複数の発展をこのように喚起することは、生命の進化について考えを述べることにならないだろうか。

作話と生命

実際、これは第二の問いが提起するよりも大きな問題である。ただし、この問題は暗黙のうちに第一の問いに含まれていた。生命の根本的な諸要求を先に規定しておかなかったならば、知性の前に、また時には知性に抗して立ちはだかる虚構を、いかにして生の必要に結びつけるというのか。いかにして宗教はそれを誕生させた危険を回避してその後も存続したのかという、避けて通れない一つの問いが現れるとき、われわれはこの同じ問題をより明瞭な形で再び見出すだろう。宗教は、消滅する代わりに、いかにして単に変形するだけで済んだのか。知性がその形式と内容のあいだに残した実に危険な空隙を科学が埋めに来た後も、なぜ宗教は存続しているのか。それは、生命が顕示する安定性の必要の下に、この停止のなかに、というよりはむしろ、種の保存というその場での旋回のなかに、前進運動への若干の要求、推進力の残り、生の弾み《エラン・ヴィタル》があるからではないだろうか。しかし、さしあたっては最初の二つの問いで十分であろう。どちらの問いも、以前にわれわれが提示した生命進化についての考察へとわれわれを連れ戻す。この考察は、ある人々がそう思ったように見えたのはちがって、仮説的なものでは決してなかった。「生の弾み《エラン・ヴィタル》」ならびに創造的進化について論じたとき、われわれは可能な限り近くまで経験に寄り添った。このことはようやく注目され始めた。というのも実証科学は、いくつかの説を放棄するか、もしくはそれらを単純な仮説として与えるだけで、よりいっそうわれわれの見方に近づくからだ。実証科学はわれわれの見方を自分のものとすることによって、自分の持ち物を取り返すだけだろう。

「生の弾み」の意味

したがって、生命が有する顕著な特徴のいくつかに立ち戻り、「生の弾み《エラン・ヴィタル》」という考え方の明白に経験的な性格を強調しておこう。生命現象は物理的かつ化学的な事実に解消可能なものであろうか、とわれわれはかつて言った。生理学者がこの問いに肯定的に答えるとき、意識的にか無意識的にか彼は、生理学の役割は生命的なもののなかの物理的なものと化学的なものを探求することであり、このような探求に前もって終着点を与えることはできず、そうである以上、あたかも探求に終わりがあってはならないかのようにことを進めなくてはならず、そのような仕方でしか前進できないだろう、と言いたいのだ。生理学者はこのようにして方法に係る一つの規則を立てているのであって、事実を言明しているのではない。そこで、われわれとしては経験にとどまることにし、——少なからざる生物学者が認めるだろうが——科学は生命の物理‐化学的説明からこれまで同様遠く隔たっていると言いたい。生の弾みについて述べた時に、われわれはこの点をまず確認した。——いったん生命が措定されたなら、今度はどのようにその進化を表象すればよいのか。一つの種から別の種への移行は、一連のまったく偶然的で、淘汰によって保存され遺伝によって固定された微小変異を通じてなされたと主張する人々がいるかもしれない。だが、そうすると、有機体が利益を得るように、もしくは単に有機体にいかなる損傷もないように、互いに調整され補い合う莫大な数の変異を思い浮かべるとして、その場合、個々別々に考えられた変異がいかなる淘汰によって保存され、それらを補完してくれる変異を待望するのかという点が問題となる。まったく単独では、各変異は大抵は何の役にも立たないし、生体機能を妨害し、それを麻痺させることさえありうる。したがって、偶然と偶然の組み合わせを引き合いに出すことで、また、進化する生命により採用された方向をいかなる特殊な原因にも帰さないことで、推奨された経済原理をアプリオリに実証科学に適用してしまう。だが、事実が確認されるわけではまったくなく、乗り越え難い数々の困難にすぐさまぶつかることになる。ダーウィン主義のこの不十分さは、生の弾み《エラン・ヴィタル》について論じたときにわれわれが強調した第二の点である。理論にわれわれは事実を対立させた。つまり、われわれは生命の進化がいくつかの定まった方向でなされることを確認した。——さて、これらの方向は、生命が進化する際の諸条件によって生命に刻み込まれるのだろうか。そうであるなら、個体が被る諸変容がその子孫へと移りゆくこと、そしてまた、この移行は、次第に繊細さを増す仕方で同一の機能を果たすようになるある器官の複雑性を保証するだけの規則性は少なくとも伴っていることを認めなければならないだろう。ところが、獲得形質の遺伝には異論の余地があり、いつかそれが観察されると仮定しても、例外的である。獲得形質の遺伝を先に述べた規則性で機能させるとしても、それはやはり原因が必要だからということでアプリオリになされることでしかない。この規則的な伝達可能性を生得的なものに連れ戻してみよう。こうしてわれわれは経験に即し、生命を一定の方向で次第に複雑化させるのは、外的原因の機械的な作用ではなく、諸個体を貫いて胚から胚へと伝わる内的推進力によってであると述べるだろう。これが、生の弾み《エラン・ヴィタル》というイメージによって呼び起こされるであろう第三の考えである。――さらに先へ進もう。複雑化を増していく諸条件に適応する有機体や器官の発展を語るとき、大抵は、鋳型が石膏に対してそうするように、条件の複雑さがその型を生命に押しつけると考えられている。この条件が満たされて初めて、機械的な、したがって科学的な説明がなされるだろうと思っているのだ。ところが、適応一般をこのように解釈するのに満足した後で、特殊な事例については、適応がまったく別物――実際に適応がそうであるところのもの――であるかのように推論がなされる。つまり、適応とは、外的条件によって提起された問題について、生命によって発見された独特な解答であるというのだ。では、諸問題を解決するこの能力についてはどうかというと、それは説明されないままである。そこで「弾み《エラン》」を導入するとしても、われわれはやはり説明を与えたことにはならない。ただし、こうしてわれわれは、生命作用の不思議な性格を総論では一貫して排除しながら各論ではこの性格を認めそれをこっそり利用する代わりに、この不可思議な性格に注意を喚起したのである。——けれども、この謎を解明するためにわれわれは何もしなかったのだろうか。全体に対する諸部分の驚くべき連携が機械的に説明されえないとしても、われわれの考えでは、この連携は目的性を伴うものとして扱われることも要求してはいない。外部から見られた場合、互いに連携する無数の部分に分解可能なものも、内部からは、おそらく単純な働きとして現れるだろう。その例として、われわれの手の運動は、それをわれわれは分割不可能と感じるけれども、外部からは一つの方程式によって定義可能な曲線のように、つまり、そのすべてが同じ一つの法則に従う無数の点の並列のように知覚されるだろう。弾《エラン》みのイメージを呼び起こすことで、われわれはこの第五の観念、いや、それ以上のものさえも示唆したかった。われわれの分析があくまで外部にとどまり、われわれによって見出される、漸増し、かつそれによって、より驚異的な相互の連携を強めていく実証的諸要素を発見するところで、内部へと移動するような直観はというと、もはやそこに、結合された手段ではなく、回避された障害を捉えるだろう。見えない手が突如として鉄の鑢屑《かんなくず》を差し込まれたとすれば、手は抵抗を斥けることとしかしないだろうが、この働きの単純さそのものは、抵抗の側から見られると、鑢屑の諸片が一定の秩序で並列されることとして現れるだろう。——さて、この働きについて、また、それが出会う抵抗については何も言えないのだろうか。生命が物理的かつ化学的な事実に分解可能でないなら、生命は、通常われわれが物質と呼ぶものに付加される特殊な原因のように働く。この物質は道具であり、同様に障害でもある。物質は、それが明確な形を与えたものを分割する。われわれは、この種の分割に、生命進化の主要な線の多数性は起因すると推測することができる。しかし、それによってわれわれに示唆されるのは、われわれが生命について得たいと欲しているような直観を準備し、検証するための一つの手段である。行き止まった進化の諸経路の脇で、二つないし三つの主要な線上で進化が自由に続けられる様を見るなら、また、これらの線に沿って一つの本質的な性格が次第に展開されるなら、われわれは、生命の推進力は最初これらの性格を相互含有の状態で呈示していたと推測することができる。とするなら、動物進化の主要な二つの線の先端で頂点に達した本能と知性は、二つに分化する以前には、相互に包み合っていたはずで、その際、本能と知性は一緒に組み合わされ合成されているのではなく、一つの単純な実在を構成しており、知性と本能はこの実在に対する視点でしかないだろう。われわれは生の弾《エラン・ヴィ》み《タル》という観念が呼び起こすであろう表象的イメージを数え始めていたが、以上はその第六、第七、第八のイメージである。——まだわれわれは本質的な点に関して暗黙的にしか言及していない。つまり、生命が進化の途上、非連続的な跳躍によって一から十までそっくり創造する諸形態は予見不可能なものだという点である。純粋な機械論の学説に身を置くにせよ、純粋な目的論の学説に身を置くにせよ、いずれの場合にも、生命の数々の創造物は予め決定されていて、未来は現在から計算によって演繹可能であるか、現在において観念として素描されているかであって、したがって、時間というものは効力を持たない。純粋な経験はこのようなことは何も示唆していない。推進力でも牽引力でもない、と純粋な経験は言っているように思われる。弾みというものは、この種の何かを示唆することがまさに可能であり、また、内的に感じられたものの分割不可能性と外的に知覚されたものの無限な分割可能性を通して、生命の本質的属性であるような実在的で実効的な持続を思考させることができる。——これらが、「生の弾み《エラン・ヴィタル》」というイメージのうちにわれわれが閉じ込めた諸観念である。あまりにも多くの場合そうされてきたように、これらの観念を無視するなら、純粋な「生きる意欲」(vouloir-vivre)のように内容のない概念やある不毛な形而上学と向かい合うことになる。逆にこれらの観念を考慮するなら、経験的に獲得された内容を充塡され、研究を導くことが可能な観念を得るが、この観念はわれわれが生命の進展過程について知っていることの大略を要約することになるだろうし、同様に、生命過程についてわれわれが知らないことも指摘してくれるだろう。

このような仕方で思い描かれれば、進化は数々の突然の跳躍によって遂行されるものとして現れ、新しい種《エスペス》を構成する変異は、胚から生まれた有機体のうち全面的に出現する、多様でかつ相互補完的な差異によって作られたものとして現れる。われわれの比喩をもう一度使えば、進化とは鑢屑のなかに突如として差し込まれ、すべての鉄片を即時的に再配列させる手の運動である。もっとも、同一の種の多様な代表者たちのうちで変形が行われるとしても、それはすべての代表者において同じ成功を収めないことがありうる。人間種の出現は、先行種のなかで同一方向へ向けてあちこちで何度も果たされ、ひいてはかなり異なる人類の見本型に至るような跳躍に由来したのではないと告げるものは何一つとしてない。見本型の各々は、それらを特徴づける多数の変異が完全に相互に調整され連携しているという点で、成功を収めた一つの試みに対応していると言えるだろう。とはいえ、すべての見本型が同じ価値を持つわけではおそらくないし、すべての場合において跳躍が同じ距離を飛び越えたのではなかった。それでも、これらの跳躍が同じ方向に跳んだことに変わりはない。擬人的な意味を意図という語に与えるのを避けつつ、これらの跳躍は、生命の同じ一つの意図に対応していると言うことができるだろう。

人間種が同じ共通の祖先から出てきたのか否か、人類の還元不可能な見本型が一つであるのか複数であるのか、それは重要ではない。いずれにせよ、人間はつねに二つの本質的な特徴、すなわち知性と社交性を示している。ただ、われわれが身を置いている観点に立てば、これらの性格はある特別な意味を得る。それらはもはや単純に心理学者と社会学者の関心を引くだけではない。それらはまず生物学的な解釈を求める。知性と社交性は、生命の一般進化の流れのなかに置き直されなければならないのだ。

社交性から始めるなら、われわれはその完成形態を、生命進化の二つの到達点、すなわち蟻や蜜蜂のような膜翅目の昆虫と人間とに見出す。単純な傾向の状態では、社交性は自然の至るところにある。個体はすでに一つの社会であると言うことができた。この考えでは、原生動物は単細胞によって形成されているが、集合体を構成し、今度はこの集合体が互いに近づき、集合体の集合体をつくったということになろう。こうして、最も分化が進んだ有機体の起源は、ほとんど分化されていない基礎的な有機体の連合にあることになろう。このような説明には明らかに誇張があり、「個体複合」〔群体〕(polyzoïsme) は例外的で異常な事実である。とはいえ、高等な有機体において、あたかも諸細胞が分業するために連合していたかのように事態が進行するということはやはり真実である。したがって、非常に多くの種に見出される社会形態への偏執は、個体の構造のなかにまで現れている。ただし、もう一度述べるが、それは一つの傾向でしかない。もし完成した社会、すなわち、別々の個体からなるはっきりとした組織を問題としたいならば、連合体の二つの完全な類型、昆虫社会と人間社会が示す二つの類型を取り上げなければならないが、前者は不動で[4]、後者は変化し、一方は本能的で他方は知性的、第一の社会は、諸要素がただ全体のためだけに存在する一つの有機体に比較可能で、第二の社会は、自由にできる余地をあまりにも広く個体に残しておくので、社会が個体のために作られているのか、それとも、個体が社会のために作られているのか分からないほどである。コントによって定められた社会の二つの条件、すなわち「秩序」と「進歩」のうち、昆虫は秩序しか望まなかったが、他方で、人類の少なくとも一部の人々が目指すのは、時に秩序と相容れないもので、つねに個人の発意に由来するところの進歩である。したがって、社会的生の二つの完成類型は対をなし、補完し合っている。だが、本能と知性についても同じことが言えよう。これらは生の二つの完成類型をそれぞれ特徴づけるものだ。生命の進化のなかに置き直されるなら、これら二つの類型は、分岐し相補う二つの活動として現れる。

この点について、われわれは前著〔『創造的進化』〕ですでに説明したことを繰り返すつもりはない。ただ、生命とはなまの物質から若干のものを獲得するためのある努力であり、本能と知性とは完成した状態で考えれば、この結果を得るために道具を用いる二つの手段である、という点だけを思い起こしておこう。前者の場合、道具は生命体の一部であるが、後者の場合、それは無機物からなる機具で、発明し、製作し、使い方を学ばなければならなかった。道具の利用ということを想定してみよう。製作や、更に発明となるとなおさらだが、諸君は知性の全要素を一つずつそこに見出すだろう。なぜなら、知性の目指すところが知性の構造を説明するからだ。しかし、知性の周縁には本能の縁暈《クランジュ》が残っており、本能の根底に知性の微光が存続していることを忘れてはいけない。本能と知性は、初めは互いに含み含まれる状態にあり、もし十分遠くまで過去を遡るならば、現在の昆虫が持つ本能よりもいっそう知性に近い数々の本能、現在の脊椎動物が持つ知性よりも本能に似通った知性が見出されるだろうと推測することができる。二つの活動は、初めは互いに浸透し合っていたが、発展していくために分断されなければならなかった。だが、一方の幾分かは他方に貼り付いたままであった。もっとも、生命の大いなる発現すべてに関しても同様のことが言えるだろう。大抵は、これらの発現の各々は他のほとんどすべての発現物の本質的な諸性質を、隠れたものにせよ潜在的なものにせよ原基的な状態で示している。

作話の社会的役割

自然の最も偉大な努力の一つの果てに現れた集合体、本質的に知性的で、部分的に自由な存在の集合体、すなわち、人類の社会をこのように研究するに際して、もう一つの進化の到達点、純粋な本能によって支配され、個体が盲目的に共同体の利害に奉仕しているような諸社会の存在を忘れてはならない。この比較は揺るぎない結論を導き出すよすがとは決してならないだろうが、いくつかの解釈を示唆することはできるだろう。数々の社会が進化運動の二つの主要な到達点に見出され、個体的な有機体が、社会の構図を予め告知するような構図に基づいて形成されるのは、生命が、分業する諸要素間の連携であり位階であるからだ。つまり、社会的なものが生命的なものの根底にあるのだ。すでにして個体的な有機体であるようなこれらの社会のなかでは、要素は全体に対して自分を犠牲にすることができる状態にあり、また、進化が辿った二つの大きな線の一方の先端で、蜂の巣と蟻塚が構成する諸社会から成る社会でも事情は同様であり、最後に、この結果は本能によって獲得され、本能は自然の有機化作用の延長にほかならないのだが、なぜそうなるかというと、自然が個体よりもむしろ社会に配慮しているからだ。人間においてもはや事情が同じでないのは、新種の創造によって生命の全領域で発現する創造の努力が、人類のうちにのみ、諸個体——知性に加えて発意の能力、独立、自由を割り当てられた——によって継続される手段を見出したからだ。今、知性が特定の点で社会の凝集を破る恐れがあるなら、社会が存続しなければならないなら、これらの点に関して、知性にとっての対重が存在しなければならない。本能の場がまさに知性によって占められている以上、この対重が本能そのものではありえないなら、本能的潜在性、というよりはむしろ、知性のまわりに存続する本能の残滓が同じ効果を産出しなければならない。この本能の残滓は直接的に作用することはできないが、知性が表象に対して作用する以上、それは「想像的なもの」を引き起こし、これらの「想像的なもの」は実在的なものの表象に対抗し、ほかならぬ知性を媒介として、知性の働きを妨げるだろう。このような仕方で、作話機能は説明されるだろう。もっとも、この機能が社会的役割を果たすとしても、それは同様に個人の役にも立たなければならず、社会は大抵、個人を配慮することで利を得る。したがって、基礎的で起源的な形態のもとでは、作話機能は個人そのものに余剰たる力をもたらすと考えることができる。しかし、この第二の点を検討する前に、第一の点を考えよう。

「心霊科学」によって収集された観察結果のなかで、われわれはかつて次の一件に注目した。一人の女性がホテルの上方の階にいた。下へ降りようとし、踊り場へ出た。エレベーターの箱を閉じる網扉がちょうど開いていた。この扉は本来エレベーターが止まる場合にしか開くはずはないものだったので、彼女はエレベーターが来ていると当然のごとく思い込み、中へ飛び込んだ。突然、彼女は後ろへ突き飛ばされるのを感じた。エレベーターの管理を任された人物が直前に姿を現し、彼女を踊り場へ押し返したのだ。この瞬間、彼女は放心状態から我に返った。彼女は唖然としながら、男もエレベーターも存在しないのを確認した。装置が故障して、エレベーターは下の階に止まったままであったのに、彼女がいた階の扉が開くことができたのである。彼女が飛び込もうとしていた先には何もなく、奇跡のような幻覚が彼女の命を救ったのだ。この奇跡は容易く説明されるとわざわざ言う必要があるだろうか。女性は実在する事実について正しく推論した。なぜなら、網扉は実際に開いており、したがって、エレベーターはその階に止まっていたはずだからだ。ただ何もない籠の知覚だけが彼女を誤謬から救い出したのかもしれない。しかし、この知覚は間に合わなかったので、正しい推理に引き続く行為はすでに開始されていた。そのとき、本能的で、夢遊症的な人格、推論する人格のうちに潜んでいた人格が出現した。この人格は危険を察知した。すぐに行動しなければならなかった。瞬間的に、この人格は虚構の知覚、幻覚のような知覚を湧出させながら、同時に身体を後方へ押し投げた。この知覚こそが、外見的には根拠のない運動を最もうまく引き起こし、また説明できたのである。

では、原始的人類と未発展の社会を想像してみよう。これらの集合体に、必要なだけの結束を保証するために、自然はとても単純な手段を利用するだろう。つまり自然は、人間に適当な本能を授けるだけでいいだろう。蜂の巣と蟻塚に対して、自然はそうした。しかも、その成功は完璧だった。この場合、個体は共同体のためにしか生きていないのだから。それに、自然はいつもの方法に従うだけでよかったのだから、その作業は簡単だった。実際、本能は生命と同じだけの広がりを有し、昆虫に見出されるような社会的本能は、いかなる生命体の細胞、組織体、器官をも動かしている従属と連携の精神能力にほかならない。しかし、脊椎動物たちの系列において生命の推進力が向かおうとしているのは、知性の開花であり、もはや本能の発達ではない。生命運動が人間のところで終局に至ったとき、本能は消滅するわけではないが、覆い隠されてしまう。本能については、十分に照明された、というよりはむしろ自ら光輝く知性という核を取り巻く不鮮明な微光しか残っていない。これ以降、反省が個体には発明することを、社会には進歩することを可能にするだろう。しかし、社会が進歩するためには、ともかく社会は存続しなければならない。発明は発意を意味するが、個人的発意に訴えるだけですでに社会の規律を危うくする可能性がある。個人が反省を、それが本来向けられるべき対象、すなわち、実行し、改善し、刷新すべき課題から逸らせ、反省を自分自身に、社会的生が個人に強制する不都合、個人が共同体に捧げる犠牲に振り向けるならば、どうなるだろうか。蟻や蜜蜂のように本能に委ねられていたなら、個体は外的な到達目標を目指したままであっただろうし、個体は種のために自動的に、夢遊症者のように働いていただろう。知性を授けられ、反省へと目覚めると、個体は自分自身へと向き直り、快適に生きることしか考えないだろう。おそらく健全な推論は、他人の幸福を促進することは自分の利益になることを個人に証明するだろう。しかし、スチュアート・ミルのような功利主義者を生み出すには、文化は幾世紀をも必要としたし、そのスチュアート・ミルもすべての哲学者を、ましてや一般の人々を説得するには至らなかった。真実はというと、知性はまず利己主義《エゴイスム》を薦めるのである。何ものも知性的存在を止めることがないならば、この存在が突き進んでいくのは利己主義のほうであろう。しかし、自然は見張っている。先ほどは、開いたエレベーターの網扉の前に、管理人が不意に出現して、そのなかに入ることを禁じて背く者を押し返した。今の場合、管理人にあたるのは都市国家の守護神であり、守護神は防護し、威嚇し、処罰するだろう。実際、知性は現在の知覚、または記憶と呼ばれる多少ともイメージを含んだ知覚の残滓に則っている。本能がもはや痕跡もしくは潜在性の状態でしか実在しない以上、また、行為を引き起こしたり妨げたりするほどには本能が強力ではない以上、本能は錯覚的な知覚を引き起こすか、そうはしないまでも、知性を決定するほどに明瞭で際立った記憶を少なくとも偽造しなければならないだろう。この第一の観点から思い描くなら、宗教とはこのように、知性の解体力に抗する自然の防御反応なのである。

けれども、このような仕方では、われわれは実際に生じることの図式的形象化しか得ることはない。更なる明晰さを求めて、われわれは社会のなかに個人の突然の反抗を、個人的想像力のなかに、妨害したり守護したりする神の不意の出現を見た。文明の道をすでに進んだ人類においては、ある瞬間に、そしてまた、ある期間にわたって、事態はおそらくこのような劇的形態をまとう。しかし、現実が劇のような精確さを持つようになるのは、本質的なものを強め、余計なものを排除することによってでしかない。実際、自然の手から離れたばかりの人間の集合体では、集団の結束に重要なものと重要でないものの区別はそれほど明瞭ではなく、個人によって果たされる行為の結果はそれほど厳密に個人的なものとは見えず、ある行為が果たされようとする瞬間に出現する抑制力もそれほど完璧に一人の人格のうちに具現されるわけではない。これら三つの点にこだわってみよう。

われわれの社会のような社会には、数々の慣習があり法律がある。おそらく、法律はしばしば強化された慣習である。しかし、一つの慣習が法律に形を変えるのは、その慣習が、明確に規定され承認された巨大な利益を呈するときだけであり、それゆえ、その慣習は他の諸慣習から抜け出ている。したがって、本質的なものと偶然的なものとの区別は明瞭である。つまり、一方には単なる慣わしがあり、他方には、法的で、道徳的でさえある責務がある。一部は現実の必要によって正当化されるが、大半は単なる偶然に由来するか、あるいは前者の思慮を欠いた拡張でしかないような慣習しか持たない、より未発達の社会では事態はこのようではありえない。ここでは、社会的連帯は諸法律に、ましてや諸原理に圧縮されることはなく、慣わしを共同で受け入れることに基づいて流布されている以上、慣わしに属するものすべてが必然的に責務的である。したがって、人間は慣習を遵守することで、また、そうすることでのみ他の人間たちと結ばれ、かくして自己自身から離れるというのが本当であるなら、集団の成員にとって習慣的なものすべてが、社会が個人に期待することすべてが宗教的性格をまとわねばならないだろう。ついでに述べると、道徳と宗教の関係をめぐる問題はこのように、未発達の社会を考察する際にはつねに大いに単純化される。原始的諸宗教は不道徳なものであるとか、道徳に無関心であるとか言うことが可能なのは、最初にそうであったところの宗教を取り上げ、それをより後で生成した道徳と比較する場合でしかない。起源においては、慣習が道徳の全体である。そして、宗教は慣習から離れることを禁止するので、道徳は宗教と広がりを同じくする。だから、宗教上の数々の禁止は今日われわれに背徳的もしくは反社会的と映るものにつねに係ってきたのではないとわれわれに反論しても、無駄であろう。われわれがまず思い描く側面から見れば、原始的宗教とは、自分のことしか考えないという、思考するや否や冒される危険への予防措置である。したがって、それはまさに知性に対する自然の防御反応なのである。

第二に、個人的責任という観念は、人々が考えているほど単純なものでは決してない。この観念は、個人的な活動に関する比較的抽象的な表象を含んでいるが、この活動は社会的活動から切り離されているがゆえに、独立したものとみなされる。しかし、集団の成員間の連帯とはまず、少なくとも重大視される事例において、全成員が、ある一人の成員の過失に一定程度関与していると感じなければならない、そのような連帯である。ここですでに道徳的（moral）という語を用いることが可能であるなら、道徳的悪は、感染によって次第に広がって社会全体に影響を与えるような物理的悪との印象を与える。だから、懲罰を与える力が出来するとしても、それは悪の出所にだけにのしかかるのではなく、社会全体を打撃するためであろう。罪人を追求する正義という構図は比較的近代のものだが、個人が社会的紐帯を破ろうとするときに、独りで被らざるをえない罰への宗教的恐れによって捕らわれた個人を示すことで、われわれは事態を単純化しすぎた。だが、それでもやはり、事態がこのような形態を取る傾向を有し、宗教が固有の輪郭を固定しながらよりはっきりと神話的になるにつれて、事態はますます明瞭にかかる形態をまとうだろうことに変わりはない。もっとも、神話はつねにその起源の痕跡をとどめるだろう。決して神話は、物理的秩序と道徳的もしくは社会的秩序とを、社会の全成員が一つの法律に服従することに由来する望まれた規則性と、自然の流れが顕示する規則性とを決して完全に区別することはないだろう。例えば人間的正義〔掟〕の女神テミスは、季節（Ὧραι）と正義（Dikè）

の母であって、道徳法則と同じく物理法則をも表している。かかる混同から、われわれは今日でもほとんど抜け出ていない。その痕跡はわれわれの言語のなかにも存続している。すなわち、習俗（mœurs）と道徳（morale）である。前者は恒常性という意味での規則（régle）、後者は命令という意味での規則（régle）であるが、事実の普遍性と権利の普遍性がほぼ同じ語で表現されているのだ。「秩序」（ordre）という語は、まったく同時に、配列と命令という二つの意味を持たないだろうか。

断片的諸人格

最後に、禁止し、警告し、罰を与えるために出来するような神についてわれわれは論じた。このように、抵抗が、また必要な場合には報復がそこに由来するところの精神的な力は一個の人格として具現されるだろう。人間の目には、精神的な力がまさにこのようにごく自然に人間の形態をまとおうとすること、このことは疑いえない。だが、神話が自然の産物であるとしても、それは顕花植物のように後で生まれた産物であり、宗教の揺籃期はより質素なものであった。われわれの意識のなかで生じることを注意深く検討するならば、意図的な抵抗、また報復さえもが、まずわれわれに自己充足する実体《アンティテ》として現れることが分かる。警戒し報復する神のように、限定された身体に包まれることは、それらの実体にとってすでに贅沢である。精神の作話機能が芸術的な快さと共に機能するのはおそらく、そのように装飾された表象に対してだけであるが、この機能は最初からそれらの表象を形成するわけではない。作話機能はまずまったく裸のものとしてそれらの表象を捉える。われわれはこの点を少し詳しく検討する必要があるだろうが、これまでこの点が心理学者たちの注意を十分に引くことはなかった。子供がテーブルにぶつかり、お返しに、テーブルを打ち返す場合、その子供はテーブルのうちに一個の人格を見ている、ということは証明されているわけではない。それに、今日すべての心理学者がこの解釈を受け入れているどころかそれにはほど遠い。だが、ここでこの神話学的な説明に過剰なまでに譲歩した後、心理学者たちは今、子供は怒りによって引き起こされる殴りたいという欲求に単に屈しているだけだと想定しているが、それでは十分遠くまで進んだことにはならない。真実はというと、テーブルと人間の同一視と、惰性的事物としてのテーブルの知覚とのあいだには、事物の表象でも人格の表象でもない中間的な表象がある。これは、テーブルがぶつかりながら果たす行為のイメージ、というよりもむしろ、背負ったバッグのように、背後にあるテーブルを引き寄せてぶつかる行為のイメージである。ぶつかるという行為は人格の基礎的要素であるが、この行為はまだ十全な人格ではない。剣士は敵の剣の切っ先が自分へと向かって来るのを見るとき、剣を引っ張ったのは切っ先の運動であり、腕を引いたのは剣であり、まさに腕こそがそれ自身伸びながら身体を伸ばしたということをよく知っている。

このように感じるようにならないと、必要なだけ足を大きく踏み出して攻め込むことはできないし、真直ぐ突きを放つこともできない。これらの運動を逆の順番に置くことは再構築することであり、したがって、哲学することである。いずれにせよ、このように逆の順番に置くことは、純粋な作用の要求、すなわち、直接的に与えられたものや真に原始的なものにとどまらずに、暗黙のものを明確化することである。——「通行禁止」の立て札を見る時、われわれはまず禁止を知覚する。禁止はまったく明らかである。ただその背後には、薄暗のなかに、調書というものを作成する司法官がいること、それが漠然と想像される。このように、社会的秩序を守る禁止はまず、あるがまま前面に発せられている。たしかに、それはすでにして単なる文句以上のものである。つまり、それは抵抗であり、圧力であり、圧迫である。ただ、これらの力によって隠されていた、禁止する神性が姿を現すのは後になってからでしかなく、作話機能の作用が完全になるのに応じてである。だから、文明化せざる者たちのところで、ある個人的行為に対する半ば物理的で半ば精神的な抵抗であるような禁止に出会っても、われわれは驚くことはない。抵抗の領野の中心を占める対象はまったく同時に「聖なるもの」であり「危険」であると言われるだろうが、それは、これら二つの明確な概念がすでに構成され、物理的な反発力と精神的な抑制が明瞭に区別されたときの話である。それ以前には、この事物は二つの特性を一つに融合していた。宗教科学がわれわれに慣れ親しませたポリネシア語の単語を使うなら、それはタブーである。

原始の人類はタブーを、今日の「原始人」と同じ仕方で理解していたのか。まず、これらの語の意味について諒解しておこう。数々の種が感知できないほど微妙な推移によって形成されたなら、原始的な人類は存在しないであろう。指定可能ないかなる正確な瞬間にも、人間は動物性から現れ出はしなかっただろう。しかし、これは恣意的な一つの仮説であり、実に多くのありそうにないこととぶつかり、あまりにも曖昧なことに立脚しているので、われわれはそれを支持できないと考える(5)。諸事実と類比という導きの糸に従うならば、われわれはまさに、むしろ跳躍によって進む非連続的な進化に行き着くが、この進化は停止の度に、万華鏡を回すときに次々と生じる形象にも比すべき独自の完全な組み合わせを得る。人間種を構成することのできた複数の跳躍は、多様な点でなされて一つに収斂していくとはいえ、そのすべてが類型の実現に同じく近づけたわけではないのだが、それでも、原始的な人類の一つの類型がまさに存在する。他方で、獲得された習慣の遺伝的伝達があったなら、今日、原始的な魂はわれわれにはまったく理解できないだろう。その場合、われわれの精神的本性がなまの状態で捉えられたとしても、それはわれわれの最も遠い祖先の精神的本性とは根底的に異なるだろう。けれども、遺伝的な習慣が話題になるのは、そしてとりわけ、変異を生じさせるほど規則的な伝達というものが信じられているのは、なおも先入観の影響を受けてのことで、理論の要求を満足させるためである。真実はというと、文明が深く人間を変容させたのは、新しい世代ごとに社会が個人に注ぎ込む習慣と知識を、いわば貯水池に蓄えるように、社会的環境のなかに蓄積することによってなのだ。表面を引っ掻いて、間断なき教育からわれわれに与えられるものを消去してみよう。そうすれば、われわれの奥底もしくはそれにほぼ等しいところに、われわれは原始的な人類を再び見出すだろう。この人類、そのイメージを、今日観察される「原始人たち」はわれわれに提供しているのだろうか。それはありそうもない。というのも、今日観察される原始人たちにおいても、自然は、社会環境が各個人のうちに沈殿させるために保存してきた習慣の一つの層で覆われているからだ。とはいえ、彼らのところでは、この習慣の層は文明化した人間のところよりも薄く、自然をよりいっそう透けて見えさせていると考えるのは理にかなっている。幾世紀にもわたる諸習慣の増大は実際、今日の原始人にあっては異なる仕方でなされた。表層において、偶然的な情勢の影響下で、類似したものから類似したものへの移行によってなされたのだが、それに対して、技術、知識、要するに文明の進歩は、かなり長い期間に亘って、同じ一つの方向で、高みにおいて、互いに重なり合うか、有機的なつながりを持つ数々の変容によってなされ、これらの変容はかくして深層的な変形へと至り、単にもはや表層的な複雑さの増大に到達することはない。こうして、われわれが今日の「原始人」に見出すタブーの概念を、われわれがどの程度絶対的に原始的なものとみなしうるかが分かる。タブーの概念が自然の手から離れたばかりの人類のなかに今あるがままのものとして出現できたと仮定するとしても、このタブーは、今それが適用されているすべての事物に、いや、それどころか、おそらくはそれと同数の事物にも適用されていなかった。各々のタブーは、社会がそこに一定の利害を見出すところの禁止であったはずだ。タブーは知性の意見を聞くことなく、きっぱりと知性的行為を制止するものであった以上、個人の観点から見れば非合理的なものだが、社会と種に利益をもたらすものである限りでは、タブーは合理的なものであった。かくして、例えば性的諸関係は諸々のタブーによって有益な仕方で統制されることができた。しかし、タブーは個人の知性に訴えることはなく、個人の知性に障害を与えることこそがまさに問題であったのだから、個人の知性はタブーの概念を自分のものとすることで、偶然的な観念連合により、タブーをありとあらゆる方向へと恣意的に拡張したに相違なく、その際、自然の起源的意図と呼びうるものを気にかけることはなかった。このように、タブーはつねに今日ある通りのものであったと仮定するとしても、タブーは現在と同じくらい多くの数の対象とは係らず、また、現在と同じくらい理不尽な適用ももたらしていなかったはずだ。——しかし、タブーはその起源的形態を保ったのだろうか。「原始人」たちの知性は本質的にはわれわれの知性と異ならない。彼らの知性は、われわれの知性と同じように、動を静へと変換し、作用を事物へと凝固させる傾向を持つはずだ。したがって、知性の影響のせいで、数々の禁止は、それらが関係する諸事物のなかに置かれたと推測することができる。禁止は数々の傾向に敵対する抵抗でしかなかったが、大抵は傾向は一つの対象を持つので、あたかも抵抗がこの対象のなかに宿るかのように、この対象に抵抗が由来し、かくして抵抗はその実体の一つの属性になったように思われたのだ。停滞している社会では、この固定作用は決定的な仕方でなされた。変動している社会では、この固定作用はそれほど完璧なものではないことがありえたし、いずれにせよ、一時的なものであり、そこでは知性は最終的に禁止の背後に一個の人格を見出すだろう。

鬱への保険

今われわれは、宗教の第一の機能、社会の保存に直接的に与《あずか》る機能を示した。もう一つの機能へ考察を移そう。後にわれわれはその機能が社会の安楽のためにも、間接的に、個人の活動を活発化させ指揮することで働いているのを見るだろう。もっとも、その際のこの機能の働きはより複雑なもので、われわれはその諸形態を列挙しなければならないだろう。しかし、われわれは導きの糸を握っているのだから、この探求において道に迷う恐れはないだろう。生命の領域は本質的に本能の領域であるが、進化のある線上で本能はその場所を知性に譲り、その結果、生命の擾乱が生じうることになり、その場合は、自然は知性を知性に対立させる以外の策を持たない、とわれわれはつねに自分に言い聞かせねばならない。自然の利益を図ってこのように平衡を回復する知的表象は宗教的な次元に属する。

最も単純な事例から始めよう。

動物たちは自分が死なねばならないことを知らない。動物のなかには、死んでいるものと生きているものを区別する動物がいる。死んでいるものの知覚と生きているものの知覚が動物に同じ運動、同じ行為、同じ態度を取らせることはないという意味にそれを解しておこう。つまり、それは動物が死という一般観念、更には生という一般観念を抱くという意味ではない。いや、そもそも、一般観念というものが単に身体によって演じられるものではなく精神へと表象される限りで、動物はいかなる一般観念も抱くことはないのだ。ある動物は敵から逃れるために「死んだふりをする」だろう。しかし、その動物の態度をこのように言い表すのは、われわれである。当の動物はどうかというと、この動物が動かないのは、動くと注意を呼び覚ましたり再び喚起したり、襲撃を招いたりしかねないこと、つまり、運動は運動を呼ぶことを感じているからである。動物たちが自殺する数々の事例を見つけたと吹聴されたことがある。それが間違いではなかったと認めたとしても、死ぬために必要なことを行うのと、その行動によって死ぬのを知ることのあいだの隔たりは大きい。ある行為をすることは、たとえその行為がうまく組み合わされ、適切なものであったとしても、行為に引き続いて生じる状態を想像することと同じではない。それでもなお、動物は死の観念を抱くということを認めてみよう。しかし、動物は間違いなく、自分が死ぬ運命にあること、暴力的な死は別として自分が自然死するだろうことを思い浮かべたりはしない。そうするためには、他の動物たちに対してなされた一連の観察、次いでそれらの綜合、最後に、すでに科学的性格を呈するところの一般化の作業が必要となるだろう。動物にこのような努力が少しはできると仮定したとしても、それはこの苦労に見合う何かのためになされる努力だろう。しかるに、動物にとって、自分が死なねばならないのを知ること以上に無用なことは何もない。むしろそれを知らないほうが動物には有益である。ところが、人間は自分が死ぬであろうことを知る。人間以外のすべての生物は生命に釘付けにされ、単にその弾《エラン》みを取り入れる。これらの生物は自分自身で自己を永遠の相の下に思考することはないとはいえ、それらが有する信頼感、未来への現在の永続的食い込みは、このような思考の感情への翻訳である。しかし、人間と共に、反省が、ひいては直接的有用性なしに観察する能力、一時的に利害から離れて行われた観察を相互に比較する能力、最後に、帰納し一般化する能力が現れる。周囲で生きるすべてのものが最後には死ぬのを確認することで、人間は自分自身もやがて死ぬと確信する。人間に知性を授けることで、自然は好むと好まざるとにかかわらず人間をかかる確信へと至らせねばならなかった。しかし、この確信は自然の運動に逆らうことになる。生の弾み《エラン・ヴィタル》は他のあらゆる生物を死の表象から引き離すが、死についての思考は人間にあって生命の運動を鈍化させざるをえない。死についての思考は後に哲学というものの枠に収めうるものとなり、哲学が人類を人類自身を超えたところまで高め、より多くの活動力を人類に与えることになる。しかし、死についての思考はまずもって意気消沈させるもので、しかも、人間はやがて死ぬことを確信しながら、実際にいつ死ぬことになるか知らないだけによりいっそう意気消沈させるものとなるだろう。死という出来事がどれほど生じるとしても、毎瞬間われわれはその出来事が生じないのを確認するので、連続的に反復されるこの否定的経験は、いつか必ず死ぬという反省的確信の効果を弱める、ほとんど意識されざる疑念として凝縮する。それでもやはり、生きることしか思考しないように作られた生物の世界のなかに、反省と共に出現した死の確実性が自然の意図を妨げるのは本当である。自然は自分自身の道のりに自分が置いた障害につまずくことになろう。しかし、自然はすぐに立ち直る。死は不可避であるという観念に、自然は、死後における生の継続というイメージを対立させるのだ(6)。このイメージは、死の不可避性という観念が知性の領野に宿った直後、自然によって知性の領野へと放たれ、諸事象を元通りにする。そのとき、イメージによる観念の無力化は、滑り落ちていくのをこらえる自然の均衡そのものを表している。こうして、われわれはイメージおよび観念のまったく特殊な作用、先ほど宗教をその起源において特徴づけているように見えた特殊な作用を再び前にする。この第二の視点から見るなら、宗教とは、死の不可避性の表象に、知性によって対抗する自然の防御反応である。

　この防御反応には、個人と同じくらい社会も関与させられている。しかし、それは単に、社会が個人の努力から恩恵を被り、終末という観念がこの努力の弾み《エラン》を妨げに来ないとき、この努力がより遠くまで進むからだけではなく、何よりも、社会それ自体が安定性と持続を必要としているからでもある。すでに文明化した社会は、数々の法や制度に、時間というものに刃向かう建造物に凭《もた》れかかっているが、原始社会はというと、単に「人間たちのうちに築かれる」。原始社会を構成する諸個人の個人性の永続性が信じられていないなら、社会の権威はいかなるものになるだろうか。だから、死者たちが現存し続けることは重要である。より後になって、祖先崇拝が生じるだろう。そのときには、死者たちは神々に近いものになるだろう。しかし、そのためには、神々が存在している、とは言わないまでも少なくとも神々が準備されていなくてはならず、また、信仰が存在し、精神は神話学のほうへとはっきり方向づけられていなければならなかっただろう。その発展の出発点では、知性は、死者が生者と交じって社会のなかに存在し、社会に対して善行、悪行をなおもなすことができると思い描くだけである。

有益な作話作用の一般的主題

どのような形態のもとで、知性は死者が生き延びるのを見ているのか。われわれは内観を通して、原始宗教の構成要素を魂の奥底で探求しているのだということを忘れないでおこう。これらの要素のうちのあるものは、純粋状態で外部に現れ出ることが決してできなかった。この要素は、同じ起源に由来する他の単純な要素とすぐに出会って、それらと合成されてしまうだろう。さもなければ、この要素は単独で、あるいは他の要素と共に取り上げられて、作話機能の果てしなく続けられる作業の素材として利用されていただろう。このように、単純なものにせよ複雑なものにせよ、自然によって供給された数々の主題が実在するのだが、他方には、それらの主題について、人間の空想力によって演じられる無数の変奏がある。数々の主題そのものにはおそらく、諸宗教についての科学がほとんど至るところに見出す根本的信念が結びついている。主題に基づく変奏に関して言えば、それらは神話であり、理論的構想でさえあり、これらの構想は時間と場所に即して無限に多様化する。われわれがたった今示した単純な主題がすぐさま他の単純な主題と合成されて、神話と理論に先立って、魂の原始的表象を与えることは疑いない。しかし、単純な主題は、このような組み合わせとは別に、それ自体で定まった形態を持つのだろうか。かかる問いが提起されるのは、身体が滅びた後も生き延びる魂というわれわれの観念が、自分自身が滅びた後も生き延びうる身体という、直接的意識に現前するイメージを覆い隠しているからだ。とはいえ、このイメージが実在していることに変わりはなく、それを再び捉えるにはわずかな努力で足りる。それはただ単に、身体についての触覚イメージから分離された視覚イメージである。われわれは、この視覚イメージを触覚イメージから分離不可能なものとして、触覚イメージの反映か結果として考える習慣を身につけてしまった。この方向で、認識の進歩はなされた。われわれの科学にとって、身体は本質的に、触覚に対してそれがそうであるところのものである。身体は、われわれから独立した一定の形態と次元を有している。身体は空間のうちにある場所を占め、間にある位置を一つずつ占める時間を費やすことなしにはその場所を変えることはできない。われわれが身体について持つ視覚イメージはこのように一つの現れであり、触覚イメージに立ち戻ることで、その変動をつねに修正しなければならないだろう。とすると、触覚イメージは物自体であるが、もう一方の視覚イメージはただ物自体を告知するだけだろう。とはいえ、そのようなものは直接的な印象ではない。先入観なき精神であれば、視覚イメージと触覚イメージを同列に置き、それらに同じ実在性を割り当て、それらを相対的に独立したものとみなすだろう。「原始人」が、触れられる身体から分離されたものとして見られる、そのような自分の身体を池の水面に認めるためには、池に向かって身を傾けるだけでよい。おそらく、「原始人」が触れる身体は同様に彼が見る身体であろう。このことは、身体の薄い外皮は見られる身体を構成しているが、それは二重化することができ、これら二つの版の一方は触れられる身体と一緒になったままであるということを証明している。それでもやはり、触れられる身体から切り離すことのできる身体、内部も重さもない身体が存在し、この身体はそれが今あるところへ一瞬で移動したというのは真実である。この身体が死後も存続するということをわれわれに信じさせようと促すものは、この身体のうちにはおそらく何もない。しかし、何かが存続しなければならないという点を原理として認めることからわれわれが出発するなら、その何かとは明らかに見られる身体であり、もう一方の身体ではない。なぜなら、触れられる身体はなおも現存しており、不動のままにとどまり、遅滞なく腐敗していくが、それに対して、見える外皮はどこへでも避難でき、生きたものであり続けうるからだ。したがって、人間は幻影もしくは亡霊の状態で死後も生き続けるという考えは自然なものである。われわれが思うに、この考えは、身体を生気づけるだろう息のごとき原理という、より洗練された考えに先行しなければならなかった。そして、この息〔ἄνεμος〕それ自身は少しずつ魂（*anima* もしくは *animus*）へと精神化されていった。たしかに、身体の亡霊はそれ自身では、人間的な出来事に圧力を加えることはできない。それでも、死後生を信じさせたのが一つの連続的作用への要請である以上、身体の亡霊が圧力を加えねばならないということもまた真実である。しかし、ここで一つの新しい要素が介入する。

われわれはこのもう一つの基礎的傾向を定義するつもりはまだない。この傾向は先立つ二つの傾向と同じくらい自然なもので、それもまた同様に自然の防御反応なのである。われわれは後でかかる傾向の起源を研究しなければならないだろう。さしあたりは、われわれはこの傾向の結果だけを考察しよう。この傾向は、自然全体に広がり、諸々の個物と個的存在の間で分かち持たれる力という表象に至る。かかる表象を、諸宗教についての科学は総じて原始的な表象とみなす。われわれはポリネシアの「マナ」の話を伝え聞くが、その類似物は他の場所でも多様な名称のもとに見出される。例えば、スー族の「ワカンダ」、イロクォイ族の「オレンダ」、マレー族の「パンタン」等である。ある人々によると、「マナ」は生命の普遍原理であり、特殊にはそれは、われわれの言葉で言うなら、魂の実体を構成するものである。他の人々によると、マナはむしろ後から付加される一つの力で、魂は、いや他のどんな事物もこの力を把持できるけれども、それは本質的に魂に内属するものではない。デュルケームは第一の仮説に即して推論しているように思えるが、彼の主張するところでは、「マナ」は、それによって氏族《クラン》の諸成員が疎通するところのトーテム原理をもたらす。とすれば、魂は「トーテム」の直接的な個体化であり、この媒介によって魂は「マナ」の性質を帯びることになろう。これら多様な解釈のなかからどれかを選択することはわれわれの仕事ではない。一般的に言って、今日でもなおわれわれが自然的な仕方で形成しないような表象を、原始的なものとして、ということはつまり自然的なものとして考えることに、われわれは躊躇いを覚える。われわれの考えでは、かつて原始的であったものは、それを見つけるために内的深化の努力が必要かもしれないとはいえ、原始的であることをやめたりはしない。しかし、当の表象をどのような形態のもとで捉えようとも、生物たちが、また多くの無生物さえもがそこで活力を汲み取る力の蓄えという観念が、ある一定の傾向――自然的で基礎的な傾向で、われわれは少し後でそれを定義するだろう――に従うときに精神がその途上で出会う最初の観念のうちの一つであることを、われわれはいかなる障害もなく認めるだろう。したがって、この力の蓄えという概念を後天的に獲得されたものとみなそう。まさにこれこそ、後で人間が魂と呼ぶことになるものを備えた人間である。この魂は身体の死後も生き続けるのだろうか。もしかかる魂だけにとどまるなら、このように想定するいかなる理由もないだろう。「マナ」のような力がそれを隠し持つ事物よりも長く存続し続けるはずだと言うものは何もない。しかし、身体の影が存続するのを原理として認めることから出発したなら、かつて活動力を身体に伝達した原理を身体の影に残すのを妨げるものは何もないだろう。こうして、活動的で、作用する影、人間的出来事に影響を与えることのできる影が得られるだろう。このようなものが死後生についての原始的な考え方であろう。

非合理的なものの激増

もっとも、魂の観念が精霊《エスプリ》〔精神〕の観念に合流することがなければ、人間的出来事に及ぼされる影響は大きくはなかっただろう。精霊の観念はもう一つ別の自然の傾向に由来するが、われわれはそれをも後に定義しなければなるまい。精霊の観念も認知されたものとみなし、魂と精霊という二つの概念のあいだで種々の交換が行われることになるのを確認しておこう。自然に遍在していると想定された精霊は、人々がすでに魂を上述のごとき仕方で思い描いていなかったならば、それほど人間に近い形態をまとうには至らなかっただろう。魂の側でも、身体から離脱した魂が精霊と同じ種類のもので、精霊の間に座を占めることが多少なりとも可能でなかったならば、魂は自然現象に対して影響を持たないだろう。かくして死者たちは無視できない登場人物となる。彼らは害をもたらすかもしれない。役に立つかもしれない。死者たちは、われわれが自然の力と呼ぶものをある程度まで自由に使う。字義どおりにも比喩的にも、彼らは雨を降らせたり好天をもたらしたりする。死者たちをいらだたせるであろうものは差し控えられる。死者たちの信用を勝ち取るための努力がなされるだろう。彼らを味方にし、買収し、更には彼らを騙すための無数の手段が想像されるだろう。一度この道に入り込んでしまったら、知性はほとんどどんな不条理にも陥りかねない。作話機能はそれ自身ですでに十分に作用している。もしそれが恐怖と欲求によって更に鼓舞されるなら、一体どうなるのか！　危険を退けるためにせよ、寵遇を得るためにせよ、死者が欲していると思われるものなら何でも死者に捧げられるだろう。それが死者のお気に召すなら、首も刎ねるだろう。宣教師たちの体験談は、この主題に関して詳細な叙述で満ちている。数々の幼稚性と怪異性——人間の愚かしさによってここで発明された実践を列挙するなら限《き》りがないだろう。このような実践しか見ないなら、人類に嫌気がさすやもしれない。けれども、今日の原始人にせよ昨日の原始人にせよ、彼らはわれわれと同じだけ長い歳月を生きることで、基礎的でかなりの程度自然的な諸傾向のなかにありえた非合理なものを誇張し、いわば激化させる時間をたっぷり持ったということは忘れてはならない。本物の原始人はというと、その傾向と直接的な諸効果にとどまっていたならば、おそらくより賢明であっただろう。すべては変化し、先に述べたように、変化は深層において可能でないならば表層で行われるだろう。進歩する社会が存在する——おそらくそれは、生存するのに不利な存在条件によってある努力を行うことを強いられた社会であり、それゆえ、断続的な仕方ではあるが、主導者、創始者、優越した人間に従う努力を徹底して行うことに同意した社会である。この場合、変化は強度の増大であり、その方向は比較的一定しており、歩みは次第にその有効性を増していく。他方には、固有の水準を保持する社会が存在するが、その水準は必然的に低い。とはいえ、そのような社会も変化するのだから、そこで生起するのは、質的進歩のごとき強度の増加ではなく、原始的所与の増殖もしくはその激増である。つまり、発明は、この語をここでも使用できるとしてだが、もはや努力を要求しないのだ。ある必要に対応していた信念から、外見的にそれに類似した新たな信念への移行がなされることがあろうとも、この新たな信念は最初の信念の何らかの表面的な性格を強調するだけで、もはや何の役にも立たない。そうなると、その場で足踏みしながら、絶えず付加したり増大させたりすることになる。反復と誇張の二重の効果によって、非合理なものは不条理なものとなり、奇異なものは怪異的なものとなる。もっとも、これらの継続的拡大もまた諸個人によって果たされたはずである。にもかかわらず、この場合、発明のための、また発明を受け入れるための知的優越性はもはや必要なかった。不条理の論理だけで十分だったのである。不条理の論理は精神を次第に遠くへと、荒唐無稽さを次第に増大させる帰結へと導いていく。その際、精神はある奇異な観念から出発したとしても、その奇異性を説明し、奇異性の激増を阻止してくれるであろう諸々の起源にそれを結びつけることはない。われわれは皆、つねに緊密に結ばれ、自分たちにとても満足し、内気さあるいは軽蔑によって他と交わらずにいるような家族〔部族〕と出会う機会を持ったことがある。これらの家族に、恐怖症や迷信などの奇矯な習慣が見られるのは珍しいことではなく、それらは、閉じた容器のなかで発酵させ続けるなら深刻なものになるかもしれない。これらの特異性の各々はその起源を有している。それは家族の構成員の誰かの頭に生じた観念で、他の構成員たちがそれを信頼して受け入れられたのである。ある日曜日に行い、次の日曜日にも再び繰り返し行い、こうして、毎週日曜日に強制されるようになった散歩がそうである。もし不幸にも、一回でもそれを欠かすことがあれば、何が起こるか分からない。反復し、模倣し、信頼するためには、成り行きに任せれば十分で、それに対して批判は努力を必要とする。――そこで、数年ではなく数百世紀の時間が流れたと想定し、孤絶した家族の些細な奇行を法外なまでに膨張させていただきたい。諸君は原始社会で生じたに違いないことを容易に思い描くだろう。これらの社会は閉じたまま、その境遇に満足していたので、内側の空気に瘴気が籠っても、外へと窓を開き、瘴気を追い払うことはなかったし、また視界を拡張する不断の努力を行うことはなかった。

予見不可能性への保険

今、われわれは宗教の二つの機能を決定したところだが、分析の途上でわれわれは、宗教がまとった一般的諸形態を必ずや説明してくれるとわれわれに映る基礎的な諸傾向と出会った。これらの一般的諸形態、これらの基礎的諸傾向の研究に移ろう。もっとも、われわれの方法は同一のままである。われわれはある本能的活動を想定する。そこに知性を出現させることで、われわれは危険な混乱がその結果として起こらないかどうかを検討する。この場合、平衡は多分、混乱をもたらす知性の内部に本能が生じさせる諸表象によって回復されるだろう。このような表象が存在するとすれば、それらは基礎的な宗教的観念である。例えば、生命の推進力は死を知らない。その圧力を受けて知性が出来するや、死の不可避性という観念が現れる。生に弾み《エラン》を取り戻させるために、この観念に対抗する表象が立ちはだかり、そこから、死に関する原始的信念が生まれ出るだろう。しかし、死が偶発事の最たるものであるとしても、いかに多くの他の偶発事に人間の生は晒されていることだろうか！　知性の生への適用それ自体が、予見されざるものに扉を開き、リスクの感情を導き入れることになるのではないか。動物は自己自身を確信している。動物においては、目的と行為のあいだに何も介在していない。餌物がそこにいれば、動物はそれに飛びかかる。待ち伏せするとしても、その待機は前もって先に実行された行動であり、後に実行される行為と共に未分化な一つの全体を形成している。蜜蜂が巣を作るときに起こるように、最終的な目的が遠いものであれば、それは動物が知らない目的である。動物は差し迫ったものしか見ず、動物が意識する弾み《エラン》は、動物が実行するつもりの行為と範囲を同じくする。しかし、遠い目的のために手段を組み合わせ、もっぱら自分の一存で実現できると感じられないものを企てることは、知性の本質に属している。知性が実際に行うことと、それが望む結果とのあいだには大抵、空間においても時間においても、偶発事に大きな余地を残すところの隔たりが存している。知性が働き始め、その後、作業を完了するためには、慣用表現を使えば、事情が許すのでなければならない。この予見されざるものの余白《マルジュ》について、知性はそれを十全に意識することができる。野生人が矢を放つ時、彼にはその矢が標的に当たるかどうか分からない。この場合、動物が餌食に突進するときとはちがって、動作と結果のあいだに連続性はない。偶発事を受け入れ、予見されざるものを招き寄せる空虚が出現するのだ。おそらく理論的には、このようなことはあってはならないだろう。知性は機械的に物質に働きかけるために作られており、したがって、機械的に諸事物についての表象を抱く。こうして、知性は普遍的機械論《メカニスム》を公準として立て、行為が開始された瞬間に、目的達成以前に出会うすべてのものを予見することを可能ならしめるような一つの完成せる科学を潜在的に思い描いている。しかし、決して実現されないこと、せいぜい知性の働きにとっての刺激剤として役立つことが、このような理想の本質に属している。事実として、人間知性は、非常に不完全な仕方で知られた物質に対する非常に限られた作用で満足しなければならない。しかるに、生命の推進力が現存している。待つことを受け入れず、障害というものを認めないこの推進力が。この推進力にとっては、偶発事、予見されざるもの、要するに途上にある未決定のものは重要ではない。それは飛躍しながら進んでいき、終着点しか見ない。弾《エラン》みは隔たりを食い尽くすのだ。ただ、このような先取りについて、知性はまさにそのことをよく知っていなければならない。実際、一つの表象、自然の諸原因に重なり合うか、それらに取って代わる好都合な力能についての表象が出来し、これらの力能は、自然に開始された動きを、みずからが欲し、われわれの願いにも合致した作用へと拡張するだろう。われわれは一つの機構《メカニスム》を始動させた。これが始まりである。この機構は望まれた効果が実現する際に再び見出されるだろう。これが終わりである。これら両項のあいだに、成功を担保する、機械論には収まらない保証が介在するだろう。友好的で、われわれの成功に配慮する諸力能をこのようにわれわれが想像するとしても、知性の論理が、われわれの失敗を説明するために、敵対的な諸原因、不都合な諸力能をも想定することを要求するというのは真実である。もっとも、後者の信念は実践的有用性を有している。われわれに用心するよう促すことで、それは間接的にわれわれの活動を刺激するだろう。しかし、これは派生物であり、退廃した形態であるとさえ私は言いたい。妨害する力の表象はおそらく、援助する力の表象にわずかなりとも後続している。援助する力の表象が自然に由来するとすれば、妨害する力の表象は前者の表象から直接的な結果として引き出される。しかし、妨害する力の表象は、何よりもわれわれが今日原始社会と呼ぶような停滞する社会において増殖するにちがいない。このような社会では、信念はその起源を考慮することなく、類推によって果てしなく増加していくのだ。生命の推進力は楽観的《オプティミスト》である。したがって、ここでこの推進力から直接的に出てくるすべての宗教的な表象は同じ仕方で定義されうるだろう。これらの表象は、発揮された発意と望まれた結果とのあいだに、知性によって生み出された、予見されざるものの意気阻喪させる余白《マルジュ》の表象への自然の防御反応なのである。

成功への意志

誰もが気に入ればそれを経験することができる。迷信が成功への意志から湧出するのを誰もが目にするだろう。ルーレットのある数字に大金をかけ、玉が止まる瞬間を待っていただきたい。玉がためらいながらも、あなたの選んだ数に至りそうになる瞬間、あなたの手は前へ出てその玉を押し、次いで止めようとする。この場合、意志が下した決断と、意志が待望する結果とのあいだの間隙を埋めねばならないのは、あなたの外に投影されたあなた自身の意志である。かくしてこの意志が間隙から偶発事を追い払うのだ。次に、賭博場に通い詰め、思う存分慣れてもらいたい。あなたの手はすぐに動くのをやめ、意志はそれ自身の内部に引っ込んでしまう。だが、意志がその場を離れるにつれて、そこにある実体《アンティテ》が身を置く。意志から流出し、意志から委任を受けた実体が。これが運というものであり、それは勝とうとする決意の化身である。運は十全な人格ではなく、神性をなすためにはそれ以上のものが必要である。しかし、運はすでにして、人格の一定の諸要素を、あなたがそれを頼りにするにちょうど足りるだけ有している。

野生人は自分の矢が標的に届くように、まさしくこの種の力に訴える。長い進化の諸段階を飛び越えていただきたい。あなたは、戦士たちに勝利を保証するはずの都市国家《シテ》の守護神たちを持つだろう。

しかし、何かをし始める時、それはどんな場合でも合理的な手段を介して、原因と結果の機械的《メカニック》な継起に従ってであるという点に注意していただきたい。人はまず自己に依存したものを実行することから始める。彼らが機械的ならざる (extra-mécanique) 力に頼るのは、もはや自分自身で何とかすることができるとは思われないときだけである。その種の力の現存が信じられている以上、まず初めに、その力の加護のもとにある行為を置いたとしても、当の力によってその行為を免除されているとの感覚はまったく生じなかったのだ。しかし、心理学者をここで誤りに陥れるかもしれないこと、それは、第二の因果性〔機械的ならざる因果性〕が、話題にされる唯一の因果性であるということだ。第一の因果性は自明のものであるから、この因果性について何も言われない。この因果性は、人々が物質を機具として使用してなす諸行為を支配している。この因果性について抱かれる信念は演じられ、生きられている。そうならば、第一の因果性を言葉で言い表し、その観念を明らかにすることが何の役に立つというのか。それが有用なのは、この因果性から利益を得ることが可能な科学をすでに獲得している場合だけだろう。しかし、第二の因果性には少なくとも励ましと刺激剤が見出されるのだから、この種の因果性について考えるのは有益である。科学が、文明化せざる人間に標的の命中を必ず保証する仕掛けを与えるとして、彼はまさに機械的因果性だけで満足するだろう（もちろんこれは、彼が根強い思考習慣をすぐに捨て去ることができると仮定しての話であるが）。このような科学を待望しながら、文明化せざる人間の行動は機械的因果性から引き出すことの可能なものすべてを引き出す。なぜなら、彼は弓を引き、標的を狙っているのだから。しかし、彼の思考はというと、それはむしろ矢をしかるべきところへ導くはずの、機械的ならざる原因へと向かう。というのも、この原因への信念は、確実に命中するような武器を持たずとも、より巧みに狙いを定めるのを可能にする自信を彼に与えるからだ。

人間の活動は数々の出来事のあいだで展開され、それらの出来事に影響を与えると共に、それらに依存してもいる。これらの出来事は、部分的には予見可能であるが、大部分は予見不可能である。われわれの科学は次第にわれわれによる予見の範囲を広げているので、その極限でわれわれは、予見不可能性がもはやそれにとって存在しないような完全な科学を構想する。だからこそ、文明化した人間の反省的思考（われわれは後で、文明化した人間の自発的表象にとっては事情がまったく同じではないことを見るだろう）から見れば、彼が事物に働きかける際に接触する因果の機械的連鎖と同じ連鎖は、宇宙全体にまで拡大されねばならないだろう。文明化した人間に認め難いのは、彼が働きかけている物理的出来事に適したこの説明体系が、もっと遠くへ冒険に踏み出そうとすると、その体系とまったく異なる体系、つまり、自分に対する他人たちの行動を善意や悪意、好意や敵意に帰するときに社会生活のなかで自分が使用している説明体系に場所を譲らなくてはならないということだ。もし彼がそれを認めるとしても、意識せずにそうするのであって、そのことを自認することはない。それに対して、文明化せざる人間は、彼が物質に及ぼす作用にぴったり合わせて裁断された拡張不可能な科学しか自由にできないので、予見不可能なものの領野全体を覆い、すぐさま彼の野心に広大な展望を開くような潜在的科学を、この領野に投影することはできない。彼は落胆してしまうよりもむしろ、仲間たちとの関係のなかで自分が使用している説明体系をこの領野へと拡大する。文明化されざる人間はそこに好意的な力能を発見すると思うだろうし、そこで悪意ある影響に晒されもするだろう。いずれにせよ、文明化されざる人間は、彼にとってまったく疎遠な世界と係ることはないだろう。たしかに、善霊と悪霊が、物質に対する文明化されざる人間の作用を引き継ぐはずであるなら、これらの霊はすでにこの作用そのものに影響を与えているように見えるだろう。したがって、この人間は、どこにおいても、自分の自由になるものについてさえ、因果の機械的連鎖をまったく当てにしていないかのように語るだろう。しかし、文明化されざる人間がこの場合にも機械的連鎖を信じていないなら、行動するや否や、機械的に結果を引き起こすために必要なすべてのことを彼がなすのをわれわれが見ることはあるまい。しかるに、野生人にせよ文明化した人間にせよ、人間の思考していることの根底を知ろうとするなら、彼が言うことではなく彼が行うことを信頼しなければならない。

偶然について

「原始的心性」を取り上げた実に興味深く、実に教示に富んだ諸著作のなかで、レヴィ＝ブリュール氏は「第二原因に対するこの心性の無関心」、「神秘的原因」へのこの心性の即座の依拠を強調している。彼が言うには、「われわれの日々の活動は、自然諸法則の不変性への平静で完全な信頼を含んでいる。原始人の精神的態度は大いに異なる。原始人がその只中で生活している自然は、彼の目にはまったく異なる相貌で現れる。そこではあらゆる事物、あらゆる生物が、神秘的な融即（participation）〔分有〕と排除のネットワークに巻き込まれている」(7)。少し先にはこうある。「集合表象のなかで移り変わるもの、それは突発した病気や死の原因とされる隠れた力である。罪を着せられるのは、あるときは呪術師であり、あるときは死者の霊であり、またあるときは、多かれ少なかれ限定され個体化された力である。……相似したまま、いやほとんど同一でさえあり続けているもの、それは一方の病気や死と、他方の不可視の力との先行的結合である」(8)。この考えの証拠として、著者は探検家や宣教者たちの相一致する証言を挙げ、そのなかでも最も好奇心をそそる諸例を引いている。

それにしても、第一の点は注意を引く。つまり、引用されているすべての事例で話題にされ、原始人によって隠れた原因のせいにされた結果は、人間に係る出来事、より特殊には一人の人間に生じた事故、もっと言えば一人の人間の死や病気なのである。無生物が無生物に及ぼす作用（人間がそこにいわば投資している気象などの現象は別にすると）は、決して問題ではない。風が木をたわめ、波が砂利を転がし、自分の足が埃を巻き上げさえするのを見て、原始人が、機械的原因とわれわれの呼ぶものとは異なる原因を介入させるという話はない。原始人によって双方共に知覚された前件と後件とのあいだの恒常的関係は、彼の注意を引かないわけにはいかない。この場合、原始人にとってはこの恒常的な関係だけで十分であり、彼がその関係に「神秘的」な因果性を重ね合わせたり、ましてや、前者を後者に置き換えたりするのをわれわれが見ることはない。もっと先へ進み、原始人が無関心な傍観者として居合わせる物理的事象を脇へ置くとしよう。原始人についても、「彼の日々の活動は自然諸法則の不変性への完全な信頼を含んでいる」と言うことができないだろうか。この信頼なしでは、彼は、小舟を利用するために川の流れを、矢を放つために弓の張力を、木の幹を切断するために斧を、嚙むために自分の歯を、歩くために自分の足を当てにすることはないだろう。原始人がこの自然的因果性を明瞭に思い描いていないということはありうる。物理学者でも哲学者でもない彼はそこにいかなる利益も見出さない。にもかかわらず、彼はこの因果性を信じ、活動の支えとする。更に先へ進んでみよう。原始人が死や病気、他のいかなる事故をも説明するために神秘的な原因に訴えるとき、正確には彼はいかなる操作に従事しているのだろうか。原始人が例えば、嵐の最中に剝離した大岩の破片で一人の人間が命を奪われたのを目撃するとしよう。大岩がすでに罅割《ひびわ》れていたこと、風が石片を剝がしたこと、衝撃が頭蓋骨を砕いたことを原始人は否定するだろうか。明らかに否である。われわれのように、彼はこれらの第二原因の作用を認める。では、なぜ原始人は精霊や呪術師の意志のような「神秘的な原因」を導入し、この種の原因を主要原因に仕立て上げるのか。仔細に見ていただきたい。ここで原始人が「超自然的な」原因によって説明しているのは物理的結果ではなく、その結果の人間的意義、つまり、人間にとっての、より特殊にはある特定の人間、石が打ち砕いた人間にとっての物理的結果の重要性であるのが分かるだろう。原因はその結果と釣り合った関係を持つはずだという信念、大岩の罅割れ、風の方向と激しさ――純粋に物理的で人類には無頓着な事象――が一旦確認されたなら、残るは、一人の人間の死というわれわれにとって最重要な事実を説明することであるという信念のうちには、非論理的なものは、ひいては「前論理的」(prélogique)な何ものも、「経験にとっての不可知性」を証言するものさえ何も存在しない。原因は結果を優勝的に(éminemment)含むと、かつて哲学者たちは述べていた〔例えばデカルト『省察』第三省察を参照〕。そうであれば、結果が重要な人間的意義を持つ場合、原因も、少なくともそれと同等の意義を持たなければならないし、いずれにしても、原因は結果と同じ次元にある。つまり、それは一つの意図〔志向〕(*intention*)なのである。科学教育が精神からこのように推論する習慣を失わせること、それは疑いえない。しかし、この推論は自然なものなのだ。それは文明人のもとでも存続し、それに敵対する力が介入しないときにはいつも出現する。賭けをする人はルーレットの一つの数字に賭け、勝ち負けを運不運に、すなわち、好意的もしくは敵対的な意図に帰するという事実への留意を先にわれわれは促した。それでもやはり、彼は、金を賭ける瞬間とルーレットの玉が止まる瞬間との間に起こる一切のことを自然的原因によって説明するだろう。だが最終的には、彼はこの機械的因果性に、自分の行う選択と対をなす半ば意志的な選択を重ね合わせるだろう。こうして最後の帰結は、これまた一つの選択であった最初の原因と同じ重要性を持ち、同じ次元に属するだろう。しかも、このきわめて論理的な推論について、われわれは、賭けをする人がルーレットの玉を止めようと手を少し動かす仕草を見るとき、その実践的起源を捉える。彼が運や不運として客体化することになるのは、成功への意志とこの意志に対する抵抗であり、かくして彼は味方たる力か敵たる力を前にし、遊戯にその利害のすべてを賭けようとする。しかし、これよりもはるかに顕著なのは、われわれがここまで考察してきた、死、病気、重大な事故といった出来事について、文明人の心性と原始人のそれのあいだに類似があることだ。大戦に参加した将校からわれわれが聞いた話によれば、最も殺傷力があるのは大砲の射撃であるにもかかわらず、彼は兵士が砲弾よりも小火器の銃弾をより強く恐れるのをつねに目撃した。それは、銃弾によって自分が狙われていると感じ、思わず誰もが、「死にせよ重傷にせよ、私にとってかくも重大な帰結を生じさせるためには、それと同じくらい重大な原因がなければならず、ある意図がなければならない」と推論するからだ。砲弾の破片がまさに当たった兵士がわれわれに語ったところでは、彼の最初の挙動は「何て馬鹿な!」と叫ぶことであった。この砲弾の破片は純粋に機械的原因によって発射され、誰にでも当たることができたし、誰にも当たらないこともできたのだが、それでも彼に、他の者ではなく彼に当たったということ、これは彼の自発的知性にとっては、論理に合わなかった。「悪しき運」を介入させていたら、彼はこの自発的知性と原始的心性との親縁性をもっとはっきりと顕在化させたであろう。呪術師や精霊の観念のような内容を豊富に含んだ表象は、「悪しき運」の表象となるためには、おそらくその内容のほとんどを放棄しなければならないだろう。しかし、それでもこの表象は存続し、完全には空にならず、したがって、これら二つの心性は本質的には変わらない。

レヴィ＝ブリュール氏が著作のなかで蒐集した「原始的心性」に関する実に多様な事例は、一定数の項目に分類される。最も数が多い事例は、著者によれば、偶然的なものを何も認めようとはしない原始人の執拗さを証示するものである。石が落ち、通りがかりの人を打ち砕くのは、悪霊が石を剝ぎ落としたからだ。そこに偶然はない。一人の人間が鰐によって小舟から引き落とされるのは、彼に呪術がかけられていたからだ。そこに偶然はない。戦士が槍の一突きで殺されるか怪我させられるのは、彼がそれをかわす状態になかったからであり、事前に彼に呪いがかけられていたからだ。そこに偶然はない。[9] レヴィ＝ブリュール氏の著作では、決まった言い方が実に頻繁に繰り返されるので、この性質を原始的心性の本質的性質の一つを与えるものとみなすことができる。――しかし、この卓越した哲学者にわれわれはこう言いたい。原始人が偶然を信じていないのを非難し、そうでなくとも、原始人の心性の特徴的性格として、偶然を信じないという点を少なくとも確認しながら、あなた自身は偶然が存在することを認めないのかと。たとえ偶然の存在を認めるとしても、あなたは、あなたが批判し、とにもかくにもあなたの心性と本質的に区別しようとする原始的心性へと逆戻りなどしていないということを自明のこととして確信しているのか。もちろん私は、あなたが偶然を現実に働きかける力たらしめていないことはよく分かっている。けれども、偶然があなたにとって純粋な無であったならば、それについてあなたは話さないだろう。あなたは偶然という語をも事象と同じく非存在とみなすだろう。しかるに、その語は存在するし、あなたはそれを使用する。そして、その語はあなたにとって、われわれ全員にとってもそうなのだが、何かを表象するのだ。この語がまさに何を表象できるのかを考えてみよう。巨大な瓦が風によって剝がれ落ち、通りがかりの人を打ち殺す。われわれはそれを偶然であると言う。もし瓦が単に地面に落ちて砕けたならば、われわれは、それは偶然であると言うだろうか。おそらく言うだろう。しかしそれは、われわれが、そこにいたかもしれない一人の人間のことを漠然と思うからであり、あるいはまた、何らかの理由で、道端のこの地点がわれわれの関心を特に引き、その結果、瓦がそこを選んで落ちたかに見えるからである。いずれの場合にも、偶然が存在するのは、人間の利害が働いているからでしかなく、人間に奉仕するためにせよ、人間を傷つける意図を伴ってにせよ、あたかも人間が考慮の対象になっているかのように事態が生じたからでしかない[10]。瓦を剝がした風、道端に落ちた瓦、地面に対する瓦の衝撃のことだけを考えていただきたい。あなたはもはや機構《メカニスム》しか見ないし、偶然は消え失せる。偶然が介入するためには、結果が人間に対して意義を持ち、この意義が原因に跳ね返り、原因をいわば人間色に染め上げねばならない。したがって、偶然とは、あたかも一つの意図を持っているかのように作動する力学的機構なのである。おそらく、次のように言う人がいるかもしれない。あたかも意図があるかのように物事が起こるときにわれわれはまさに偶然という語を使用するのだから、その際われわれは実在の意図を想定しておらず、反対に、われわれは万事が機械的に説明されることを認めている、と。もし十全に意識的な反省的思考しか存在しないならば、かく言うのはとても正しいだろう。しかし、このような思考の下には、自発的で半意識的な思考があって、後者の思考は、瓦の落下を説明するためではもちろんないが、瓦の落下が一人の人間の通行と一致したこと、その落下がちょうどその瞬間を選んだことを説明するために、因果の機械的連鎖に、それとはまったく異なるものを重ね合わせる。この選択や意図という要素は可能な限り切りつめられる。反省的思考がこの要素を捉えようとすればするほど、それは後ろへ退く。この要素は捉え難く、消え去りさえする。しかし、それが実在しないなら、機構《メカニスム》しか話題にならず、偶然は問題にならないだろう。だから、偶然とはその内容を一掃した意図なのである。それはもはや影でしかない。だが、内容はないとしても、形式はそこにある。ここでわれわれは、われわれが「真に原始的な」と呼ぶ表象、ある自然な傾向の力で人類によって自発的に形成された表象の一つを摑んでいるのだろうか。まったくそうだというわけではない。それがなおもどれほど自発的なものであれ、偶然の観念がわれわれの意識に生じるのは、社会がわれわれに話すことを教えた日以来、われわれのうちにそれが沈殿させてきた諸経験の層を通過した後でしかない。偶然の観念が空疎なものとなるのはこの通過そのものにおいてで、その際、科学は次第に機械論的となりつつ、偶然の観念から、それが含む目的論的なものを除去していくのだ。だから、起源的表象を再構成したいならば、偶然の観念を満たし、それに身体を与えねばならないだろう。そのとき、意図の幻影は生きた意図となるだろう。逆に、文明化せざる者が思考する実体《アンティテ》——悪意のものにせよ善意のものにせよ——を得るためには、この生きた意図に過剰な内容を与え、過度に素材を積み入れなければならないだろう。いくら繰り返しても言い足りないが、通常、これらの迷信は膨張、肥大化、要するに戯画的な何かを含んでいる。これらの迷信は大抵、手段が目的から離れてしまったことを示している。まずもって有用で、意志を刺激するものたる信念も、それに存在理由を与えていた対象から新しい対象へと移行すると、そこではもはや何の役にも立たず、危険なものになることさえあるのだ。まったく外面的な模倣によって、この信念は横着にも数を増やし、結果として、怠惰を奨励するだろう。ただ、何も誇張しないでおこう。原始人がその信念によって行動しなくともよいと感じるのは稀である。カメルーンの原住民たちは、彼らの一人が鰐に食い殺されてしまった場合、もっぱら呪術師を責めるだろう。ところが、この事実を報告したレヴィ＝ブリュール氏は、(11) その国の鰐が人間を襲うことはほとんどないと、旅行家の証言に基づいてつけ加えている。当り前だが、鰐の危険性が恒常的な場所では、原住民たちもわれわれと同様、水に入ることを差し控えるし、その場合には、呪いがあってもなくてもこの動物は原住民を怖がらせる。それでもやはり、この「原始的心性」から、われわれ自身のものでもあるような魂の状態へと移行するためには、大抵、二つの実行すべき操作があるということは真実である。まず、われわれのいかなる科学〔知識〕も消滅したと想定しなければならない。次いで、ある種の怠惰へと身を委ね、知性のより大きな努力、特に意志の努力を要求する説明から、たとえそのほうがより合理的であるのが分かったとしても、遠ざからねばならない。多くの場合、これら二つの操作のうち一つだけで十分であるが、その他の場合は、これら二つを組み合わせねばならない。

例えば、レヴィ＝ブリュール氏が書いた最も興味深い章の一つを検討してみよう。それは、銃、文字、書物など、要するにわれわれが原始人たちにもたらすものが彼らに与えた第一印象を取り上げた章である。この印象はまずわれわれを狼狽させる。実際、われわれはこの印象を、われわれの心性とは異なる心性のせいにしたくなるだろう。しかし、われわれが自分の精神から、ほとんど無意識的に段階的に獲得してきた科学〔知識〕を消去するにつれて、「原始的な」説明はより自然であるようにわれわれには思えてくる。ここに複数の人がいて、一人の旅行家が彼らの前で本を開き、この本は数々の情報を提供すると彼らは聞かされる。そこから彼らは、本が話をし、そこに耳を近づければ音を聴くと結論する。しかし、われわれの文明とは無縁な人間にそれ以外のことを期待するのは、われわれ現代人の大部分が持つような知性よりもはるかに多くのもの、高度な知性にさえ勝るもの、天才以上のものを要求することである。つまり、それは、彼が文字《エクリチュール》を新たに発明するのを求めることである。なぜなら、言説を紙の上に書きつける可能性を彼が思い描いているとすれば、彼はアルファベット文字、より一般的には表音文字の原理を手に入れていることになるからだ。最初から彼は、文明人においては、非常に多くの優秀な人間たちの長期間蓄積された努力によってしか到達されえなかった点に辿り着いていることになるだろう。したがって、この事例において、われわれの精神とは異なる精神などというものを語らないようにしよう。ただ、これらの精神はわれわれが学んだことを知らないとだけ言っておこう。

ここでつけ加えておくと、無知が努力への嫌悪を伴う場合がある。それはレヴィ＝ブリュール氏が「病人の忘恩」という見出しで分類した事例に当たる。ヨーロッパ人の医師によって手当を受けた原始人は、医師にまったく感謝しない。そのうえ、あたかも奉仕したのは原始人のほうであるかのように、彼らは医師から報酬を期待する。しかし、彼らはわれわれの医学のことなどまったく思いもよらず、技術に裏打ちされた科学の何たるかも知らず、しかも、医師はつねに病人を治すに至るどころではないと気づいて、最後には、自分のほうが時間を割き苦労していると考えるのだが、そうであるなら、医師が行うことには、自分たちには分からないがそうするだけの利益があるのだと、どうして思わないでいられるだろう。また、無知から抜け出ようと努力するよりもむしろ、自分たちの精神にまず浮かび、自分たちに利益をもたらす解釈を、どうして自然に受け入れないでいられよう。私はこの点を『原始的心性』の著者に問いたい。そして、とても古いある思い出を想起するだろう。とても古いと言っても、ほぼわれわれ二人の長き友情が始った頃のことだ。子供の時、私は歯が悪かった。時折、歯医者に連れて行かれなければならず、すぐにその歯医者は問題のある歯を厳しく治療し、その歯を容赦なく抜いた。ここだけの話だが、歯を抜かれても実はあまり痛くなかった。なぜなら、その歯はひとりでに抜け落ちていたであろう歯であったからだ。しかし、私は治療椅子にまだ乗せられる前から、ものすごい叫び声をあげることに決め込んでいた。家族は私をおとなしくさせる手段を遂に見つけた。歯医者は治療後に口をゆすぐのに使うコップに、五〇サンチーム硬貨を投げ入れたのだ（このはるか昔の時代には無菌消毒は知られていなかった）。当時は、五〇サンチームで一〇個のあめ菓子を買うことができた。私はちょうど六歳か七歳であったが、他の子供よりも馬鹿であるということはなかった。私を静かにさせるために歯医者と家族が共謀し、私の最善を思って周囲で結託していることを見抜く力が私には間違いなくあった。しかし、そのためには反省する努力が少し必要であっただろうが、私はそうしないことを好んだ。私がそうしたのはおそらく怠惰によってであるが、おそらくはまた、言ってしまうなら、私が歯をむき出しにするほど恨んでいる人への態度を変更しないためでもあった。そこで、私は考えなくて済むよう単になすがままに任せ、かくして、私が歯医者に抱かねばならなかった観念はおのずと私の精神のなかで明快極まりない筆致で描かれることとなった。すなわち、この人物は明らかに、歯を抜くことを最大の快楽とした人物であって、彼はそのために五〇サンチームという金額を払いさえするのだ。

文明人における原始的心性

しかし、余談は終わりにして要点をまとめておこう。われわれはこれまで考察してきた数々の信念の起源に、知性にその源を持つような意気消沈に対する自然の防御反応を見出した。この反応は、憂鬱な表象を阻むか、その現実化を妨げるイメージと観念を、他ならぬ知性の只中に引き起こす。諸々の実体《アンティテ》が出来するが、それらは十全な人格である必要はない。意図を持つだけで、あるいは意図と合致しさえすれば、これらの実体にとっては十分である。したがって、信念は本質的に信頼を意味する。その第一の起源は恐怖ではなく、恐怖に対する安心〔保険〕である。また他方で、信念がまず対象とするのは必ずしも一人の人間であるわけではなく、部分的な擬人化で信念には十分なのだ。以上が、未来というものに対する人間の自然的態度を考察するに際してわれわれの注意を引く二つの点である。知性的であるというまさにそのことによって人間は未来を思考するのだが、純粋な知性が予見不能なものについて人間に与える表象だけで満足するなら、未来に予見不能なものが見出されるに応じて、人間は未来のことで不安になる。しかし、これはまた、もはや未来ではなく現在が問題であり、また、人間がその力をはるかに超えた力に翻弄される場合になされうる二つの事実確認でもある。諸々の大変動、地震や洪水や暴風雨が後者の場合に数えられる。古くから存在するある理論は、このような場合に自然が人間に抱かせる恐怖心から宗教を発生させた。「地上ノ神々ヲ創造シタノハマズモッテ恐怖デアル」(*Primus in orbe deos fecit timor*)〔例えばペトロニウス『断片集』二二やスタティウスの『テーバイド』Ⅲを参照〕。この理論を完全に捨て去ることで、行き過ぎが生じた。自然を前にした人間の感動は確実に諸宗教の起源に何らかの仕方で関与してはいる。けれども、もう一度言うが、宗教は恐怖である以上に恐怖に対する反応であり、また、宗教はただちに神々を信じることであるわけでもない。ここで、これら二点の検証に取りかかるのは無駄ではないだろう。この検証は単にわれわれがこれまで行ってきた分析を確証するだけではなく、先に述べたように、まだ人格ではないが人格性を分け持つ諸実体《アンティテ》をより仔細に把握させてくれる。神話の神々はこれらの実体から生まれることができるだろう。これらの実体をより豊かにすることで神話の神々は得られるだろう。しかし同様に、これらの実体を貧しくすることで、原始人が事物の根底に置くとされる非人称的な力をそこから引き出すだろう。そこでわれわれとしては通常の方法に従おう。事後的な獲得物を除去され、起源的単純性に戻されたわれわれ固有の意識に対して、われわれの意識は自然の襲撃に反撃するのかと問うてみよう。ここでは、重大な出来事の突発性ゆえに、自己観察はひどく困難である。それに、自己観察が徹底的に実行される機会は稀である。しかし、かつてのある印象について、われわれがその不明瞭な思い出だけしか維持せず、当の印象それ自体もすでに表層的で漠たるものであったとしても、心理科学の巨匠が自己自身について行った観察によってこれらの印象が補完されるなら、それらはおそらくより明瞭なものとなり、よりはっきりした輪郭を得るだろう。ウィリアム・ジェームズは、一九〇六年四月にサンフランシスコの一部を破壊する大地震が発生した際、カリフォルニアに居合わせた。彼はこの地震について文章を書いた。これは本当に翻訳不可能な文章なのだが、以下はその非常に不完全な翻訳である。

「一二月、私がスタンフォード大学に行くためにハーバードを離れたとき、一番最後か、ほとんど最後に言われた『別れの言葉』は、カリフォルニア出身の旧友B…からのものだった。彼はこう言った。『あっちにいる間、彼らが君に小さな地震も経験させるといいが。君がまったく特殊なカリフォルニアの習慣を知るように。』

四月一八日午前五時半ごろ、私はスタンフォード大学寮の小アパートで床についていたが、まだ目は覚めたままだった。私はベッドが揺れ始めたのに気づいた。B…の別れの言葉があったので、私が抱いた最初の感情は、振動の意義を愉快に認めるものであった。つまり、『おやおや。しかし、これはB…が言っていた地震だぞ。ということは、やはり来たんだな』と私は思った。ついで、地震は次第に強くなっていくので、『だけど、地震にしては元気な奴だ…』と思った。

後になって、リック観測所が知らせたように、この揺れは全部で四十八秒以上は続かなかった。これは私がそう思っていた時間とほとんど同じであるが、もっと長かったと思った人もいた。私の場合、感覚と情動がつねに強かったので、現象が生じたわずかな時間に、ほとんど何も考えることはできず、反省的考察、行動を起こす意志は皆無だった。

私の感動はまったくもって喜びであり、感嘆であった。喜びとは、『地の震え』(tremblement de terre)のような抽象観念、また純粋な言葉の組合せが、いったん感覚可能な実在で表現され、具体的な検証の対象になると、取り入れることができた生命の強さを前にした喜びである。感嘆とは、このような揺れにもかかわらず、もろい小さな木造家屋が持ち堪えることができた事実を目の前にした感嘆である。恐怖の影もなく、来てほしいという願いと共に、単に極度の快さがあった。

私はほとんど叫んでいた。『さあ、揺れろ。揺れろ、もっと強く。』

思考できるようになるや否や私は、この現象を私の意識が向かい入れる仕方に、まったく特殊な一定の諸様式を回顧的に判別した。それは自然発生的なものであり、いわば、避けがたく、反抗できないものだった。

まず、私は地震を永続的で個体的な実体《アンティテ》へと擬人化した。それは旧友B…が先に話していたあの地震だったのだ。それまでの月日、この地震はおとなしくこらえていたのだが、ついに、忘れがたい四月の朝、私の部屋に侵入した。それは、こらえていただけいっそう、力強く、勝ち誇って現れた。そのうえ、地震が一直線に向かったのは、この私にであった。地震は屋内へと、私の背後へと滑り込んできた。ひとたび寝室に入ると、地震は私を独り占めし、こうして、説得力のある仕方で姿を現すことができた。活気も意図も、人間の行動に、これほど現前したことはかつて一度もなかった。同様に、人間の活動がその背後に、源泉および起源としての生きた動因をこれほどはっきりと見させたことはかつて一度もなかった。

因みに、私がこの点について尋ねたどの人も、体験のこの側面に関して同意した。『あいつは意図をはっきりと示した』、『あいつはひどい奴だった』、『あいつは破壊する気だった』、『あいつは自分の力を見せたがっていた』等々。私にとって、彼は単に地震という彼の名前の完全な意義を示そうとしていた。しかし、この『あいつ』とは誰だったのか。ある人々にとって、それははっきりとしない悪魔のような力であったようである。私にとっては、個体化された存在、つまり、B…の地震であった。

私に地震の印象を話してくれた人々のうちの一人は、世界の終わり、最後の審判に居合わせているのだと思った。それはサンフランシスコのホテルに泊まっていた一人の婦人である。彼女には地震という考えは、彼女が通りに出て、その説明を聞いた時にしか思い浮かばなかった。彼女の話では、地震の神学的な説明は恐怖から彼女を守り、彼女は揺れに対して落ち着いて対応した。

『科学』にとって、地震とはまったく単純に、地殻が緊張し断裂するに至り、地層が平衡状態から変動する時に生み出される、あらゆる崩壊、振動、異変の集合的な名称である。これらのすべてが地震である。しかし、私にとって、異変の原因が地震であったのであり、この揺れを生きた動因として知覚することに抵抗できなかった。この知覚は確信がもたらす劇的な力を持っており、その力はあらゆるものを突き動かすものであった。

今私は、この種の厄災の古くからある神話的解釈がどれほど避けがたいものであったのか、そして、科学がわれわれに教育を通して伝達し、後から獲得される諸習慣はどれほど人為的なものであるか、どうして、その習慣は自然に発生した知覚とは逆へ向かうのか、これらのことをよりよく理解する。教育を受けていない精神には、地震の印象を超自然的な警告や制裁とは別の仕方で受け入れることは、単に不可能だったのだ。[12]」

まず、ジェームズが地震を「個体化された存在」として語っていることに気づかれるだろう。彼は地震が「彼にとっては永続的で個体的な実体へと擬人化されている」のを確認している。けれども彼は、多様な行動をなすことが可能な十全な人格、地震がその特殊な発現形態の一つであるような人格——それが神であれ悪霊であれ——が存在すると言っているのではない。逆に、件の実体は現象そのものであり、この現象が永続的なものとみなされるのだ。実体は発現することでわれわれにその本質を明かすのだが、実体の唯一の機能は地震たることだけである。魂《アーム》があるとはいえ、ここで魂はその意図による作用の活《アニ》性化《マシオン》である[13]。著者は「人間の活動がその背後に生きた動因をこれほどはっきりと見させたことはかつて一度もなかった」とわれわれに言うが、それによって彼は、生きた動因によって果たされる諸行為がそれらの行為の背後に控えたこの動因に属しているように、意図と「活性化」は地震に属しているように思えると言いたいのだ。ただし、生きた動因はここでは地震そのものであり、この動因は他の活動も他の属性も持たず、したがって、この動因が何であるかはそれがなすことに一致しているということ、ジェームズの話全体がこう証言している。この種の実体にあっては存在することは現れることと一体をなし、この実体はある一定の作用と混ざり合い、実体の意図はこの作用そのものに内在し、この意図は作用の素描にしてその意識化された意義にほかならないのだが、これぞまさにわれわれが人格の基礎的要素と呼んでいたものである。

続いてもう一つ、必ずや驚かされるであろう点がある。サンフランシスコの地震は大災厄であった。しかし、突如として危険に直面したジェームズに、地震は何だか分からないが人のよさそうな様子で現れ、こうして親しみをもって地震に対応することが可能になる。「おやおや！　これはよく知った地震だぞ。」地震に居合わせた他の人々の印象も似たようなものだった。地震は「ひどい奴」だった。地震は自分の考えを持っており、「あいつは破壊する気だった」。このように話題になっているのは、必ずしも全面的に縁が切れたわけではない乱暴者だった。人を麻痺させる恐怖とは、凄まじい見境のない諸力がそれと知らずにわれわれを今にも粉砕しかねないという考えから生まれる恐怖である。物質的世界はこのような仕方で純粋知性に対して現れる。ジェームズが最後の数行で言及している、地震についての科学的な考え方は、科学が災禍についての明確なヴィジョンをわれわれにもたらしつつも、結局はそれを逃れる何らかの手段をわれわれに与えない限りで、数ある考え方のなかでも最も危険なものだろう。この科学的な考え方に抗い、より一般的には、この考え方によって明確化される知的表象に抗いつつ、防御反応は、重大で突発的な災禍を前にして生じるのだ。われわれが係っている数々の異変の各々はまったく機械的なものだが、それらが一つの〈出来事〉へと合成される。誰かに似ていて、悪しき人物であるかもしれないが、それでも、こう言ってよければ、われわれの世界に属することに変わりない、そのような〈出来事〉へと。かかる〈出来事〉はわれわれと疎遠なわけではない。それとわれわれのあいだの仲間づき合いは可能である。これだけで、激しい恐怖感を打ち消す、いやむしろ激しい恐怖感の発生を妨げるには十分である。総じて、激しい恐怖感は他のすべての感情と同じく有用である。恐れを感じられない動物は逃げることもできない。この動物は生存闘争のなかですぐに命を失ってしまうだろう。したがって、恐れのような感情の実在は納得がいく。同様に、恐れが危険の重大さと比例することも分かる。けれども、この感情は引き止め、迂回させ、元へ戻らせるもので、本質的に抑止的なものだ。災禍が極まり、恐れがその絶頂に達して麻痺させるものと化すとき、自然の防御反応は、それと同じく自然的であった感動に抗して生じる。感覚するわれわれの能力は変容することはもちろんできず、それがかつてそうであったところのものにとどまる。ところが、知性は本能の推進力を被りつつ、かかる能力にとっての状況を変えてしまう。知性は、安堵させるイメージを引き起こすのだ。知性は〈出来事〉に単一性と個体性を与え、それらがおそらく〈出来事〉を意地悪な、あるいは悪意ある存在にするのだが、それでもこの存在はわれわれに近しく、社交的で人間的なものを伴っているのである。

私は読者が自分自身の思い出に尋ねることを求める。私が著しく間違っているか、さもなければ、読者の思い出はジェームズの分析を確証するだろう。いずれにせよ、私自身の思い出を一二《いちに》想起することをお許し願いたい。最初の思い出は非常に古いものだ。私が本当に若く、スポーツ、特に乗馬をしていた。ある晴れた日、高いベロシペード〔自転車の祖先にあたる乗り物〕に乗ったサイクリストが道に思いがけず現れるのを見て、私の乗っていた馬は恐がり暴れ出した。そうしたことが起こりうること、そうした場合に何をなすべきか、あるいは少なくとも何を試してみるべきか、それを私は、乗馬練習場に通っている者たちが皆そうであるように知っていた。にもかかわらず、この可能性はそれまで抽象的な形でしか私の精神に現れていなかった。偶発事が空間と時間のある一定の点で実際に生じたということ、それが他人ではなくこの私に降りかかったということ、それは私の人格が選好されたことを含意しているように私には見えた。では、誰が一体私を選んだというのか。それは馬ではなかった。それは、何にせよ一つの完璧な存在、善霊や悪霊といったものではなかった。それは出来事そのものであり、身体を持たない個体がそれに属していた。なぜなら、出来事は諸情勢の綜合でしかなかったとはいえ、つねに実に基礎的な魂を有していたからで、その魂は、諸情勢が顕在化させているように思えた意図とほとんど区別がつかなかったのだ。そのような出来事は混乱した乗馬の間私をつけ、その後どのように私が切り抜けるかを意地悪く眺めた。そして私には、自分ができることを出来事に対して示すこと以外に心配することはなかった。私がいかなる恐怖感も抱かなかったのは、まさに私がこの心配事に心を奪われていたからであり、またおそらく、奇妙な随伴者の邪意がある種の善良さと相容れないわけではなかったからだ。私はこの小さな事件のことを時折考え、こう思った。自然が怖れを有用な感動としてわれわれに授けつつも、怖れに捕らわれるだけではいけない場合にはわれわれをこの感動から守ろうと欲したのであれば、自然は上記以外の心理学的機構を思いつかなかっただろう、と。

私は〈偶発事〉の「気のいい」性格が最も顕著なものであるような例を示したばかりである。ここにもう一つの例がある。この例はおそらく、〈偶発事〉の単一性、個体性、実在の連続性のなかで〈偶発事〉が切り取られる際の輪郭の鮮明さを、先の例よりもはっきりと浮き彫りにしてくれるだろう。一八七一年、戦争直後、私はまだ子供だったが、同年代のすべての者と同じように、新たな戦争が一二年から一五年の間に差し迫っていると考えていた。次いで、この戦争は、起こってもおかしくないものとしてと同時に起こりえないものとしてわれわれに現れた。この複雑で矛盾した思いがあの運命の日まで続いた。もっとも、この思いは、言葉での表現以外にはいかなるイメージもわれわれの精神のうちに引き起こさなかった。万が一の希望もなくそれでも希望する一方で、衝突が不可避なものと現れた悲劇の数時間まで、最後の瞬間まで、この思いは抽象的な性格を保ち続けた。しかし、一九一四年八月四日、『マタン』紙を広げ、大文字で「ドイツ、フランスに宣戦布告」とあるのを読んだとき、私は、過去の全体が、さながら影を投げかける物体に先立つ影のように準備し予告してきた不可視の現存を突如として感覚した。あたかも伝説上の人物が彼について物語る書物から脱走して静かに部屋に身を落ち着けたかのようであった。実を言えば、私は完璧な人物と係っていたのではない。この人物には、ある効果を得るために必要なものしか存在しなかった。彼は自分の出番を待っていた。気取ることなく、打ち解けて、彼は自分の場所に腰を下ろしたのだ。彼がひっそりと私の全人生に紛れ込んでいたのは、この瞬間、この場所で介入するためであった。茫洋たる不安の四三年間が狙っていたのは、この場面を、家具のある部屋、テーブルの上に広げられた新聞、その前に突っ立っている私、その現存ですべてに浸透した〈出来事〉を構成することだった。私は気が動転していたし、たとえそれが勝ち戦でさえあっても、戦争は私に厄災として現れていたのだが、そうであるにもかかわらず、私は、ジェームズが話していること、抽象的なものから具体的なものへと移行の容易さへの感嘆を感じていた。これほど恐るべき不確定な事態が、これほど困惑させること少なく、現実のなかへ入り込みえたなどと誰が思っただろうか。かかる単純さの印象がすべてを支配していた。その点をよく考えれば分かるように、もし自然が怖れに防御反応を対置し、果てしない反響を伴う大異変についてのあまりにも知的な表象を前にした意志の萎縮を防止しようとするならば、自然はまさに、われわれと、単純化され基礎的人格へと変質された出来事とのあいだにあの仲間づき合いを引き起こすだろう。そしてそれがわれわれをくつろがせ、われわれの緊張をほぐし、われわれの義務を率直に果たす気にさせるのだ。

われわれの遠い祖先が感じることのできた何かを再発見したいと望むなら、これらの捉えどころのない印象、反省的思考によってたちまちかき消されてしまう印象の探求へと赴かねばならない。人類の知的、道徳的獲得物は個人的有機体の実質に組み込まれることで遺伝的に伝達されたという偏見が浸み込んでいないなら、それを探求することに躊躇はないだろう。この偏見によるなら、われわれは、自分の祖先たちがそうであったところのものとはまったく異なるものとして生まれたことになるだろう。しかし実際には、遺伝はそのような伝達の力を持たない。遺伝は世代から世代へと引き続いて獲得された諸習慣を、生まれつきの素質へと変容させることはできないだろう。遺伝が習慣に対して何らかの影響力を持つとしても、それはほとんど無に等しく、偶然的かつ例外的にであろう。いや、遺伝はおそらく習慣にいかなる影響も及ぼさないのだろう。だから、自然的なものは今日でも、かつてそれがそうであったところのものである。文明の全成果が自然的なものを覆い、社会が個人を彼らの誕生以来絶え間なく続けられる教育によって作り上げる以上、あたかも自然的なものが変形したかのように事態が進行するというのはたしかである。しかし、不意の驚きがこれら表層の活動を麻痺させ、表層の活動がそのなかでなされている光がしばし消えると、すぐさま自然的なものが、闇夜の不変の星のように再び現れる。原始的なものにまで遡ることを欲する心理学者は、これらの例外的な経験に赴かねばならないだろう。そのために彼は導きの糸を放しはしないだろうし、また、自然が功利的であること、機能なき本能は存在しないことを忘れたりはしないだろう。知性的と呼ぶことができる諸本能は、知性のなかに存するであろう過度に知的なもの、またとりわけ未成熟な知的なものに対する防御反応である。しかし、これら二つの方法は相互に支え合うだろう。一方はどちらかというと探求に、もう一方は検証に役立つだろう。われわれは傲慢、それも二重の傲慢ゆえに、通常これら二つの方法から目を背けてしまう。われわれは、人間はかつてそうであったところのものよりも優れたものとして生まれると思いたがる。あたかも真の功績が努力のなかに存しないかのようではないか！　一方では、ある種に属する個体の各々は過去全体を苦労して我が物にすることで自己自身を超えたところまで自己を高めねばならず、他方では、ある種に属する世代の各々が遺伝の自動的作用によって先行する諸世代を全体的に超えたところに持ち上げられるとして、これではあたかも、前者の種が後者のそれと少なくとも同じ価値を持たないかのようではないか！　しかし、それだけではない。もう一つの傲慢、知性の傲慢があって、それは自分が生物学的必然性に元来従属していることを認めようとはしない。一つの細胞も、一つの組織も、一つの器官も、その機能と係ることとなしには研究されないだろう。心理学の分野でさえ、本能を種の要求に結びつけないなら、本能を厄介払いできたとは思わないだろう。にもかかわらず、一たび知性に達すると、自然よさらば！、生命よさらば！　ということになり、こうして知性はそれが「何の目的もなく、ただ単に」あるところのものとなるだろう。知性といえどもまずは生の諸要求に応えるものだったということがあたかも否定されるかのようではないか！　知性元来の役割は、本能が解決する諸問題に類似した諸問題を、非常に異なる方法で解決することであり、なるほどこの方法は進歩を保証し、自然からの理論的に完璧な独立なしには実践されえない。しかし事実においては、この独立は限定されている。生命の利害を損なうことで、知性がその目的に反して進むまさにそのとき、独立は終わる。だから、知性は本能によって、というよりもむしろ本能と知性の共通の起源たる生命によって必然的に監視されているのだ。知性的本能を話題にするとき、われわれとしてもこれと別のことを言おうとしているのではない。それは、認識に伴うある危険に抗して、ある確信を抱くことで安心を得るために、知性が自然に形成した表象なのである。したがって、それらは、心理学が起源にまで遡りたいならば必ず勘案しなければならない諸傾向であり、また、そのような諸経験でもある。

呪術

それでもやはり、文明化せざる者たちについての研究は貴重である。彼らはわれわれと同じくらい起源から離れているが、われわれほどには発明しなかったとわれわれは言ったし、何度こう繰り返しても言い足りないだろう。つまり、彼らは応用を増加させ、誇張し、戯画化し、要するに根底的に変形するよりもむしろ歪曲しなければならなかったのだ。もっとも、変形にせよ歪曲にせよ、起源的形態は存続し、獲得物によってただ覆われているだけである。したがって、諸起源を発見しようと望む心理学者は、変形の場合にも歪曲の場合にも、同種の努力をなさねばならないだろう。しかし、道のりは第二の場合のほうが第一の場合よりも短いものとなりうるだろう。そのようなことは、特殊には、互いに疎通できなかった諸部族間に相似した信念が見出されるときに起こるだろう。これらの信念は必ずしも原始的なものではないとはいえ、内観の努力がわれわれ自身のうちに発見させる根源的な諸傾向の一つからまっすぐ出て来たものであったということは大いにありうる。したがって、それらの信念はかかる発見の経路にわれわれを置き、内的観察を導くことができ、次いで、この内的観察がそれらの信念を説明するのに役立つだろう。

研究の途上で道に迷いたくないなら、方法をめぐるこれらの考察につねに立ち返ろう。曲がり角に到着した時、われわれはとりわけこれらの考察を必要とする。なぜなら、まさに問題なのは、事物、出来事、宇宙一般についての人間の知覚に対して、人間がどのように反応するかということだからだ。知性は、物質を利用し、事物を支配し、出来事を制御するために作られたということ、このことは疑いない。知性の力能は、知性に由来する科学に正比例しているということ、これも同程度に確実である。しかし、この科学はまずもって非常に限定されている。普遍的な機械的機構《メカニスム》のうちで科学が包摂する部分、延長と持続のなかで科学が影響を及ぼす部分はごくわずかでしかない。残りの部分について、知性は何をするのだろうか。他に頼るものがないとき、知性はただ自分の無知を認めるだけであり、人間は広大無辺のなかで途方に暮れるだろう。しかし、本能が見張っている。技術に付随するか、技術に含まれている、真に科学的な認識に、知性は、人間を配慮するような力能への信念をつけ加えて、われわれの行動から逃れるすべてのものに対処しようとする。このように宇宙は数々の意図で、それも儚く移ろい易い意図で充満している。われわれがそのなかで力学的に行動する領域だけが、純粋な機械的機構《メカニスム》の管轄に属するだろう。この領域は、われわれの文明が前進するにつれて拡張する。そして、宇宙全体が最後には、完成せる科学を理想的に思い描く知性の目から見て、一つの機械的機構の形態をまとう。われわれはこの段階におり、われわれの科学が知るすべてのこと、科学が知ろうと望むすべてのことで覆われた起源的諸信念を再発見するためには、内観の力強い努力が今日われわれには必要である。けれども、これらの信念を手にするや否や、われわれは、いかにしてこれらの信念は知性と本能との複合作用によって説明されるか、いかにしてこれらの信念は生命の利害関心に対応しなければならなかったかを知ることになる。こうして文明化せざる者たちを検討しながら、われわれは、自分自身のうちで観察したものを検証するのだ。ただ、文明化せざる者にあっては、信念は膨れ上がり、誇張され、増加されている。文明人にあってそうなったように、科学の進歩を前にして後退することなく、信念は機械的作用に割り当てられた領域を侵し、本来なら信念を閉め出すはずの諸活動に重なり合う。ここでわれわれは本質的な点に触れている。宗教は呪術から始まったと言われた。呪術のなかに科学の先触れが看取されもした。われわれがこれまでそうしてきたように心理学にとどまり、内観の努力によって、人間による事物の知覚に対する人間の自然な反応を再構成するなら、呪術と宗教は互いに支え合っており、呪術と科学のあいだは何ら共通のものはないことが分かる。

実際、たった今見たように、原始的知性はその経験のなかで二つのパートを演じている。一方には、手と道具の作用に服従するもの、予見可能なもの、信頼できるものがあり、宇宙のこの部分は物理学的に構想され、遂には数学的に構想されるに至る。この部分は原因と結果の連鎖として現れ、いずれにせよ、そのようなものとして扱われる。その表象が漠たるもので、ほとんど意識されていないとしてもそれは重要ではない。その表象が明確化されないこともありうるが、知性が暗黙裡に思考していることを知るためには、知性が行うことを見れば十分である。次に、経験には他方、工作人（*homo faber*）がもはやいかなる影響力も持たないと感じる部分がある。この経験の部分は、もはや物理的にではなく精神的に取り扱われる。自分からはその部分へ働きかけることができないので、われわれはそれがわれわれに働きかけるのを望む。したがって、ここでは自然に人間性が染み込むだろう。しかし、自然がそうするのは必要な限りにおいてでしかない。働きかける力能がないので、われわれは信頼を必要とする。われわれが快適に感じるためには、実在の総体のなかでわれわれの目にくっきりと浮き出た出来事がある意図で賦活されているように見えなければならない。このようなものが実際、われわれの自然的で起源的な信念であろう。しかし、われわれはこれで満足することはないだろう。恐れるものは何もないというだけでは十分ではなく、加えて、われわれは希望すべき何かを欲するだろう。もし出来事が完全に無感覚なものでないなら、われわれは出来事に影響を及ぼすのに成功するのではないだろうか。出来事は説得され拘束されるのではないだろうか。出来事があるがままのもの、すなわち、かすめ去る意図、未発達の魂にとどまるなら、そうなるのは難しいだろう。出来事はわれわれの願いを叶えるには十分に人格を持たず、われわれの命令に服従するには人格を持ちすぎだろう。にもかかわらず、われわれの精神は難なく出来事をどちらかの方向へ推し進めるだろう。実際、本能の圧力は、知性のまさに只中に、作話機能という想像力の一形態を出現させた。この機能は特に何もせずともそれだけで、始原的に描かれた基礎的人格をもとに、架空の物語に登場する神々のごときもので、それも次第に高次化していく神々、単なる霊のごときもので、次第に低次化していく神的存在、更には、己が心理学的起源からただ一つの特性、純粋に機械的であることなく、われわれの欲望に譲歩し、われわれの意志に服従するという特性のみをとどめるであろう諸力をさえ作成する。第一と第二の方向は宗教の方向であり、第三の方向は呪術の方向である。この第三の方向から考察を始めよう。

呪術の心理学的諸起源

マナという概念については大いに論じられてきた。この概念は、かつてコドリントンによって、メラネシア族についての著名な書物のなかで指摘されていたものであり、その等価物、というよりもむしろその類似物は他の多くの原始人のところにも見出されるだろう。例えばイロコイ族のオレンダ、スー族のワカンダ等である。これらの語はすべて、自然を貫いて広まっている一つの力、すべての事物でないにしても、いくつかの事物が異なる度合いで分有している力を指すだろう。これと、人間精神が反省し始めるや否や描かれる原始的哲学の仮説とは紙一重である。実際、漠たる汎神論が文明化せざる者たちの思考に取り憑いていると想定した人々もいた。しかし、人類がそのように一般的で抽象的な諸概念から出発するというのはほとんどありそうにない。哲学する前に、生きなければならない。科学者と哲学者たちは、思考は彼らにおいてと同様万人においてもただの愉しみで遂行されていると過度に思い込みがちである。真実はどうかというと、思考は行動を目指しているのであって、実際、文明化せざる者たちにおいて何らかの哲学的思考が真に見られるとしても、それは思考されているというよりはむしろ演じられているに相違ない。哲学的思考は、有用な、あるいは有用と判断された操作の総体のなかに含まれる。この思考がその総体から取り出され、語――語もまた必然的に曖昧である――で表現されるのは、行動にとっての利便性のためでしかない。ユベールとモース氏は、非常に興味深い『呪術の一般理論』(*Théorie générale de la Magie*) という共著で、呪術への信仰はマナという考えと切り離すことができないと力説している。彼らによれば、呪術への信仰はマナという考えに由来するように思われる。この関係はむしろ逆ではないだろうか。「マナ」や「オレンダ」のような用語に対応する表象がまず形成され、そこから呪術が生じたという考えは、われわれにはありそうなものには見えない。まさに逆で、人間がそのように事物を思い描いたのは、人間が呪術を信じ、それを実行していたからである。人間は、その呪術が成功したように見えたので、呪術について説明すること、というよりはむしろ呪術の成功を表現することで満足したのだ。それに、人間がすぐさま呪術を実行したこと、それは容易く理解される。人間は、外的世界への正常な影響力の限界に自分が達したことをすぐに認めたが、その後、それ以上先へ進まないことは受け入れなかった。そこで人間は運動を続けたが、それ自身ではこの運動は望まれた結果を得なかったので、自然がそれを引き受けねばならなくなったのだ。このようなことが可能だったのは、物質がいわば磁化され、おのずと人間へと向かい、人間から使命を受け、彼の命令を実行しようとする場合でしかなかった。とはいえ、今日のわれわれの言い方をするなら、物質は物理法則に従属したままであった。機械的に物質に働きかけるためには、まさにそうでなければならなかった。しかし、それに加えて、物質には人間性が染み込んでいた。つまり、人間の意図した計画に参入できる力を備えていた。このような使用可能性を人間は利用して、自分の行動を物理法則が許す範囲を超えて延長することができた。呪術の手続きならびに、呪術が成功しうると漠然と人々に思い描かせた物質観を考察するならば、このことは容易に確信されるだろう。

呪術の操作はこれまでしばしば記述の対象となってきたが、それは「類似するものは類似するものに働きかける」、「部分は全体と同じ価値を持つ」といったある理論的原理の適用としてであった。これらの定式が呪術的操作を分類するのに役立つことは疑いえない。しかし、だからといって、呪術的操作がこれらの定式から生じるということにはまったくならない。ここで原始的知性が諸原理を構想することから始めたとしても、この知性はすぐさま経験に服し、知性に諸原理の間違いを証明しただろう。しかし、ここでもなお、知性は本能の提案を表象へと翻訳することしかしない。もっと正確には、欲望の延長たる身体の論理というものがあって、身体の論理は、知性がこの論理学のために一つの概念的形態を見つけるはるか以前に行使されている。

例えば、一人の「原始人」が敵を殺すことを望んでいるとしよう。だが、その敵は遠くにおり、到達不可能である。しかし、そんなことはどうでもよい！　この男は激昂していて、不在の敵に飛びかかる身振りをする。いったん放たれたら、彼は最後まで行く。自分が摑んだと思い、あるいは摑もうとしている相手を手で絞め、彼は相手を絞殺する。けれども、彼は成果が完全ではないことをよく知っている。彼は自分でできることはすべて行った。彼は事物が残りを引き受けることを望み、それを要求する。事物は機械的にそうす分から自由になる。物理的必然性に屈しないだろう。したがって、最後に、物質から自分の動作に対応する反作用を受け取る時のようには、事物は物理的必然性に屈しないだろう。したがって、受け取った運動を機械的に返す必然性に、物質は、欲望を達成し命令に従う能力を付加しなければならない。自然がすでにして自分で人間を考慮する傾向を有しているなら、これは不可能ではないだろう。ある出来事によって証言される心遣いが事物のなかに見出されるだけで十分であろう。そのとき、事物は服従と力能を多少なりとも充塡されたものとなるだろう。事物は、人間の数々の欲望に応じ、人間によって掌握されうる力を我が物とするだろう。「マナ」、「ワカンダ」などの語は、この力と同時にそれを取り巻く威光をも表現している。厳密な意味を求めるなら、これらの語すべてが同じ意味を持つわけではないとはいえ、それらはいずれも漠たる同一の観念に対応している。これらの語は、事物をして呪術の操作に適合させるものを指し示している。これらの操作自体に関して、われわれはその本性を規定してきた。この操作は、人間が成就することができない行為に着手する。これらの操作は、所期した結果を生み出すには至らない身振りをなすが、人間が諸事物の好意を強要することができれば、所期した結果を得るだろう。

したがって、呪術は人間に生来のもので、心を満たす欲望の外化にほかならない。にもかかわらず、呪術が人為的なものに見え、それが表層的な観念連合に帰されてきたのは、まさに呪術に魂を込めることを呪術師に免じ、疲労することなく同じ結果を得るためになされた諸操作を通して、呪術を考察してきたからだ。自分が演じる役を研究する役者は、彼が表現しなければならない感動を本気で覚える。彼はこの感動から生まれる数々の身振りと声の抑揚を銘記する。後で役者は、抑揚と身振りだけを観衆の前で再現し、感動を引き起こさないで済ますことができるだろう。呪術の場合も同様である。呪術に関して発見された諸「法則」は、呪術がそこから生まれ出た自然な弾み《エラン》についてはわれわれに何も述べはしない。それらの「法則」は、怠惰が自分自身の写しを生み出すためにこの起源的呪術に提案した手続きの定式でしかない。

呪術はまず「類似するものは類似するものを生む」という原理に由来すると言われている。なぜ人類がかくも抽象的で恣意的な法則を措定することから始めるのかは分からない。しかし、不在の敵に飛びかかる身振りを本能的になした後、また、空間へと放たれ好意的な物質によって運ばれた自分の欲望が、開始された行為をやがて成就するだろうことを確信した後で、この男が、これと同じ状態に身を置く必要なしに同じ結果を得ようとすること、この点は理解される。こうして彼は呪術の操作を冷静に反復するだろう。締め殺す敵を己が手で絞めつけていると思ったとき、彼の怒りは行為の素描を描いたが、後に彼は、既成の素描、今やその輪郭をなぞりさえすればよい人形に助けられて、その行為を再現するだろう。このようにして彼は呪いをかけるだろう。もっとも、人形の役割はただ類似する行為を生み出すことだけである以上、彼が使用する人形は敵に類似している必要はない。

このようなものがわれわれには呪術の原理の心理学的起源であるように思われるが、かかる原理の定式はというと、むしろ「類似するものは類似するものと等しい」であろう。いや、より適切な言葉で表現すれば、「静的なものは動的なものに取って代わり、動的なものの図式を与える」となるだろう。原理の起源を喚起するこの第二の形では、原理は無際限な拡張に委ねられることはないだろう。それに対して、第一の言い方では、この原理は、人々が遠くにあるものに対して、それとほとんど類似しない目の前にあるものを介して働きかけることができると信じることを許してしまう。この原理は取り出され、簡潔に表現される必要さえもないものである。この原理は、ほとんど本能的な操作に単純に含まれており、この自然な呪術が無際限に増殖することを可能にする。

呪術の実践はさらに他の諸法則に帰着する。「ある人や事物に触れていたものに働きかけることで、この人や事物に働きかけることができる」、「部分は全体と同じ価値を持つ」等がそれである。ただ、その心理学的起源は先の場合と同じである。興奮時になされた行為は、己が有効性についてほぼ幻覚のような知覚を引き起こしたが、行為が有効であることを確信しつつ、この行為を平静に反復しなければならないのだ。日照りの時には、呪術師に雨を降らせてくれと要求する。もし呪術師が更に魂のすべてを賭けるなら、彼は想像力の努力によって雲にまで昇り、自分が雲を引き裂いていると思い込み、雲を小さな水滴として振りまくだろう。しかるに、彼はやがて、自分がほぼ地上に降り戻ったと仮定し、少量の水を注ぐことのほうがより単純であるのを悟るだろう。地上から天へと投げ上げるのに必要だったはずの努力が代替される手段を見つけ、また、中間物質が――正負の電荷を帯びうるのと同様に――人間に奉仕するか人間の邪魔をする半ば物理的で半ば精神的な意向を多少なりとも充塡されるなら、少量の水を注ぐという出来事のこの最小部分が出来事の全体を再現するだろう。実に単純で、少数の実践に還元されるような自然的呪術がどうして存在するのかが分かる。これらの実践についての反省、あるいはおそらく、単にそれらを語に翻訳すること、こうした反省や翻訳によって、これらの実践は全方位に向けて増殖し、ありとあらゆる迷信で充塡されることになる。なぜなら、定式はそれが表現する事実をつねに超えたものだからだ。

したがって、呪術は二つの要素へ解消されるようにわれわれには思える。何にでも、到達できないものにさえ働きかけようとする欲望と、事物はわれわれが人間的流体と呼ぶであろうものを充塡されているか、充塡されるがままになるという観念である。呪術と科学を比較するにはこの第一の点に立ち戻り、呪術を宗教に結びつけるには第二の点に立ち戻らなければならない。

呪術と科学

呪術が偶々《たまたま》科学の役に立つことがあったということ、それはありうる。人は、物質から何らかの利益を引き出すことなしに、物質を扱うことはない。ただ、観察を利用するためには、いや、単にその観察を銘記するためにさえ、科学的探求に向かう何らかの精神的傾向をすでに有していなければならない。しかし、それゆえに人々はもはや呪術師ではなく、呪術に背を向けさえする。実際、科学はつねに同じ方向で活動してきたのだから、それを定義するのは簡単である。科学は、予見し行動することを目指して計測し計算する。宇宙が数学的法則によって統制されていることを、科学はまず仮定し、次いで確認する。要するに、科学のいかなる進歩も、普遍的な機械的機構《メカニスム》の認識をより拡大させ、この機構をより豊かに利用することに存している。もっとも、この進歩は、諸事物へのわれわれの行動を指揮するために作られ、ひいては、宇宙の数学的形状を象ったはずの構造を有した知性の努力によって成就される。われわれを取り囲む事物に対して働きかけるほかないとはいえ、また、それが知性の原始的使命であったとはいえ、宇宙の機構はその各部分に現前しているのだから、まさに人間は物質世界全体を潜在的に包括できる知性と共に誕生しなければならなかった。知性について言えることは視覚についても言える。目も同様に、われわれが働きかけることができるものを、われわれに対して顕現することだけのために形成された。しかし、自然は視覚のほどよい水準を、帰結が対象を超えるような装置によってしか獲得することができなかった（われわれは星々に働きかける状態にないが、それらを見ているのだから）のだが、それと同様に自然は、操ることのできる物質を理解する能力に加えて、残余のものの潜在的認識ならびに、それを利用する同じく潜在的な能力をわれわれに与えなければならなかった。たしかにここでは、潜在的なものから現実的なものへの隔たりは大きい。行動の領域においても認識の領域においても、現実のどんな進歩も、一人か複数の優越した人間の辛抱強い努力を要求した。それは毎回一つの創造であった。その形式が素材〔質料〕を超えるような知性をわれわれに授けることで、自然はおそらくこのような創造を可能にしたのだろうが、こう言ってよければ、かかる知性は自然が望んだものを超えて進んだのだ。実際、人間の有機的構造は、人間をより控え目な生へと予定していたように思われる。様々な刷新に対する人間の本能的抵抗がその証拠である。人類の惰性は天才の推進力以外のものには決して譲歩しなかった。要するに、科学は二重の努力を要求する。新しいものを発見するために何人かの人間が行う努力と、採用し適応するために他のすべての人間が行う努力を。こうした発意と従順さがそこに見出されるや否や、その社会は文明化されていると言われうる。もっとも、第二の条件は第一の条件よりも満たすことが困難である。文明化せざる者たちに欠けていたのは、優越した人間ではおそらくなく（自然はどんな時代、どんな場所でもこうした幸福な愉楽を持ったということを否定する根拠はない)、むしろ、このような人間に優越性を示す機会、彼に続こうという他の人々の意向である。社会がすでに文明化の道に入ってからは、安楽さの単なる増大という見通しで、社会の因習に打ち克つには十分だろう。しかし、社会がその道に入るためには、最初の始動が生じるためには、はるかに多くのものがなければならない。敵の部族に新型の武器が現れて生じるような、絶滅の脅威がおそらくなければならない。多少とも「原始的」にとどまった社会は多分隣接する社会を持たざる社会であり、より一般的には、あまりにも生活が楽な社会である。それらの社会は初発の努力を免れていた。そうなると後の祭りである。たとえ社会が望んだとしても、もはや前進することはできなかった。なぜなら、社会はその怠惰の産物に毒されていたからだ。これらの産物こそまさしく呪術の実践であり、とは言わないまでも少なくとも、それらが持つ過剰で侵食的な側面である。なぜなら、呪術は科学の反対物であるからだ。環境の不活性が呪術を増殖させない限りで、それは存在理由を持つ。呪術は一時的に知性の不安を静めるのだが、当の知性はというと、その形式は素材〔質料〕を超え、自分の無知に漠然と気づき、その危険を理解し、また、行動の効果が確実で、差し迫った未来が予見可能であり、したがってすでに科学が存在する非常に小さな円環の周囲に、予見不可能な広大無辺な地帯を見分ける。この地帯が行動する気力を殺ぐこともありうる。だがそれでも、行動しなければならない。そこで呪術が介入するのだが、それは生命の推進力の直接的な効果である。人間が努力によって自分の知識を拡大するにつれて、呪術は後退していくだろう。その時までは、呪術は成功するように見えるので（ある呪術的操作の不成功は、対立する何らかの呪術の成功につねに帰せられうるのだから）、それは科学と同じ精神的効果を生む。とはいえ、呪術はこの点しか科学と共通するものを持たず、呪術は、欲望と意志のあいだに存する隔たりの全幅によって科学と隔てられている。かつて主張されたのとはちがって、呪術は、科学の到来を準備するどころか、方法的な知が戦いを挑まなければならない巨大な障害であった。文明化した人間とは、日常的行動のなかに含まれた、生まれつつある科学が、不断に緊張せる意志のおかげで、生まれつつある科学以外の部分を占めた呪術を淘汰することのできた人間のことである。文明化されざる者とは逆に、努力を軽蔑し、生まれつつある科学の領域のなかにまで呪術が侵入し、それと重なり合い、それを覆い隠すにまかせる者のことで、遂にわれわれは起源的心性にはいかなる真の科学も不在であると信じ込むに至るのだ。しかも、いったん呪術が場所を支配すると、呪術は自分自身を無数に変奏して演じる。呪術による発明は純粋な空想で、ただ同然なのだから、呪術は当然ながら科学より多産である。だから、呪術の治世が先にあって科学の治世がそれに続いたと言うのはやめよう。科学と呪術は等しく自然的なもので、それらはつねに同時に存在していた、そしてまた、われわれの科学は遠い祖先が持っていた科学よりもはるかに巨大なものだが、他方、われわれの祖先は今日の文明化せざる者よりもはるかに呪術に耽溺することが少なかったはずだと言おう。

結局、われわれはわれわれの祖先がそうであったところのものにとどまっている。科学によって抑圧されても、呪術への傾きは存続し、出番を待っている。科学への注意が一瞬でも緩めば、すぐに呪術はわれわれの文明化した社会のなかに侵入する。覚醒時に抑圧されていた欲望が、夢のなかで満たされるために、最も浅い眠りをも利用するのと同様に。

呪術と宗教

さて、呪術と宗教との諸関係についての問いが残されている。明らかに、すべては宗教という措辞の意義に懸っている。哲学者は大抵、常識がすでに一つの語によって指し示している事物を研究する。この事物が漠然と理解されただけで、妥当な仕方で理解されず、切り離すべき他の諸事物と混ぜこぜにされてしまったということもありうる。この事物が実在の総体のなかから言説の便宜のためだけに切り取られ、実際には、独立した研究に応じる一つの事物を構成していないということさえありうる。これこそ、数学と比べ、いや自然諸科学と比べてさえ、哲学が大きく劣っている点である。哲学は、言語によって分割された実在から出発しなければならず、かかる分解は都市国家《シテ》の諸欲求とまったく相関的である。あまりにもしばしば、哲学はこの起源のことを忘れ、つまり、地球の様々な地域の区域を画定し、それらの地域相互の物理的関係を記すために、数々の条約によって確定された境界線に頼る地理学者のように事を運ぶわれわれが試みた研究では、この危険を回避するために、「宗教」（religion）という語から、そしてまた、諸事物のおそらくは人為的な分解のせいでこの語が抱懐するすべてのものから直ちに離れ、語々に対応せる諸概念への実在的なものの配分にかかずらうことなく直接的に観察可能な精神のある機能へと向かった。この機能の働きを分析することで、われわれは宗教という語に与えられた複数の意味を一つずつ再発見した。研究を進めつつ、われわれは、この語義の複数の異なるニュアンスを新たに見出し、おそらく一つか二つの新たなニュアンスをつけ加えるだろう。かくして、今や語のほうが一つの実在に画定していることはまったく明白である。なるほど、実在というものは語の日常的な意義を下方と上方へと若干はみ出すものなのだが、しかし、この場合われわれは、消化のような生理学的機能に有機体の様々な部位で観察された多数の事実を結びつけ、こうして新たな事実を発見しさえする時に起こるように、実在をそれ自体として、その構造と原理において把持するだろう。この観点に身を置くなら、呪術は明らかに宗教の一部である。それはおそらく劣った宗教でしかなく、ここまでわれわれはそのような宗教と係ってきた。だが呪術は、この宗教一般のように、知的存在が冒すある種の危険に対する自然の予防措置を表している。――次に、もう一つ別の道を進み、宗教という語の多様な慣例的意味から出発してそれらを比較し、中間的意義を取り出すことができる。こうして解決されることになるのは、哲学的問題というよりもむしろ語彙上の問いであろう。しかし、自分が行っていることを納得し、語の慣例的意味について合意されるだけで事物の本質が掌握されると思い込んだりしないよう弁えているなら（掌握されると想像するのが哲学者たちの恒常的な錯覚である！）、このことはどうでもよい。そこで、宗教という語のすべての意味を、スペクトルのニュアンスあるいは音階の音符のように階梯に沿って並べてみよう。われわれは、両端から等距離にある中間領域に、祈りによって訴えかける神々の崇拝を見出すだろう。このように考えられた宗教が呪術に対立するものであるのは言うまでもない。呪術は本質的に利己的であるが、宗教は没利害を認めるし、しばしばそれを要求しさえする。一方は自然に同意を強要すると主張し、他方は神の寵愛を請う。とりわけ、呪術は半ば物理的で半ば精神的な環境で実行される。いずれの場合にも、呪術師は人格とは係らない。逆に、神の人格性からこそ宗教はその最大の効果を獲得する。原始的知性は自分の周囲に、また数々の現象と出来事のなかに、完璧な人格というよりもむしろ人格の基礎的要素を認めたと思っているということをわれわれと共に認めるなら、たった今解した意味での宗教は、これらの基礎的要素を強化して遂にはそれらを人格に変え、それに対して呪術は、これらの基礎的要素を物質世界のなかに堕落し、そこに解消されたものと想定する。これらの要素の効力は物質世界に取り込まれているのだ。それゆえ、呪術と宗教は共通の起源から分岐しているのであって、宗教を呪術から出現させることは問題になりえない。つまり、それらは同時に存在するのだ。加えて、これら二つの各々が他方のなかに現れ続け、宗教のなかに呪術の何かが存続し、とりわけ、呪術のなかに宗教の何かが存続することも理解される。知られているように、時折呪術師は、精霊、すなわち、比較的個体化されているが完璧な人格も神々の威厳も有さない存在を介して、呪術を行う。他方で、呪文は同時に命令と祈願の性質を帯びることがありうる。

精霊信仰

長きにわたって、宗教史は精霊信仰を、原初にあって残余のものすべてを説明するものとみなしてきた。われわれ各人は魂を、身体の本質よりも繊細な本質たる魂を持つので、自然においては万物が生気づけられている。漠然と精神的な実体が万物に伴うことになろう。いったん精霊の存在が措定されたならば、人類は信念から崇拝へと移行しただろう。したがって、一つの自然哲学、アニミズムがあって、そこから宗教が出現したということになる。今日ではこの仮説よりも、もう一つの仮説のほうが好まれているように思われる。それによると、「前アニミズム的」(préanimiste) あるいは「初期アニミズム的」(animatiste) 段階で、人類は、宇宙全体へと拡散されているが諸部分に等しく分配されてはいない、ポリネシアの「マナ」のごとき非人称的な力を思い描いていた。つまり、人類はより後になってからでしか精霊には至らなかったことになる。われわれの分析が正確ならば、最初に思いつかれたのは非人称的な力でも、すでに個体化された精霊でもない。あたかも自然が至る所に目を持っていて人間に眼差しを向けているかのように、諸事物と出来事にただ意図を付与していただけなのだ。まさにそこに起源的な意向があるということ、それをわれわれは、突然の衝撃がわれわれ各人の根底でまどろむ原始的人間を覚醒させるときに確認できる。そのときわれわれが感じるのは、ある効験あらたかな現存（*présence efficace*）の感情である。もっとも、かかる現存の本性は重要ではなく、本質的なのはその効験である。人がわれわれのことを配慮する以上、その意図は必ずしも善きものではないかもしれないが、少なくともわれわれは宇宙のなかであってもなくてもよいものではない。これこそ経験が語るところである。しかし、人類が理論的観点から出発したということは、これらの観点がどのようなものであれ、アプリオリにすでにありそうもないことだった。哲学する前に生きなければならないし、まさに生存する必要から、起源的な意向と確信が生まれでたに相違ないと、われわれは繰り返し言うのをやめないだろう。宗教を、諸観念の一体系、一つの論理あるいは一つの「前論理」に結びつけること、それは、最も遠い祖先を知識人、今日のわれわれのうちにより多くいるはずの知識人たらしめることである。なぜなら、われわれは最も見事な理論が情熱と利害を前にぐらつき、結局、思弁しているときにしか重要性を持たないのを目にしているが、それに対して、古代の諸宗教には生のすべてが懸かっていたからだ。本当のところは、宗教は種《エスペス》〔人類〕と広がりを同じくするもので、われわれの構造に由来しているはずなのだ。われわれは宗教をある根源的経験に結びつけたところである。この経験それ自体は、それをなす前にも予感されるものだが、それはともかく、事後的には大いに納得のいくものだ。そのためには、人間を生物の総体のなかに、心理学を生物学のなかに置き直すだけで十分である。人間とは異なる動物のことを実際に考えてみよう。動物は自分に役立つものなら何でも利用する。動物は世界は自分のために作られているとまさに思い込んでいるのだろうか。おそらくそうではない。なぜなら、動物は世界を自分に表象することはないし、それに、思弁しようといういかなる意欲も持たないからだ。そうではあるが、動物は自分の必要を満たしてくれるものしか見ず、そのようなものにしか目を向けないので、また、事物は動物にとって動物がそれを利用できるに応じてしか存在しないので、動物は当然、あたかも自然のなかでは、すべてがその動物の利益のために、その動物が属する種の利害のために結合されているかのように振舞う。これが動物の生きられた確信である。この確信は動物を支え、しかも、その動物の生きる努力と混ざり合っている。次に、反省を出現させてみていただきたい。この確信は消滅し、人間は宇宙の広大無辺さのなかの一点として自分を知覚し、そのようなものとして自分を思考するだろう。もし生きようとする努力が彼の知性のなかに、それも、この知覚とこの思考が占めるであろうまさにその場所に、事物および出来事の人間の側への転向という反対イメージをすぐさま投射しないならば、人間は途方に暮れるだろう。好意的なものにせよ悪意あるものにせよ、自分を取り囲むものの意図が至る所で人間の後を追う。走っている時、月も一緒に走っているかに見えるように。その意図が善きものであるなら、人間はそれを当てにする。もし、その意図が人間に害を与えようとするなら、彼はその効験を回避しようと試みるだろう。どちらにしてもその効験は考慮に入れられるだろう。そこに理論〔観照〕はなく、自由意志に基づくもののためのいかなる余地もない。確信は否応なしに課せられる。なぜなら、それはいかなる哲学的なものも持たず、生命的秩序に属するからだ。

もっとも、確信が二つの分岐する方向へ発展し、一方ではすでに個体化された精霊信仰へ、他方では非人格な本質の観念へと分かれていくとしても、それは理論的な理由のせいではない。理論的な理由は論議を呼び、疑義を認め、行動に対して影響を及ぼしうる教義を生じさせるが、生存の些事のすべてに混じり込んでいるわけではなく、生全体を規制するものとはなりえないだろう。本当のところは、いったん確信が意志のなかで場所を占めれば、意志は開かれているとそれが思う方向へと、あるいは、努力をする最中に抵抗に合うことが最も少ない方向へと確信を推し進めるということだ。意志は意図の現前を感じるとあらゆる手段を用いてそれを利用するだろう。意図をその物理的に効験ある側面で捉え、意図の物質的な側面さえ誇大視し、こうして、力によって意図を制御しようと試みる場合もあれば、意図にその精神的側面から近づき、意図を祈りによって支配するために逆に人格の方向へとそれを推し進める場合もあるだろう。それゆえ、効験ある呪術から、起源的信念の減弱化ないし物質化たるマナのごとき考えが生まれ出たのだ。この同じ信念から逆方向で数々の精霊と神々を引き出したのは、恩恵を得たいという欲求であった。非人格的なものが人格的なものへ発展したのでも、純粋な人格が最初に措定されたわけでもない。知性を照らし出すよりもむしろ意志を下支えするために作られた中間的な何かから、呪術が圧迫する諸力と、祈りがそこへと上昇していく神々とが分離しつつ下方と上方へと生まれ出るのである。

われわれは第一の点〔呪術〕について説明してきた。第二の点〔神々〕を詳しく論じなければならないとすると、われわれにはなすべき膨大なことがあるだろう。神々に向けて宗教が漸次的に上昇するにつれて、神々の人格性はより顕著なものとなり、神々は相互により明確な関係を結び、あるいはまた唯一神へと吸収されていく傾向を有する。このような上昇は、文明へ向かう方位で人類がなした二つの偉大な進歩の第一のものに対応している。かかる上昇は、純粋知性が有限量の考察から微分計算へ移行したときに果たした転回に類似した転回によって、宗教精神が外から内へ、静から動へと転回した日まで続けられた。微分計算へのこの変化はおそらく決定的なものだった。つまり、有機世界のなかに次々と種《エスペス》を生んだ変形のごとき、個人の諸変形が可能になったのだ。進歩はそれ以来、単なる増大ではもはやなく、新たな性質の創造のうちに存しうることになった。停止した地点で、その場で単に生を楽しむ代わりに、今や生命の運動が継続されることになろう。このまったく内的な宗教については、次章で論じることにしたい。その際われわれが見ることになるように、このまったく内的な宗教は、人間が不動のまま自分の活動を凭せかける想像的表象によってではもはやなく、人間を創造的弾み《エラン》のなかに置き直すことでそれが人間に刻印する運動そのものによって人間を支えるのである。われわれはまた、宗教的力動性は、それが表現され、伝播されるために静的宗教を必要とするということも見るだろう。それゆえ、静的宗教が宗教史において第一の場所を占めるということは納得される。繰り返すが、われわれは途方もなく多様なその発現を通して静的宗教を跡づけるには及ばない。かかる宗教について、その主要な諸点を指摘し、その脈絡を記すだけで十分である。

では、諸事物に内属した意図が存在するという考えから出発してみよう。すぐにわれわれは精霊たちを思い描くに至るだろう。精霊とは、例えば水源、河川、泉に集団で生息している曖昧模糊たる実体《アンティテ》である。どの精霊も、それが出現する場所と結びついている。精霊はすでにそれによって本来の意味での神性と区別される。神性はというと、分裂することなく、異なる場所で分有され、同一の類に属するものすべてを支配することができる。それは一つの名前を持ち、自分固有の姿、はっきりと際立った人格性を有しているのだが、それに対して、木や水源の無数の精霊たちは同じ範型の複製であり、せいぜいホラティウスと共に「我ラハタダノ数ニ過ギナイ」(*Nos numerus sumus*) と言えるだけだろう。後に、宗教が神々という偉大な登場人物にまで高まったときには、宗教は精霊をこれらの登場人物に似せて構想することになるかもしれない。精霊たちは低級な神々となり、そうなると、精霊たちは初めからつねにそのような神々であったかに見えるだろう。しかし、精霊が低級な神々になったのは、遡及的な効果によってでしかなかった。ギリシア人たちにおいて、水源の精霊が優雅なニンフとなり、木の精霊がハマドリュアスとなるためには、おそらく長い時間が必要だった。元来、水源の精霊は、人間に恵みを与える限りでの水源そのものでしかなかったはずだ。より正確には、精霊はその恵みを与える作用であり、水源が持つ恒常的な側面であった。ここで、活動とその継続の表象を、抽象的な観念、つまりは知的な努力によって事物から抽出された観念とみなすのは誤りだろう。この表象は諸感官の直接的所与なのだ。まず、われわれの哲学と言語は実体を措定し、そこに属性を配し、そこから諸々の働きを流出物として生じさせる。しかし、いくら繰り返しても足りることはないだろうが、まず作用がわれわれに提供され、その作用が自己充足するということが起こりうる。作用が特に人間の利害関心を引く場合には、とりわけそうである。例えばわれわれに水を注いで飲ませる行為がそうだ。この行為は、まずある事物のなかに、次いである人格のなかに位置づけることもできる。とはいえ、この行為は固有の独立した実在を有しており、この行為が際限なく継続されるなら、その存続そのものが、この行為を、水飲場たる水源を生気づける精霊たらしめるだろうが、他方で、それが果たす機能から引き離された水源は、それだけいっそう完全に単なる事物の状態へと移行するだろう。死者たちの魂がまったく自然な仕方で精霊に合流しに来るということは本当である。身体から離れても、魂は完全には自分の人格を放棄しなかった。精霊と混ざり合いながら、魂は必然的に精霊を自分の色で染め、魂が精霊を色づける際の微妙なニュアンスによって、精霊が人格と化すための準備をする。こうして、相異なるとはいえ収斂する様々な経路を通って、精霊は完璧な人格性へ向けて進んでいく。しかし、精霊が初めに有していた基本形態では、精霊は実に自然な欲求に答えるものなので、あらゆる古代宗教の根底に精霊信仰が見出されるとしても驚いてはならない。われわれは先に、精霊信仰がギリシア人たちにあって果たした役割について話したが、ミケーネ文明から判断しうる限り、精霊信仰は彼らの原始宗教であった後にも民衆宗教として存続した。精霊信仰はローマの宗教の基盤であったが、ギリシアやその他の場所から取り入れられた偉大な神々により広い場所が与えられた後でさえもそうだったのだ。ラール・ファミリアーリスは家の精霊であったが、つねにその重要性を失わないだろう。ギリシア人においても、ローマ人においても、ヘスティアあるいはウェスタと呼ばれた女神はまず、機能という点で、つまりその恵み深い意図という点で考えられた竈の炎でしかなかったはずだ。古代ギリシアとローマを離れ、インド、中国、日本へと移ろう。至るところで、われわれは精霊信仰を再び見つけるだろう。今日でもなお、この信仰が（それに近しい祖先信仰と共に）中国の宗教の本質的な部分を構成しているのは疑いない。精霊信仰は普遍的なので、それは起源的であると簡単に信じ込まれた。精霊信仰が起源からそう遠くにあるわけではないこと、人間の精神は神々の崇拝に至る前に精霊信仰を自然に経由すること、少なくともこの点だけは確認しておこう。

類《ジャンル》として扱われる動物

もっとも、人間の精神は一つの中間的段階にとどまることもできるだろう。われわれは動物信仰のことを言いたいのだが、この信仰は太古の人類においてあまりにも普及していたので、ある人々はこの信仰を人の形をした神々への崇拝よりも自然なものと考えた。人間がすでに自分に似せて神々を思い描くところでさえも、動物崇拝が根強く、なかなか消え去らずに維持されるのをわれわれは見る。このようにして、古代エジプトでは最後まで動物信仰が存続した。動物の形態から出現した神が、動物の形態を完全に放棄するのを拒むこともしばしばである。人間の身体に、この神は動物の頭を据えるだろう。こうしたことはすべて今日ではわれわれを驚かせる。なぜ驚くかというと、何よりも、人間がわれわれの眼に卓越した尊厳を持つものと映じるようになったからだ。われわれは人間を知性によって特徴づけ、知性がわれわれに与えることのできない優越性はなく、それが埋め合わせることのできない劣等性はないことを知っている。知性がまだその真価を発揮していなかったときには、事情はこうではなかった。知性による発明はあまりにも稀だったので、発明するという知性の無際限な力能が姿を現すことはなかった。知性が人間に得させる武器や道具は、動物が自然から受け取った武器や道具には比べ難いものだった。知性の力の秘密たる反省でさえ、弱さの印象を与えかねなかった。なぜなら、反省は不決断の源泉であり、それに対して、動物の反応は、それが真に本能的であるとき、即時的で確実であるからだ。話すことができないという無能力でさえ、動物を神秘で包み込むことで動物に有利に働いた。それに、沈黙は人間への軽蔑ともみなされうる。あたかも、動物にはわれわれと会話するよりも他に重要なことがあるかのように。これらのことはすべて、人類が動物信仰を嫌悪しなかったことを説明してくれる。しかし、なぜ人類はこの信仰に至ったのか。お気づきのように、動物が崇められたのは、それが持つ一つの特性のためである。古代エジプトにおいて、雄牛は戦いの力強さを象徴し、雌獅子は破壊であり、禿鷲は熱心に雛の世話をするので母性であった。しかるに、人間が精霊を信じることから出発していたならば、われわれは動物が信仰の対象となった理由は絶対に分からないだろう。それに対して、人々がまず最初に向かったのが数々の存在ではなく、恵みをもたらすものにせよ有害なものにせよ、永続的とみなされた数々の作用であったならば、作用を手に入れた後でそれらの諸性質をも我が物にしようと欲したのは自然のなりゆきである。これらの性質は動物にあっては純粋な状態で現前しているように見えた。動物の活動は単純で一徹であり、見たところただ一つの方向へ向けられている。したがって、動物の崇拝は原始宗教ではなかったが、原始宗教の終わりに、人は精霊信仰と動物信仰のいずれかを選択することができたのだ。

トーテミズム

動物の本性がただ一つの性質に集約されるように見えるのと同時に、まるでその個性は一つの類《ジャンル》に溶け込むかのようなのだ。一人の人間を再認することは、彼を他の人間たちから区別することにある。それに対して、一匹の動物を再認することは通常はその動物が属する種を理解することである。このようなものが一方と他方の事例でのわれわれの関心である。その結果、前者の場合にはわれわれの知覚は個体的諸特徴を捉えるが、後者の場合にはわれわれの知覚はその特徴をほとんどつねに見落とすことになる。したがって、動物がいかに具体的で個体的であるとしても、それは本質的に一つの性質として、同じく本質的に一つの類として現れる。これら二つの側面のうち、先に見てきたように、前者は動物信仰の大部分を説明する。われわれの考えでは、後者は、トーテミズムという特異な事象をある程度理解させてくれるだろう。ここでトーテミズムを研究する必要はないが、一言述べないわけにはいかない。なぜなら、トーテミズムが動物崇拝に属さないとしても、それはやはり、宗教と類似しないわけではない敬意を以って、動物の一種、あるいは植物の一種とさえ接すること、時には単なる無生物と接することを含意しているからだ。最もよく見かける例を取り上げよう。例えば、ねずみやカンガルーのような動物が、一氏族全体の「トーテム」、すなわち守護者の役を果たす場合である。何よりも注意を引くのは、氏族の成員がその動物と一体であると宣言していることである。彼らはねずみであり、彼らはカンガルーであるのだ。たしかに、どのような意味で彼らがそう言っているのか知るという問題が残る。「原始人」に固有で、矛盾律から解放された特別な論理様式がその理由であると結論するのは拙速であろう。動詞のである（être）は、どれほどわれわれが文明化していても定義するのが困難な意義を有している。原始人が個々の場合に、であるに類似した語に与える意味を、たとえ彼が様々な説明をしてくれるとしても、どのように再構成しろというのか。原始人が哲学者である場合を除くと、彼らの説明は正確さをまったく持たないだろうし、その説明を理解するためには、原始人の言語の繊細な部分を余すところなく知っていなければなるまい。われらが最も偉大なモラリストの一人〔パスカルのこと〕が「人間は考える葦である」と述べたことを原始人が知っているとして、その場合に、原始人のほうがわれわれに、われわれの観察および推理能力に、われわれの良識について下すであろう判断のことを想像してみよう。原始人にとって、われわれはトーテムと会話を交わしているのだろうか。われわれはトーテムを人間として扱っているのだろうか。ところで、われわれはつねに次の点に立ち戻る。原始人の精神、更には文明人の精神のなかでも生じることを知るためには、彼が行うことを、少なくとも彼が言うことと同程度に考慮しなければならない。次に、原始人は自分のトーテムと自分を同一視していないとするならば、彼は単にトーテムを標章《アンブレム》とみなしているのだろうか。それは逆方向へと度を越して進むことだろう。たとえトーテミズムが、デュルケームの望むように文明化せざる者の政治組織の土台にあるわけではないとしても、それは彼らの生活のなかであまりにも大きな場所を占めているので、氏族《クラン》を指し示す単なる手段をそこに見るわけにはいかない。真実は、これら二つの極端な解答のあいだの中間的なものであるはずだ。われわれの原理によって導かれうるだろう解釈を、あくまで仮説として挙げておこう。一つの氏族がこれこれしかじかの動物であると言われること、そこから引き出されるべきものは何もない。しかるに、同一部族《トリビュ》に含まれた二つの氏族が必ず二つの異なる動物でなければならないこと、これははるかに多くの教示を含んでいる。そこで実際、これら二つの氏族が、生物学的な意味で二つの種《エスペス》を構成しているのを表示しようとしていると仮定してみよう。科学と哲学が言語にまだ浸透していないところで、彼らはどのように振舞うのだろうか。一体の動物の個体的諸特徴は注意を引かず、その動物は先述したように類《ジャンル》として知覚されている。そこで、二つの氏族が二つの異なる種を構成するのを表現するために、二つの氏族の片方にある動物の名、もう一方の氏族に別の動物の名が与えられるだろう。これらの名の各々は、別々に考えられれば、一つの呼称でしかなかった。が、二つが一緒になると、これらの名は一つの主張に等しい。実際、それらは二つの氏族が異なる血統に属するということを表示しているのだ。なぜ、二つの名称はそのようなことを言うのか。確言されているように、トーテミズムが地球上の様々な点に、互いに交流できなかった数々の社会のなかに見出されるなら、トーテミズムはこれらの社会に共通の必要、生死に係る要求に応じているはずだ。事実としてわれわれは、一部族が分割されて構成される諸氏族は、しばしば族外婚を行うことを知っている。言い換えると、結婚は異なる氏族に属する成員の間で行われ、一つの氏族の内部では行われない。そこにこそ一つの一般法則があり、トーテミズムはつねに族外婚を伴うと、長きにわたって信じ込まれてさえいた。最初はそうだったが、族外婚は多くの場合途中で消滅したと仮定してみよう。そうすればよく分かるように、一部族の成員が互いに規則的に結婚し、この閉じた社会のなかで婚姻が遂には近親者の間で結ばれるのを妨げようとすることに自然の関心事はある。さもなければ、人種《ラース》はたちどころに退化していくだろう。ある本能——有用であるのをやめるやこの本能はそれとはまったく異なる諸習慣によって覆われてしまう——がかくして、部族を複数の氏族に、その内部では結婚が禁じられているところの複数の氏族に分断するよう仕向けるだろう。加えて、この本能は、すでに互いに親族であると氏族の成員に感じさせることで、また、相異なる氏族間では逆に人々が可能な限り互いを余所者と思うようにさせることで、その目的に到達する。なぜなら、その手口（*modus operandi*）——それは今日のわれわれにおいても観察されうる――は、生活を共に営んでいるか互いに親族関係にある男女間で性的魅力を減少させることにあるからだ。[14]では、相異なる二つの氏族の成員はいかにして、同じ血統に属さないことを自分自身に納得させ、いかにしてそれを表現するのだろうか。彼らは、自分たちは同じ種には属さないと言うことに慣れるだろう。だから、彼らが二つの動物種を構成すると宣言するとき、彼らが強調しているのは動物性ではなく二元性なのである。少なくとも起源においては事情はこうであったに相違ない。[15]ただし、ここでわれわれは、純粋に可能的なものの領域とは言わないまでも、単に蓋然的なものの領域にいることを認めよう。われわれはただ単に、喧々諤々《けんけんがくがく》の議論を招来した問題に対して、通常われわれに最も確実であると思われる方法を試してみたかっただけである。生物学的必然性から出発することで、われわれはそれに対応する欲求を生物のなかに探す。この欲求が現実に働く本能を創造しないとしても、それは、潜在的な本能もしくは隠れた本能と呼びうるものを媒介して、想像的な表象を引き起こし、この表象は、本能がそうしたであろうように行動を決定する。トーテミズムの土台にはこのような表象があるのだろう。

神々への信仰

この対象はもっと論じるに値するものだと言われる向きもきっとあるだろうが、挿話はこれくらいにして本題に戻ろう。われわれは精霊を問題にしていた。われわれが思うに、宗教の本質そのものまで入り込み、人類の歴史を理解するためには、ここまで問題としてきた静的かつ外的な宗教から、次章で取り扱う予定の動的かつ内的な宗教へと直ちに移行しなければならない。前者の宗教は、知性が人間に冒させることのありうる数々の危険を除去することに充てられており、それは知性以下のものであった。この宗教は自然的なものであったとつけ加えておこう。なぜなら、人間種は生命進化の一定の段階を記しており、あるときそこで前進運動は停止し、そのとき人間は、結局は知性を、この知性が示すことのできた危険を、この危険の回避を任とした作話機能を、呪術と初歩的アニミズムを伴って総体的に措定されたからだ。これらはすべて一緒に現れ、個人と社会の必要に正確に応えていた。個人と社会の野心は制限されており、それは自然が欲したものだった。後に、果たされないこともありえたかもしれない努力によって、人間はその場での旋回から離脱した。人間は改めて進化の流れのなかに、この流れを延長しながら入り込んだ。それが動的宗教であったのだが、この宗教はおそらくより高度な知性と結ばれてはいるとはいえ、この知性とは別物である。宗教の第一の形態は知性以下のものであった。われわれはその理由を知っている。第二の形態は、われわれが後に示す数々の理由によって、知性以上のものであった。これら二つの形態を最もよく理解するには、直ちに両者を突き合わせてみればいい。実際、本質的で純粋なのは両極にある宗教だけである。中間的な諸形態は古代文明において発展したが、これらの中間的な形態が、宗教は一方の極からもう一方の極へと漸進的改善によって移行したと思い込ませるなら、それらは宗教哲学を誤りに導くだけだろう。けだし自然的な誤りであって、この誤りは、静的宗教が部分的に動的宗教のなかで生き続けたという事実によって説明される。しかし、これらの中間的形態は人類史の既知の部分で非常に大きな場所を占めてきたので、われわれはそれについて詳しく論じなければならない。われわれとしては、そこに絶対的に新しいもの、動的宗教に比すべきものは何も見ない。初歩的なアニミズムと呪術という二重の主題の数々の変奏以外のものは見ないのだ。それに、精霊信仰はつねに民衆宗教の根底であり続けた。しかし、民衆宗教を作り上げた作話能力から、後の展開によって神話が生じ、その周囲に文学、芸術、制度、最後には古代文明の本質的なもの全体が育った。そこで、われわれは神話について論じることにするが、その出発点となったものを、また、現在もなお神話を通して透けて見えるものを決して見失わないようにしよう。

精霊たちから神々への移り行きは感知できないかもしれないが、それでも差異は顕著である。神は一個の人格である。彼は数々の長所、数々の短所、その性格を有している。彼は名を持っている。彼は他の神々と一定の関係を保っている。神は数々の重要な務めを果たすが、神は単独でそれらを果たす。逆に精霊はというと、無数の相異なる精霊がいて、一国の地表に分散し同じ一つの仕事をなしている。それらの精霊は一つの普通名詞（共通の名称〕によって指し示され、この名詞は場合によっては単数形を持たないことさえありうる。死霊（mânes）と家神（pénates）の例だけにとどめるが、これらは複数形しか見つからないラテン語の単語である。もし真に起源的な宗教的表象が「効験あらたかな現存」の表象であるなら、またそれがある存在や事物というよりはむしろある働きの表象であるなら、精霊信仰は宗教の起源の非常に近くに位置づけられる。神々が姿を現すのはより後になってでしかなく、このとき、精霊たちがかつて有していた純然な実体性は、いずれかの精霊にあって、人格性にまで高められるのだ。ただ、これらの神々は精霊に重ね合わされるとはいえ、それらに取って代わることはない。精霊信仰は先に言ったように民衆宗教の根底としてとどまる。それでもやはり、国民《ナシオン》のなかでも啓蒙された人々は神々のほうを好むだろうし、多神教への歩みは文明への進歩であると言うことができる。

この歩みに一つのリズムや一つの法則を探し求めても無駄である。これは気まぐれそのものである。精霊の群れから局地的な一つの神性が出現するのが見られるだろう。この神性は最初は控えめであるが、都市国家《シテ》と共に成長して最終的に国民全体に受け入れられるだろう。けれども、このような進化とは別の進化も同様に可能である。もっとも、この進化が決定的な状態に到達することは稀である。神がどんなに高等なものになろうとも、この神の神性は不変性をいささかも含まない。まさに逆に、古代の諸宗教の中心となった神々こそが最も変化したのであり、異なる神々を吸収することによって自身を新たな属性で豊かにし、己が実体を膨らませたのだ。かくしてエジプト人にあっては、太陽神ラーは、まず至上の崇拝の対象であったが、他の数々の神性を自分に引き寄せ、それらを同化するか、あるいはそれらと一体化するかして、テーベの重要な神アモンと合体し、アモン・ラーを形成した。同様にバビロンの神であるマルドゥークは、ニップルの偉大な神であるベルの諸属性を我が物にしている。同様にアッシリアの神々は強力な女神イシュタルへと溶け込んでいく。しかし、ギリシアの至高神たるゼウスの進化より以上に豊かなものは何もない。おそらく最初は、山々の頂で崇拝され、雲、雨、雷を自由に操る神であったのだろうが、その後ゼウスは、こう言ってよければその気象的機能に、次第に複雑さを増していくような社会的権限をつけ加えた。最終的に、彼は家族から国家まであらゆる集合体を取り仕切る神となった。ゼウスの活動の全方向を記すためには、ゼウスという名前に、このうえもなく多様な付加形容詞を並置しなければならなかった。例えば、歓待の義務を果たしているかどうか監視するときにはクセニオス（Xenios）、誓約に立ち会うときにはホルキオス（Horkios）、嘆願者を庇護するときにはヒケシオス（Hikesios）、結婚のための加護を求めるときにはゲネトリオス（Genethlios）、といったように。進化は一般に緩慢で自然的なものであるが、神の崇拝者たちの前で迅速に人為的に果たされることも同様に可能である。オリンポス山の神々はホメロスの詩編にまで遡る。これらの詩編は神々を創造したわけではおそらくないが、この神々にわれわれが現在認める形態と権限を与え、これらの形態と権限は、複雑化によってよりもむしろ今度は単純化によって、神々を相互に連携させ、ゼウスの周りに集結させた。ギリシア人たちは神々が誕生したその情勢と日付を知っていたけれども、それでも神々を受け入れた。ただ、詩の天才はまったく必要ではなかった。君主の命令だけで、神々を作ったり解体するには十分でありえたのだ。このような介入の細部に立ち入ることなしに、あらゆる介入のなかでも最も徹底的な介入、イクナートンの名前をまとったファラオの介入を呼び起こすだけにしよう。ファラオはエジプトの神々を、そのなかのただ一つの神を除いて排除し、彼が死ぬまでの間は、一種の一神教を民衆に受け入れさせるのに成功した。しかも、ファラオたち自身が神性に与るものであることは知られている。最も古の時代から、彼らは「ラーの後裔」と名乗っていた。そして、君主を神として扱うエジプトの伝統は、プトレマイオス朝でも続けられた。この伝統はエジプトに限定されたものではなかった。われわれはこの伝統にシリアでもセレウコス朝の下で出会うだろうし、また、中国と日本でも出会うだろうが、日本では、天皇は存命中神と等しい尊敬を受け、崩御した後に神となる。最後に、この伝統はローマにも見出されるだろう。ローマでは、元老院がユリウス・カエサルを神格化し、その後、アウグストゥス、クラウディウス、ウェスパシアヌス、ティトゥス、ネルウァ、最終的には全皇帝が神々の列に移ることとなった。主権者崇拝はどこでも同じ熱心さで実践されるわけではおそらくない。例えば、ローマ皇帝の神性はファラオの神性とおよそかけ離れている。ファラオの神性は原始社会の長が持つ神性と近親関係にあり、おそらく、主権者が有しているだろう特殊な流体あるいは呪術的な力の観念と結びついているが、それに対して、ローマ皇帝の神性は単なる追従によってカエサルに授けられ、アウグストゥスによって支配ノ道具(*instrumentum regni*)として利用された。とはいえ、皇帝崇拝に混ざり込んだ半ば懐疑的な態度は、ローマにおいて、教養ある人々だけの独占物にとどまった。それは大衆へは広がらなかったし、地方に及ぶことは間違いなくなかった。ということはつまり、古代の神々は人間たちとその時の情勢次第で誕生し、消滅し、変形することができたのであり、また、異教の信仰は果てしない自己満足に属しているということである。

神話的空想

まさに、人間たちの気まぐれと情勢の偶然が古代の神々の発生に大きく関与したという理由で、これらの神は厳密な分類には適していない。せいぜい、神話的空想の若干の幹線を解明することができるだけである。それでもやはり、どの幹線も規則的に辿られたというにほど遠い。大抵は神々は利用されるために生み出されていたので、一般に神々にある機能が割り当てられ、多くの場合、機能の観念が最重要なものであったのは当然である。これがローマで起こったことである。神々の専門化がローマの宗教の特徴であると言うことができた。この宗教は種撒きのためにはサトゥルヌス、果樹の開花のためにはフローラ、果物の熟成のためにはポモナを持った。この宗教はヤヌスには門の守護、ウェスタには竈の守護を指定した。それは同一の神に相似た複数の機能を割り当てるよりもむしろ、複数の異なる神々を措定することをより好んだ。そのせいで、これらの神に、異なる形容詞を伴う同一の名前を与えることになるのも辞さずに。かつては、ウェヌス・ウィクトリクス(Venus Victrix)、ウェヌス・フェリクス(Venus Felix)、ウェヌス・ゲネトリクス(Venus Genetrix)という神がいたのである。ユピテル(Jupiter)自身、フルグル(Fulgur)であり、フェレトリウス(Feretrius)であり、スタトル(Stator)であり、ウィクトル(Victor)であり、オプティムス・マキシムス(Optimus maximus)であったのだが、これらはある程度までは互いに別々の神々であった。これらの神は、雨や晴れをもたらすユピテルと、戦時にも平時にも国家を保護するユピテルとの間に並んでいる。しかし、同じ傾向が至るところに異なる程度で見出される。大地を耕作し始めて以来、人間は、収穫に関心を寄せ、熱を放散し、季節の規則性を確保する神々を有している。農業に係るこれらの機能は、幾たりかの最古の神々を特徴づけていたに相違ない。もっとも、これらの機能は、神の進化が神を、長い歴史を充塡された複雑な人格たらしめたとき、それとして見失われてしまったのだが。かくして、エジプトの万神殿でも最も豊かな存在たるオシリスは、まずもって植生の神であったように思われる。これはギリシア人たちのアドニスに始原的に当てられた機能であった。また、これはバビロニアではニサバに割り当てられた機能であり、ニサバは〈知識〉の女神になる前に穀物を司った。インドにおける神々の第一の序列には、インドラとアグニが姿を現す。インドラには土地を肥沃にする雨と雷を、アグニには火と竈の保護を負っている。ここでもまた、機能の多様性は性格の差異を伴っていて、インドラはその力、アグニはその知恵によってそれと識別される。しかも、最も高等な機能はヴァルナのそれであり、この神は普遍的な秩序をつかさどる。われわれは、日本の神道のなかにも、大地の女神、収穫の女神、山々や木々などに留意する女神を見出す。しかし、この種の神性のなかで、ギリシア人たちのデメテルよりも明白で十全な人格を有したものは皆無だが、この神性もまた土と収穫の女神であり、加えて、死者を引き受け、死者に住処を与え、他方では、テスモフォロスという名で、家族生活及び社会生活を支配している。以上が、神々を創造する空想の最も顕著な傾向なのである。

しかし、空想は神々に諸機能を割り振りながら、ごく自然に領土的形態をまとう主権性をも割り当てる。神々は宇宙を分け合っているとみなされる。ベーダの詩人たちによれば、神々の影響が及ぶ多様な圏域は、天と地とその間の大気である。バビロニアの宇宙論では、天はアヌの領域であり、地はベルの領域である。そして、海底の奥深くにはエアが住んでいる。ギリシア人たちは、天と地の神であるゼウス、海の神であるポセイドン、冥界の主たるハデスのあいだで世界を分かつ。これらは、自然そのものによって境界画定された領域である。ところで、星々の輪郭も以上の三領域と同じく鮮明である。星々はそれらの運動によってと同じくそれらの形態によっても個体化されていて、運動は星々に依存しているように思われる。星々のなかには、この世に生命を惜しみなく授けてくれるものがあるけれども、それ以外の星々も、たとえそれと同じ力能を持たないとしても、同じ本性を有しているはずだ。したがって、星々もまた神々になるのに必要なものを持っている。星々の神性への信仰が最も体系的な形態を取るのはアッシリアにおいてである。しかし、太陽崇拝、そしてまた天の崇拝もまた、世界のほぼどこにでも見出される。日本の神道では、太陽の女神が月の神と星々の神を配下に置くことで主権者へと高められ、エジプトの原始宗教では、月と天が神々とみなされ、それらを支配する太陽の脇に置かれている。ベーダの宗教では、ミトラ（この神は太陽神であるイランのミトラと同一である）が太陽あるいは光の神にふさわしい属性を示している。古代中国の宗教では、太陽が人格神である。最後に、まさにギリシア人にあっても、その最も古い神々の一つはヘリオス（Helios）（ギリシア語で太陽の意味）である。インド＝ゲルマン語族の人々においては総じて、天が格別な信仰の対象であった。モンゴル人たちの天の神が中国では神々の王であるのと同じように、天が神々の王であるのはギリシアとローマだけであるとはいえ、天は、ディオス、ゼウス、ユピテル、ジウ（Ziu）という名のもと、ベーダのインド人、ギリシア人、ローマ人、チュートン人に共通した神である。ここで特に確認されるのは、最初はまったく物質的な機能を担っていた最古の神々が、年齢を重ねるにつれて、精神的・道徳的な属性で豊かになっていく傾向である。南バビロニア王国では、万物を見る太陽が法と正義の守護者と化し、「審判者」の資格を受け取る。インドのミトラは真理と法の擁護者であり、正当な立場〔理由・大義〕に勝利を与える。そしてエジプトのオシリスは、植生の神であった後に太陽神と一体化したが、最終的には公平で慈悲深い偉大な審判者となり、死者たちの国を統治した。

以上の神々はすべて事物と結びついている。しかし、人々や集団との関係によって規定される神々——大抵は、事物と結びついた神々が異なる視点から見られただけで実は同じ神々なのだが——もいる。では、一人個人に固有の守護霊や霊を神とみなすことができるだろうか。ローマ人のゲニウス（*genius*）〔守護霊〕はヌーメン（*numen*）〔霊、霊力〕ではあったが、デウス（*deus*）〔神〕ではなかった。それは姿形も名前も持たなかった。それは、神性における最も原始的で本質的なものとして先にわれわれが看取した「効験あらたかな現存」へと還元される寸前の状態にあった。家庭を見守るラール・ファミリアーリスとて、人格という点ではほとんどそれらと変わりなかった。だが、集合体が大きくなればなるほど、それは一人の真の神を持つ権利を得る。例えばエジプトでは、原始的な都市国家《シテ》の各々が神的守護者を有していた。これらの神々は、まさにある特定の共同体との関係によって互いに区別された。「エドフのそれ」、「ネケブのそれ」と言うだけで、それらの神を指し示すには十分だった。しかし、最も多くの場合、それらは集団に先立って存在していた神々であり、この神々を集団が取り入れたのである。エジプトでも、テーベの神たるアモン・ラーにこのようなことが起こった。また、バビロニアにおいても事情は同じであり、ここでは、都市ウルが女神として月を持ち、都市ウルクが女神として金星を持っていた。ギリシアにおいても同様で、デメテルはとりわけエレウシスをわが家のように感じ、アテナはアクロポリスで、アルテミスはアルカディアでそのように感じた。また、守護する者と守護される者はしばしば結託していて、都市国家《シテ》の神々は都市拡張の恩恵を受けた。戦争は競合する神々の戦いになった。もっとも、この関係は和解が可能なもので、その場合、屈服させられた市民の神々は戦勝者の万神殿《パンテオン》へ合祀された。しかし、本当のところはどうかというと、一方では都市国家《シテ》や帝国、他方ではその庇護者である神々がこぞって形成する連合《コンソーシアム》は漠然としたもので、その性格は際限なく変化したに違いなかった。

作話機能と文学

とはいえ、われわれがこのように神話《ファブル》の神々を定義し分類するのは、便宜上のことでしかない。いかなる法則も神々の誕生を支配しなかったし、神々の発展に関しても同様であって、ここで人類はその作話本能を自由に働くがままにしたのだ。この本能はただ放っておかれるとおそらくさほど遠くまで行くことはないが、人々が楽しんでそれを働かせようとするならば際限なく進展する。この点に関して、相異なる民族が持つ神話間の差異は大きい。代表的な古代はわれわれにかかる対立の一例を与えてくれる。ローマの神話は貧相だが、ギリシア人の神話は過剰なのである。古代ローマの神々は、授けられた機能と合致し、いわばそこで不動化している。この神々が、身体、想像可能な形姿という意味での身体を持つことはほとんどない。それらは神であるとはほとんど言えない存在なのだ。逆に、古代ギリシアの神々はどれも、自分の容貌、性格、経歴を有している。この種の神はあちこち動き回り、自分の諸機能の行使以外の活動もする。この神の冒険が語られ、われわれ人間の事象への神々の介入が描かれる。この神は芸術家と詩人のありとあらゆる空想に委ねられる。より精確には、この神が人間たちの力を超えた力能と、少なくとも若干の場合に、自然法則の規則性を破る特権とを持っていなかったならば、それはまさに小説の登場人物であろう。要するに、第一の例〔ローマの神話〕では精神の作話機能は停止したが、第二の例〔ギリシアの神々〕ではその働きは続行した。しかし、それはつねに同一の機能なのである。作話機能は必要とあらば中断された働きを継続するだろう。このようなものが、文学、より一般的にはギリシア思想のローマへの導入の帰結だった。いかにしてローマ人たちはローマの幾たりかの神々をヘラスの神々と同一視し、その際、自分の神々によりはっきりした人格を授け、停止から運動へと移行させたかは周知の通りである。

このような作話機能について、この機能を想像力の変種とするならば、それをうまく定義することができないだろうとわれわれは先に言った。この想像力という語はむしろ否定的で消極的な意味を有している。知覚でも想起でもない具体的な諸表象が想像的と呼ばれている。これらの表象は現前する対象も過去の事物も描かないということで、それらはすべて常識によって同じ仕方で思い描かれ、日常的言語における一つの語によって指示される。しかし、だからといって、心理学者はこれらの表象を同じカテゴリーへとまとめてはならないし、それらを同一の機能に結びつけてはならないだろう。そこで、言葉でしかない想像力というものは脇に置いて、しっかりと定義された精神の能力、すなわち、数々の人物を創造する能力を考察しよう。これらの人物について、われわれは彼らの物語を自分自身に物語る。この能力は小説家と劇作家において特別に強い生気を得る。彼らのうちには、自分の主人公にまさに取り憑かれた者がおり、この場合、彼らがその主人公を導くというよりはむしろ、彼らのほうが主人公に導かれている。彼らは、劇作品もしくは小説を完成したときに、その主人公から自由になるのに苦労しさえする。このような作家は必ずしも最も高い価値を持つ作品を書いた作家であるわけではない。しかし彼らは、意志的な幻覚の特別な能力が、少なくともわれわれのうちの若干の者に存在していることを、他の人々よりもはっきりと悟らせてくれる。真実を言えば、誰のところにもこの能力はある程度見出される。この能力は子供にあってはつねに活発である。子供たちのうちある者は、想像上の人物と日常的な交流を続け、あなたがたにこの人物の名前を教え、また、一日の些細な出来事の各々についてその人物が持った印象を知らせるだろう。しかし、虚構の存在を自分で創造することこそないが、数々の現実に対してと同じく、数々の虚構に関心を持つ人々においても、同じ能力が作動している。劇場で涙を流す観客を見ること以上に驚くべきことがあるだろうか。劇作品は役者によって演じられており、舞台には生身の人間がいるではないか、と言われるかもしれない。そうかもしれない。だが、われわれが読む小説によっても、劇とほぼ同じくらい強くわれわれは「心を摑まれる」ことがありうるし、また、劇と同じくらい、人々がわれわれに語る人物に共感することがありうる。どうして心理学者たちは、このような能力が持つ神秘的な部分に驚愕しなかったのか。われわれは自分が持つどんな能力の内部機構も知らないという点で、あらゆる能力は神秘的である、との答えが返ってくるかもしれない。その通りである。けれども、ここで機械的再構成は論外であるとしても、われわれには心理学的な説明を求める権利がある。そして、心理学における説明は、生物学における説明と同じものである。つまり、一つの機能の存在が説明されたと言えるのは、どのように、また、なぜその機能が生命に必要なのかが示された時なのである。ところで、小説家と劇作家の存在は必要不可欠なわけではおよそないし、作話能力も総じて生の要求に応えているのではない。しかし、ある一点において、ある特定の対象のために用いられた場合、この機能は社会と同様に個体の実在にも不可欠であると想定してみよう。そうすれば、作話機能はまずもって、この機能を必要とするこの仕事のためのものであって、次いで、この機能は消えてなくなることがない以上、今度はただ戯れに利用されるということが、造作もなく認められるだろう。事実からして、われわれは今日の小説から多少とも昔の童話へ、伝説へ、民間伝承へと、更に、民間伝承から神話へと造作もなく移行するが、神話は他のものと同じでないとはいえ、それらと同じ仕方で構成されたものである。神話は神話で、もっぱら神々の人格を物語として展開するもので、この最後の創造は、より単純な別の創造の延長、つまり、われわれが宗教の起源にあると思っている「半人格的な力」もしくは「効験あらたかな現存」の創造の延長でしかない。ここでわれわれは、生命の根源的な要求として先に示したものに触れている。つまり、この要求が作話能力を出現させたのだ。かくして作話機能は人間種の生存条件から演繹されるものとなる。すでに長々と説明したことに戻ることはせずに、生命の領域では、無限の複雑さとして分析に現れるものが、直観には単純な活動として与えられるという点を思い起こしておこう。活動は実行されないこともありえた。だが、その活動が実行されたのは、それが一気にすべての障害を突破したからである。これらの障害は、その各々が他の障害を出現させて無際限な多数性を構成するのだが、われわれの分析に対して現れるのはまさしく、これらすべての障害の相次ぐ除去なのである。障害の除去の各々を、それに先立って行われた除去によって順番に説明しようと欲するならば、道を誤ることになろう。すべての除去は唯一の作用によって説明され、この唯一の作用が単純さとしての活動そのものなのである。われわれの知覚はゼノンの推理に助けられて、無数の障害を、矢の軌道上に相継起する点の不動性として把握したつもりでいるが、かくして矢の不分割の運動は、この無数の障害を一回で乗り越えてしまうのだ。これと同じ仕方で、視覚の不分割の活動は、それがうまく行くというだけで、無数の障害を一気に回避する。それに対して、回避された障害はというと、目を構成する細胞の多数性、視覚器官の複雑さ、最後には、視覚作用の基本機構という様態で、われわれの知覚と科学に対して現れる。同様に、人間種というものを、つまり、進化しつつある生命を個人的かつ社会的な人間に至らせた突然の飛躍を想定していただきたい。それと同時に、あなたがたには製作的知性が与えられ、続いて、ある努力が与えられる。この努力は元来単純な製作作業を目的とするものであったが、その弾み《エラン》によってやがてこの目的を超えて継続され、こうして、危険を生み出すことになる。人間種が実在するのは、製作的知性、知性の継続される努力、努力の継続が生み出す危険をもって人間を措定したのと同じ活動が、作話機能を引き起こしたからである。だから、作話機能は自然によって望まれたのではないが、やはり自然的に説明される。実際、われわれがこの機能を他のあらゆる心理機能と一つにするならば、心理機能の総体は、生命が停止していた段階から人間へと飛躍した分割不可能な活動を、多様性という形式のもとに表現していることが分かる。

しかし、この作話能力が宗教の領域で働くとき、なぜ、この能力は例外的な力でその創作物を押しつけるのかという点をより仔細に見てみよう。宗教の領域にあって、作話能力が本来いるべき場所にいることはまったく疑いない。それは精霊と神々を製作するために作られたのだから。しかし、作話能力は他所でもその作話の作業を続けるのだから、なぜこの能力は、そこでもなお同じ仕方で働きつつも、宗教の領域でと同じ信用を獲得しないのかと問う必要がある。それには二つの理由が見出されるだろう。

第一の理由は、宗教に関しては、各人の帰依が全員の帰依によって強化されることである。演劇の場合でもすでに、劇作家の暗示に対する鑑賞者の従順さは、そこに現存する社会の注意と関心によって格別に増大される。ただしこの場合、社会と言っても、劇場とちょうど同じ規模で、また、劇作品とちょうど同じだけ持続する社会のことなのだが。個人の持つ信念が民族《プープル》全体によって支持され承認されるならば、そして、その信念が現在と同様に過去にも支持を得るならば、どうであろうか。神が詩人たちによって詠われ、神殿に宿り、芸術によって表現されるならば、どうであろうか。実験科学がしっかりと確立されない限り、普遍的な同意よりも確実に真理を保証するものは存在しないだろう。ほとんどつねに、真理とはこの同意そのものであろう。序でに言えば、これこそまさに不寛容というものの存在理由の一つである。共通の信念を受け入れない者は、彼がそれを否定している間、この信念が全面的に真であることを妨げる。真理がその完全性を回復するのは、彼が前言を撤回するか、消えていなくなる場合のみであろう。

宗教上の信念は、多神教においてさえ個人的なものではありえなかった、とわれわれは言いたいのではない。各々のローマ人は自分の人格に結びついたゲニウスを持っていたが、彼が自分の霊をかくも固く信じていたのは、他のローマ人が自分の霊を持っていたからでしかなく、また、この点で個人的なものたる彼の信仰が、万人に普及した信仰によって彼に保証されていたからでしかない。しかし、われわれはまた、宗教はかつて、本質的に個人的というよりも社会的なものであったと言いたいのでもない。われわれがはっきり看取したのは、作話機能は個人に生得的なものだが、社会を強化することを第一の目的としているということだ。しかし、この機能は等しく個人そのものを支えることにも向けられており、しかも、そこに社会の利害関心があることをわれわれは知っている。真実を言えば、個人と社会は相互に含み含まれる関係にある。つまり、諸個人は集合して社会を構成し、社会は各人のなかに前もって描かれることによって、個人の一つの側面全体を決定するのだ。したがって、個人と社会は円環を描いて互いに相手の条件として決定し合う。この円環は自然によって望まれたものだが、人間が人間的本性をその場で旋回するがままにしておく代わりに、人間的本性を前へと押し出しながら創造的な弾《エラン》みのなかに身を置き直すことができた日に、その円環は人間によって断たれたのである。まさにこの日に、本質的に個人的なものだが、個人的であることで間違いなくより社会的なものと化した宗教が生まれたのである。もっとも、この点には後で立ち戻ることにしたい。今はただ、宗教に関しては、個人の信念によって社会にもたらされた保証だけですでに、作話能力の創作物を比類なきものとするのに十分であるとだけ言っておこう。

どのような意味で神々は存在したか

しかし、もう一つのことを更に考慮しなければならない。われわれは先に、いかにして古代人たちがある神の発生に立ち会いながら平静を保ったかを見た。この神の誕生以来、彼らは他のあらゆる神に対するのと同じようにその神を信じた。彼らにとっての神々の存在が、彼らが見たり触れたりする諸対象の存在と同じ本性を持つと考えるならば、このようなことは認め難いだろう。神々の存在は実在的であるが、この実在性は人間の意志に依存しないわけではないのである。

実際、異教文明の神々は、より古代の実体《アンテイテ》たるエルフ〔北欧神話で大気、火、大地の力を象徴する精〕、ノーム〔地中に住み地中の宝を守る地の精〕、精霊から区別されはしたが、民衆信仰はこれらの実体《アンテイテ》から決して離れなかった。これらの実体《アンテイテ》は、われわれにとって自然的な作話能力からほぼ直接的に出てきた。そしてそれらは、それらが生まれた際と同様に、自然に受け入れられた。これらの実体《アンテイテ》が描く輪郭は、それらを生んだ必要性の輪郭とぴったり重なり合っている。ところが、神話は原初の作業の延長であって、あらゆる面でこの必要性をはみ出す。神話が自分と必要性との間に残す間隔はある内容によって満たされるが、その内容の選択には人間の気まぐれが大きく関与しており、この内容への愛着も、気まぐれがそこに働いたことを感じさせる。介入するのはつねに同じ能力であるし、この能力は自分の創作物の総体に関して同じ信用を獲得する。ただし、創作物の各々は、別々に考えられるならば、別の創作物も可能であっただろうとの底意と共に受け入れられる。万神殿は人間と独立して実在するが、そこへある神を祀り、そうすることでこの神を存在させることとは人間に依存する。今日、われわれはこの魂の状態に驚く。けれどもわれわれは、ある瞬間に自分の欲する出来事をわれわれがそこに挿入する類《たぐい》の夢のなかで、みずからそれを体験する。ただこの出来事は、あくまでわれわれの関与なしにそれ自身で措定された総体のなかで、われわれによって実現される。同様に、限定された各々の神は偶然的だが、他方で、神々の全体、というよりもむしろ神一般は必然的だと言えるだろう。この点をより深く究め、古代人たちがなしたよりも遠くまで論理を推し進めるなら、決定的な多元性が存在したのは精霊への信仰のなかだけであること、そしてまた、本来の意味での多神教は、その神話共々、隠れ一神教を含んでおり、そこでは、複数の神々は神的なものの代表者として二次的にしか存在しないということが分かるだろう。

しかし、古代人たちはこうした考察を付随的なものとみなしたのだろう。それが重要性を持つのは、宗教が知識あるいは瞑想の領域に属する場合だけだろう。その場合、神話的物語は歴史的物語として取り扱われ、いずれの物語においても、本物かどうかが問題になりうる。しかし、本当のところは、両者のあいだで比較は可能ではない。なぜなら、それらは同じ次元に属していないからだ。歴史は認識であるが、宗教は第一義的に行動である。すでに何度も繰り返し述べたように、宗教が認識に係るのは、ある種の知性のあり方に由来する危険から身を守るために知的な表象が必要である限りでしかない。かかる表象を他から切り離しそれだけで考察すること、つまり、表象である限りでそれを批判することは、この表象がそれに随伴する行動と混ざり合って一体化しているのを忘れることであろう。数々の偉大な精神が、幼稚さと不合理の連続、すなわち、彼らの宗教をどうして受け入れることができたのかと訝《いぶか》るとき、われわれはまさにこの種の誤りを犯している。泳ぐ者の動作も、水がありこの水が泳者を支えていること、人間の運動、液体の抵抗、川の流れは全部一緒に不分割な全体として捉えられねばならないことを失念した者には、同じく愚にもつかない滑稽なものと思われるだろう。

静的宗教の一般機能

宗教は元気づけ、規律を与える。そのためには、訓練の自動性が最後には、兵士の身体に有事の際に必要となる精神的な自信をしっかり植え付けるのと同様に、連続的に反復される修練が必要である。ということは、典礼と儀式のない宗教は存在しないということだ。これらの宗教的行為にとって、宗教的表象は何よりも機会ないしきっかけとして役立つ。これらの宗教的行為はおそらく信念から流出するが、それらはすぐさま信念に反作用して信念をより強固なものにする。神々が存在するならば、それらに信仰を捧げなければならない。しかし、信仰が存在するからこそ神々は存在するのでもある。神と神に贈られる賛辞とのこの連帯性は、宗教的真理を特別なもの、すなわち、思弁的真理とは共通の尺度を持たず、ある程度まで人間に依存するものたらしめる。

この連帯性を引き締め直す方向に、まさに典礼と儀式は向かう。典礼と儀式については、本当は長く検討すべきだろうが、ここでは、主な二つの典礼と儀式、すなわち犠牲と祈禱について一言するにとどめる。

われわれが後に動的と呼ぶ宗教では、祈禱にとってその言語的表現はどうでもよい。それは、言葉なしで済ますことのできる魂の高揚なのである。他方、祈禱は最低の段階では呪文と関係がなかったわけではない。そのとき祈禱は、神々や、とりわけ精霊たちの意志を無理に服従させるとはいわないまでも、少なくとも神々や精霊たちの寵愛を獲得することを目指している。多神教で聞かれるような祈禱は、これら両極端の中間に通常は位置する。古代にはおそらく祈禱の数々のすばらしい形式があって、より善きものになろうとする魂の熱望がそこで言い表されていた。しかし、それはまさに例外であり、より純粋な宗教的信念のいわば先取りである。多神教では、紋切り型の形式を祈禱に課すことがより普通であって、そこには、祈禱に効果を与えるのは単に文の意義だけでなく、語の連繋ならびに付随する身振りの全体であるとの魂胆が伴っていた。多神教が発展すればするほど、この点についての要求は強まるとさえ言うことができる。信者の訓育を確たるものにするために、祭司の介入がますます必要となるのだ。神の観念がいったん喚起されたとして、この神の観念をお決まりの言葉ならびに決定済みの態度へと延長する習慣は、神のイメージにより高い客観性を授けるということを、どうして見ないでいられよう。われわれがかつて示したことだが〔『物質と記憶』第一章を参照〕、知覚に現実性を与えるもの、知覚を記憶や想像力から区別するもの、それは何よりもまず、知覚が身体に刻みつける、生まれつつある運動の総体であり、この運動が自動的に開始された行動によって知覚を補う。この種の運動は別の原因によって描かれうるだろう。そして、これらの運動の現勢的現在性《アクチュアリテ》はまた、それらを惹起した表象へと逆流して、この表象を事実上、事物へと変換するのである。犠牲《サクリファイス》はというと、おそらく、それはまずもって、神の寵愛を手に入れて神の怒りを避けることを目的とした供物である。犠牲は、その費用がより高くなるにつれて、また生け贄がより大きな価値を持つにつれて、よりいっそう歓迎されるはずだ。多分このようにして、人間を生け贄として捧げる習慣は部分的に説明されるが、この習慣は、多くの古代宗教に、また、十分に古い時代まで遡るならば、おそらくどんな宗教にも見出されるだろう。論理が純粋知性の管轄に属さない素材に適用される時、論理がそこへと導かれえないようないかなる誤謬も、いかなる恐怖もない。しかし、犠牲のなかにはまだ別のものが存在している。そうでなければ、供物が必ずや動物か植物であり、ほとんどつねに動物であったことの説明がつかないだろう。まず、人々が一般的に同意することであるが、犠牲の起源は、神とその崇拝者たちが共に取るとみなされている食事のなかに犠牲の起源があるという点については一般に合意が得られている。次に何よりも、血液は特別な力を持っていた。生命の原理として、血液は、神が人間をよりいっそう支援し、おそらくまた、自分の実在をより強固に確保できるよう（しかし、後者はほとんど意識されざる秘められた意図であったのだが）神に力をもたらす。それは祈禱と同じく人間と神との紐帯であった。

このように多神教ならびにその神話は、人間を取り囲む不可視の力能を次第に上昇させ、かつ、これらの力能と人間との関係をより緊密なものにするという二重の効果を持った。数々の古代文明の全幅に亘《わた》るものとして、多神教は、文学と芸術に霊感を与え、与えたよりも多くのものを文学と芸術から受け取りつつそれが生み出したすべてのもので膨張していった。つまり、古代において宗教感情は民族ごとに変化する非常に多くの要素から成っていたが、これらの要素がすべて一つの原初的な核の周囲に寄り集まったわけである。われわれはこの中心核の研究に取り組んできた。それというのも、われわれは古代の諸宗教から宗教に特有のものを引き出すことを欲したからだ。これらの宗教のうちのあるものは、それがインドの宗教であれペルシャの宗教であれ、哲学を伴っていた。しかし、哲学と宗教はつねに別のものにとどまる。実際、哲学は大抵、より教化された精神の持主たちを満足させるためにしか出現しない。それに対して、宗教は民衆のなかで、われわれが描写したようなものとして存続する。両者の混合が生じるところでさえ、これらの要素はそれぞれ自分の個性を保存する。宗教は思弁する意向を持つだろうし、哲学は行動への興味を失わないだろうが、それでもやはり、前者は本質的に行動すること、後者は何と言っても思考することに存するだろう。宗教が実際に古代人たちにおいて哲学と化した時には、宗教はむしろ行動しないことを勧め、この世界でそれが果たすべき使命を放棄した。それでもなおこれは宗教だったのだろうか。語の意味を定義することから出発しさえすれば、われわれは欲するがままの意味を自由に語に与えることができる。しかし、そうすることは、諸事物の自然な凹凸を指示する語に偶々《たまたま》出会った時には誤りであろう。この場合、われわれがすべきことはせいぜい、語の外延から、そこに偶然含められたかもしれない対象を除去することだけだ。これは宗教に起こることである。われわれは、宗教という名称が普通、いかにして、行動へと方向づけられ、特定の関心のために自然によって引き起こされた表象に与えられるかを示した。この語の適用を別の対象を有した表象へと拡大することは例外的に——簡単にその理由は見つけられる——可能であった。だが、それでもやはり、宗教というものは、われわれが自然の意図と呼んだものに即して定義されねばならないだろう。

この場合、意図というものをどう解さねばならないかを、われわれは何度も説明してきた。そして本章では、自然がかつて宗教に指定した機能について詳述した。呪術、精霊や動物の信仰、神々の崇拝、神話、あらゆる種類の迷信、それらは一つ一つ検討されるならば、非常に複雑に見えるだろう。しかし、その総体は極めて単純である。

人間は自分の行動に自信を持てない唯一の動物であり、躊躇し手探りしながら、成功する希望と失敗する恐怖を抱きつつ、行動を企図する唯一の動物である。人間は病気に罹る可能性があるのを感じる唯一の動物であり、同様に、自分が死ぬはずであることを知る唯一の動物である。人間以外の自然は完全な平静さのなかで開花する。植物と動物は、あらゆる危険に晒されながらも、永遠に安らうのと同様に、過ぎゆく瞬間に安らっている。田園を散歩しながら、われわれはこの揺るぎない安心感をもって、自分が確たる者たることを切望し、心安らいで帰途につく。しかし、これだけでは言葉が足りない。社会で生きるすべての存在のなかで、人間は、社会の共通善が問題となる際に利己的な利害に屈して、社会の方針から逸脱することが可能な唯一の存在である。人間以外のところではどこでも、個人的利害は不可避的に一般的利害と調和させられているか、もしくはそれに従属している。これら二重の不完全性は知性の代償である。人間は不確かな将来を思い描くことなしには、自分の思考能力を働かせることができないが、思い描かれた将来は人間に恐怖と希望を引き起こす。自然が人間を社交的存在たらしめた限り、人間は、自然が人間に要求することについて省察する際、時には他人たちを顧ず、自分のことしか配慮しないほうが得であると思わざるをえない。どちらの場合にも、正常で自然な秩序の断絶があることになるだろう。けれども、知性を欲したのは自然である。つまり、動物進化の二つの主要な線のうち片方の先端に知性を置き、もう一方の線の到達点である最も完璧な本能と対にしたのである。秩序が知性によって少しでも乱されるや、秩序が自動的に回復されるように、自然が予防措置を講じなかったということはありえない。実際には、知性に属するとはいえ、純粋な知性ならざる作話機能こそがまさにそれを目的としている。作話の役割は、現在までわれわれが論じてきた宗教、すなわち、われわれが静的と呼ぶ宗教を錬成することで、われわれとしては、自然宗教という表現に別の意味がまつわりついていないなら、静的宗教は自然宗教であると言いたい。すでに論じてきたものである以上、この宗教を正確な言葉で定義するためには、われわれの考えを要約するだけでよい。この宗教は、知性を行使するに際してありうるかもしれない、個人を意気消沈させ社会を攪乱するものに対する自然の防御反応なのである。

二つの誤解を未然に防ぐために、二つの指摘をもって本章を締め括ろう。自然によって欲せられたままの宗教の諸機能の一つは、社会的生を維持することであると言う時、それによってわれわれは、この宗教と道徳のあいだに連帯性があると言いたいのではない。歴史は反対のことを立証している。罪を犯すことはつねに神性に背くことであった。とはいえ、背徳が、いや犯罪でさえ、それがつねに神の怒りに触れるかというと、それどころではない。神がこれらの行為を命令することもあったのだ。たしかに、人類は総じて彼らの神々が善き神々であることを願ったように思われるし、数々の徳を神々の庇護の下に置くことがしばしばあった。いずれも未発達な原初の道徳と宗教についてわれわれが指摘した両者の一致が、相互に支え合う明確な道徳と組織された宗教という漠たる理想を、人間の魂の奥底に残したということさえあるかもしれない。しかし、それでもやはり、道徳は単独で明確化され、宗教も単独で進化していった。また、人間たちは、道徳性の証明書を呈示することも、道徳的秩序を保証することも神々に要求することなく、つねに伝統から神々を受け入れてきたのだ。ただし、宗教と道徳を区別しなければならないのは、それなしにはいかなる共同生活も可能ではないような実に広範な社会的義務と、ある特定の共同体の成員を共同体の保持に向かわせる特殊で具体的な社会的紐帯とを区別しなければならないからである。前者の義務は、われわれがその起源の状態を示した諸慣習の不明瞭な根底から徐々に取り出された。これらの義務は、純化と単純化、抽象化と一般化の経路を通ってそこから抽出され、一つの社会道徳を与えることとなった。しかし、ある特定の社会の成員たちを互いに結びつけているもの、それは、自分の集団を他の集団から守り、自分の集団を頂点に置こうとする伝統であり必要性〔欲求〕であり意志である。この紐帯を保持しより緊密にすることを、われわれが自然的なものとみなした宗教は異論の余地なく目指している。この宗教は一つの集団の成員に共通であり、典礼と儀式を通じて彼らを親密に連結させ、自分の集団と他の集団を区別し、共通の企図の成功を保証し、共通の危険に抗して安全を確保する。自然の懐から出てきたばかりの宗教が――現在の言葉遣いをするなら――道徳的機能と国民的《ナシオナル》機能という二重の機能を同時に果たしたということ、それはわれわれには疑いないと思われる。実際、これら二つの機能は、慣習しか存在しなかった未発達な社会では必ず混合していた。しかし、社会は発展しながら、宗教を第二の方向へと牽引したということ、これはわれわれがたった今論じたことを参照すれば容易く理解されるだろう。人間社会は生物学的進化の主要な線の一つの先端にあり、別の軸線の先端に位置づけられた最も完全な動物社会と対をなしていること、そしてまた、作話機能は本能ではないが、動物社会における本能に相当する役割を人間社会で果たしていることを考慮していたならば、以上のことはただちに納得されただろう。

第二の指摘は、何度となく繰り返し述べてきたので省略することもできるかもしれないが、「自然の意図」という、われわれが「自然宗教」を論じた際に援用した表現にわれわれが与える意味に係る。実を言えば、われわれが問題にしたのはこの宗教そのものよりも、それによって獲得される結果であった。生の弾み《エラン・ヴィタル》というものが存在し、それは物質を通り抜け、たとえ途中で分岐しなければならないとしても、物質から引き出しうるものすべてを引き出す。このように引かれた進化の二つの主要線の先端には、知性と本能がある。まさに知性は、もっとも本能もそうだが、一つの成功であるのだから、知性は、それが十全な効果を生むのを妨げるものを退ける傾向を伴うことなしには措定されえない。この傾向は知性と共に、また知性が前提とするすべてのものと共に分かたれざる一塊を成し、この塊は、知覚し分析するわれわれの能力――それはわれわれの知性そのものとまったく相関的である――に照らして分割される。目と視覚について述べたことにもう一度立ち戻ろう。見るという活動があり、それは単純な活動であるが、無数の要素とそれらの要素の無数の相互作用がそこにはあって、それをもって解剖学者と生理学者は見るという単純な活動を再構成する。要素と作用は分析的に、そしてまたいわば否定的に――否定的にというのはそれらが抵抗に対する抵抗であるからだが――、唯一肯定的なものたる分割不能な活動を表現しており、この活動こそ自然が実際に獲得したものなのだ。かかる要素と同じく、地上に投げ出された人間の不安、共同体よりも自分自身を好みたいという個人が陥りかねない誘惑――知性的存在にはつきものの不安と誘惑――は数え尽くすことのできるものではない。迷信、というよりもむしろ静的宗教の形式も同様に数的に際限なく、不安と誘惑という抵抗に抵抗する。しかし、人間を自然の総体のなかに置き直し、知性はそれ以外の至るところに見出される平安への障害であるがこの障害は乗り越えられ平衡状態が取り戻されるはずだと考えるなら、以上のような複雑さは消え去る。もはや分析の観点ではなく発生の観点であるようなこの観点から見るなら、知性が生に適用されて生じたすべての動揺と不調は、宗教がそこにもたらしたすべての安らぎと共に、一つの単純なものと化す。擾乱と作話は補い合い、打ち消し合う。高みから眺める一つの神にとっては、春に咲く花々への信頼のように、全体は分割不能なものと見えるだろう。

第3章　動的宗教

宗教という語の二つの意味

かつてわれわれは宗教が生命から生まれ出たはずの点まで生命の発展を辿ったことがあるが、生命というものを振り返って一瞥してみよう。一つの巨大な創造的エネルギーの流れが物質のなかに放出され、そこから自分に可能な限りのものを獲得する。ほとんどすべての点で、この流れは停止させられる。われわれの目には、これらの停止はいずれも生物種の、すなわち有機体の出来によって言い表されているように見えるが、本質的に分析的かつ綜合的なわれわれの眼差しは、多数の機能を果たすために互いに連携する多数の要素をそこに識別する。けれども、有機化作用は停止にほかならなかった。この単純な働きは、砂にめり込んだ足が、瞬間的に一つの模様を描くように無数の砂粒を一致して動かす作用に類似している。生命エネルギーが最も遠くへ進むことに成功した進化の線の一つでは、この生命エネルギーは自分の持つ最良のものを引き込んで、まっすぐ前進し続けると思うことができたかもしれない。しかし、生命エネルギーはねじ曲がり、万事はいわば屈曲してしまった。出来した諸存在の活動は同一の円のなかを果てしなく回転し、それらの器官は、数々の道具の不断に刷新される発明に場所を開くことなきまったく出来合いの機具であり、それらの意識は、身を立て直して反省的思考として自己を強化する代わりに、本能の夢遊症的状態へと移行してしまった。これが昆虫社会における個体の状態であって、この社会の組織は巧妙なものだが、完璧な自動症《オートマティスム》である。創造的努力が首尾よく伝わったのは、人間へと至る進化の線上だけだった。物質を貫通しながら、意識はこの場合、まるで鋳型に入れられたかのように、製作的知性の形態をまとった。発明は自分のうちに反省的思考を含んでいて、自由へと開花した。

しかし、知性に危険がないわけではなかった。そこに至るまで、すべての生物は、生命の杯から貪り飲んでいた。生物は自然が溢れんばかりに入れていた蜜を杯の縁で味わい、残りのものに関しては、それを見ることもなく、おまけとして飲み込んでいた。知性はどうかというと、それは杯の底まで見ていた。なぜなら、知的存在はもはや単に現在のなかだけで生きているわけではないからだ。予見なしには反省的思考はなく、不安なしには予見はなく、生との密着の瞬間的弛緩なしには不安は存在しないのだ。とりわけ、社会なしには人類は存在しない。社会は個人に没利害を要求する。それを昆虫は、その自動症のなかで、自己の完璧な忘却に至るまで推し進めるのだ。この没利害を保持するために、反省的思考に頼ってはいけない。知性は、巧妙な功利主義の哲学者が持つ知性でない限り、むしろ利己主義を勧めるだろう。したがって、二つの側面で、知性は抑制する力を招いた。あるいはむしろ、知性はすでにその力を備えていた。なぜなら、もう一度繰り返すが、自然は数々の存在をばらばらの部品によって組み立てるわけではないからだ。発現形態が多数と見えるものも、発生という点で見れば単一でありうる。種が生み出される際に、その種の生存を可能にする全ての細かな部分がもたらされるが、種を存在させる活動は不可分である。創造的な弾《エラン》みの停止そのものは人間種の出現によって表現され、諸宗教を錬成する作話機能を、人間的知性と共に、人間的知性の内部に与えた。したがって、以上が、静的もしくは自然的とわれわれが呼んだ宗教の役割であり意義である。宗教とは、反省能力を授けられた諸存在において、生との密着のありうべき欠損を埋めるはずのものなのである。たしかに、問題の別の解決法が可能であることにすぐ気づく。静的宗教は、子供をあやす際の物語に比すべき物語を人間に語ることで、人間を生に、ひいては個人を社会に結びつける。これらの物語はおそらくただの物語ではない。この種の物語は、ただ戯れにではなく、その必要性から作話機能によって生み出されるもので、知覚された実在を偽造し、遂にはある特定の行動へと拡張されていく。想像力に由来する他の創作物もこのような傾向を持ちはするが、その傾向に身を任せることをわれわれに要求したりはしない。また、これらの創作物は観念の状態にとどまりうるが、作話機能によって生み出された創作物は観念‐運動的（idéo-moteur）〔運動を引き起こす観念〕である。だが、作話機能の創作物が作り話《ファブル》であることに変わりはなく、すでに見たように、事実的には批判的精神の持主もしばしばそれを受け入れることがあるとはいえ、権利的には拒絶するはずだ。運動しつつある活動原理の、一極点での唯一の停滞は人類によって表現されたが、この原理はおそらく、創造されたすべての種に、それらが生に執着することを要求する。しかし、先に示したように、この原理が、芽吹いた枝を全方位に伸ばす木のように、あらゆる種を全部一緒に生み出すとしても、発展全体の存在理由は、自由に創造するエネルギーが物質のなかへ置き入れたものであり、人間、あるいは人間と同じ意義――同じ形態とは言わないが――を持つ何かである。この全体は、現にそうであるものよりもはるかに高度なものでありえたかもしれない。これはおそらく、創造エネルギーの流れが抵抗力のより小さな物質を突き抜けていく世界で起こることだろう。また同様に、この流れが、このように不十分な度合いにおいてさえ、自由な通路を決して見出さなかった場合もありえただろうが、そのような場合、人間の形態が表している創造エネルギーの質と量が地球上に放たれることは決してなかっただろう。しかし、いずれにせよ、生は人間にとって、少なくとも他の種にとってと同じくらい、いや、むしろ他の種にとってより以上に望ましいものでさえあるのだ。なぜなら、人間以外の種が、途上で創造的エネルギーによって生み出された結果として生を被るのに対して、人間にあっては生は、いかにそれが不完全で不安定であっても、この努力の成功そのものだからである。そうであるなら人間は、弾《エラン》みを取り戻すために、弾みがそこから到来した方向に即して遡行することで、人間に欠けていた安心感、反省によって揺るがされてしまった安心感をなぜ再び見出さないのだろうか。人間がそうできるようになるのは、知性によってではないし、いずれにせよ知性だけをもってではない。知性はむしろ逆の方向へ向かうだろう。知性はある特殊な目途を有していて、様々な思弁へと上昇する時には、知性はせいぜい数々の可能性をわれわれに考えつかせるだけで、実在に触れることはない。しかしわれわれは、知性の周りに、直観の縁暈（frange）、漠然としていて今にも消え去りそうな縁暈が残されているのを知っている。この直観の縁暈を固定し、強固にし、何よりも、行動として実らせることはできないだろうか。なぜなら、この直観が単なるヴィジョンになってしまったのは、その原理が衰弱したためでしかなく、このように言うことができるとすれば、直観そのものに及ぼされた抽象化によってでしかないからだ。

なぜ宗教という同じ語を使うのか？

このような努力を行うことができ、また、それに相応しい魂は、自分が接触している原理は万物を超越した原因なのか、それとも、かかる原因が下界に派遣されたものでしかないのかなどと思案することはあるまい。このような魂には、あたかも鉄を炎が赤熱させるように、自分をはるかに超えた能力を持つ存在によってなすすべもなく侵入されながらも、そこに自分の人格が溶解することはないと感じるだけで十分であろう。それ以降、生との密着はこの原理と魂との分離不能性となる。それが歓喜のなかの歓喜、愛でしかないものへの愛なのだ。このような魂はそのうえ社会に自分を捧げるだろうが、ここにいう社会は人類全体であるような社会であって、人類全体は、かかる社会の原理であるところのものへの愛のなかで愛されるだろう。静的宗教が人間にもたらす安心感はそれによって変貌を遂げる。もはや将来について心配することはなく、不安と共に自己を顧みることもない。その対象は物質的にはもはや苦労するに値しないだろうし、精神的にはあまりにも高い意義を持つだろう。生一般との密着がなされるのは今や、特殊な事物の各々から離脱することによってである。しかし、ここでもまだ宗教というものを語らねばならないのだろうか、それとも逆に、これに先立つものすべてに、宗教という語をすでに援用すべきだったのだろうか。これら二つのものは互いに排除し合うほどに異なっており、同じ名称で呼ばれうるものではないのではないだろうか。

とはいえ、これら二つの場合に同じ宗教という語を用いるには多くの理由がある。まず神秘主義《ミスティシスム》——なぜならわれわれが思いを馳せているのはまさにこれなのだから——は、どんなに魂を別の平面へと移行させるとしても、やはり安心と平静——静的宗教の機能はそれをもたらすことだ――を卓越した形式で魂に確保する。しかし、何よりも考慮すべきは、純粋な神秘主義は稀にしか見られぬ精髄《エッサンス》であるということ、ほとんど例外なくわれわれは希釈された状態で神秘主義と出会うということ、それでもやはり、神秘主義はそれが溶け込んでいる大衆にその色合いと香りを伝えるということ、神秘主義が大衆と共にあることで最終的に世界に自分を受け入れさせる以上、神秘主義をいわば生捕りにしたいなら、神秘主義を大衆と一緒にしておかねばならない――現に両者はほとんど不可分だ――ということである。このような観点に立つことで、一連の推移が認められるだろうが、ただ、現実には本性の根底的差異があるところで、それらの推移は程度の差異として認められる。ごく手短にこれらの論点の各々に立ち戻ろう。

神秘主義を生の弾み《エラン・ヴィタル》との関係で規定することで、われわれは、真の神秘主義が稀なものであることを暗に承認した。真の神秘主義の意義と価値については、もう少し後で論じる必要があるだろう。これまで述べたことによると、神秘主義は、物質を貫いて放たれた精神的な流れが多分そこまで行くことを欲していたけれども結局は到達できなかった点に位置づけられる、と今は指摘するにとどめる。なぜなら、神秘主義は自然が折り合いをつけねばならなかった数々の障害を物ともしないその一方で、生命進化が理解されるのは、それが否応なしに踏み込んだ脇道を度外視するなら、それを到達不能な何かを追求するものとみなす場合のみだからだ。この何かに偉大な神秘主義者たちは到達するのだが、もしすべての人間、あるいは多くの人間がこの傑出した人間と同じ高みに昇ることができたならば、自然が停止したのは人間種のところでではなかっただろう。なぜなら、この傑出した人間は実際には人間以上の存在だからだ。ちなみに、天才の他の諸形態についても同様のことが言えるだろう。それらはすべて等しく稀なのである。だから、真の神秘主義が例外的なのは偶然によるのではなく、その本質そのものによってである。

ところが、真の神秘主義者が話す時、それを聞く大部分の人間の奥底には、感知できないほど微かにそれにこだまする何かがある。彼はわれわれのうちに驚異的な展望を見つけてくれる。いや、というよりもむしろ、あくまでわれわれがそれを望むなら、彼はそれを見つけてくれるだろう。だが実際には、われわれはそれを望むわけではなく、大抵はわれわれはそれを望むことができないだろう。努力がわれわれを打ちのめしてしまうだろう。それでも魔法はかけられたのだ。天才的な芸術家がわれわれを凌駕する一つの作品を制作した時、その作品の精神にわれわれが自分を同化させるのに成功しないとしても、その作品はかつて賛嘆した諸作品の卑俗さを感じさせる。それと同じように、真の偉大な神秘主義者が登場した後では、いかに静的宗教が存続するとしても、静的宗教はかつてのそれと全面的に同じであるわけではもはやなく、何よりも静的宗教は自分の正体を明かすことをためらうだろう。それでもなお、人類がそれに必要な支えを求めるのは静的宗教に対してである。少なくとも第一義的にはそうである。人類は、作話機能を最善を尽くして改良しつつも、あくまで作話機能が働くにまかせるだろう。要するに、生への人類の信頼ないし安心感は、自然が制定したものとほとんど同じものにとどまるのだ。しかるに人類は、自然の原理そのものとの接触――それは生へのまったく別の執着によって、変貌せる安心感によって表される――を探し求め、ある程度はそれを獲得したふりを真摯にするだろう。そこまで高く昇ることが不可能であるのに、人類はそこに向かう身振りを始めポーズを取り、その言説のなかでは、ある儀式に際して偉人のために用意された肘掛椅子が空席のままであるのと同様に、人類にとって十全に意味で満たされるには至らない定式に最重要な場所を取っておくだろう。こうして混成的宗教というものが構成されるが――、この宗教は古い宗教の新たな方向づけを、そしてまた、真に自らを啓示し、その現前によって傑出した魂たちを照らし熱する神のなかに溶解したいという、作話機能に由来する古代の神の多少なりとも顕著な熱望を含んでいる。こうして、先述したように、根底的に本性を異にし、最初から同じ仕方で呼ばれるべきとは思われなかった二つのものの間に、数々の移行状態と、外見上の程度の差異が入り込む。多くの場合には、対照性が際立っている。例えば、戦争中の二国民が、双方とも自分たちがある一つの神を持つことをそれぞれ主張する場合、この神はかくして異教的な民族神であるが、それに対して、彼らが話していると想像している神はすべての人間たちに共通の神であり、万人がこの神を見るなら、それは戦争の即時根絶であろう。しかしながら、神秘主義から生まれ、その定式の使用を一般に流布しながらも、その精神の全体を人類全体に浸透させることのできなかった数々の宗教を軽視するために、上記の対照性を利用してはならない。ほとんど空疎な定式であっても、紛れもない魔法の言葉として、それらの定式を満たすことが可能な精神をあちこちに出現させることがありうる。凡庸な教師も、天才的な人間の創造した学問をただ機械的に教えることで、彼のある生徒のうちに、彼が自分自身では持たなかった召命を呼び起こし、無意識的にこの生徒を偉人たちに匹敵する者へと変容させるだろう。偉人たちは、この教師が伝達した音信のなかに不可視のまま現前しているのである。

とはいえ、これら二つの場合にはやはり相違があり、それを勘案するなら、宗教に関して、一方と他方の性格を際立たせるために先にわれわれが強調した、「静的」と「動的」との対立が緩和されるのを見ることになるだろう。大部分の人間は、デカルトやニュートンのような天才に敬意を表するとしても、例えば数学にはほとんどなじみがないままでいることができる。けれども、自分自身の奥底に微かなこだまを聞いたがゆえに、神秘的言葉に遠くから服して従った人々は、その言葉が告知することに無関心のままではいられない。彼らがすでに様々な信念を持ち、その放棄を欲しもしないし、そうすることもできない場合、彼らは、これらの信念を変形し、それによってこれらの信念を実際に修正することを確信するだろう。信念の諸要素は存続するだろうが、この磁力によって磁気を帯び、反対の方向へ向きを変えられる。宗教史家は、人間たちの間に広く流布された漠たる神秘的信念の内容のうちに、神話的で、呪術的でさえある要素を容易に改めて見出すだろう。かくしてこの歴史家は、人間に自然的な静的宗教が存在し、人間の本性は不可変のものであることを示すだろう。しかるに、彼がそこで満足するならば、何かを、それもおそらく本質的なものを無視してしまっている。ただ、少なくとも彼は、それをはっきり欲することなく、静的と動的との間にいわば橋をかけ、このように非常に異なる事例に同じ語を使用することを正当化してはいる。ここで問題となっているのは依然として確かに一つの宗教であるが、ただ、新しい宗教である。

静的宗教に取って代わる前に、静的宗教のうちに身を置くのを試みるという動的宗教の企て〔未遂の意味もある〕をわれわれが勘案するならば、上記の点についてわれわれはよりよく納得するだろうし、どのようにこれら二つの宗教が対立し、どのように一緒になるのかを別の側面から見ることになるだろう。企てと言ったが、真実を言えば、それらを企てへと回顧的に転換するのはわれわれ自身である。企てへと転じられたものは、それらが生起した時点では申し分のない活動であり、自己充足しており、それらが何かの発端や準備と化したのは、現在が過去に及ぼす不思議な力のせいで、それらが、最終的成功に比しての不成功に変換されてしまった時からでしかない。それでも、これら企てとみなされたものは、合間〔企てと実行との〕に標識を立て、動的宗教を措定させる不可分な活動を潜在的諸要素へと分解し、と同時に、十全に成就されなかった数々の弾《エラン》みに明らかに共通した方向性によって、決定的なものたる突然の跳躍がどうして偶然的なものではまったくなかったのかを示すのに役立つだろう。

ギリシャの神秘主義

来るべき神秘主義を粗描したものの第一列に、われわれは異教の数々の秘儀を位置づけるだろう。だが、秘儀（mystères）という語に欺かれてはならない。大部分の秘儀は神秘主義的なものを何ら持たなかった。秘儀は既成の宗教に結びついていて、既成宗教は自分のかたわらに秘儀があるのをまったく当然のこととみなしていた。これらの秘儀は、以前と同一の神々か、以前と同じ作話機能に由来する神々を崇めていた。それらは、大規模な社会の只中に小さな社会を形成し、秘密裡の加入儀式によって特権的な人間へと昇格することに人間たちがつねに感じてきた満足感で宗教的精神を裏打ちし、かくして、秘儀加入者たちの宗教精神を単に強化するだけだった。これら閉じた社会の成員たちは、彼らがその加護を祈願する神のより近くにいると感じていた。たとえそれが、神話的場面の表象が公共的儀式においてよりもここで大きな役割を演じていたからでしかないとしても。ある意味で神は現前しており、秘儀加入者たちは神性をわずかに分有していた。だから、彼らは民族宗教が期待させていた以上に、また、それよりも良き死後の生を希望することができた。けれども、そこにはおそらく外国から持ち込まれた既成の諸観念しかなかった。どれほどエジプトが死後の人間の運命のことをつねに心配していたかはよく知られているが、ヘロドトスの証言を思い起こすなら、それによると、エレウシスの秘儀でのデメテルと、オルフェウス教のディオニュソスは、イシスとオシリスが変形したものであった。結果的には、秘儀の奉納、そのすべてとは言わないまでも少なくともわれわれが秘儀について知っていることは、公的崇拝と絶対的に異なるものは何もわれわれにもたらさないのだ。だから一見すると、この宗教には他の宗教に見られるより以上の神秘主義的性格は見出されないだろう。しかし、われわれは、大部分の秘儀加入者の関心を多分占めていた唯一の側面だけを見ることで満足してはならない。秘儀のうち少なくともあるものは、ある偉大な人格の徴を有していて、その人格の精神を甦らせることができなかったかどうかを考えてみなければならない。同様にわれわれは、この問題について書いた著述家たちの大部分が、神を呼び出した魂に神が本当に憑依する熱狂的な場面を強調していたことにも注目しなければならない。実際には、最も活発だった秘儀はディオニュソスとその後継者たるオルフェウスの秘儀で、この秘儀は最後にはエレウシスの密儀そのものを引き寄せて自分の運動のなかに引き込んでしまった。トラキアから来た異国の神、ディオニュソスはその暴力性によって、オリンポスの神々の平静さとは対照的だった。この神は初め酒の神ではなかったが、いとも簡単に酒の神になった。なぜなら、この神が魂に与える陶酔感は、酒の酔いと似ていなくはなかったからだ。亜酸化窒素の吸引に続いて起こる状態を神秘主義的と形容した、もしくは、そのようなものとして研究したために、ウィリアム・ジェームズがどのような扱いを受けたかをわれわれは知っている。人々はそこに宗教ならざるものを見た。もしこの哲学者が「内的啓示」を亜酸化物が引き起こす心理学的な等価物とし、この亜酸化物が、形而上学者たちの言うように、生み出された結果の十全原因（cause adéquate）であったかもしれないなら、人々は正しかっただろう。しかし、ウィリアム・ジェームズの目には、中毒は単なるきっかけにすぎなかったはずだ。この魂の状態はおそらく他の諸状態と一緒に予描されて現存し、合図一つで始動するところだったのだ。この魂の状態は、それ固有の精神的平面でなされた努力によって、精神的に引き起こされることもありえただろう。ところが、この状態はまさに同じく物質的にも、この状態を抑制していたものの抑制によって、障害の消去によって引き起こされえた。それは毒素のまったく消極的な効果であった。心理学者はどちらかというと好んでこの効果に照会し、この効果は心理学者が好きなように結果を得ることを可能にした。酒の効果をディオニュソス的な陶酔と比較しても、おそらくよりいっそう酒を重んじることにはならなかっただろう。しかし、重要なのはそのことではない。この陶酔が、ひとたび出現した神秘主義に照らして、ある一定の神秘主義的状態を予告するものと回顧的にみなされうるかどうかを問わねばならないのだ。この問いに答えるためには、ギリシャ哲学の発展を一瞥すれば十分である。

ギリシャ哲学の発展は純粋に理性的なものだった。この発展は、人間の思考を最も高度な抽象と普遍性にまで持ち上げた。それは精神の弁証的諸機能に非常に大きな力と柔軟性を与えたので、今日でもなお、これらの機能を行使するために、われわれが身を置くのはギリシア人たちの学校である。とはいっても、二つの点に注意すべきである。第一の点は、哲学の次元に属さない衝動もしくは衝撃がこの偉大な運動の起源にあったということ。第二の点は、この運動が到達する学説、そこで古代ギリシャの思想が完成を見た学説は、純粋理性を乗り越えたと主張するものだったということ。実際、ディオニュソスの熱狂はオルフェウス教に延長され、オルフェウス教はピタゴラス主義に延長されたことは疑いえない。ところで、プラトン主義の最初の霊感はピタゴラス主義に、更におそらくはオルフェウス教にまで遡る。数々のプラトン的神話がオルフェウス教的意味での秘儀の雰囲気にどれほど浸っているか、また、〈イデア〉論それ自体、秘められた共感によっていかにしてピタゴラス的数論へと傾いていったのかは知られている。おそらく、この種のいかなる影響もアリストテレスとその直接の後継者たちには感じられない。だが、かかる発展の到達点たるプロティノスの哲学はというと、プラトンと同じくらいアリストテレスにも負うところ大であるとはいえ、異論の余地なく神秘主義的なものだ。この哲学が、当時アレクサンドリア世界で興隆していた東方思想の影響を被ったとしても、それはプロティノス自身が知らぬ間のことであって、彼はただ、ギリシャ哲学全体を凝縮して、ほかでもないそれを異邦の学説に対立させたいと思っただけである。要約するなら、このように起源にはオルフェウス教の浸透があり、終末には弁証論から神秘主義への開花があったのだ。以上から、理性の発展を引き起こしたのは理性外の力であり、この力が理性の発展を理性を超えてその終点まで導いていったのだと結論できるかもしれない。まさにこのように、例えば堆積という緩慢で規則的な諸現象は、それだけが唯一見えるものであるとはいえ、不可視の爆発性の力によって条件づけられており、この力がある瞬間に地殻を隆起させて堆積作用に方向を与えているのだ。しかし、もう一つ別の解釈も可能であり、われわれの考えでは、この解釈のほうがより真実に近いと思われる。ギリシャ思想の発展は理性だけの営みであるが、他方で、超越的実在のヴィジョン、かかる実在との接触、その啓示を知性を超えて探し求める努力は、ギリシャ思想の発展の脇で、それとは独立して、予め素質を授けられた幾たりかの魂において断続的になされたとも考えられるのだ。この努力は決してその目的に到達しなかっただろう。だが毎回、燃え尽きる瞬間に、この努力はまるごと消滅してしまうのではなく、むしろ、消滅せずに残ったものを弁証論に委ねたであろう。こうして、新たな企ては同じ力の消費量で、より遠くに進むまで停止しないでいることができた。知性はそのとき、この間によりいっそうの柔軟さとより多くの神秘性を獲得した哲学的発展とより進んだ点で合流することになる。事実われわれは、純粋にディオニュソス的な第一波が、より高度な知性を備えたオルフェウス教に溶け込んでいくのを目にする。オルフェウス教的と呼びうる第二波は、ピタゴラス主義に、すなわち一つの哲学に到達した。今度はピタゴラス主義がその精神の何ものかをプラトン主義に伝えた。そしてプラトン主義は、ピタゴラス主義の要素を寄せ集めたうえで、やがてアレクサンドリアの神秘主義へと自然に門戸を開くこととなった。しかし、一方は知性的、他方は知性外的なこれら二つの流れの連関をどのような仕方で思い描くにせよ、後者の流れを知性以上もしくは神秘主義的と形容し、数々の秘儀から出発した衝動を神秘主義的とみなすことができるのは、終着点に身を置くことによってのみである。

そうであるなら、残るは、この運動の終着点が完全な神秘主義であったのかどうかを知ることであろう。まず語の意味を決定するから始めるのであれば、欲するがままの意味を語に与えることができる。われわれの目には、神秘主義の到達点は、生命が顕示する創造的努力との接触、ひいては、それとの部分的な一体化であると映る。この努力は神そのものでないとしても、神に由来するものだ。その限りで、偉大な神秘主義者とは、その物質性によって種に指定された限界を乗り越え、そうすることで、神の業を継続し延長するような個体性であろう。これがわれわれの定義である。われわれは自由にそれを措定することができる。ただし、そのためには、いつかこの定義が適用されるのかどうか、その時、この定義がある特定の事例に適用されるのかどうかを考えなければならない。プロティノスに関しては、答えは疑いの余地がない。プロティノスは約束の地を見ることは許されたが、その地を踏むことは許されなかった。彼は忘我《エクスターズ》に、すなわち、魂が神の光に照射されて神の現前を間近に感じる、あるいは感じると思う状態にまでは至った。しかるに、彼はこの最終段階を乗り越えて、観想が行動のうちへと沈み込み、人間の意志が神の意志と一体化する地点までは至らなかった。彼は絶頂にいると思った。もっと遠くへ行くことは彼にとっては下降することを意味していたのだろう。彼はこのことを見事な言葉遣いで、「行動は観想の弱化である」(16)と表現したが、それは十全な神秘主義の言葉ではなかった。こうして彼はギリシャの主知主義に忠実であるにとどまり、感動的な定式によってこの主知主義を要約してさえいる。ただ、少なくとも彼は主知主義に神秘主義的性質を染み込ませた。一言するなら、われわれが合意している絶対的な意味では、神秘主義はギリシャ思想によっては到達されなかったのである。けだし神秘主義は到達されることを欲していた。それは単なる潜在性として幾度も扉を叩いた。扉は微かながら次第に広く開いていったが、神秘主義を全面的に通過させることはなかった。

東洋の神秘主義

ここでは、神秘主義と弁証論との区別は根底的なもので、それらは間を置いて合流するにすぎない。他の地域では逆に、両者は恒常的に混ざり合い、外見的には互いに助け合いながら、多分、相手が最後まで突き進むことを妨げ合っていた。われわれが思うところでは、これはヒンズー思想に起こったことである。われわれはこの思想を深く究めようとも要約しようとも思わない。この思想の発展は、それぞれが相当に長い複数の期間に亘っている。哲学にしてかつ宗教として、この思想は時代と場所によって様々に変化した。この思想は、まさに当の言語に最も精通している人々にも数多のニュアンスが捉えられないような言語で表現された。それに、この言語の語彙の意味がつねに正確であった、あるいは、かつて正確であったことがあると仮定したとしても、それらの語が一つの変わることなき意味をつねに持ち続けたとはまったく言えない。そうではあるが、われわれの関心を占めている目的のためには、数々の教説の全体を一瞥すれば十分であろう。このような包括的ヴィジョンを得るためには、すでに撮られた複数のショットの全体を重ね合わせることで必然的に満足しなければならないだろうが、互いに一致する線を特に選んで考慮するならば、もしかすると誤りを犯さないでいられるかもしれない。

まず言っておきたいのは、インドは古代ギリシャの宗教と似通った宗教をつねに実践してきたということである。インドにおいても、神々と精霊の役割は他のすべての地域においてと同じだった。祭儀と儀式も類似していた。犠牲は極度の重要性を持っていた。これらの信仰形態は、バラモン教、ジャイナ教、仏教を通して存続した。いかにしてこれらの信仰は仏陀の教えのような教えと相容れるものだったのか。注目すべきは、人間に解脱をもたらす仏教が、神々自身をも解脱せねばならない存在とみなしていたことである。だから仏教は、人間と神々を、同じ宿命に服する同種の存在として扱った。このことは、われわれの仮説のような仮説においてよく理解されるだろう。すなわち、人間は自然に社会のなかで生きており、われわれが作話機能と呼んだ自然物機能の効果によって、自分の周りに幻想的な存在を投影し、これらの存在は、人間の生に類似し、人間の生よりも高度ではあるが人間の生と連帯した生を生きている。このようなものが、われわれが自然的なものとみなしている宗教である。かつてインドの思想家たちはこのような物の見方をしたことがあっただろうか。それはほとんどありそうもないことだ。しかし、都市国家《シテ》の外に出て、神秘主義的な生の道に踏み込んだ精神の持ち主は誰もが、自分の背後に人間と神々を残してきたと、多少なりとも漠然と感じている。まさにそれによって、彼は人間と神々を一緒に見るのである。

では、ヒンズー思想はこの道をどこまで進んだのか。もちろん、ここで問題なのは古代インドであり、西洋文明から及ぼされた影響ならびにこの影響に反応する必要に先立って、自分自身とだけ対していたインドである。事実われわれは、静的なものであれ動的なものであれ、宗教をその起源において捉えるのだから。われわれは、静的宗教が自然のなかで予描されているのを見出した。今、われわれは動的宗教のなかに自然の外への飛躍を見るが、われわれとしてはまず、この飛躍を、弾み《エラン》が不十分であったか、弾みが妨げられた場合において考察しよう。この弾み《エラン》に、ヒンズーの魂は二つの異なる方法によって挑んだように思われる。

二つのうち一つは生理学的であると同時に心理学的である。その最も遠い起源は、ヒンズー人とイラン人に共通の、それゆえ、両者の分離に先立つ実践のなかに発見されるだろう。両者が共に「ソーマ」と呼んだ、陶酔状態へと導く飲料の利用である。この酔いは神的な陶酔であり、ディオニュソスの熱狂者が酒に求めた酩酊に比較できる。後に一連の修行が生まれ、それらは感覚の働きを停止させ、精神活動を緩慢にし、最終的には催眠状態に比すべき諸状態を誘発することに充てられた。それらは「ヨガ」のなかで体系化された。それは、われわれが解する意味での神秘主義に属するものだったのだろうか。催眠状態はそれ自体では神秘主義的なものを何も持たないが、催眠状態に溶け込んだ暗示によって、神秘主義的になりうるし、そうでなくとも少なくとも、真の神秘主義を予告し準備することができるだろう。催眠状態が知性の批判的機能を停止させつつ、すでに幻視、忘我を素描しているならば、この催眠状態は簡単に神秘主義的なものになるだろうし、催眠状態の形式はこの質料によって満たされるよう事前に用意ができているだろう。「ヨガ」へと最終的に組織された数々の修行の意義は、少なくともある一面から見た場合、このようなものであったはずだ。神秘主義はそこでは下書きの状態でしかなかった。しかし、より際立った神秘主義、純粋に精神的な集中は、ヨガが有していた物質的側面を利用し、まさにそれによって、ヨガを精神化することができた。実際、ヨガは、時代と場所によっては、神秘主義的観想のより通俗的な一形式もしくはそれを含む総体であったように思われる。残るは、この観想それ自体が何であったのか、この観想はわれわれが解する神秘主義とどのような関係を持ちえたのかを知ることである。最も古い時代より、ヒンズー教徒は存在一般、自然、生命について思索した。だが、その努力は膨大な数の世紀を跨いで続けられたものの、ギリシア哲学者の努力のようには、無際限に発展可能である知識――かかる知識はそれ自体ですでにギリシアの学問であった――へ到達することはなかった。その理由はというと、ヒンズー教徒たちの目には、知識ないし認識というものはつねに目的というよりは手段と見えたからだ。ヒンズー教徒は、格別に苛酷であった生から脱出しなければならなかった。しかし、自殺によっては脱出を果たしたことにはならなかっただろう。なぜなら、魂は死後、他の身体へと移らねばならず、それは生と苦痛の永遠の再開であっただろうからだ。しかし、バラモン教の初期から、ヒンズー教徒は諦念により解脱に至れることを確信していた。この諦念は、自己自身のうちへと同様に、全体（Tout）へ没入することであった。仏教は、バラモン教の方向を変更しに現れたが、本質的に変容させることはなかった。仏教はとりわけバラモン教をより学的なものにした。それまで、生が苦痛であることは事実として認められてきた。仏陀は苦痛の原因にまで遡り、その原因を欲望一般、生きようとする渇望のなかに発見した。こうして、解脱の道はより高い精度をもって引かれうるものとなった。かくして、バラモン教、仏教、更にはジャイナ教もまた、生きる意志の滅却を次第に強く説いたのだが、このような説法は一見すると知性へ訴えとして現れ、その限りで、三つの教説は知性的な度合いの高低という程度の差異によってしか異ならなかった。しかし、より仔細に検討するならば、それらの教説が植えつけることを目指した確信は、純粋に知性的な状態であるにはほど遠いものだった。すでに古代バラモン教において、究極の確信が得られるのは、推論によってでも学習によってでもなかった。この確信は、見者によって伝えられた一つのヴィジョンに存している。仏教は一方でより学的だが、他方でより神秘主義的である。仏教が魂を導いていくその境地は、幸福と苦痛を超え、意識を超えている。仏教が涅槃《ニルヴァーナ》、すなわち、生存中の欲望ならびに死後の運命《カルマ》との滅却に到達するのは、一連の段階を経ることによって、一個の神秘主義的規律の全体によってである。仏陀の使命の起源に、彼がとても小さい時に得た悟りがあることを忘れてはならない。仏教において言葉に表現可能なものはすべておそらく哲学として扱われうる。しかし、本質的であるのは、言葉と同様に理性をも超越した決定的な啓示である。これは目的が達せられたという、段階的に形成されながらも突如として獲得された確信である。つまり、生存において、前もって決定されたもの、ひいては真の意味で生存するものたる苦痛は終わった。われわれはここで一つの理論的見地ではなく、忘我に酷似した経験と係っていると考えるなら、また、創造的弾《エラン》みと一体化する努力において、魂は以上に描写された道を取ることができ、失敗が起こるのは魂が途中で停止する、つまり、人間の生からは離脱したものの神の生には至らず、二つの活動の間で無の眩暈のなか宙づり状態になるからにすぎないと考えるならば、われわれはためらうことなく仏教のなかに神秘主義を見出すだろう。しかし、われわれはなぜ仏教が完全な神秘主義ではないのかをやがて理解するだろう。完全な神秘主義とは行動であり創造であり愛であろう。

仏教が仁愛《シャリテ》を知らなかったというのではもちろんない。逆に、仏教は極めて高尚な言葉で仁愛を勧めた。戒律に、仏教は模範例をつけ加えた。しかし、仏教は熱気を欠いていた。宗教史家の一人が非常に正しく指摘したように、仏教は「自己自身の全面的で神秘的な贈与」を知らなかった。われわれはこれに加えて――おそらく根本的には同じことなのだろうが――、仏教は人間の行動の効果を信じなかったと言おう。仏教は人間の行動を信頼していなかったのだ。唯一この信頼のみが力能となり、山をも持ち上げることができる。完全な神秘主義であれば、そこまで行っただろう。おそらくインドでもこの種の神秘主義が見出されるとはいえ、それはずっと後になってからのことだ。ごく最近の事例にしか触れないとしても、われわれがラーマクリシュナやヴィヴェーカーナンダのごとき人物に見出すのはまさに熱烈な仁愛であり、キリスト教神秘主義に匹敵する神秘主義である。しかし、まさしくキリスト教がその間に出現したのだ。キリスト教がインドに与えた影響――ちなみにそれはイスラム教にも至った――は非常に表面的なものであったが、予定された魂には単なる暗示、合図で十分である。とはいえ、教義としてのキリスト教の直接的な作用はインドではほぼ皆無であったことを認めよう。キリスト教は西洋文明の全体に浸透していたので、この文明がもたらすもののなかで、キリスト教はまるで香気のように吸い込まれる。産業主義それ自体も、後にわれわれが示そうと試みるように、キリスト教から間接的に派生した。ところで、ラーマクリシュナやヴィヴェーカーナンダのような人の神秘主義を始動させたのは産業主義であり、われわれの西洋文明なのである。ヒンズー教徒が自然によって圧殺され、いかなる人為的介入も役に立たなかった時代には、熱烈で活動的な神秘主義など決して生まれなかっただろう。避け難い飢饉が数百万の不幸な人々を餓死させる時代に、何をすればよいというのか。ヒンズー的悲観主義はかかる無力感をその主たる起源としている。インドがその神秘主義の果てまで進むことを妨げたのは、この悲観主義である。完全な神秘主義は行動なのだから。ところが、土地の生産量を増大させ、とりわけその産物を流通させる機械群が到来すれば、同様に、大衆は隷属的で不幸な生を送ることをさながら不可避の必然性のように強いられているのではないことを実地に証明してくれる社会・政治組織もまた到来する。かくして、解脱はまったく新しい意味で可能になる。神秘主義的な推進力は十分な力でどこかで働くならば、行動不可能性を前にしてももはや突然停止したりしないだろう。この推進力は、諦念に基づく教説や忘我の修行で抑圧されることはもはやないだろう。自己自身へ没入する代わりに、魂はまったく偉大なものとして宇宙的な愛へと開かれるだろう。ところで、これらの発明と組織は西洋的な本質を有している。ここで、神秘主義にそれ自身の果てまで行くことを可能にしたのは、これらの西洋的な発明と組織である。そこで、こう結論しておこう。ギリシャにも古代インドにも完全な神秘主義は存在しなかったが、その理由は、前者では弾《エラン》みが不十分であること、後者では物質的な諸条件もしくはあまりにも狭い知性によって弾みが妨げられたことにある、と。火山の突然の隆起が長期間にわたる過去の一連の地震を解明するのと同様に、ある正確な時点での完全な神秘主義の出現が、われわれを回顧的な仕方でその準備段階に立ち会わせるのである(17)。

キリスト教神秘主義

実際、完全な神秘主義はキリスト教の偉大な神秘主義者たちのそれである。しばらくは彼らのキリスト教は脇に置き、内容ぬきで彼らにおける形式を考察してみよう。彼らの大部分が、古代の神秘主義の様々な到達点に類似した諸状態を経たことは疑いえない。しかし、彼らはそこを通り過ぎただけである。彼らはまったく新たな努力で自ら緊張するために身を縮めて堤防を破った。生命の巨大な流れが彼らを再び捉えた。彼らの増大した生命力から、構想し実現する並外れたエネルギー、大胆さ、力能が解き放たれた。行動の領域で、聖パウロ、聖テレサ、聖カタリナ、聖フランチェスコ、ジャンヌ・ダルクのような人々、その他多くの人々がなしたことを考えていただきたい(18)。これらの過剰な活動力のほとんど全ては、キリスト教の流布に用いられた。けれども、数々の例外がある。ジャンヌ・ダルクの例は、形式が内容から分離可能であるのを示すのに十分であろう。

偉大な神秘主義者たちの内的発展をこのようにその終着点で取り上げるとき、思案されるのは、どうして彼らが精神病患者と同一視されえたのかである。もちろん、われわれは不安定な平衡状態のなかで生きており、また、精神の平均的な健康を、もっとも身体のそれも同様だが、決定するのは容易ではない。けれども、揺るぎない確固たる知的健康というものは例外的ながら存在しており、それは難なく見分けられる。この知的健康は、行動への嗜好、諸状況に適応し再適応する能力、柔軟さを伴った強靭さ、可能なものと不可能なものとの予言的識別、紛糾に打ち克つ単純性の精神、要するに高度な良識によって発現する。これらはまさにわれわれが話題にしている神秘主義者たちに見られるものではないだろうか。そして、彼らの知的頑健の定義そのものに、それらを役立てることができるのではないだろうか。

神秘主義者たちがそれとは別様に判断されたのは、彼らにおいてしばしば決定的変換の序曲となった様々な異常状態が原因である。神秘主義者たちは自分たちの見神《ヴィジョン》、忘我、法悦について話す。このような現象はまさに精神病患者にも同様に生じるもので、彼らの病の構成要素となっている。近年、忘我を精神衰弱の一発現形態として考察した重要な書物が出版された(19)。しかし、健康な状態の模倣たる病的な状態というものが存在する。とはいえ、健康な状態はやはり健康なもので、他の状態は病的である。一人の患者が自分を皇帝と思い込み、自分の身振り、話し方、動作にナポレオンのような外観を一貫して与えれば、それはまさに狂気であろう。だが、そのせいでナポレオン自身が何か逬り《とばっち》を食うということがあるだろうか。これと同様に、神秘主義をパロディ化することも可能で、かくして神秘主義の狂気というものが存在することになる。だが、そこから、神秘主義は狂気であるという結論が導き出されるだろうか。とはいえ、忘我も見神も法悦も異常な状態であり、異常なものと病的なものを区別するのは難しいということに異論の余地はない。ちなみに、このようなものは偉大な神秘主義者たち自身の意見でもあった。彼らは誰よりも先に、単に幻覚であるかもしれない見神体験に対して自分の弟子たちを警戒させた。偉大な神秘主義者たちのほうでは、見神体験を持った時には、総じてその体験に二次的な重要性しか与えなかった。つまり、見神体験は途上での小さな波瀾であり、人間の意志と神の意志の一体化という終着点に到達するためには、この体験を乗り越え、法悦と忘我を背後に置き去りにしなければならなかった。なるほど、これら異常な状態、病的状態とのそれらの類似、更に、病的状態への融即もおそらく時に生じるだろうが、これらは、静から動、閉じたものから開かれたもの、習慣的生から神秘的生への移行たる大変動のことを考えれば容易に理解されるだろう。魂の暗い深層が攪拌されるとき、表層へと昇り、意識へと達するものは、強度が十分であれば、イメージもしくは感動の形態をまとうだろう。イメージは大抵は単なる幻覚であり、同じく感動も空疎な興奮である。とはいえ、両者共に、大変動がより高度な平衡状態を目指す全面的再組織化であることを表現している可能性があり、そのときイメージはこれから生じるものを象徴し、感動は変形を待望する魂の集中である。この後者の事例が神秘主義の事例なのだが、それは前者の事例の何がしかを分かち持つことがありうる。単に異常なものが明白に病的なものと重ね合わされ、意識的なものと無意識的なものとの習慣的諸連関を擾乱するというリスクが冒される。だから、神経障害がしばしば神秘主義に伴っていても驚いてはならない。同様のことは、天才の他の諸形態にも、とりわけ音楽家において見出される。偶発事だけをそこに見るべきである。音楽家たちの神経障害が音楽に由来しないのと同じく、神秘主義者たちの神経障害は神秘主義には由来しない。

自分を牽引する流れによって深層で揺さぶられた魂は、その場で回転するのを止め、種と個体をして円環的に相互に制約させる法則を一瞬免れる。あたかも自分を呼ぶ声を聞いたかのように、魂は立ち止まる。次いで、魂は真っすぐ前へと運ばれるがままになる。魂は自分を動かす力を直接知覚しはしないが、その定義不可能な力の現前を感じ取るか、あるいは象徴的なヴィジョンを通してそれを見分ける。その時、とてつもない歓喜が、忘我が、法悦が訪れ、魂は忘我に呑み込まれ、法悦に身を任せる。神がそこにいて、魂は神のなかにいる。神秘はもはやない。数々の問題は消え去り、晦渋さは一掃される。これが天啓というものである。しかし、どれくらい続くのだろうか。忘我の上を漂っていた感知できないほど微かな不安が下降し、魂にその影のように貼りつく。すでにこの不安だけで、後続して起こる状態がなくても、完全なる真の神秘主義を、かつてその先行模倣ないし下拵えであったものと区別するには十分であろう。実際、この不安は偉大な神秘主義者の魂が旅の終着点でのように忘我で停止したりはしないということを示している。お望みなら、それはたしかに休止であると言えるだろうが、ただ、機関車が蒸気圧を受けたまま駅に止まっているような休止であって、新たに前進する飛躍を待ちながら、運動はその場での揺動として続けられる。もっと正確に、神との結合がいかに緊密であろうとも、それが全体的である場合にしか結合は決定的ではないと言っておこう。隔たりを測り、それを構成しさえする諸問題が消え去った以上、もはや思考と思考の対象の間にはおそらく隔たりはない。愛するものと愛されるものとの根本的な分離ももはやない。神は現前し、歓喜に限りはない。しかし、魂が思考と感情によって神に没入するとしても、魂の何ものかはまだ神の外にとどまっている。それが意志なのだ。魂の活動は、それが作動するときには、単に意志から発する。だから、魂の生はまだ神的なものではないのだ。魂はそのことを知っている。漠然と魂はそれを不安に思うのだが、休止のなかでのこの動揺が、完全な神秘主義とわれわれが呼ぶものの特徴である。かかる動揺は、もっと先へ進むために弾みがつけられたということ、忘我はたしかに見る能力や感動する能力と関係があるが、同様に意志作用というものがあって、それを神のなかに置き直さねばならないということを表現している。この感情がすべての場所を占めるに至るまで増大したとき、忘我は消え、魂は再び孤独になり、時に悲嘆に暮れる。しばし眩い光に慣れ親しんでいたので、魂は暗闇のなかでもはや何も判別しない。魂は自分のうちでひっそりと果たされている深い作用に気づかない。魂はたくさんのものを失ったと感じ、それがすべてを得るためであるということをまだ知らない。これが偉大な神秘主義者たちの語った「暗夜」であり、多分それはキリスト教神秘主義のなかで最も意義深いもの、いずれにせよ、最も学ぶところの多いものであろう。偉大な神秘主義の特徴である決定的な段階は準備されつつある。この最終的な準備段階を分析することは不可能であり、神秘主義者自身もその機構《メカニスム》をかいま見ることはほとんどなかった。われわれとしてはこう述べるにとどめよう。非常に丈夫な鋼鉄を使い、並外れた努力を行うことを目指して構成された機械が組み立てられた瞬間に自己意識を持つならば、おそらく神秘主義者に類似した状態にあるだろう、と。その部品が一つずつ最も厳しい検査に付され、幾つかの部品が外されて他のものと取り替えられたとしても、この機械《マシン》はあちこちで欠損の感情を抱き、至るところで苦痛を感じるだろう。しかし、このまったく表面的な痛みが、途方もない機具到来への期待と希望のなかで消滅するには、その痛みはより深められるほかないだろう。神秘的な魂はこのような機具となることを欲するのだ。この魂は自分の実質から、神に利用されるほどには十分に純粋でも丈夫でも柔軟でもないものすべてを除去する。すでにこの魂は神の現前を感じ、象徴的なヴィジョンのなかに神を認めたと思い、忘我のなかで神と合一してさえした。しかし、こうしたことすべては観想でしかなかったので、長続きするものは何もなかった。行動が魂を自分自身へと連れ戻し、かくして魂を神から引き離した。今や、この魂によって、この魂のなかで働いているのは神なのである。結合は全面的であり、したがって決定的である。その場合、機構や機具といった語が喚起するイメージについてはうっちゃっておいたほうがいいだろう。準備作業という観念をわれわれに与えるためには、それを利用することもできた。が、それによってわれわれが最終結果について学ぶことは何もないだろう。言ってしまえば、これ以後、神は魂にとってとめどない過剰な生なのである。それは途方もない弾《エラン》みである。それは魂を最も壮大な試みへと投げ入れる抗し難い推進力である。魂のすべての能力の静謐な高揚ゆえに、魂は広大な視野でものごとを見、どんなに魂が弱くても、力強く実現する。とりわけ、この魂は単純にものごとを見る。この単純性はその言葉と行動においても感銘深いもので、それが様々な紛糾のなかで魂を導いて行くのだが、魂はこの紛糾、この錯雑さに気づいてさえいないように思える。例えば生来の知恵、あるいはむしろ後天的に獲得された無邪気さはこのように、有益な歩み、決定的な行為、反撃を受けつけない言葉を魂に一度に示唆する。とはいっても、努力はなおも不可欠であり、忍耐力と持久力についても同様である。ただ、こうした努力、忍耐力、持久力は、みずから働くと同時に「働かされている」魂をおのずから訪れ、そのなかを自発的に広がっていくのであり、かかる魂においては、その自由と神の活動が一体化している。努力、忍耐力、持久力はエネルギーの膨大な消費を表しているが、このエネルギーは要求されると同時に供給される。なぜなら、魂が求める過剰な生命力は、生の源泉そのものたる源泉から流れ出ているからだ。今となっては、見神《ヴィジョン》は遠い背後にある。今や神に満たされている魂に、神性が外から顕現することはできないだろう。このような人間と、彼がそのなかを行き来しているところの人間たちを本質的に区別するように見えるものはもはや何もない。彼だけが、彼を神の協力者たち（*adjutores Dei*）〔『コリントの信徒への手紙一』三〕——神に対しては受動的で、人間たちに対しては能動的な——の階位に昇格させる変化に気づいている。もっとも、この昇格が彼を慢心させることはまったくない。逆に、大いに彼は謙虚である。どうして、彼が謙虚でないことがあろうか。彼は一対一の黙した対話のなかで、己が魂全体がそこへと溶け込んでいくのを感じさせる感動と共に、神の謙虚さと呼ばれうるようなものを確認することができたのだから。

忘我、すなわち観想で停止していた神秘主義のなかでもすでに、ある一定の行動が予め形成されていた。天から地に再び降り立つや否や、彼らは人間たちに教示する必要を感じていた。身体の目によって知覚された世界はなるほど実在的であるが、別の何かがあって、それは推論の結論がそうであるように単に可能であるとか蓋然的であるとかいうのではなく、一つの経験として確実なものである、つまり、誰かが見て誰かが触れ誰かが知っている、ということを万人に告知せねばならなかったのだ。にもかかわらず、そこには漠然とした伝道の意欲しかなかった。実際、試みは失望をもたらすものだった。一つの経験から得た確信を、いかにして言説によって流布させるというのか、そして何よりも、いかにして表現不能なもの（inexprimable）を表現するというのか。しかし、これらの問いは偉大な神秘主義者に提起されることさえない。偉大な神秘主義者は、真理がその源泉から活発な力として自分のうちに流れ込んでくるのを感じた。太陽がその光を放たずにはいられないのと同様に、彼は真理を四方八方へと伝えずにはいられない。ただ、この神秘主義者が真理を伝播するのは、もはや単なる言説によってではない。

なぜなら、偉大な神秘主義者を焼き尽す愛は、もはや単に神に対する人間の愛ではなく、万人に対する神の愛であるからだ。彼は神を通して、神によって、全人類を神の愛によって愛する。これは、哲学者が、すべての人間は元々同一の理性的本質を分有していると主張しつつ、理性の名の下に推奨した友愛《フラテルニテ》ではない。これほど気高い理想に、人々は敬意を持って服し、この理想が個人と共同体にとって過度に煩わしいわけではないのなら、それを実現しようと努力するだろうが、情熱をもってこの理想に執着するということはないだろう。そうでないとすれば、それは人々がわれわれの文明の片隅で、神秘主義が残していった陶酔性の香りを吸い込んだからだろう。哲学者たち自身も、人類全体を唯一不可分な愛のなかに包む神秘主義者が存在していなかったならば、これほどまで確信を持って、万人が高度な本質を等しく分有しているという、通常の経験にほとんど適合しない原理を措定しただろうか。だからこの場合、友愛の観念がまず構築されて、その後、それが理想となったのではないのだ。また、人間に対して人間が持つ生来の共感《サンパシー》の強化したわけでもない。もっとも、このような本能は、哲学者たちの想像力のなか以外のどこかにかつて存在したことがあるのだろうか。それは対称性《シンメトリー》が理由で哲学者たちの想像力のうちに出現した。家族、祖国、人類は次第に大きく広がる円として現れるので、人間は自分の祖国と家族を愛するように、自然に人類を愛するはずだと考えられたのである。ところが実際には、家族と社会という集合体だけが自然によって望まれたもので、本能が対応するのはこれらの集合体に対してだけである。また、社会的本能は、諸社会が真に人類として構成されるようそれらを結合させるよりはむしろ、社会と社会を互いに争わせるよう仕向ける。

家族的、社会的な感情はせいぜい、偶然的に溢れ出し、過剰ゆえか戯れにかその自然的境界を超えて働くことがありうるだけだろう。しかし、決してそれほど遠くまで行くことはあるまい。人類への神秘主義的愛は、このような感情とは大いに異なる。かかる愛はある本能を延長するのではないし、ある観念から派生するのでもない。それは感性的なものにも理性的なものにも属さない。暗黙裡にはそれはこれら双方であり、事実的には双方をはるかに超えたものである。なぜなら、この愛は感受性と理性の根元に存在し、また同じく、その他のものの根元にも存在しているからだ。己が作品への神の愛、万物を造った神の愛と一致しているので、この愛は、それに問いかけることのできる者には創造の秘密を明かすだろう。この愛の本質は道徳的であるよりもはるかに形而上学的である。この愛は神の助けを借りて、人間種《エスペス》の創造を完成させ、人類が人間自身の助けなしに決定的な仕方で構成されえたならば、ただちにそうなっていたであろう姿へと人類を変えようと望むだろう。あるいは、後で見るように、同じことを別の言語で語る語彙を援用するなら、この愛の方向は生の弾み《エラン》の方向そのものである。この愛は生の弾み《エラン・ヴィタル》そのものであって、この弾みは、それを人類全体に刻みつけようと望む傑出した人間たちには余すところなく伝えられており、これらの人間は、矛盾をまさに現実化しつつ、一つの種《エスペス》たるこの被造物を創造の努力に転じ、定義からして停止であるものを運動たらしめようとするだろう。

それは成功するだろうか。神秘主義が人類を変形しなければならないとすれば、自分自身の一部を少しずつ、ゆっくり伝達することによってでしかありえない。神秘主義者たちはこのことをよく承知している。彼らがやがて出会う大きな障害は、神的人類の創造を妨げる障害である。人間は額に汗して自分のパンを獲得しなければならない。言い換えると、人類は動物種の一つであり、そのようなものとして、動物界を支配する法則、つまり生物に生物を食べることを余儀なくさせる法則に従っている。人間の食物はかくして自然一般および同種の存在とのあいだで争われるので、人間は食物を手に入れるために必ず努力しなければならず、他方、人間の知性は、この種の争いと労働を目的とした武器と道具を供給するまさにそのために作られている。このような条件のもと、いかにして人類は、本質的に地上に固定された注意を天へと向けるだろうか。もしそれが可能だとすれば、それは二つの非常に異なる方法を同時にあるいは交互に利用することによってでしかありえないだろう。第一の方法は、知性の働きを大いに強化し、自然が知性に対して望んでいたものを超えて非常に遠くへと知性を推し進めることであろうが、その結果、単純な道具は、人間の活動を解放できる機械の強大なシステムに場所を譲り、しかもこの解放は、機械化《マシニスム》の真の目途を保証する政治・社会的組織化によってより強固にされたものなのだ。危険な手段である。なぜなら、機械主義《メカニック》は発展を続けると神秘主義《ミスティック》に反旗を翻すこともありえるからだ。いや、それどころか、機械主義《メカニック》が最も完全に発展するのは、この神秘主義《ミスティック》に明白に反抗する時でさえある。しかし、冒さねばならないリスクはそれだけではない。例えば、高次の次元に属する活動がより低い次元の活動を必要とする場合、前者は後者を引き起こさねばならないし、そうでなくともとにかく、必要な場合には防御することを覚悟のうえで、その活動を放任しておかねばならないだろう。経験が示すところでは、二つの相反し、補完し合う傾向のうち、一方がすべての場所を取るほどに増大した場合、もう一つの傾向が保存されることがわずかでも可能であったならば後者の傾向にとってはそれで十分なのである。つまり、いずれ後者の傾向の番が回ってくるだろうし、その時この傾向はそれ不在で行われ、それどころか、この傾向に対抗してしか力強く遂行されなかったすべてのことの恩恵に浴するだろう、というのだ。しかし、いずれにしても、この手段は随分後になってしか使用されることができなかったし、その時までは従うべきまったく別の方法があった。それは、神秘主義的な弾《エラン》みをただちに全世界へと伝播するといった明らかに不可能なことを夢想しないことであり、この弾《エラン》みを――これだけですでに減弱化されているとはいえ――小数の特権的な人々に伝えることであった。彼らは一緒になって精神的な一つの社会を形成するが、この種の社会は分散することができるだろう。つまり、これらの社会の各々は、その成員のうちで例外的に資質のある人々によって、一つあるいはそれ以上の数の社会を新たに誕生させるのだ。かくして弾《エラン》みは、自然によって人類に課された物質的諸条件の深甚な変化が精神的な面で人類の根底的な変形を可能にする日まで保存され、継続されるだろう。このようなものが、偉大な神秘主義者たちの従った方法なのである。彼らが修道院や教団を設立することに、自分の満ち溢れるエネルギーを消費したのはやむを得ないことだった。彼らにはそれ以上のことをすることはできなかったのだから。さしあたり彼らはより遠くを見る必要はなかった。人類を神にまで高め、神の創造を完成させるよう神秘主義者たちを仕向けた愛の弾み《エラン》は、彼らの目には、神の助けがなければ成就されうるものではなく、彼らは神の機具《アンストリュマン》なのだ。だから、彼らの努力はすべて、非常に大きく非常に困難な、しかし限定された課題に集中しなければならなかった。他の様々な努力がやがて現れるだろうし、すでに現れた努力もある。神がそれらの統一をなす以上、すべての努力は一点に収斂するだろう、というのだ。

　実のところ、われわれは事柄を大いに単純化してしまった。説明がより明瞭になるように、そして何よりも難点を順に並べるために、われわれは、内的啓示の担い手たるキリスト教神秘主義者が、この啓示について何も知らない人類のなかに突如到来したかのように推論してきた。事実から見ると、キリスト教神秘主義者が相手にする人間たちはすでに一つの宗教を有している。しかも、その宗教は神秘主義者自身のかつての宗教であった。神秘主義に見神《ヴィジョン》があったとして、それらは、彼の宗教が観念の形で彼に以前に教え込んでいたものをイメージとして彼に示したにすぎない。彼が忘我に至るとして、忘我は神秘主義者を神に結合するとはいえ、ここにいう神は、神秘主義者がすでに想像していたすべてのものをおそらく乗り越える一方で、宗教がかつて神秘主義者にもたらした抽象的描写に対応してもいた。そうした抽象的な教えが神秘主義の起源にあるのではないか、神秘主義はその教義の文面をなぞり、それを今度は炎の文字で書き記すこと以外のことはしなかったのではないか、と訝《いぶか》ることさえできる。その場合、神秘主義者たちの役割は、宗教を再び熱くするために、神秘主義者たちに喝《かつ》を入れていた熱情のいくばくかを宗教にもたらすことだけだろう。もちろん、このような意見を表明する人は難なくその意見を受け入れさせることができるだろう。実際、宗教の数々の教えはどんな教えもそうであるように知性に働きかけるし、知性の次元に属するものは万人に理解可能なものとなりうる。宗教に帰依しようがしまいが、宗教の数々の神秘を神秘的なものとして思い描くことを覚悟するなら、結果的にはつねに宗教を知的に自家薬籠中の物とすることができる。逆に神秘主義はというと、その何かを感じ取ったことのない者には、何も、絶対的に何も語らない。だから、知性の用語で定式化された先行宗教のなかに、独自で言い難いもの（ineffable）として神秘主義が所々で挿入されることは誰もが理解するだろうが、それに対して、神秘主義によってしか実在しないような宗教の観念を承認させるのは困難だろう。その場合には、この宗教の観念は、知的に定式化可能で、ひいては一般化可能な抜粋になってしまう。これらの解釈のうちどれが宗教的正統派にふさわしいのかを検討する必要はわれわれにはない。ただ、心理学者の観点から見て、第二の解釈のほうが第一の解釈よりもはるかに真実らしいとだけ言っておこう。教説でしかない教説からは、燃える熱狂、天啓、山をも持ち上げる信仰は生まれ難い。逆に、この灼熱を仮定してみていただきたい。その場合、沸騰状態の素材は造作もなく教説という鋳型に流れ込むか、あるいは凝固してこの教説になりさえするだろう。だから、われわれとしては宗教を、神秘主義が燃え盛りつつ人類の魂のなかに置いたものの、学的冷却による結晶化として表象する。誰でも、かかる宗教によって、幾たりかの特権者が十全に所有していたものを少々獲得することができる。たしかに、宗教は自分を受け入れさせるために、多くのものを受け入れねばならなかった。人類が新しいものをよく理解するのは、それが古いものを引き継ぐ場合だけである。ところで、古いものとは、一方ではギリシャの哲学者が構築していたものであり、他方では古代の諸宗教が想像していたものである。キリスト教が双方から多くのものを受け取った、というよりはむしろ、多くのものを引き出したことは疑いえない。キリスト教はギリシャ哲学を充塡され、われわれが静的もしくは自然的と呼んでいた宗教の多くの祭儀、儀式、信仰そのものも保持した。これはキリスト教にとって利得だった。なぜなら、アリストテレス的新プラトン主義の部分的採用は、キリスト教が哲学的思考を自分の味方にすることを可能にしたし、古代宗教から借り受けたものは、かつての宗教とは宗教という名称以外にはほとんど共通点を持たず、それとは方向を逆にする一つの新たな宗教が大衆的なものとなることを容易にしたはずだからだ。しかし、すべてこれらのことは何ら本質的ではない。新たな宗教の本質は神秘主義の普及であったはずである。高貴な通俗化というものが存在しており、それは科学的真理の大筋を尊重し、単に教養あるだけの人々がこの科学的真理を大雑把に思い描くことを可能ならしめる。より高度な努力によって彼らが科学的真理の細部を発見し、何よりもその意義が彼らに深く浸透する日がやがて訪れるだろう、というわけだが、宗教による神秘性の伝播もこれと同じ種類に属するように思える。この意味で、宗教が神秘主義に対して持つ関係は、通俗化が科学に対して持つ関係と同じである。

したがって、神秘主義者が自分の面前に見出すのは、教えられている宗教のなかに不可視ながら現前する他の神秘主義者のおかげで、当の神秘主義者の言うことを理解する準備の整った人類である。もっとも、件の神秘主義者の神秘主義はそもそもこの宗教から出発したのだから、当然、この宗教は彼の神秘主義そのものに染み込んでいる。彼の神学は神学者たちのそれに適合するだろう。彼の知性と想像力は、彼が体験したものを言葉で、彼が精神的に見たものを物質的イメージで表現するために、神学者たちの教えを利用するだろう。これは神秘主義者にとって簡単なことだろう。神学は神秘性のなかにその源泉を持つ流れをまさに取り込んだのだから。このように、神秘主義者の神秘主義は、宗教がこの神秘主義によってより豊かになる前に、宗教から利益を得るだろう。神秘主義者がまず演じるよう召命されたと感じる役割、宗教的信の強化という役割はこれによって説明される。神秘主義者は緊急性の最も高いものへと馳せ参じる。だが実際には、偉大な神秘主義者にとっての課題は、みずから範を垂れることから始めて、人類を根底的に変形することである。理論的には起源に存在していたはずのもの、すなわち神的人類が最終的に存在するに至った場合にのみ、この目的は到達されるだろう。

このように神秘主義とキリスト教は際限なく相互に条件づけ合う。けれども、やはり一つの始まりがあったのでなければならない。事実からしても、キリスト教の起源にはキリストがいる。われわれが身を置き、そこから万人の神性が現れ出るような視点から見るなら、キリストが一人の人間であると呼ばれるか否かはほとんど重要ではない。彼がキリストと呼ばれることさえ重要ではない。イエスの実在を否定するところまで行った人々でさえ、山上の垂訓が神の他の言葉と一緒に福音書に載っていることには異論を唱えないだろう。その作者に人は好きな名前を与えるだろうが、だからといって、作者が存在しなかったことにはならない。だから、われわれは以上のような問題をここで提起する必要はない。われわれとしてはただ、偉大な神秘主義者がまさにこれまで描写してきたような人々であるならば、彼らは、福音書のキリストが完璧に体現していた存在の、独特であるが不完全な模倣者であり継承者である、とだけ言っておこう。

イスラエルの預言者たち

イエス自身、イスラエルの預言者たちの継承者とみなすことができる。キリスト教がユダヤ教の深く変形したものであることは疑いえない。何度となく言われてきたことだが、本質的にまだ民族的だった宗教に、普遍的なものとなりうる宗教が取って代わったのだ。正義と力という点でおそらく他のどんな神からも抜きん出ていたが、その力能を自分の民のために行使し、その正義をまず己が臣民に係るものとした神の後に、愛の神が続き、この神は人類全体を愛した。まさにそれゆえ、われわれはユダヤの預言者たちを古代の神秘主義者たちと一緒くたに扱うことを躊躇するのだ。ヤハウェはあまりにも峻厳な審判者であり、イスラエルとその神のあいだには、ユダヤ教がわれわれの定義する神秘主義であるに足るだけの親密さが存在していない。とはいえ、思想ないし感情のいかなる潮流も、ユダヤ教の預言者の精神ほど、われわれが完全なものと呼ぶ神秘主義、キリスト教神秘主義者たちの神秘主義を生じさせるのに貢献したものはなかった。その理由はというと、たとえ他の思想的あるいは感情的傾向が幾たりかの魂を観想的神秘主義へと連れ行き、それによってこれらの傾向が神秘主義的とみなされるにふさわしいものとなったとしても、それらが到達したのは純粋な観想であったからだ。思考と行動の隔たりを飛び越えるためには弾《エラン》みが必要だったが、それが欠けていたのだ。われわれはこの弾《エラン》みを預言者たちのうちに見出す。彼らは正義への情熱を抱き、イスラエルの神の名で正義を要請した。ユダヤ教の後に続いたキリスト教は、世界掌握に乗り出しうる活動的神秘主義を有することになるが、それは大部分ユダヤの預言者のおかげであった。

神の存在

神秘主義がたしかにわれわれの言う通りのものであるなら、それは、神の実在および本性の問題をいわば経験＝実験的に扱う手段を与えるはずだ。もっとも、哲学とて別の仕方でこの問題を扱うことができるとはわれわれは思わない。一般的にわれわれは、実在する対象は知覚され対象もしくは知覚されうる対象であると考えている。だから、実在する対象は、現実的なものであれ可能的なものであれ、経験のなかで与えられる。幾何学者が幾何学的図形に対してそうするように、諸君はある対象や存在の観念を自由に構成することができる。しかるに、このように構成された観念とは別に、対象や存在が現実に実在することを明らかにするのは経験だけだろう。まさにそれこそが問題なのだ、と言われるかもしれない。ある〈存在〉は、われわれには経験不能であるにもかかわらず他の諸存在と同じくらい実在的であるという点で、他の諸存在と異なるのではないか、まさにそれを考えねばならないのではないか。この種の主張とそこに付加される推論は私には根本的な錯誤を含んでいるように見えるとはいえ、ほんの少しの間、私はこの反論を受け入れる。それでも、このように定義され、このように論証された〈存在〉がまさに神であるのかどうかを明らかにすることが残されている。この〈存在〉は定義からして神であるし、自分で定義する語には自分の欲する意味を自由に与えることができると諸君は言い張るだろうか。

私はこの主張も受け入れる。けれども、あなたがたがある語にその語が通常有するのとは根底的に異なる意味を割り当てるなら、その意味があてはまるのは新たな対象に対してである。諸君の推論はもはや古い対象には係らない。だから、お分かりのように、諸君はわれわれに別のことを話しているのだ。これはまさに、哲学が神について語るときに総じて生じることである。哲学で語られる神は、大部分の人間たちが考えている神ではおよそないので、そのような神が、奇跡でも起きたかのように、また哲学者たちの意見に反して、経験の領野に降り来るとしても、誰もそれが神であるとは気づかないだろう。静的宗教であれ動的宗教であれ、宗教は実際、何よりもわれわれと関係しうる〈存在〉として神を捉えている。しかるにまさにこれこそアリストテレスの神には不可能なことなのだ。アリストテレスの神は、若干の変更を施されているとはいえ、彼の後継者たちの大部分によって採用されている。神性についてのアリストテレスの考えをここで深く検討するのは控えて、この考えは二重の問いを提起するようにわれわれには思えるとだけ言っておこう。第一に、なぜアリストテレスは、〈不動の動者〉を、自己のなかに閉じ込められて自己自身を思考し、己が完全性で他を牽引することでしか作用しない〈思考〉を第一原理として措定したのか。第二に、彼はこのような原理を措定したうえで、なぜそれを神と呼んだのか。どちらの問いに対しても答えは簡単である。プラトンのイデア論は、それが近代哲学へ浸透する以前に古代思想全体を支配していた。ところで、アリストテレスの第一原理と世界との関係は、プラトンがイデアと事物とのあいだに立てた関係と同じである。イデア〔観念〕のなかに社会的かつ個人的な知性の所産しか見ない者にとって、数的に有限で、不可変なイデアが、われわれの経験に属する無際限に多様で変化する事物に対応していることは、何ら驚くべきことではない。実際われわれは、諸事物の多様性にもかかわらずそれらのあいだに類似を見出し、諸事物の不安定性にもかかわらずそれらについて安定した眺めを得られるよう案配する。こうして、われわれはイデアを獲得してそれを支配するが、その一方で事物はわれわれの手から滑り落ちていく。こうしたことはすべて人間が作り上げたことに属している。しかし、社会がすでにはるか遠くまでその作業を進めた時に哲学し始めた者、蓄積されたこの作業の帰結を言語のなかに見出す者は、諸事物がそれに準拠しているかに見えるこのイデアの体系〔観念の体系〕を前に賛嘆の念を抱くかもしれない。不変不動のものとしてこれらのイデアは、変化し運動する諸事物が単に模倣するしかない原型ではないだろうか。とすれば、これらのイデアこそが真の実在ではないだろうか。そしてまた、変化と運動は、イデアの不変不動性と合致するために、いわばイデアの後を追いかけながら、ほとんど存在することなき諸事物が不断になす無益な企てを言い表しているのではないだろうか。そうであるなら、〈善のイデア〉という〈イデアのイデア〉によって支配された〈イデア〉の階層を感覚可能な世界の上に築いたうえで、プラトンが、〈イデア〉全般、ましてや〈善〉はその完全性の牽引力で作用すると判断したのはなるほど理解できる。このようなものがまさに、アリストテレスによると、〈思考の思考〉の作用様相であり、〈思考の思考〉は〈イデアのイデア〉と関係がないわけではない。たしかにプラトンは〈イデアのイデア〉と神を同一視しなかった。『ティマイオス』にいうデミウルゴスは世界を組織するが、〈善のイデア〉とは区別される。しかし、『ティマイオス』は神話的な対話篇である。だからデミウルゴスは半‐実在（demi-existence）しか持たない。そこでアリストテレスはというと、神話を放棄し、神と〈思考〉を合致させる。ところが、この〈思考〉は〈思考する存在〉とは到底言えないものであるから、われわれはそれを〈思考〉というよりも〈イデア〉と呼ぶだろう。以上によって、アリストテレスの神はギリシア人たちが崇拝した神々とは何の共通点も持たず、同じく聖書の神、福音書の神ともほとんど類似していない。静的であれ動的であれ宗教は、まったく別の諸問題を提起するような神を哲学に対して提示する。しかしながら、総じて形而上学がこだわったのはアリストテレスの神で、それには、アリストテレスの神の本質とは相容れない幾つかの属性でこの神を飾ることも辞さない覚悟が必要だった。どうして形而上学は神を起源において捉えなかったのだろうか！　そうしていれば、形而上学は、神がすべてのイデア〔観念〕を唯一のイデアへと圧縮することで形成されるさまを目にしただろうに。どうして形而上学は続いてこれらのイデアそのものを考察しなかったのだろうか！　そうしていれば、形而上学は、これらのイデアは何よりもまず事物に対する個人および社会の作用を準備するのに役立つこと、このような目的で社会は個人にイデアを供給すること、諸イデアの精髄を神へと昇格させることはとりもなおさず社会的なものの神格化に存することを見て取ったであろうに。最後に、どうして形而上学は、個人的行動の社会的諸条件、個人が社会の助けを借りて果たす作業の本性を分析しなかったのだろうか！　そうしていれば、形而上学は、作業を単純化し協業を容易にするために、諸事物はまず、言葉に翻訳可能な少数の範疇とイデア〔観念〕に還元される以上、これらのイデアの各々が、生成に沿って摘み取られた一つの属性もしくは一つの安定的状態を表現しているということを確認していただろう。実在《レール》は動きつつある、あるいはむしろ実在は動きであり、われわれが知覚するのは変化の連続性だけである。にもかかわらず、実在に対して働きかけ、とりわけ人間知性に固有の目的たる製作の作業を成功させるためには、われわれは思考によって停止点を固定しなければならず、同様にわれわれは、動く標的を射るためには、動きが遅くなる相対的な停止の瞬間を待つ。静止は運動に生じる偶然事でしかなく、しかも単なる見かけへと帰されるもので、また、性質は変化に対して撮られたスナップショットでしかないのに、われわれの目には、静止と性質のほうが実在的なものにして本質的なものと化すのだが、それはまさに、静止と性質こそ諸事物へのわれわれの作用に係るものだからだ。こうして、われわれにとって静止は運動に先行し、運動に優越するものとなり、この運動はというと、静止に達することを目指す動揺にすぎなくなる。こうして不変性は可変性の上位に置かれ、可変性は欠損、欠如、最終形態の追求でしかないことになろう。そればかりか、運動と変化が定義され、計測されさえするのは、事物が現にある点と事物がそこになければならない点、事物がそこにあることを欲している点との隔たりによってなのだ。以上によって、持続（durée）は存在の堕落、時間は永遠性の欠損と化す。神性についてのアリストテレスの考えに含まれているのは、このような形而上学の全体なのである。この形而上学は、言語の下準備たる社会的作業と、型やモデルを必要とする個人的製作の作業双方を神格化することに存している。エイドス〈イデアあるいは形相〉はこの二重の作業に対応するものなのだ。かくして、〈イデアのイデア〉、〈思考の思考〉が神性そのものであることになる。かくしてアリストテレスの神の起源ならびに意義が再構成されたわけだが、ではどうして、近代人たちは神の実在と本性を論ずるに際して、神をアリストテレス的な観点から考察し、人間たちがその加護を求めようとは夢にも思わなかったこの存在を、神という名称で呼ぶことに合意する場合にしか提起されない諸問題をお荷物として抱え込むのだろうか。

神秘主義の哲学的価値

これらの問題、それを解決するのは神秘体験なのだろうか。神秘体験が引き起こした数々の反論のことはよく知られている。どんな神秘主義者をも精神的平衡を喪失した人間たらしめ、どんな神秘主義をも病理的状態たらしめる反論については、われわれはそれらをすでに斥けた。われわれが論じたのは偉大な神秘主義者だけであったが、総じて彼らは男女を問わず、行動する人間、高度な良識人であった。彼らが精神的平衡を喪失した人間を模倣者として持ったということ、あるいは、彼らのうちの幾人かがある時期に知性と意志の長引く極度の緊張に苦しんだということはどうでもよい。多くの天才たちが同じ立場にあったのだから。しかし、もう一つ別の系列の反論があり、それらを考慮しないわけにはいかない。具体的に主張されているのは、これら偉大な神秘主義者たちの経験は個人的かつ例外的で、普通の人間によっては検証されえず、だから結局この経験は科学的経験＝実験とは比較しようもないもので、問題を解決することなどできない、ということだ。この点については、言うべきことがたくさんあるだろう。まず、科学的経験＝実験、あるいはより一般的には、科学によって記録される観察はつねに反復され検証されうるものだとはとても言えない。中央アフリカが未知の大地 (*terra incognita*) であった時代、地理学は、その人物に正直さと能力を十分に請け合うものが見られるなら、たった一人の探検家の話に頼っていた。われわれの地図帳には、リビングストンの旅路が長い間記載されていた。次のような答えが返ってくるかもしれない。検証は事実上はなされていなかったが、権利上は可能であった、つまり、他の旅行家も現地に行って見てくることは自由にできたではないか。それに、地図はたった一人の旅行家の指示に基づいて作成されたといっても暫定的なもので、後に行われる探検によってその地図を決定版にすることが期待されていたではないか。私はこうした反論に同意する。しかし、神秘主義者も同様に、事実上ではなくとも権利上は、他の者たちが再び辿ることのできる旅に出発したのだ。神秘主義者と同じ旅路を実際に歩むことができる人々は、リビングストンを探しに行ったスタンレーのような大胆さとエネルギーを持つ人々と少なくとも同じ数だけいる。まだ言い足りない。神秘主義者の道を果てまで辿った魂のかたわらには、少なくともその道程の一部分を歩んだ多くの魂がある。意志の努力によってにせよ、生来の素質によってにせよ、どれほどの人がそこで数歩進んだことだろう！　かつてウィリアム・ジェームズは、決して神秘主義的な諸状態を経験したことがないと明言した。しかし、彼はその体験がある人から神秘主義的な状態について話を聞いたときには、「自分のうちで何かが反響した」とつけ加えている。われわれのなかの大部分の人々も多分同様の立場にある。このような人々に対して、神秘主義のうちにいかさまか精神錯乱しか見ない人々の憤慨せる抗議をつきつけたとしても、何の役にも立たない。幾たりかの人々は疑いなく、神秘主義的経験をまったく受けつけず、そのようなものは何も感じず、何も想像できない。しかし、われわれは同じく音楽が騒音でしかない人々にも出会う。そのうちある者は、やはり同じ怒りを抱き、同じ個人的な恨み節で、音楽家たちに関して自分の意見を述べる。しかし、誰もそこから音楽に反対する論拠を引き出したりはしないだろう。だから、これらの否認は脇に置き、神秘経験の最も表面的な検討でさえすでに、その妥当性を肯定するような推測を生み出すのではないかということを見てみよう。

まず、神秘主義者たちのあいだに見られるある一致を指摘しなければならない。この事実はキリスト教神秘主義者たちにおいて顕著である。神との決定的な一体化に達するために、彼らは一連の状態を経る。これらの状態は神秘主義者によって様々に変化しうるが、それらは互いに大いに類似している。異なる仕方で停止点が道のりに並んでいると想定したうえで、すべての場合で、辿られた道のりはほぼ同じである。また、すべての場合で到達点も同じである。決定的状態についての描写のなかには同じ表現、同じイメージ、同じ比喩がくり返し見出されるが、しかし、作者たちは大抵互いに面識があるわけではない。反論がなされる。彼らは時々互いに知り合いだったし、それに、神秘主義の伝統というものがあって、すべての神秘主義者はその影響を受けることができた、と。われわれはこれに同意するが、偉大な神秘主義者たちがこの伝統をほとんど気にかけていないことに注目しなければならない。偉大な神秘主義者たちは各々独自性を持っている。その独自性は意図されたものでも欲せられたものでもないが、神秘主義者が本質的にこの独自性に執着しているのははっきり感じられる。この独自性は、彼が、たとえ過分なものであっても、例外的な寵遇の対象であることを意味している。宗教の共通性だけで彼らの類似を説明するには十分であり、キリスト教神秘主義者たちは誰もが福音書で育まれ、彼ら全員が同じ神学教育を受けたではないか、と言われるかもしれない。このように言うことは、見神《ヴィジョン》の類似が宗教の共通性によって説明されるとしても、見神が偉大な神秘主義者たちの生涯にほとんど場所を占めていないという事実を忘れることだろう。見神はすぐさま乗り越えられ、彼らの目には象徴的な価値しか持たない。神学教育一般に関しては、たしかに偉大な神秘主義者たちは絶対的な従順さでこの教育を受け入れ、特に聴罪司祭に服従しているように見える。しかし、かつて微妙な言い回しで語られたように、「彼らは自分自身にしか服従せず、確実な本能によって、まさに彼らが歩もうと欲している道をまさに指し示してくれる人間へと導かれる。もしこの人が道から外れるようなことがあるなら、神秘主義者たちはこの人物をはね除け、神性との直接的関係に力を得て、より高度な自由を誇るのをためらわないだろう」[20]。実際、導く者と導かれる者の関係をここで仔細に研究することは興味深いかもしれない。二人のうち、導かれることを謙《へりくだ》って受け入れた人は、同様に謙って導く者となることが一度ならずあったということに気づかれるだろう。しかし、これはわれわれにとって重要な点ではない。われわれとしては単にこう言っておきたい。キリスト教神秘主義者同士の外的類似が伝統と教育の共通性に由来しうるとしても、彼らの深い一致は直観の同一性の徴であり、直観の同一性は、彼らが交流していると信じている〈存在〉(Être)の現実存在によってこのうえもなく簡単に説明されるだろう、と。古代のものであろうと近代のものであろうと他の数々の神秘主義が多少なりとも遠くへ進み、あちこちで停止しながらも、すべて同じ方向を示しているのを考慮するなら、何をか言わんやである。

とはいえ、神秘主義的経験は、それだけでは哲学者に決定的な確実性をもたらすことができないということをわれわれは認める。神秘主義的経験がまったく説得的であるのは、哲学者が、感性的経験とこの経験に基づく推論のごとき別の道を通って、人間を超越的原理と交流させる特別な経験の実在を、本当らしいものとみなすに至った場合のみである。待望されていたこの経験と神秘主義者たちのところで出会ったなら、この出会いは哲学が既得の成果を増加させるのを可能にし、他方、これらの成果はその客観性の何がしかを神秘主義的経験に跳ね返らせるだろう。経験を措いて他に認識の源泉は存在しない。しかし、事実の知性的表記がなまの事実を必ずや乗り越えるのと同様に、経験すべてが等しく決定的で、同一程度の確実性を許容するわけではまったくない。多くの経験は単に蓋然的な結論へとわれわれを導く。とはいえ、複数の蓋然性は加算されうるもので、加算は、確実性と事実上等価であるような合計を与えることができる。かつてわれわれは「事実の線」(lignes de faits) というものを語ったことがある〔『精神的エネルギー』所収の講演「意識と生」を参照〕。どの線も十分遠くまで進まないので、真理の方位しかもたらさないのだが、それらのうち二本の線をそれらが交差する点まで延長していけば、われわれは真理そのものに到達するだろう。測量士は、彼が近づきえない点への距離を計測する際に、彼が到達可能な二点から順々にその点への照準を定める。われわれは、このような交会法(méthode de recoupement)が唯一決定的な仕方で形而上学を前進させうる方法であると考えている。この方法によって哲学者たちのあいだに協力関係が確立されるだろう。形而上学は、採用するか放棄するかのどちらかで、つねに異議提起され、つねに再開されるべき完璧な一つの体系であることをやめ、科学のように、獲得された成果の漸進的な蓄積によって進歩していく。ところで、われわれはまさに、宗教の問題とはまったく異なるある次元の問題を深く究めることで、神秘主義的経験のような特異で特別な経験の実在をいかにもありそうなものを真実とする結論へ偶々《たまたま》導かれた。他方、神秘主義的経験は、それ自体で研究されると、まったく別の分野で、まったく別の方法によって得られた諸情報に付加されうる指示をわれわれに与える。だからここには、まさに相互強化と相互補完がある。第一の点〔相互強化〕から出発しよう。

われわれはかつて、生物学のデータを可能な限り仔細に辿ることで、生の弾み《エラン・ヴィタル》ならびに創造的進化という考えに到達した。前章の冒頭で示したが、この考えは、数々の形而上学構築の土台となるような仮説群とは何の共通点も持たなかった。それは諸事実のある仕方での凝縮であり、様々な要約の要約であった。さて、弾み《エラン》はどこに由来し、その原理は何だったのか。弾み《エラン》が自己充足しているとして、弾み《エラン》はそれ自体では何だったのか、また、弾み《エラン》の諸現出の総体にどのような意味を与えればいいのか。これらの問いに対して、考察された諸事実はどんな答えも与えてくれなかったけれども、答えが因って来たるに相違ない方位にはわれわれははっきり気づいていた。実際、物質を通して放たれたエネルギーは、意識以下のものにせよ意識以上のものにせよ、いずれにせよ、意識と同種のものとわれわれには思われた。このエネルギーは多くの障害をうまく回避し、通り抜けるために収縮しなければならず、何よりも、分岐する進化の諸線へと分かたれねばならなかった。最後に、進化の二つの主要線の先端でわれわれは二つの認識様態を見出したのだが、エネルギーは物質化されるためにこれら二つの認識様態へと分解された。昆虫の本能と人間の知性である。本能は直観的であり、知性は反省し推論した。たしかに直観は堕落して本能にならねばならなかった。直観は種の利害のために催眠状態に陥り、それが保存していた意識的なものは夢遊症的形態をまとった。しかし、動物の本能の周りに知性の縁暈が残っていたのと同様に、人間の知性はいわば直観の光輪に取り巻かれていた。人間において、直観は十全に利害を脱し、意識的なままだったが、それは微光でしかなく、そう遠くまで投射されることはなかった。とはいえ、いつか生の弾み《エラン・ヴィタル》の内面や意義や目途が照らし出されずにおかないとすれば、その光が到来するのは直観からであろう。なぜなら、直観は内部へと向けられていたからだ。第一段階の強化によっては、直観はわれわれの内的生の連続性を把握させ、われわれの多くはそれ以上先へは進まないのだが、より高度な強化によって、直観はおそらくわれわれの存在の根っこまで、ひいては、生一般の原理そのものにまで至るだろう。神秘主義的魂はほかならぬこの特性を持っていたのではないだろうか。

こうして、われわれは第二の点として先ほど告げたもの〔相互補完〕に辿り着く。まず、問題は、神秘主義者が単に精神平衡を喪失した人間にすぎないかどうか、彼らの体験談が単なる空想であるかどうかを知ることであった。しかしこの問題は、少なくとも偉大な神秘主義者に関してはすぐに解決された。次の問題は、神秘主義は最も熱烈な信心、すなわち、情熱的な魂のなかで、伝統的な宗教が採用しうる想像力に富んだ形態にすぎないのか、それとも、神秘主義は伝統的な宗教を可能な限り自分のものとし、この宗教に確証を求め、また、そこから自分の言葉を借りているとしても、宗教の源泉そのものから直接汲まれ、宗教が伝統、神学、教会に負っているものから独立した、独特な内容が存在しなかったかどうかを知ることである。第一の場合、神秘主義は必然的に哲学とは無縁のものにとどまる。なぜなら、哲学はある特定の日に現れた啓示、この啓示を伝達した諸制度、それを受け入れる信心には係ることなく、経験と推理にとどまらねばならないからだ。しかし第二の場合、神秘主義を純粋な状態で、つまり、それが表現される幻視、寓意、神学的表現を排除した神秘主義を取り上げるだけで十分であろう。こうして、神秘主義は哲学的探求の力強い補助となるだろう。これら二つの神秘主義が宗教に対して持つ関係のうちで、われわれに課せられるように思えたのは第二のほうであった。次いで、われわれが検討しなければならないのは、神秘経験は、われわれを生の弾み《エラン・ヴィタル》の学説へと導いた経験を、どの程度延長するものなのかという問題である。神秘主義的経験が哲学に供給するような情報なら何でも、哲学はそれを確証したうえで神秘主義に送り返すだろう。

神の本性

まず、神秘主義者たちはわれわれが「贋の問題」と呼んでいたものには係らないことに注目しておこう。こう言えば多分、真の問題であれ、贋の問題であれ、神秘主義者はいかなる問題も提起しないと言う人がいるかもしれない。その通りである。だが、それでも、神秘主義者は哲学者が考えないわけにはいけない数々の問題に暗示的な答えをもたらすこと、そしてまた、哲学がその前で誤って停止してしまう問題の難しさを、神秘主義者は存在せざるものと暗黙裡に考えていることは確かである。かつてわれわれが示したように（『精神的エネルギー』所収の講演「意識と生」ならびに『創造的進化』第四章を参照）、形而上学の一部は、意識的であるにせよそうでないにせよ、なぜ何かが存在するのかという問題の周囲を回転している。すなわち、無ではなく、むしろなぜ物質が、なぜ精神が、なぜ神が存在するのかという問題の周囲を。しかしこの問題は、実在は空虚を満たし、存在の下には虚無があり、したがって、権利上は何も存在しないのに事実上は何かが存在しているので、その理由を説明しなければならないという考えを前提している。そして、かかる前提はまったき錯誤なのである。なぜなら、絶対的虚無の観念はまさに丸い四角の観念と同程度の意義しか持たないからだ。ある事物がないということは、つねに他の事物があるということだが、われわれは後者の事物を無視することを好む。なぜなら、それはわれわれの関心を引くもの、あるいはわれわれが期待しているものではないからだ。結局、ある事物の消去は置換でしかなく、実は、二つの側面を備えた一つの操作にほかならない。人々は一致して、二つの側面のうち一つの側面しか見ないことにしているのだ。したがって、全事物の消滅という考えは自己崩壊するもの、想定不可能なものである。つまり、この考えは贋の観念であり、表象の蜃気楼である。しかし、かつてわれわれが提示した理由からすれば、錯誤は自然なものである。この錯誤はその源泉を悟性の深層に有している。それは形而上学的不安の主要な起源となる諸問題を引き起こす。ところが神秘主義者は、これらの問題は提起されることさえないと考えるだろう。この種の内的錯覚は人間知性の構造に起因するので、人間の観点を超えて上昇していくにつれて、これらの錯覚は消え去り消滅する。これに類した理由で、神性の「形而上学的」属性の周囲に、哲学によって蓄積された数々の難点についても、神秘主義者は不安を覚えたりしない。神秘主義者は、否定である限定、否定的にしか表現されえない限定を必要としない。つまり、彼は神が何であるかを見ていると信じており、神が何でないかについては何も見ない。したがって、哲学はまさに神の本性についてこそ、しかも神が備えている肯定的な側面、すなわち、魂の目にとって知覚可能な側面から直接把握された神の本性についてこそ、神秘主義者に尋ねなければならないであろう。

哲学者が神秘主義を型通りの言い回しで表現しようと欲したならば、彼は神のこの本性をすぐに定義したであろう。神は愛であり、そして、愛の対象である。この点にこそ神秘主義がもたらしたもののすべてがある。この二重の愛について、神秘主義者は決して語るのを止めないだろう。彼の描写には終わりがない。なぜなら、描写すべき事物が表現不可能であるからだ。しかし、その描写がはっきりと言い表しているのは、神的な愛は神に属する何ものかではなく、愛は神そのものであるということである。かかる指摘に、哲学者――彼は神を人格を備えた存在と考えるが、粗雑な擬人化に陥るまいとする――は執着するだろう。哲学者は例えば、魂を燃え上がらせ、そこにあるものを焼き尽し、それ以降すべての場所を占拠できるような熱情を思い浮かべるだろう。この時、人格はこのような感動と一体になっている。とはいえ、かつて人格がこれほどまで自分自身であったことは決してなかった。人格は単純化され統合され強化されたのだ。また同じく、先に述べたように〔本書第一章〕、感動に次の二種類あることが確かであるなら、人格がこれほど思考を充塡されたこともなかった。第一の種類の感動は知性以下であり、ある表象に続いて生じる精神の動揺でしかないが、第二の種類の感動は知性以上であり、観念に先行し、また観念以上であって、この感動が純然な魂として肉体を持とうとするなら、諸観念へと開花するだろう。ベートーヴェンの交響曲以上に、巧妙に構成され、知的に優れた音楽があろうか。しかし、編曲、再編曲、選曲というこの音楽家の作業が知性の平面で行われている間、その作業を通して、彼はその平面の外に位置したある点のほうへ遡り、そこに、採否、方向性、インスピレーションを探し求めた。つまり、この点にこそある不可分な感動が座を占めていて、確かに、音楽へと明確に表現されるに際して知性に助けられるとはいえ、この感動それ自体は音楽以上であり、知性以上のものであった。知性以下の感動とは反対に、この感動は意志に従属したままだった。この感動に頼るために、毎回、芸術家は努力する必要があった。すぐに闇夜へと消えて去ってしまう星が再び姿を見せるには、目がそれを捉えようと努力する必要があるのと同様に。確かに、この種の感動は、大きな隔たりがあるとはいえ、神秘主義者にとって神の本質そのものであるような崇高な愛に類似している。いずれにせよ、哲学者は神秘主義的直観を徐々に圧縮し、それを知性の言葉で表現する時、このような感動を思い浮かべなくてはならないだろう。

創造と愛

哲学者は音楽家ではないかもしれないが、総じて作家である。文章を綴る時の彼固有の精神状態を分析することは、どうして愛——神秘主義者たちはそこに神の本質そのものを見ている――が一つの人格を備えた存在であるのと同時に、創造の力でありうるのかを理解するための助けとなるだろう。通常、文章を書く時、彼は概念と言葉の領域に身を置いている。先人たちによって錬成され言語のうちに蓄積された諸観念を社会は哲学者に提供し、哲学者は、結合が可能となるよう諸観念をある程度まで作り直した後、これらの観念を新しい仕方で結合する。この方法は多少とも満足のいく成果を与えるだろうが、しかし、つねに一つの結末に、それも、ある限られた時間内で到達する。しかも、生まれた作品は独特のもので、力強いものでもありえる。この作品によって人間の思考はしばしばより豊かなものとなるだろう。けれども、これはいわば年収の増加にすぎず、社会的知性は同じ資本と証券に基づいて生活し続ける。さて、作文にはもう一つ別の方法がある。この方法はより野心的であるが、確実さでは劣り、つまり、いつ最終地点に辿り着くのか、それどころか、実際辿り着くのかどうかさえ言うことができない。この方法は知性および社会の平面から、創造への要求の出発点となる魂のある一点にまで遡ることにある。この要求を宿す精神の持ち主は、この要求を生涯に一度しか完全には感じなかったかもしれない。だが、この要求は消え去ることなく、唯一独自の感動として、事物の根底そのものから受け取った振動もしくは弾《エラン》みとして、そこにある。この要求に完全に服従するためには、言葉をいわば鍛え上げ、観念を創造しなくてはならないが、それはもはや伝達するためではないし、したがって、書くためでもないだろう。とはいえ、作家は実現不可能なものを実現しようと試みるだろう。彼は単純な感動、すなわち、その内容を創造しようとする形式を探し求め、そして、この感動を携えて、既成の観念、既存の言葉、要するに、社会が実在を切断してできたものを出迎えに行くだろう。この途上で哲学者は、感動が、当の感動に由来する諸記号、すなわち、この感動固有の物質化によって生まれた断片として明確化されるのをつねに感じるだろう。だが、これらの要素の各々が唯一独特のものである以上、どのように、すでに諸事物を表現している言葉とそれらを一致させるというのか。言葉に暴力を振るい、諸要素を無理に従わせなければならないだろう。それでも、成功するかどうかは決して分からない。作家は毎瞬間、最後まで行くことが自分にできるかどうか疑念に駆られる。部分的にでも成功する度に、彼は偶然に感謝する。この事情は、洒落好きの人が、口を衝《つ》いて出た言葉が功を奏したことに礼を言うのに似ている。しかし、彼が最後まで行くとしても、彼が人類を豊かにしているのは、まったく新しい世代に対して、その都度まったく新しい側面を示すことができる思考、果てしなく利息を生む財産によってであって、もはや、すぐに費やすべき一定の金額によってではない。以上が作文の二つの方法である。これらの方法は絶対的に排除し合わないとしても、根底的に区別される。神秘主義者が神の本質そのものをそこに見るところの愛を創造的エネルギーとして思い描くために、哲学者が念頭に置かねばならないのはこの第二の方法であり、また、この方法が与えるイメージ、すなわち、形式による内容の創造というイメージであろう。

この愛は対象を持つのだろうか。高い次元の感動は自己充足していることに注目しよう。ある崇高な音楽が愛を表現している。とはいえ、それは誰かへの愛ではない。別の音楽は別の愛であろう。そこには、判然と区別された二つの感情の雰囲気、異なる二つの香りがあり、いずれにおいても、愛はその本質によって愛たりえるのであって、その対象によって愛たりえるのではない。そうではあるが、現働的でありながら何ものにも向かうことなき愛というものを思い描くのは難しい。事実はどうかというと、神秘主義者たちは、われわれが神を必要としているように、神がわれわれを必要としていると一致して証言している。われわれを愛するためでないなら、なぜ神はわれわれを必要とするだろうか。以上がまさに神秘主義的経験と取り組んだ哲学者の結論であろう。哲学者にとって、〈創造〉(Création)は複数の創造者を創造し、神の愛に値する諸存在を自分の協力者とする神の企てとして現れる。

もし〈地球〉と呼ばれる宇宙の片隅に住む凡庸な存在しか問題にしないのであれば、人は以上のことを認めるのに躊躇するだろう。しかし、かつて述べたことだが、生命が、すべての恒星の周囲を回るすべての遊星を生気づけているというのは真実らしく思える。生命のために設《しつら》えられた諸条件は様々であるから、おそらく生命はこのうえもなく多様で、われわれが想像する形態から極めて離れた諸形態をまとうだろう。しかし、至るところで生命は、潜在エネルギーを段々と蓄積し、それを突如自由な作用として消費するという同じ本質を有している。また、もし地上に生息する動物と植物のあいだに、愛し、自分を愛させうる能力を持つ人間のような生物が出現することを偶然であると考えてしまうならば、やはり人は先ほどわれわれが述べたことを認めるのに躊躇してしまうだろう。しかし、われわれが示したように、人間のような生物の出現は予め決定されていなかったとしても、偶然ではなかった。人間に至る進化の線の脇に他の進化の諸線があったにもかかわらず、また、人間それ自体にも不完全な要素があるにせよ、地球上の生命の存在理由は人間であると、経験の間近で言うことができる。最後に、もし宇宙は本質的にただの物質であり、生命は物質に上からつけ加えられたと考えるならば、なおも躊躇の余地があるだろう。反対にわれわれは、われわれが定義するような物質と生命は一緒に相互に依存して与えられることを示した。こうした条件のもと、哲学者が、神秘主義者に示唆された宇宙についての考えを最後まで推し進めるのを妨げるものは何もないだろう。この考えによれば、宇宙とは、愛ならびに愛する欲求の可視的かつ触知可能な側面にすぎず、この創造的感動が引き起こす全結果を含んでいる。つまり、この感動が補完物とみなすような数々の生物の出現、これらの生物が出現するためにどうしても必要であった他の無数の生物の出現、そして最後に、生命が可能であるためにはなくてはならなかった広大な物質界の出現を含んでいるのだ。

こうして、おそらくわれわれは『創造的進化』の数々の結論を超えている。『創造的進化』では、われわれは可能な限り諸事実に寄り添い続けようとした。また、われわれはいつか生物学によって確認されうるだろうもの以外は何も述べなかった。この確証に先だって、われわれはすでに、われわれが理解するような哲学的方法がそれを真理とみなすことを正当化してくれた諸成果を手にしていた。しかるにここでは、われわれはもはや真実らしいものの領域にいるにすぎない。ただ、幾ら繰り返しても言い足りないであろうが、哲学の確実性には程度の差があり、この種の確実性は推理と同時に直観に訴える、そして、科学に支えられて直観が延長されうるとしても、それは神秘主義的直観によってしか可能ではないのだ。事実、われわれが今示してきた数々の結論は、以前書いたわれわれの諸著作を、必然的にではないとはいえ自然に補完している。創造的エネルギーは愛であり、自分自身から、愛されるに値する諸存在を引き出そうと欲するもので、かくして創造的エネルギーは諸世界をまき散らすことができるだろう。これらの世界の物質性は、神の精神性と対立する限りでは単に、創造されたものと創造するものの区別、交響曲の並列された音符と、自分の外にそれらの音符を放出した不可分の感動の区別を表現しているにすぎない。これらの世界の各々にあって、生の弾み《エラン・ヴィタル》となまの物質は創造が持つ二つの相互補完的な側面であろう。つまり、生命は相異なる諸存在へのその再分割を、自分が通り抜ける物質に負っており、他方で、生命に内蔵された諸可能性《ピュイサンス》は、それを発現させる物質の空間性が許す限り一緒に混ざり合ったままである。このような相互浸透はわれわれの惑星上では可能ではなかった。どう考えても、地球で生命と補完的な関係にあった物質が、生の弾み《エラン・ヴィタル》を優遇するよう作られていたとは到底思えない。かくして起源の推進力は最後まで不可分のまま進む代わりに、分岐しながら発展する複数の進化を与えた。推進力の本質的部分が通り抜けた進化の線上でも、それは自分の力を使い尽くしてしまった。というよりもむしろ、直線的であった運動が旋回運動に転じてしまったのだ。人類はその進化の線の先端で円の中をぐるぐると回っている。このようなものがわれわれの結論だった。この結論をいい加減な仮定によることなく延長するには、神秘主義者の指示に従うほかないだろう。物質を通り抜け、また、おそらく物質の存在理由でもある生の流れを、われわれは単に所与とみなしていた。それにわれわれは、進化の主たる方向の先端にいる人類について、その人類が人類以外のものを存在理由として持つのかどうかを思案しなかった。この二重の問い、神秘主義はそれを提起しそれに答えている。創造的エネルギーは愛によって定義されねばならないので、諸存在は、愛し愛されることを使命とした生存へと召喚された。これらの存在は創造的エネルギーそのものたる神とは異なるので、宇宙のなかにしか出現することができず、だからこそ宇宙は出現したのだった。宇宙の一角を占めるわれわれの惑星、そしておそらくは太陽系全体にこのような存在が生じるためには一つの種《エスペス》が構成されねばならず、この種は他の数多の種を、その下準備であり支えであり廃棄物でもあった数多の種を必然的に伴った。太陽系以外の場所ではおそらく、根底的に異なる諸個体――それらがやはり多様で、やはり死すべきものであると想定するとしても――だけが存在し、また、このような個体は進化なしに一挙に完全な形態で実現されたかもしれない。それはともかく、地球ではどうかというと、他のすべての種の存在理由である種は、全面的にではなく部分的にしか自己自身たることはない。この種を代表する幾たりかの者が、生の一般的作用に付加された個体的努力によって、道具がつきつける抵抗を打ち砕き、物質性に勝利し、最後に神を再び見出すことに成功していなかったら、この種は完全に自己自身になろうと考えることさえなかっただろう。このような代表者たる人間たちが神秘主義者なのである。彼らは他の人間がやがて歩むことのできる道を切り開いた。まさにそれによって、彼らは哲学者に、生がどこから来て、どこへと向かうのかを示したのである。

悪の問題

人間は地上において卑小な存在にすぎず、宇宙における地球もまたしかりと、人は繰り返し語って飽くことがない。とはいえ、その身体によってさえ、人間は通常授けられている極小の場所しか占めないというわけではまったくない。パスカル自身「考える葦」を物質的に一本の葦に還元したとき、この極小の場所に甘んじてしまったが、そうではないのだ。なぜなら、身体とはわれわれの意識が貼り付いた物質であり、そうであるなら、身体は意識と広がりを同じくし、われわれが知覚するものすべてを含み、星々にまで到達するからだ。しかし、このような身体の中心を占め、極小の空間に収まった身体の一部分が少しでも移動すれば、この広大な身体は毎瞬間変化し、時には根底的に変化しさえする。比較的不変なものたるこの内的で中心的な身体はつねに現前している。否、この身体は単に現前するだけではなく、それは活発に行動し作用する。われわれがこの巨大な身体の他の諸部分を動かすことができるのは、この身体を介してであり、結局それによるほかない。そして、行動こそが重要であり、われわれが行動するところにわれわれは存在するということが合意されているので、意識を極小の身体に閉じ込め、広大な身体を無視する習わしになっているのだ。しかも、こう考えることは、科学からお墨付きをもらっているように見える。なぜなら、科学は外的知覚を、その知覚に対応する脳内過程の付帯現象とみなすからだ。したがって、この場合、最も巨大な身体について知覚されたいかなるものも、最小の身体によって外側へ投射された幻影にすぎなくなるだろう。われわれはこのような形而上学が内包する錯誤の正体を暴いたことがある[21]。有機的に組織されたわれわれの非常に小さな身体の表面（それはまさに差し迫った行動のために有機的に組織されている）がわれわれの現実的運動の場所であるなら、われわれの非常に大きな無機的身体はわれわれが将来なすかもしれない行動、理論的に可能な行動の場所である。脳の知覚中枢は将来なすかもしれない行動を偵察し準備するものとしてこの行動の計画を内的に描くので、あたかもわれわれの外的知覚が脳によって構築され、脳によって空間へと投射されるかのようにすべては進行する。ところが、真実はまったく異なっていて、われわれは、われわれが知覚するすべてのもののうちに現実に存在しているのだ。たとえその際、不断に変化し、潜在的行動だけを宿したわれわれ自身の部位を介してであるとしても。この角度から事態を捉えてみよう。そうすれば、われわれは自分の身体について、それは宇宙の広大無辺のなかに消え去るとさえもはや言わなくなるだろう。

たしかに、人間の小ささと宇宙の大きさについて話すとき、宇宙の規模に思いを馳せるのと少なくとも同じくらいその錯綜にも思いを馳せる。一つの人格は単純なものであるとの印象を与える。それに対して、物質的世界はどんな想像力も寄せつけない複雑さを備えている。物質の可視的な最小の一片でも、それ自体ですでに一つの世界なのである。このような物質的世界が人格を措いてほかに存在理由を持たないということをどうやって承認すればよいのか。しかし、怖じ気づくのはやめよう。列挙していくと終わりがないような諸部分を前にしたとき、実は全体は単純で、間違った見方をしている可能性がある。手をある一点から他の点へと動かしていただきたい。内側からこれを知覚する諸君にとって、それは不可分な動作である。しかし、それを外側から認知し、通過された線に注意を向ける私はというと、まず間隔の最初の半分を飛び越え、次いで残りの半分の最初の半分、次いでその残りの半分と、かくして以下同様に終わりなく飛び越え続けねばならないと考える。あなたが不可分と感じる運動は、われわれの目には複数の動作へと分解され、たとえ何百世紀かけてそれらを数え続けることができるとしても、列挙し尽くすことはできないだろう。このように、人間種を、もっと一般的に、〈創造者〉にとっての愛の対象を生み出す動作が諸条件を要請し、これらの条件がまた他の諸条件を要請し、それらが次から次へと無限数の条件を巻き込んでいくということは大いにありうる。眩暈に捕らわれることなしにこのような多数性を思い浮かべるのは不可能だが、実はこの多数性は不可分なものの裏面でしかない。たしかに、手の動作が無限に多くの行為に分解されるとき、たしかに、これらの行為は単に潜在的《ヴィルチュエル》なものでしかなく、現に果たされる手の動作の現実性に比して必然的に潜在的なものとして規定されるのだが、それに対して、宇宙の構成部分、これらの部分のそのまた部分は実在である。しかも、これらの部分が生きたものである場合には、それらは自由な行動にまで至りうる自発性を有している。だからわれわれは、複雑なものの単純なものに対する関係はいずれの場合にも同じであると主張するつもりはない。われわれが二つの場合を比較することで示したかったことはただ、錯綜というものは、それが果てなきものであれ、重大さの証ではないということであり、また、単純な実在も、その連鎖に終わりがないような諸条件を要請することがありうるということである。

このようなものがわれわれの結論となるだろう。以上に述べたような場所を人間に、以上に述べたような意義を生命に割り当てているのだから、この結論は非常に楽観的に見えるかもしれない。意識の最低段階から人間まで、生命の領域を覆う苦痛の一覧表がただちに姿を現すだろう。動物の系列では、苦痛はわれわれが考えているものとはかけ離れていると指摘しても無駄である。デカルトの動物機械論まで持ち出さずとも、活発な記憶力を持たず、自分の過去を現在にまで延長することなく、完璧な意味での人格ならざる生物にあっては、痛みは著しく縮減されていると推定できる。それらの生物の意識は夢遊症的な本性を有している。快苦もわれわれ人間においてとは異なって深く長く響き渡ることはない。われわれは夢のなかで感じた痛みを現実の痛みに数え入れることができるだろうか。人間においてさえ、実にしばしば、肉体的な苦痛は不用意と不注意、あるいは、過度に洗練された好みや不自然な欲求のせいではないだろうか。精神的な苦痛に関しても、それは、少なくとも同じくらい頻繁に、われわれの過誤によって引き起こされるし、そうでなくとも、われわれの感受性をそれが病的になるほど過剰に興奮させていなかったならば、精神的苦痛はかくも強烈なものにはならないだろう。われわれの痛みは、痛みについてなされる反省によって無際限に延長され増大させられる。要するに、ライプニッツの『弁神論』〔*Théodicée*, 1710〕に幾つか段落を追加するのは容易いことだろう。だが、われわれはそんなことをする気はまったくない。哲学者は、自分の書斎で独りこの種の思索に耽るのを好むかもしれない。しかし、わが子の最期を看取ったばかりの母親の前で、彼は何を思うだろうか。否、苦痛は堪え難い現実であり、悪をその実際の姿に連れ戻しつつも、そのときでさえアプリオリに悪をより小さな善と定義するのは、度し難い楽観主義《オプティミスム》〔最善説〕である。ただし、経験的な楽観主義も存在しており、それは単に次の二つの事実を認めることに存している。まず、人類は生に由来するのだから、当然、生を全体として善いものと判断するということ。次に、混ぜ物がなく、快苦の彼岸に位置づけられた純粋な歓喜(joie)が存在しているということ。かかる歓喜は神秘主義者にとって決定的な魂の状態である。この二重の意味において、この二重の観点からして楽観主義は避けて通れないもので、そのために哲学者が神の大義を弁護する必要はない。もし生が全体として善であるとしても、苦痛がなければ生はもっと善いものであったかもしれないし、愛の神によって苦痛が欲せられたということなどありえない、と言われるかもしれない。しかし、苦痛が欲せられたものであることを証明するものは何もない。一方で事物の途方もない多数性と見えるもの、実際苦痛もそのなかに数えられるが、そのようなものが他方で不可分な働きとして現れうることをわれわれは論じた。その結果、一部分を排除することは、全体を消去することである。全体は異なるもの、痛みがその部分をなすことなきものでもありえただろうし、したがって生は、今それが善いものであるとしても、より善いものでありえたことになる、との主張がなされるかもしれない。そしてそこから、真に原理が存在するとしても、この原理が愛であるとしても、この原理は万能であるわけではなく、それは神ではないという結論が導かれるだろう。しかし、まさにそれこそが問われるべきことなのだ。「全能」(toute-puissance)とは正確に何を意味するのか。「無」(rien)の観念は丸い四角の観念のようなもので、分析すれば消滅し、その背後には一つの語しか残らない、要するにそれは贋の観念である、ということをわれわれは示した。「全体」(tout)の観念に関しても、この語によって、単に実在的なものの総体だけでなく、可能的《ポシブル》なものの総体をも指し示そうとするならば、事情は同じではないだろうか。実在するものの全体についての話を聞くとき、私はとにもかくにも何ものかを思い浮かべるだろうが、非実在的なものの全体のうちには私は語の寄せ集めしか見ない。だから、ここで異議が引き出されるのはやはり贋の観念、言葉だけのものからである。しかし、もっと先に進むことができる。すなわち、この異議は、方法の根っからの欠陥を含んだ一連の論拠と結びついているのだ。すなわち、アプリオリにある一定の表象を構築し、それは神の観念であると言うことに決まっているのである。こうして、この観念から、世界が呈示するはずの諸性格が演繹され、もし世界がそれらの性格を呈示しない場合には、そこから、神は実在しないと結論される。哲学が経験と推論の産物であるならば、どうして、それがこれとは逆の方法に従わねばならないことを見ないのか。つまり、人間的意識をも感性的実在をも超越した〈存在〉について経験がわれわれに教えうるものに関して経験に尋ね、経験が哲学に語ってくれるであろうものについて推論しながら、神の本性を決定しなければならないのだ。こうして神の本性は、神の実在を信じることを是とする数々の理由そのもののなかに現れるだろうし、神の本性についての恣意的な考えから、神の実在もしくは非実在を演繹することは放棄されるだろう。この点について同意していただきたい。そうすれば、神の全能について不都合なく語ることが可能になるだろう。われわれはこの種の表現を神秘主義者たちのところで見出すが、神的なものの経験についてわれわれはこの神秘主義者たちにお伺いを立てるのだ。かかる表現を彼らが、明確な限界なきエネルギー、いかなる想像力も超えた、創造し愛する力と解しているのは明白である。彼らが閉じた概念に訴えることはまずないが、それ以上に彼らと疎遠なのは、世界はこうであるとか、世界はこうあらねばならないとか結論づけるのを許すような神の定義であろう。

死後の生

同じ方法は彼岸、来世に係るすべての問題にあてはまる。プラトンとともにアプリオリに魂の定義を立てることができる。つまり、魂は単純であるから分解不可能であり、不可分であるから腐敗することはなく、その本質からして不死である、と。この定義から、演繹の道を辿って、〈時間〉のなかへの転落という考え、次いで〈永遠〉への回帰という観念への移行がなされるだろう。このように定義された魂の実存(existence)に異議を唱える者に何と答えればよいだろうか。実在的《レール》魂、その実在的起源、その実在的運命に係る問題は、いかにして実在性《レアリテ》に即して解決され、そうでなくとも、実在性にまつわる語彙でいかにして提起されることさえあるのだろうか。それに反して、人は単に精神についての多分空虚な考え方について思弁しただけであり、最善の場合でも、会話の簡便さのためになされた実在の裁断に社会が書き込んだ語の意味を慣習に即して明示しただけだった。このように、魂の定義が恣意的である限り、主張も同じく不毛である。魂について二千年省察したにもかかわらず、プラトン的な考え方は、魂についてのわれわれの知識を一歩も前進させなかった。この考え方は三角形のそれのように動かし難い決定的なもので、しかも、同じ理由でそうなのだ。しかしながら、魂についての問題が実際に存在するならば、経験にまつわる用語でその問題は提起されねばならず、また、経験にまつわる用語で、その問題は徐々に、つねに部分的に解決されるだろうということを、どうして見ないでいられるだろうか。われわれは他所〔『物質と記憶』〕で扱った主題に立ち戻るつもりはない。ただ、諸感官ならびに意識による、正常な諸事実と病理的な諸状態の観察は、記憶に関する生理学的説明が不十分であるということ、思い出の保存を脳に帰することの不可能性をはっきりさせてくれる一方で、記憶の継起的膨張の跡を辿りうるという可能性をもはっきりさせてくれたということを思い起こしておこう。記憶が狭隘化して、現在の行動に厳密に必要なものしか供給しない点から、記憶が破壊不可能な過去全体を広げる極限の平面に至るまで、その跡を辿ることができるのだが、かつてわれわれは、人は円錐の頂点から底面へと向かうとそれを比喩的に語った。先端によってだけ円錐は物質のなかに差し込まれており、その先端を離れるや否や、われわれは新しい領域に入る。それはどのようなものだろうか。それは精神だと言っておこう。お望みなら、再び魂と言ってもいいだろうが、その場合には、言語の働きを造り替えて、魂という語の下に恣意的な定義ではなく、経験全体を置かなければなるまい。このような経験的深化から、われわれは魂が死後も存続する可能性、そしてその蓋然性さえも結論づけるだろう。なにしろ現世ですでに、われわれは、身体に対する魂の独立性の何がしかを観察し、それにいわば直かに触れたのだから。これは魂の身体に対する独立性の一面でしかないだろう。死後の生の諸条件、とりわけその期間について、われわれは非常に不完全な知識しか与えられないだろう。それはある一定の期間続くだけなのだろうか、それとも永久に続くのだろうか。しかし、いずれにしても、われわれは経験が摑んで離さないある一点を見つけたのであり、それで、われわれの知識の将来的な進歩と同様に、魂についての異論の余地なき主張が可能となるだろう。われわれが下方での経験と呼ぶであろうものについては以上である。では、上方へ移ってみよう。そうすると、われわれは別種の経験、神秘主義的直観を持つだろう。これは神的本質の分有であろう。さて、これら二つの経験は合流するのだろうか。魂の活動の大部分は身体から独立しているという事実によって、死後の生は全ての魂に現世ですでに保障されているように思われるが、この死後の存続は、傑出した魂が現世ですでに入り込んでいる死後の生と同じものなのだろうか。これら二つの経験を延長し深めることによってのみ、われわれはその答えを得るだろう。問題は未解決のままであるに違いない。とはいえ、本質的な諸点について、確実性に転じうるような蓋然性を伴った結果を、また、残余のことについて、魂とその行方の認識について終わりなき進化の可能性を得ただけでも大したものである。たしかに、この解決法はまず、魂のアプリオリな定義をめぐって、その存在を断定的に肯定するにせよ否定するにせよ、論争を交える二つの学派のどちらも満足させないだろう。否定する者たちは、精神に関するおそらく中身のない構築物を実在へと昇格させるのを拒否するがゆえに否定しているのだが、その結果、経験が目の前に呈示されても、結局は同じことが問題だと思い込んで、否定することに固執するだろう。肯定する者たちは、それ自身暫定的で改善可能であると表明するような考えに対して軽侮の念しか抱かないだろう。彼らはそこに、減弱され貧困化させられた自分自身の主張《テーズ》しか見ることがないのだ。自分の主張が日常言語からそのまま抽出されたことを彼らが理解するには時間がかかるだろう。社会は魂について語るとき、内的経験が与える一定の示唆におそらく従っている。しかし、社会がこの語を鋳造したのは、他のすべての語についても同じだが、自分の便宜を図るためでしかない。それによって、社会は身体とは際立って対照的な何かを指し示した。区別が根底的であればあるほど、この語はその目途にうまく応えるだろう。ところで、この区別が最も根底的なものであるのは、魂の諸特性の肯定を端的に、物質の諸特性の否定たらしめる場合であろう。このようなものが、言語を媒介として哲学者が社会から既成のものとしてあまりにも頻繁に受け取ってきた魂の観念である。この観念は最も完全なる精神性を表象しているように見える。まさにそれは、この観念が何ものかの果てまで行き着くものだからだ。しかるに、この何ものかは否定的なものでしかない。空虚からは何も引き出されないし、このような魂についての認識は、敵対する哲学がこの観念を叩くやそれは虚ろにしか響かないということは別にしても、当然ながら進歩することができない。出発点となった意識の不明瞭な示唆に立ち返り、それらを深めて明晰な直観にまで導くことのほうが、どれほどましだろうか！　以上がわれわれの推奨する方法である。もう一度言うが、この方法は両学派のどちらにも好まれないだろう。この方法を適用することによって、木の幹と樹皮のあいだに挟まれてしまう危険がある。だが、そんなことはどうでもよい。樹液の新しい圧力を受けて古い幹が膨張すれば、外皮は張り裂けるだろう。

第4章　最後の指摘　機械主義と神秘主義

閉じた諸社会と開かれた社会

われわれが行った分析の成果の一つは、社会に関する領域において、閉じたものから開かれたものを徹底して区別したことであった。閉じた社会とは成員が相互に支え合う社会であり、彼らは自分たち以外の人間たちに無関心で、つねに攻撃か防御の態勢を取っており、要するに戦闘的な態度を取ることを強いられている。以上が、自然から生まれたばかりの人間社会である。人間はこのような社会を目的にして形成されたが、それは蟻が蟻塚のためにつくられたのと同様である。この類推を無理に進めてはならないだろう。けれども、膜翅目の共同社会は動物進化が行われた二つの主要線の一端にあり、人間社会はもう一方の先端にあること、この意味で二つの社会は対をなしていること、この事実にわれわれは注目しなくてはならない。確かに、前者は型通りの形態を持つが、他方で後者は変化する。そして、前者は本能に従い、後者は知性に従う。だが、自然はまさしくわれわれを知性的な存在として作ったのだから、ある一定の点まで社会組織の型を選択する自由をわれわれに残したとはいっても、自然はわれわれに社会生活を送ることを強制した。重力が物体に対するのと同じく、魂に対する力は恒常的に一定方向へ向かい、諸個人の意志を同一方向へと傾けて集団の凝集を確保する。このようなものが道徳的責務である。道徳的責務は開かれゆく社会において拡大しうるが、閉じた社会のために作られたということをわれわれは示した。同様にわれわれは、閉じた社会が存続すること、知性が持つ一定の解体作用に抵抗すること、各成員に必要不可欠な安心感を保持し伝達できるのは、どうして作話機能に由来する宗教によってでしかないのかを示した。われわれが静的と呼んだこの宗教ならびに一定の圧力をかけることを本質とする先に述べた責務は、閉じた社会の構成要素である。

閉じた社会から開かれた社会へ、都市国家《シテ》から人類への移行は、拡張の道を通しては決して行われない。それらは同じ本質を持たない。開かれた社会は、原理上人類全体を包み込むような社会である。この社会は、人類精鋭の数々の魂に断続的に夢想され、創造される度に自分の持つ何ものかを実現する。各々の創造は、人間の多少とも深い変形によって、それまで乗り越えることが不可能であった困難を乗り越えることを可能にする。しかし、一時的に開かれた円環も、各々の創造がなされた後につねに閉じてしまう。新しいものの一部分は、古いものの鋳型の中に流れ込んだ。個人的熱望は社会的圧力と化した。こうして、責務が全体を覆ってしまう。これらの進歩は同一の方向においてなされるのだろうか。それらは進歩であるということが合意されている以上、方向は同じであるとの了解があるのだろう。その時、各進歩は実際一歩一歩の前進と定義されるだろう。しかし、これは比喩でしかない。現にある方向が予め存在し、それに沿って前進するにとどめるならば、道徳上の革新は予見可能であることになろう。各革新のために、創造的努力は少しも必要ないだろう。本当のところはどうかというと、最後になされた革新をいつも取り上げ、これを一つの概念によって定義することができるし、また、他の諸革新はこの概念が内に閉じ込めているものを多少とも含んでいたのであり、それゆえ、いかなる革新も最後の革新への歩みであると言うことができる。しかし、事態がこのような形態を取るのは、後から振り返ってみる場合でしかない。数々の変化は質的であり量的ではなく、いかなる予見も寄せつけなかった。けれども、ある一側面で、これらの変化は単にそれらの概念的な表現を通してだけではなく、それら自体で共通の何かを呈していた。すべての変化が閉じていたものを開こうとした。集団は前回開かれて以来、自分自身に閉じこもっていたが、毎回人類へと連れ戻された。もっと先へ進もう。将来を先取りすることで鍛造されたいかなる観念も、獲得物——その各々は創造されながらも自分に固有の観念を自ら創造する——の総体を表すことができなかったのだから、閉じたものを開くこれらの継続的努力も正確には一つの理想の漸進的実現ではなかった。とはいえ、努力の多様性は唯一独特な何か、すなわち、一つの弾み《エラン》へと確かに集約されるだろう。弾みはもはや物質を牽引することができなかったので、数々の閉じた社会をもたらしたが、次いで、ある傑出した個体性が種の代わりにこの弾みを探し求め、取り戻しにいくだろう。こうしてこの弾みは、各人が唯一の個体から構成された一つの種を成すような若干数の人間たちを介して続けられる。もし個体がこの弾みを完全に意識し、彼の知性を囲む直観の縁暈が拡張されて対象を全面的に覆うならば、それは神秘主義的な生である。このようにして生じる動的宗教は、作話機能に由来する静的宗教に対立するが、それは開かれた社会が閉じた社会に対立するのと同様である。しかし、新しい道徳的熱望が閉じた社会からその自然的形態、すなわち、責務を借りることによってのみ具体化されるのと同様に、動的宗教は作話機能がもたらすイメージと象徴によってしか伝播されない。これら様々な点に立ち返ることは無用である。われわれは単に、開かれた社会と閉じた社会のあいだに立てた区別を強調したかったまでである。

この区別に集中していただきたい。そうすれば、数々の大問題が消滅し、そして、他の問題が新たな見地から提起されるのが見られるだろう。宗教を批判するかもしくは擁護するとき、宗教が有する特殊宗教的な要素はつねに考慮されているだろうか。人々は、伝播される魂のある状態を獲得するためにおそらく不可欠な数々の物語に執着したり、それらを攻撃したりするが、宗教とは本質的にこの魂の状態そのものなのである。人々は宗教が措定する諸定義ならびにそれが述べる諸理論についてあれこれ論議する。そして実際、宗教はある形体《コール》をまとうためにある形而上学を利用した。もっとも、宗教はやむをえなければ、他の異なる形体を採用することもできたであろうし、いかなる形体も採用しないことさえできたであろう。増大や改善によって静から動へ、また、作話——たとえそれが真実を語るものであっても——から直観へと移行できると信じる点に誤りがある。こうして事物とその表現、あるいはその象徴が混同されてしまう。以上が、徹底した主知主義に一般に見られる誤りである。われわれはこの誤りを宗教から道徳に移っても再び見出すだろう。静的道徳というものがあって、実際これは一定の時代、一定の社会に存在し、習俗、観念、制度のなかに固定された。その責務的な性格は最終的には、共同的生への自然からの要請に帰する。他方には動的道徳というものがあり、これは弾み《エラン》であり、社会的要請を創造した自然の創造者たる生一般に結びついている。第一の責務は圧力である限り、理性以下のものである。第二の責務は熱望である限り、理性以上のものである。しかし、知性が介入する。知性は各々の命令規定の動機、すなわち命令規定の知的内容を探す。また、知性は体系的なので、すべての道徳上の動機を唯一の動機に還元することが問題であると思い込んでしまう。もっとも、知性が困惑するのはどれを選ぶかということだけである。一般的利害、個人的利害、利己愛、共感、憐れみ、合理的整合性など、どの行動原理からも、一般に承認された道徳を大凡《おおよそ》演繹できる。たしかに、かかる操作の容易さならびにこの操作が与える結果の単に近似的な性格は、われわれをこの操作に対して警戒させずにはおかないだろう。ほとんど同一の行動諸規則がかくも異なる原理からともかく引き出されるのは多分、いかなる原理もその固有性において取り上げられなかったからである。哲学者はこの原理を摘み取りに社会環境のなかに出かけたが、そこではすべてが相互浸透しており、利己主義と虚栄心も社交性という錘《おもり》をつけられている。その際、哲学者が各原理の内に、彼自身が社会環境のうちにすでに置いたか残しておいた道徳を再び見出したとしても、何も驚くことはない。しかし、道徳そのものは説明されないままである。そのためには、自然によって要請された規律である限りどの社会的生を、そしてまた、生一般に創造された限りでの自然そのものを掘り下げなければならなかったからだ。そうすれば人は道徳の根源そのものに到達していただろう。単なる主知主義はこの根源を探しても見つけることができない。主知主義にできるのは助言を与え、理屈〔理由〕を言い立てることだけで、その理屈に対して他の理屈を挙げてわれわれが反論することを妨げるものは何もない。実を言えば、主知主義がつねに暗示しているのは、主知主義によって援用された動機は他の動機よりも「望ましく」、諸動機のあいだには価値の差異があり、現実《レール》をそこに関係づけるべき一般的理想が実在するということである。したがって主知主義は、〈善のイデア〉が他の全〈イデア〉を支配するというプラトンの理論のなかに自分の避難所を設《しつら》える。そうなると、行動の諸理由は〈善のイデア〉の下に階段状に配列され、最善の理由は〈善のイデア〉に最も近接する理由となり、かくして〈善〉の牽引力が責務の原理になるだろう。しかしその時、ある行動が多少とも理想的な〈善〉に近接することをいかなる指標によって認めればいいのかを述べるのは困難極まりないだろう。それを知っているならば、その指標が本質的なものになり、〈善のイデア〉は無用になるだろう。また、どのようにこの理想が有無を言わせぬ責務を創造するのか、とりわけ最も厳格な責務、すなわち、本質的に閉じた社会たる原始社会における慣習と繋がった責務をどのように創造するか説明するのにも、まったく同様の難しさがあるだろう。本当のところはどうかというと、理想というものはすでに作用しているのでなければ責務的なものになりえない。拘束するのは理想の観念ではなく、理想の作用なのである。というよりもむしろ、理想とは、連続的と感じられたこの作用の究極の結果と推定されるものを指し示す言葉、すなわち、すでにわれわれを揺り動かしている運動の仮定上の最終到達地点でしかない。こうしてわれわれは、われわれが何度も暴き出した二つの錯覚をすべての理論の根底に見出す。第一の錯覚は非常に一般的なもので、不動な運動体の位置と、同じく不動な到達地点と仮定された点との間の間隔の漸進的な減少として運動を表象することにある。だが、運動体の数々の位置は、不可分な運動に対する精神の眺め《ヴュー》でしかないのだ。このような錯覚から、真の運動性、つまりこの場合には、間接的にせよ直接的にせよ、責務を構成している熱望と圧力を再び構成することの不可能性が帰結する。第二の錯覚は、より特殊に生命の進化に係る。進化過程はある地点から観察されていたので、同一の進化過程によってこの地点に到達したとの主張がなされるが、その地点までの進化は異なるものでもありえたし、そこまで進化は存在しないことさえできたのだ。また、われわれは道徳が漸進的に豊かになっていくことを確認するので、還元不可能で、人間の誕生とともに現れた原始的道徳は存在しないと考えがちである。けれども、人間種と同時にこの起源的道徳を措定し、始まりには閉じた社会が存在したと考えなければならない。

自然的なものの存続

さて、閉じたものと開かれたものの区別は、理論的問題を解決するか除去するのに必要であったが、この区別は実践的にも有用たりえるだろうか。閉じた社会が一時的に開かれた後再び閉じることでつねに構成されていたならば、この区別は大して役に立たないだろう。この場合、過去へと遡っても無駄で、決して原始的なものへ辿り着くことはないだろう。自然的なものは、獲得されたもの〔後天的なもの〕の凝固でしかなくなる。しかし、先に述べたように、真実はまったく異なる。一方で、根源的な自然というものがあり、数々の獲得物があり、後者はこの自然と混ざり合うことはないがそれに重なり合わさりながらそれを模倣している。徐々に、起源的な閉じた社会へ移れるはずだが、この社会の一般的な設計図は蟻塚が蟻に密着しているように人間種の構図に密着している。だが、相違もある。蟻の場合は、まさに社会組織の細かな部分まで予め与えられているが、他方、人間種の場合は、単に大筋の線、幾つかの方向が存在するだけであり、すぐに適切な社会環境を個体に確保するためにちょうど必要なだけ、自然的先駆的形成がなされている。この構図の配置が他の配置によって取り除けられていたならば、この構図の認識は、たしかに今日歴史的な関心しか提供しないだろう。しかし、自然は破壊不可能である。「自然的なものを追い払ってみていただきたい。それは駆け足で戻ってこよう」との言は間違いであった。なぜなら、自然なものは追い払われたりはしないからだ。自然的なものはいつもそこにある。獲得形質の伝達可能性に関して何を考慮しなければならないかをわれわれは知っている。習慣というものがいつか伝達されるなどということは、ほとんどありそうもない。実際伝達されることがあっても、それはあまりにも多くの有利な条件が偶然出会うことに由来するはずなので、このようなことが、習慣を種に植え付けるのに十分なほど繰り返されることは絶対にない。道徳的獲得物が沈殿していくのは、習俗、制度、言語そのもののなかにであり、次いで、不断の教育によってそれらは伝達されていく。こうして、諸習慣は世代から世代へと移って、最終的に遺伝的なものと信じられてしまう。だが、すべてが誤った解釈を助長している。すなわち、謂れのない自尊心であり、うすっぺらな楽観主義であり、進歩の真の本性についての誤解であり、最後に、特にこれが重要な点だが、実際に親から子へと伝達可能な生得的傾向と、自然的傾向に頻繁に接ぎ木された獲得習慣との広く流布された混同である。このような思い込みが実証科学そのものに重くのしかかったことは疑いえない。論拠として援用される事実の数が限られており、しかも、それらの事実には異論の余地があるにもかかわらず、実証科学はこの思い込みを常識から受け取り、そして、異論の余地なき自分の権威によってこの思い込みを強化して常識へと送り返した。この点に関しては、ハーバート・スペンサーの著作は、獲得形質の遺伝的伝達という考えにほぼ全面的に立脚しているものはない。スペンサーの著作は、獲得形質の遺伝的伝達という考えにほぼ全面的に立脚している。この考えは、それが人気を博していた時期には、科学者たちの進化論に浸透していた。ただこの考えは、スペンサーにあっては、彼の初期の諸著作で提示されていた社会進歩説が一般化されたものにすぎなかった。最初は諸社会の研究が彼の関心を独占していた。そうして、彼が生命現象と取り組んだのは、もっと後になってからだったに相違ない。その結果、獲得物の遺伝的伝達の観念を借りてきたと思っている社会学は、貸していたものを取り戻しただけであることになる。未証明の哲学説は科学を経由することで科学の御墨付きという偽りの外観を得たが、この説は依然として哲学のままであり、以前にもまして証明から遠ざかっている。そこで、われわれは確認された諸事実と、事実が示唆する蓋然性で満足しよう。すなわち、われわれの考えでは、現在の人間から、不断の教育が人間のうちに沈殿したものを取り除くならば、その人間が最古の祖先と同一か、ほとんど同じ人

間であることが分かるだろう。(22)

そこからどのような結論が引き出されるだろうか。種の数々の素質がわれわれ各人の根底に不変のまま存続している以上、道徳学者も社会学者もこの素質を考慮せずにいることは不可能である。たしかに、まず獲得物の下を掘り、ついで、自然の下を掘り進み、最後に生の弾み《エラン・ヴィタル》そのもののなかに身を置き直すことは、少数の人間にしか可能ではなかった。このような努力が全般化しえていたなら、生の弾み《エラン・ヴィタル》は袋小路に入ったかのように人間種で停止することも閉じた社会で停止することもなかっただろう。それでも、これらの傑出した人間たちが人類を牽引しようと欲することは真実である。彼らは万人に自分の魂の深部の状態を伝えることができないので、表層へとその状態を転位させる。彼らは動的なものの静的なものへの翻訳を探し求める。それを社会が受け入れ、教育によって決定的なものにすることができるように。ところで、彼らがこれに成功するのは、彼らが自然を考慮する限りにおいてでしかない。人類全体が一緒になっても自然に無理強いすることはできないだろうが、人類は自然の裏をかくことはできる。そして、人類が自然の裏をかくことに成功するのは、人類が自然の形状を知っている場合でしかない。そのために心理学全般の研究に身を投じなくてはならないならば、この仕事は容易ではないだろう。だが、ここで問われているのは特殊な一点だけである。すなわち、ある一定の社会形態へと予め方向づけられた人間本性だけである。われわれが言っているのは、自然な人間社会というものがあり、それは漠然とわれわれのうちに予め描かれていて、自然はわれわれにその社会の図式を前もって与えるよう配慮したが、その指示に従うにあたっては、われわれの知性と意志の自由にまったく任されているということだ。この漠とした不完全な図式は、理性的で自由な活動の領域において、進化のもう一つの終着点に位置した本能の場合における蟻塚や蜂の巣の今度は明確な素描と対応するものだろう。だから、単純な図式を再び見出すだけでいいだろう。

しかし、獲得物が自然的なものを覆っているのだから、どのようにしてその図式を再び見つけるというのか。自動的に適用可能な研究手段を提供しなければならないならば、われわれはこの問いに答えるのに困惑してしまうだろう。本当のところは、手探りと交差〔突き合わせ〕によって処理し、その各々が可能性か蓋然性にしか導かない複数の異なる方法に同時に従わねばならず、その数々の結果は相互に作用し合いながら、互いに中和されるか補強し合う、つまり相互検証および相互修正が行われるだろう。こうして、「原始人」を考慮する際には、彼らにおいても、多分われわれのところと比べて薄いとはいえ、獲得物の層が自然を覆い隠しているのを忘れたりはしないだろう。子供を観察する際には、年齢の違いに応じて自然は異なるものを与えること、そしてまた、子供の自然的なものは必ずしも人間の自然的なものではないことを忘れたりはしないだろう。とりわけ、子供は模倣者であり、子供が持つわれわれに自発的に思えるものも、われわれが注意せずに与えている教育の結果であることが頻繁にある。しかし、情報源の最たるものは内観である。われわれは社会性、そしてまた非社会性のこの根底を探求しなければなるまい。すでに構成された社会が社会へとわれわれを適応させる習慣と素質をわれわれのうちに置いていなかったならば、この根底はわれわれの意識に対して現れるだろうが、もはやわれわれはただ断続的に、一瞬の閃光のごときものとしてのみその顕示を捉えるだけだ。それを呼び起こして固定しなければならないだろう。

自然的な社会の諸性格

まず、人間は非常に小さな社会のために作られたと言っておこう。原始的な社会がそのようなものであったことは、一般的に認められている。しかし、古代の魂の状態は、それなしでは文明が存在しないような諸習慣の下に隠れて存続していると付言しなければならない。この魂の状態は抑圧され、無力であるとはいえ、意識の深みにとどまり続けている。それは諸行為を引き起こすには至らないとしても、言葉を通して発現する。大きな国家《ナシオン》においては、地方自治体はそのすべてが満足するような仕方で統治されうる。だが、被治者が一致して良い政体と明言する政体とはいかなるものだろうか。被治者がそれは最も悪くない政体であり、この意味でのみそれは最良の政体であると言うとき、彼らは十分にその政体を称賛しているつもりだろう。なぜなら、この場合、不満は生まれつきのものだからだ。多くの国民を統治する技術は、そのための準備技法、効果的な教育が存在しない唯一の技術であり、特に高度な職務に関してはそうであることに注目しよう。幾らか度量のある政治家が極端に稀少であるのは、彼らが絶えず、諸社会の拡大によっておそらく解決不能となった問題を細部にわたって解決しなければならないからである。近代国家の歴史を学んでいただきたい。そこに、多くの偉大な学者、偉大な芸術家、偉大な兵士、そして、あらゆる分野の偉大な専門家が見つけられようが、偉大な国家統治者はいかほどのものであろうか。

自然は小規模の社会を望んでいたが、とはいえ、その拡大を受け入れた。なぜなら、自然は同じく戦争をも望んでいたからであり、あるいは少なくとも、戦争を不可避とする生存諸条件を人間に与えていたからである。さて、戦争の脅威により、多数の小社会が心を決め、共通の危険に備えて連合することはありうる。これらの連合体が長続きすることが稀なのは確かである。いずれにせよ、これらの連合体が大きさの点で各々の小社会とさほど変わらない社会集合体に行き着く。戦争が諸帝国の起源にあるのは、むしろ別の意味においてである。帝国は征服から生まれた。たとえ、まず征服を狙ったわけではないとしても、結局戦争は征服に至る。勝者にとって、敗者の国土、更にはその人民さえも領有し、彼らの労働から利益を得るほうがそれほどまでに得策であると判断されるのだ。このような仕方で、数々のアジアの大帝国がかつて形成された。これらすべての大帝国は様々な影響を受けて解体するに至ったが、実際は、存続するには規模が大きくなりすぎたのである。勝者が被征服民に見かけ上の独立を承認する時、社会の集合体はより長く存続す。ローマ帝国がその実例である。しかし、原始的本能が消えずに残っており、それが分裂作用を発することは疑いえない。この本能を働くがままにしておけば、政治的構築物は倒壊し去る。このような仕方でこそ、封建制は異なる国々に、異なる出来事に引き続いて、異なる諸条件のもとで出現した。共通点としては、社会分裂を妨げる力の消滅しかなかった。かくして分裂は自ずと生じた。大国家が近代において確固な仕方で構成されることができたのは、外側から、上方から全体に向けて作用する凝集力たる拘束が、少しずつ連合原理に場所を譲ったからである。この原理は、寄せ集まった基礎的な社会の各々の根底から、すなわち、絶え間なく抵抗すべきである分裂力が宿る領域そのものから上昇してきた。この原理は、崩壊傾向を中和することができる唯一の原理、すなわち、祖国愛（patriotisme）である。古代人はこの原理をよく知っていた。彼らは祖国を愛し、祖国のために死ぬことは甘しと言ったのは、古代の詩人の一人〔ホラティウス〕だった。しかし、都市国家《シテ》は依然として、戦時中に国家を庇護する神の御加護を願う集合体であり、このような都市国家への古代人の愛着心と祖国愛のあいだには大きな径庭がある。祖国愛は戦争の徳であるのと同程度に平和の徳でもあり、神秘性を帯びることがありえるが、その宗教にはいかなる打算も混ざっていない。祖国愛は大国を覆い、一国民を立ち上がらせ、人々の魂のうちにある最善のものを吸い込み上げる。最後に祖国愛は、数々の記憶と将来への期待で、詩と愛で、現世におけるあらゆる種類の道徳的美を少しずつ合わせてゆっくりと敬愛を持って構成された。それはまるで、花々で蜜が作られるかのようだ。部族《トリビュ》の利己主義と同じくらい根深い感情に打ち克つためには、これほど高尚な感情が、神秘主義的状態を模倣する感情がなければならなかった。

さて、自然から生まれたばかりの社会の体制はいかなるものであろうか。事実として、人類は離散し、孤絶した家族的諸集団から出発した可能性がある。しかし、そこには萌芽的社会しかなかった。博物学者が胚だけを研究して、種の習性について情報を得ることができないのと同様、哲学者は萌芽的社会に社会的生の本質的な諸傾向を探してはならない。社会が完全であるときに、つまり、自衛が可能で、したがって、どんなに小さな社会であるにせよ、戦争のために組織されているときに、社会を捉えなくてはならない。では、この正確な意味で、社会の自然的体制とはいかなるものだろうか。ギリシャ語の単語を文明化されざる《バルバリー》状態に適用してもそれを冒瀆することにならないとすれば、社会の自然的体制は君主制または寡頭制、おそらく、同時にそれら二つの体制であるとわれわれは言うだろう。これらの体制は原基的状態では混ざり合っている。一人の首領がいなければならない。また、特権を持つ人々のいない共同体は存在しない。これらの人々は首領から彼の威光なにがしかを借りているか、逆に彼に威光を与えている。というよりもむしろ、彼らは首領とともにに、何らかの超自然的な力から威光を得ているのだ。一方で命令は絶対的であり、他方で服従も絶対的である。何度も述べたように、人間の社会と膜翅目の社会は、生物進化の二大主要線の両極端を占めている。神よ、われわれをこれらの線を混同することから守りたまえ。人間は知性的で自由である。しかし、つねに思い起こさなければならない――社会的生は蜜蜂の構造図のなかに同じく人間種の構造図のなかにも含まれていて、社会的生は必然的であったし、また、自然は排他的にわれわれの自由意志だけに任せてしまうことはできず、その結果、自然は唯一あるいは少数の者が命令し、他の者が服従するように取り計らわねばならなかったということを。昆虫世界において、社会的機能の多様性は有機組織の差異に結びついている。つまり、「同種多形性」(polymorphisme)〔同一種の個体が取る形態の多様性〕というものがあるのだ。それでは、人間社会には、昆虫のように同時に身体的かつ心理的ではなく、単に心理的な「同種二形性」(dimorphisme)があると言うべきだろうか。われわれはそう思う。だが、そう言えるのは、この二形性は人間を首領として生まれる者たちと従僕として生まれる者たちという二つの還元不可能なカテゴリーへと分離するものではないとの了解がなければならない。ニーチェの誤りは、この種の分離を信じたことにあった。つまり、一方には「奴隷」が、他方には「主人」がいるというのだ。本当のところは、大抵の場合この二形性はわれわれ各人を、命令する本能を持つ首領であると同時に、服従する用意が整った従僕にしてしまう。もっとも、服従する傾向は各人を強く突き動かしているので、大多数の人間のところで唯一目につく傾向となっているのだが。この二形性は、それが二つの組織、すなわち、諸特性（幾つかの特性は、道徳学者には欠陥であるように見えるかもしれないが）の二つの不可分な体系を含んでいるという点で、昆虫の二形性と比較可能である。われわれは一方あるいは他方の体系を選ぶが、諸習慣を身につける時のように細部にわたって選択するのではなく、一挙に、万華鏡のような仕方で選択するのだが、この仕方は、二つの性の間で選択する胚〔胎児〕の同種二形性にも比すべき自然的同種二形性の帰結であるに相違ない。これは革命時にわれわれがはっきり目にする光景である。その時まで慎ましく謙虚で従順だった市民が、ある朝目を覚まし、我は人々の指導者なりと主張するのだ。固定されていた万華鏡が一刻み回転し、様態変化《メタモルフォーズ》が生じたのだ。結果は時に良い場合がある。すなわち、それまで自分の何たるかを知らなかった偉大な行動人が姿を現したのである。しかし、総じて残念な結果が生じることが多い。正直で温和な人間のうちに、低級で残忍な人格、出来損ないの首領のごとき人格が突如として出現するのだ。こうして、人間という「政治的動物」を特徴づける特性の一つが現れる。

実際にはわれわれは、われわれの根底に眠り込んでいる首領の諸属性の一つは残忍さであるとまでは言わない。しかし、自然は数々の種を生み出すと同時に個体を大量に犠牲にするもので、自然が首領の存在を予期していたならば冷酷な首領を欲したはずだということは確かである。歴史全体がこのことを証言している。残酷このうえない責め苦に続く未曾有の大殺戮を完全な冷血さで命令した人間たち自身が、われわれにその物語を伝承し、それを岩に刻んだ。これらのことは非常に古い時代に起きたことであると言われるかもしれない。しかし、たとえ形が変わったとしても、また、たとえキリスト教が若干の犯罪に終止符を打つか、あるいは少なくとも、そのような犯罪を自慢すべきものでなくしたとしても、殺人は、政治における最初の手段ではなくなったとしても、あまりにもしばしばその最後の手段のままだった。たしかに残虐であるが、人間と同じくらい、まさに自然にもその責任がある。実際、自然は禁固刑も追放刑も知らず死刑しか知らないからだ。ここで、思い出を一つ想起することをお許しいただきたい。ある時、外国の貴族たちと偶々《たまたま》知り合うことがあった。彼らは遠方の国から訪れていたが、われわれのような身なりをしており、われわれのようにフランス語を話し、われわれの間を愛想好く、親切に立ち振舞った。だが、そのすぐ後、彼ら二人は自国に帰り、異なる党派に入党し、一方が他方を絞首刑に処したことをわれわれは新聞で知った。死刑は、裁判の全手続きを経て実行されたが、単に邪魔な敵対者を片付けることが目的だった。この記事には、絞首台の写真が添えられていた。社交に長け、礼儀正しい人間である彼が、半分裸のまま、群衆の面前でぶら下げられ、ゆらゆら揺れている。なんと恐ろしい光景であろうか。彼らは「文明化した人間」のあいだにいたのだが、起源的政治本能が文明を吹っ飛ばし、自然をのさばるままにさせたのだ。罪人に対応する際には、罪に懲罰を釣り合わせることが義務だと思っていた人間も、政治が問題であるときには、すぐに無実の人間を死刑に処してしまう。これと同様に、働き蜂は巣がもはや雄蜂を必要ないと判断するとき、刺し殺してしまうのだ。

自然的社会と民主主義

しかし、「首領」の気性は脇に置いておき、統治者と被治者が持つ各々の感情を考察しよう。これらの感情がより明瞭であるのは、両者の境界線がよりはっきりとしているところ、つまり、すでに規模は大きいが、「自然的社会」が根本的に変容することなく大型化している社会においてであろう。もし王がいればわれわれは王も支配階級に含めるだろうが、様々な異なる方法によって途中で支配階級が補充されたということもありうる。しかし、この階級は他の人々よりも優越した人類種に属していると信じている。これは何も驚くべきことではない。われわれが社会的人間の同種二形性に通じていない場合、われわれにとってより大きな驚きとなるのは、民衆自体がこの生来の優越性を納得してしまっているということだ。確かに、寡頭政治はこの感情を育むことに専念している。寡頭制が戦争を起源とする場合、それは、軍事能力が先天性のもので遺伝により伝達されていくことを自ら信じるとともに、他の人々に信じさせるだろう。もっとも、寡頭制は自分に課す規律と、下層階級が組織を形成することを妨げるために講じる諸措置のおかげで、実際に実力で優位に立ったままである。けれども、そのような場合、経験は統治者が被治者と同じように生まれてきたことを被治者に示すはずである。しかし、本能が抵抗する。この本能が譲歩し始めるのは、上層階級自身がそうするよう本能を導く時だけである。ある場合には、上層階級の明らかな無能力によって、また、あまりにもひどい特権乱用ゆえに上層階級が信頼を失うことで、上層階級は不本意ながら本能を譲歩させる。またある場合には、譲歩への促しは本意によるものだ。多くの場合は個人的な野心、時には正義の感情ゆえに上層階級に反抗する特定の成員がこの階級のなかから出てくるのだ。下層階級へと傾斜する距離が保っていた錯覚を雲散霧消させる。まさにこのような仕方で、貴族たちは、生来の特権を廃止する一七八九年の革命〔フランス革命〕に協力した。一般的に言って、不平等――その正当不当を問わず――に対してなされた攻撃はむしろ上から、より恵まれた人々の問いから生じたのであって、もし階級の利害しか目下の課題がなかったならば期待できたであろうように下からではない。こうして、富の特権に抗してなされた一八三〇年と一八四八年の革命（特に後者の革命）〔七月革命と二月革命〕において、顕著な役割を果たしたのは有産者《ブルジョワ》たちであって労働者たちではなかった。より後になって、万人のための教育を要求したのも有識階級の人々であった。真実を言えば、貴族階級が自然に、また宗教的にに自分の生まれつきの優越性を信じるとして、貴族階級に吹き込む尊敬の念も宗教的であり自然なものである。

それゆえ、人類がずっと後になって初めて民主主義《デモクラシー》に至ったことは納得される（なぜなら、古代都市国家は奴隷制に立脚した偽の民主主義であり、この根本的な不正によって、最も重大で不安極まりない諸問題から解放されていたからだ）。実際、あらゆる政治的構想のなかで、民主主義が最も自然から遠く、「閉じた社会」の諸条件を、少なくともその意図において超える唯一の思想である。民主主義は人間に不可侵の諸権利を付与する。これらの権利は、侵害されることがないよう、万人に対して義務への変わることない忠実さを要求する。したがって、民主主義が素材とするのは、自分のように他人を尊重し、自分が絶対的とみなす責務に自分を組み入れるような理想的人間であって、彼はこの絶対的なものとまさに一体化しているので、権利を授けるのが義務なのか、義務を強制するのが権利なのかもはや言うことができない。このような仕方で定義された市民は、カント風に言うならば、同時に「立法者にして臣民」である。したがって、市民全体、つまり人民《プープル》が主権者である。これが理論的な民主主義である。この民主主義は自由《リベルテ》を宣言し、平等《エガリテ》を要求する。そして、これら二つの敵対する姉妹に彼女たちが姉妹であることを想起させ、友愛《フラテルニテ》をすべての上位に置くことで両者を和解させる。この側面から共和国の標語（「自由、平等、友愛」）を検討するなら、第三の言葉（友愛）が、先立つ二つの言葉の間に実に頻繁に指摘された矛盾を取り除くものであること、友愛こそ本質なものであることが分かるだろう。そこから、民主主義は福音書的本質を持ち、愛を原動力としていると言うことができる。民主主義の感情的な起源はルソーの魂のなかに、その哲学的諸原理はカントの著作のなかに、その宗教的基盤はルソーならびにカントのうちに発見されるだろう。カントがその敬虔主義（piétisme）に、ルソーが相互に干渉し合ったプロテスタンティズムとカトリックにいかに多くを負っているかは周知の通りである。アメリカの独立宣言（一七七六年）は、一七九一年の人権宣言（一七八九年に採択され、一七九一年に憲法前文として付されたフランス人権宣言）の手本となったが、それは清教徒的な響きを持っている。曰く、「われわれは万人が剝奪不可能な一定の諸権利を……創造主により授けられていることを自明と考える……」。民主主義の定式が持つ曖昧さをきっかけとした異議は、元来宗教的な民主主義の性格が誤って理解されたことに由来する。将来はあらゆる進歩に、とりわけ今日は実現不可能で、多分思いつくことすらできない自由と平等の諸形態を可能ならしめるまったく新しい諸条件の創造に開かれたままであるはずなのに、どうして自由と平等の正確な定義を求めるのか。様々な枠組みを描くことだけが可能なのだが、友愛が内容を供給するなら、段々と枠組みは満たされていくだろう。「愛セヨ。ソシテ、汝ノ欲スルコトヲナセ」（*Ama, et fac quod vis*）〔アウグスティヌス『ヨハネの手紙―説教』〕、である。民主的ならざる社会が、その標語を一語ずつ民主主義の標語に対応させようとするなら、それは「権威、位階《ヒエラルキー》、固定」となるだろう。以上が民主主義の本質的な要素である。言うまでもないことだが、単に一つの理想、というよりもむしろ、人類が進むべき一つの方向をそこに見なくてはいけない。まず、民主主義が世界の中に導入されたのは、とりわけ抗議としてであった。人権宣言のどの文句も、権力濫用に投げつけられた挑戦である。湛え難い苦痛を終わらせることが問題であった。全国三部会〔フランスの身分制議会〕の記録に残された陳情を要約して、エミール・ファゲは、革命は自由と平等のためではなく、単に「人々が餓死しそうであったから」起こった、とどこかに記している。これが正しいと仮定しても、どうして、ある特定の時期から「餓死する」ことをもはや欲さなくなったのか説明しなければならない。それでもやはり、大革命がどうあるべきかを定式化したのは、既存の事実を退けるためであったということは確かである。ところで、放たれた矢から、その矢の方向が離れないのと同様に、ある観念が発せられる際、意図はその観念に不可視のものとして密着したままである。民主主義の諸定式は、まず抗議を意図して表明されたもので、なおもそこには起源の名残が感じられた。それらの定式は、妨害し、拒絶し、転覆させるためには便利であるように思えるが、そこから、実行すべきことの積極的な指示を引き出すのはそれほど容易ではない。特にそれらは絶対的で、ほとんど福音書的なものなので、純粋に相対的な道徳性の言葉へ、というよりもむしろ、一般的利害の言葉へ移し替えることでしか適用可能ではない。ただ、このような移し替えは、つねに特殊的利害の方へと湾曲させる危険をつねに有している。しかし、民主主義に対して唱えられた数々の異議と、それへの応酬を一々枚挙していくのは無益である。われわれは民主主義の精神状態のなかに、自然と逆方向へ向かう偉大な努力があることを単に示したかっただけである。

自然的な社会と戦争

自然的な社会に関して、われわれは以上その幾つかの特徴を示してきた。これらの特徴をつなぎ合わせると、自然的社会の人相が合成されるが、この人相は難なく読み解かれるだろう。内向き、凝集、位階《ヒエラルキー》、首領の絶対的権威――これらは規律、戦争精神を意味する。自然は戦争を望んだのだろうか。もう一度繰り返して言うが、意志という言葉によって、個々の決定を行う能力と解するならば、自然は何も望まなかった。しかし、自然が一つの動物種を存在させることができるのは、その種の構造に由来し、その構造の延長である数々の態度と運動を暗に描く場合だけである。まさにこの意味でこそ、自然は一定の態度と運動を望んだのだ。自然は人間に製作的知性を授けた。多くの動物種のためにそうしたように、自然は人間に機具を与える代わりに、人間が自分で機具を組み立てることのほうを好んだ。ところで、人間は少なくとも機具を利用する間は必然的にその所有権を持つ。だが、機具は人間から切り離されるものである以上、人間から奪われうる。すっかり出来上がった機具を奪うことは、それらを作ることよりも簡単である。何よりも、機具は物質に対して働きかけねばならず、例えば狩猟や漁労の武器として役立たねばならない。彼の属する集団がある森、湖、川に目をつけて狙うとして、他の集団でも、他所を探すよりもこの場所に移住するほうが好都合と判断することがありえよう。こうして争わねばならなくなる。われわれは狩猟場たる森と漁場たる湖について話したが、耕作すべき土地、略奪すべき婦女、連行すべき奴隷に関しても同じことが言えよう。また同様に、行ったことを正当化する理由も多岐にわたるだろう。しかし、奪うものが何であれ、また、奪う動機が何であれ、それは重要ではない。戦争の起源は、個人的なものであれ集団的なものであれ所有権であり、人類はその構造により所有権を持たざるをえないよう予め定められているので、戦争は自然的である。戦争本能は非常に強いので、自然を再び見つけるために文明の層をがりがりと引っ掻くと最初に現れてくるのが戦争本能だ。幼い男の子たちがどれほど取っ組み合いが好きかはよく知られている。彼らは殴られもしようが、自ら殴りつけることで満足もしている。子供の遊びは一人前になった人間に課せられる労役を考慮して自然が子供を招待する予行練習であると言われているのは正しい。しかし、もっと先へ進んで、歴史によって記録された大部分の戦争のうちに予行練習や遊びを看取することができる。それらの戦争のうち多くを引き起こした動機のくだらなさを思えば、「何のためでもなく、ただ単に」果たし合いをした『マリオン・ドロルム』〔Marion Delorme. 仏作家ヴィクトル・ユゴーの一八二九年の戯曲〕の決闘者のことや、あるいは更に、ブライス卿の引用するアイルランド人、道端で殴り合っている二人の男を見ると必ず「これは私事だろうか、あるいは割って入ってもいいのだろうか」と尋ねるアイルランド人のことが想起される。翻って、数々の偶発的な争いの脇に、一民族の根絶にまで至った決定的な戦争を並べ置いてみると、後者の戦争が前者の争いの存在理由であったことが理解される。戦争本能がなければならなかった。そして、この本能は自然的と呼ぶこともできる残酷な戦争のために存在していたのだから、多くの偶発的な争いは単に武器を錆びつかせないために生じたにすぎない。――次に、開戦時における両国民の高揚について考えていただきたい！ 確かにそこには恐怖に対する防御反応があり、勇気が自動的に鼓舞される。しかし、そこにはまた、われわれは危険を伴う冒険的な生を送るためにできているという感情もある。あたかも平和は二つの戦争間の休止でしかなかったように。けれども、高揚はすぐに鎮まる。なぜなら、苦しみが甚大であるからだ。しかし、可能と思われていたことすべてを超えるほどの恐怖を与えた先の戦争〔第一次世界大戦〕を脇に置くなら、戦争の苦しみがどんなにすぐに平和が続くあいだに忘れ去られるかを見るのは興味深いことである。女性には、出産の痛みを忘れる特別な機制が備わっていると主張する人がいる。あまりにも完全な記憶は、女性が再び子供を産もうとすることを妨げてしまうというのだ。この種の機制は戦争の凄惨さを忘却させるために本当に機能しているように思われる。とりわけ若い民族のところではそうである。この側面では、自然はなお他の数々の予防措置を講じていた。つまり、自然は外国人とわれわれのあいだに、無知、偏見、予断によって巧妙に織り上げられたベールを垂らした。一度も訪れたことがない国について無知であることは、何ら驚くべきことではない。しかし、その国を知らないのに、その国について判断し、しかも、ほとんどつねに好意的な判断は下さないということ、これは説明を要する事実である。国外に滞在し、自分の同国人に外国人の「気性」(mentalité) と呼ぶものを教授しようとしたことがある人は誰でも、同国人の本能的な抵抗を確認しえただろう。この抵抗は、より遠方の国が問題であるときそれだけよりいっそう強いというわけではない。まったく逆に、抵抗はむしろ距離に反比例して変化する。われわれが最も出会う可能性が高い人々が、われわれが最も知ろうとは思わない人々なのである。自然は、外国人すべてを仮想敵とするのに、そうするほかなかったのだろう。なぜなら、完全な相互理解は必ずしも共感であるわけではないが、いずれにせよ憎悪を除去することにはなるからだ。われわれはこのことを先の戦争中に確かめることができた。ある〔フランス人の〕ドイツ語の教授は、他のどんなフランス人とも変わらず立派な愛国者で、彼らと等しく自分の命をかける用意ができており、また、彼らと同じくらいドイツに「憤慨」してさえいたのだが、それでもやはり事情は同じではなかった。ある一点が留保されていた。ある民族の言語と文学を深く知る者は、完全にその国の敵にはなることができないのである。教育により諸国民間の相互理解を準備しようとする際には、このことを念頭に置かねばならない。外国語の習熟は、対応する文学と文明を通してその国の精神が染み入ることを可能にし、外国人一般に対して自然が欲した偏見を一挙に除去することができる。しかし、われわれは隠れた偏見の目に見える外的な結果をすべて枚挙する必要はない。われわれとしては、二つの対立する格言、「人間ハ人間ニ対シテ神デアル」(*Homo homini deus*)〔シンマクスやカエキリウスが語ったとされる言葉。スピノザ『エチカ』第四部をも参照〕、「人間ハ人間ニ対シテ狼デアル」(*Homo homini lupus*)〔プラウトゥスに依拠してホッブズが語った言葉〕は容易く和解するとだけ言っておこう。最初の格言を述べる時、人々は同国人の誰かを念頭に置いている。後者は外国人に係る。先ほど、われわれは偶発的な戦争の脇には本質的な戦争があり、この種の戦争のために闘争本能が作られたように思われると述べた。今日の戦争は後者の戦争の一つに数えられる。征服のための征服は次第に少なくなっている。傷つけられた自尊心から、威信や栄光のために戦うことはもはやない。人々は飢餓で苦しまないために戦うのだと言われるが、——実際には、その水準以下では、もはや苦労して生き続けるに値しないと思われるある生活水準を維持するために戦うのである。限られた数の兵士が国家を代表するべく委任されることはもはやない。決闘に類似するものももはや何もない。最初期の遊牧民がそうしたように、全員が全員に対して戦わねばならないのだ。ただ、文明によって鍛え上げられた武器で戦うわけで、殺戮は古代人が想像さえしなかったほど凄惨なものとなる。科学が進歩する調子を考えれば、交戦国の一方、取っておきの秘密を所有するほうが、他方を壊滅させる手段を手に入れる日が近づいている。こうして多分、地上にはもはや敗者の痕跡さえも残らなくなるだろう。

さて、事態はその流れのままに進んでいくのだろうか。ある人間たち――われわれは躊躇せず彼らを人類の恩人に数え入れる――が幸いにもこの流れを遮ってくれた。すべての偉大な楽観主義者がそうであるように、彼らは解決すべき問題を解決済みと想定することから出発した。彼らは国際連盟を設立した。われわれの査定では、獲得された諸結果は、期待することができたものをすでに超えている。なぜなら、戦争の根絶はそれを信じていない人々が一般に想像しているよりも難しいからだ。悲観主義者たる人々は、戦争へ突き進む二つの民族の場合を、争う二人の個人の場合に類似したものと考える点では楽観主義者たちと一致している。ただ悲観主義者は、二つの民族の場合は、個人の場合のようには、裁判所で係争し判決に従うことを決して実際には強制されえないだろうと考えるだけだ。とはいえ、この相違は根底的である。たとえ国際連盟が見たところ十分な軍事力を自由にできるとしても（それでも、反抗国はつねに勢いで連盟に勝るだろうし、科学上の発見は予見不能なものであるから、連盟が対応しなければならない抵抗の本性はますます予見不能なものとなっていくだろう）、国際連盟は文明が覆っている戦争の深い本能と衝突するだろう。それに反して、個人の場合、対立に決着をつけることを裁判官に任せる個人の場合は閉じた社会に内在する規律本能によってそうするよう漠然と促されているのだ。もめ事によって、彼らは偶々《たまたま》、社会への正確な統合という正常な位置から引き離されていたのだが、振り子が鉛直線に戻るように、彼らはその正常な位置へと立ち返る。したがって、二民族の場合の方が困難はよりいっそう重大である。では、この困難を乗り越えようとすることは無駄な試みなのだろうか。

われわれは無駄であるとは考えない。本著作の目的は、道徳と宗教の諸起源を探求することであった。われわれは幾つかの結論に至った。そこにとどまることもできるだろう。だが、われわれの結論の根底には、閉じた社会と開かれた社会の根本的な区別があり、閉じた社会の諸傾向は開かれつつある社会のなかでも根こそぎされずに存続しているようにわれわれには思え、これらのあらゆる規律本能は始原的には戦争本能へと収束した。そうである以上、われわれは起源的本能がどのような方策で抑止され、あるいは回避されうるかを考え、更に幾つかの考察を追加しつつ、われわれに対して至極当然に提起される一つの問いに答えなければなるまい。

戦争と産業時代

闘争本能はそれ自体で存在するものではあるが、それでもやはり、合理的な動機にしっかり繋がれている。歴史がわれわれに教えるところでは、過去において、これらの動機は非常に多岐にわたっていた。それらの数は戦争が酸鼻を極めるものになるにつれて、段々と減少している。先の戦争はというと、不幸にもわれわれが戦争をなおも経験しなければならないならば将来に漠然と予見される戦争と共に、われわれの文明の産業〔勤勉〕的性格に結ばれている。今日の紛争の、単純化され定型化された図式的形象形状を求めるならば、諸国民を純粋な農耕民としてまず表象しなければならないだろう。彼らは彼らの土地の作物で生きている。彼らは自分たちが食べていけるだけのものを有していると仮定してみよう。彼らの土地の収穫量が増大するにつれて、彼らの数は増大していく。ここまでは万事順調である。しかし、人口過剰になり、だがそれでも外部へ出て行くことを欲さない場合、あるいは、外国が門戸を閉ざしているので自分の国を離れることができない場合、彼らはどこに食料は見つければいいのか。産業が事態を収拾するだろう。超過した人口は労働者となるだろう。もしその国が、機械を動かすのに必要な動力や、機械を製造するための鉄や、生産の原材料を所有していないならば、彼らはそれらを外国から借りようと努めるだろう。外国へ加工製品を送り返すことで、彼らは輸入代金を払い、おまけに、自国にはない食料を受給するだろう。こうして、労働者たちはいわば「国内移民」となるだろう。外国は自国で雇用したのと同様の仕方で彼らを雇用するのだ。外国は労働者を現住所に残すことを選ぶ——あるいは労働者自身がとどまることを選んだのだろうが——、いずれにせよ、彼らが依存しているのは外国である。もし外国がもはや彼らの製品を受け入れないか、あるいは彼らに製造手段を供給しないならば、労働者たちは餓死に追いやられる。

そうならないためには、彼らは自国を率いて、拒絶されたものを外国に奪いにいく決意をするしかない。こうして、戦争が起こる。言うまでもないことだが、もちろん、事態は決してこれほど単純には進まない。餓死する脅威が明確になくても、快適さ、楽しみ、贅沢がない生活は、生きていても面白みがないと人は考える。国内産業は、ただそれが生き延びていくだけで富を生まないならば、不十分とみなされる。もし、その国が良港や植民地等々を持たないならば、その国は自分を不完全な国と判断する。このようなことすべてから、戦争は生じうる。だがそれでも、われわれが描いてきた図式は戦争の本質的な諸原因を十分に示している。つまり、人口増加、販路喪失、燃料と原材料の欠乏である。

　これらの原因を除去するか、あるいはその結果を緩和すること、これこそが戦争の廃止を目標とした国際機関の代表的な任務である。これらの原因のなかで最も重大なのは、人口過剰である。フランスのように出生率があまりにも低い国では、確かに国家は人口増加を推進しなければならない。ある経済学者は「国家統制《エタティスム》」の最も強力な反対者であったが、それでも、世帯は第三子から新しく子供が誕生する際には褒賞金を受給する権利を持つべきだと要求した。では逆に、人口が過剰な国では、多すぎる子供に対して、多少とも課税して対応することはできないだろうか。国家は介入する権利、父子関係を調査する権利、要するに、他の事例であれば不当に厳しいと思われるような数々の措置を講じる権利を持つだろう。なぜなら、国の存続を確保し、ひいては、生れ出てきた子供の存続を確かなものとするために人が暗に当てにしているのは国家であるからだ。数字に一定の弾力性を残したとしても、行政が人口に制限を与えることがいかに難しいかをわれわれは認識している。われわれが一つの解決策を素描するのは、ただ単に、問題がわれわれには解決不可能ではないということを強調するためである。われわれよりも能力がある人々がより良い策を見つけてくれるかもしれない。しかし、確かなことは、欧州は人口過剰であり、すぐに世界全体でもそのようになること、そしてまた、労働に関してはすでに開始されているように、人間自体の生産の「合理化」が行われないならば、戦争はやがて起こるということである。本能に任せることがこれ以上危険なところは他にない。古代の神話は、それが愛の女神を戦いの神と連合した時、このことを非常によく理解していた。愛と美の女神ウェヌス(Vénus)にしたい放題させてみれば、女神は軍神マルス(Mars)を招来するだろう。法的に規制することは避けられまい(この規制 réglementation という語は嫌な語だが、この言葉は規則 régle と決着・解決 réglement に命令法的に継足し語尾をつけることで、まさにその言わんとするところを言いえている)。では、原材料の再分配の問題、製品の多少とも自由な流通の問題、より一般的に、二つの陣営から生死に係る要求として提示された相対立する要求をどう公正に聞き届けるかという問題など、ほとんど同じくらい重大な他の問題が起こる場合には、どうなるのだろうか。権威をもって様々な国の立法や、おそらくは行政にさえ介入することなく、国際機関は決定的な平和を獲得すると信じるのは危険な誤りである。お望みなら、国家主権の原理は保持するがいい。だが、この原理は個々の事例に適用される場合には必然的に譲歩しなければならない。もう一度言うが、人類の十分に多くの人々がこれらの困難を乗り越えようと決意する場合にしか、いかなる困難も克服できない。しかし、戦争の根絶を求めるなら、これらの困難を直視しなければならないし、どの点で同意が得られるのかを知らなければならない。

さて、辿るべき道のりを短縮することはできないだろうか。一つ一つ困難を回避していくのではなく、おそらく一挙に全部取り除くことさえ可能ではないだろうか。主要な問題、人口の問題は別にしておこう。この問題は、何があってもそれ自体として解決しなければなるまい。他の諸問題は何にも増して、人間という存在が産業の大発展以来採用してきた方向に由来する。われわれは快適さや安楽や贅沢を要求する。われわれは楽しみたいと思う。だが、われわれの生活がもっと厳しくなれば、何が起こるだろうか。道徳上の大変換の起源には異論の余地なく神秘主義がある。おそらく、人類はかつてと同様神秘主義から遠ざかっているように見える。しかし、本当にそうだろうか。前章において、われわれはすでに西洋の神秘主義と産業文明の関係を垣間見たと思った。もっと注意深く、この事態を検討しなくてはなるまい。差し迫った将来は、産業の編成、産業が強制するか受け入れるかする諸条件に大部分左右されるということは誰もが感じている。たった今見たように、諸国民の平和の問題はこの問題にこそ懸っている。また、国内平和も少なくとも同程度にそこに懸っている。恐れるべきか、希望するべきか。長い間、産業主義と機械化《マシニスム》は人類を幸福にすると理解されてきた。今日人々は進んで、われわれを苦しめている害悪を両者のせいにするだろう。人類がこれほどまでに快楽、贅沢、富を渇望したことはかつて一度もなかったと言われている。抗し難い力が人類をその最も卑俗な欲望の満足へと次第に荒々しく向かわせているように思われる。そうかもしれない。だが、われわれは起源に存する推進力へと遡ってみよう。この推進力が強力なものであるなら、最初に少し方向にずれがあるだけで、狙った目標と到達した対象の隔たりがより大きく広がっていくには十分だったろう。この場合、考慮すべきは隔たりよりも推進力のほうである。たしかに、こうした事態はひとりでに生じたのでは決してない。人類が変容するのは、人類がみずから変容を欲する場合だけである。しかし、人類はそうする手段を自らすでに準備したのかもしれない。おそらく人類は自分が想定しているより以上に目標のすぐ近くにいる。そこで、実際はどうなのかを見てみよう。われわれは産業の努力を問題にしていたのだから、その意義をより仔細に検討してみよう。これこそが本著作の結論である。

諸傾向の進化

歴史のなかで観察される上げ潮と下げ潮の交替についてはしばしば語られてきた。どんな作用も一方向に引っ張られると、それは逆方向の反作用を招くだろう。次いで、作用が再開され、こうして振り子は果てしなく揺れ続ける。たしかに、ここでは振り子は記憶力を授けられており、途中で得られた経験で膨らむから、復路と往路ではもはや同じではない。それゆえ、時折援用されたことのある螺旋運動のイメージのほうが振り子運動のイメージより適切かもしれない。実を言うと、螺旋ないし振り子によってイメージされるこの種の結果を産出するとアプリオリに予想できるような心理的で社会的な諸原因が存在している。探し求めていた便益の間断なき享受は倦怠か無関心を生む。かかる享受が期待されていたものすべてをかなえるのは稀である。享受は予期せぬ不都合を伴っている。最後には、放棄してきたものの利点が浮き彫りになり、元に戻りたい気持ちにさせられる。誰よりも、昔生じた害悪を知らず、それを脱するための苦労もしていない新しい世代の人々がそうした気持ちに駆られる。親の世代は現状に至るのに高い代償を払ったことを覚えており、現状を成果とみなして満足しているが、それに対して、子供たちはそれを彼らが吸い込んでいる空気ほどにしか思っていない。その代わり、子供たちは、彼らのために苦労して獲得された便益の裏面たる現状の不具合には敏感である。こうして、後ろへ戻ろうという意向が生まれる。このような往復運動は近代国家の特徴であるが、それは何か歴史的宿命の力によるのではなく、代議制の大部分がまさに不満に捌け口を与えるために構想されたものだからだ。統治者は善政をなしても控えめな称賛しか受けない。彼らは善政をなすためにいるのだから。だが、どんなに小さな失策も見逃してもらえない。一切の失策は保存されて、遂にはその蓄積の重みが政府の崩壊を引き起こすに至る。もし現存するのが二つの対立政党であり、しかも、この二つの政党だけであるならば、この働きは完全に規則的に続けられるだろう。両派はいずれも、権力を新たに奪取する際には、その派が政治的責任を取る必要のなかった時期つねに無傷のままに見えた諸原理〔政治信条〕から威信を与えられる。つまり、原理は野党の側にあるのだ。実際野党は、もし賢明であれば、与党のなすがままにさせた経験から利益を得るだろう。そして、自分の思想内容、ひいてはその諸原理の意義を多少なりとも変更するに至るだろう。かくして、往復運動にもかかわらず、いや、上記の点への他意を怠らなければ、往復運動によって進歩が可能になる。しかし、この種の事例において、対立する二項のあいだの往還運動は、社会的人間によって作り上げられた非常に単純な一定の社会装置もしくは個的人間の非常に明確な一定の素質から帰結する。この往還は、交替の特殊な諸原因を支配し、かつ人間的出来事全般に課せられるような必然性をあらわにしているのではない。では、どうなっているのだろうか。

「二分法」と「二重狂乱」

われわれは歴史における宿命というものを信じていない。時機さえ誤たなければ、十分に緊張した意志によって砕くことができないような障害は存在しない。だから、回避不能な歴史の法則は存在しない。しかし、生物学的な諸法則は存在している。ある一定の面で自然によって欲せられたものである限り、人間社会はまさにこの特殊な点で生物学の管轄に属している。特定の諸法則に従って、ということは特定の諸力によって有機的世界の進化がなされているなら、個人的かつ社会的人間の心理学的進化が、生のこれらの習慣を完全に捨て去ることは不可能である。ところで、われわれがかつて示したことだが〔『創造的進化』第二章〕、生命傾向の本質は束上の形態で発展していき、生命傾向が増大するだけで分岐する数々の方向を創り出し、弾《エラン》みはこれらの方向へと分たれる。このような法則に何ら不思議な点はないとわれわれはつけ加えた。単にこの法則は、一つの傾向は未分化な多数性を備えた一つの推進力であるという事実を表現している。ただ、それが未分化であり多であるのは回顧的にこの傾向を考察する場合だけである。つまり、この傾向の過去の未分化に対して事後的に取られる複数の見地が複数の要素で傾向を合成するのだが、これらの要素は実は当の傾向の発展によって創造されたものなのだ。オレンジ色が世界に現れた唯一の色であると想像してみよう。オレンジ色はすでにして黄色と赤色によって合成されているだろうか。もちろんそんなことはない。しかし、黄色と赤色がすでに存在する場合、オレンジ色はこれら二色によって合成されてしまっているだろう。そのとき、元のオレンジ色は赤色と黄色の二重の観点から考察されうるだろう。逆に、空想力を働かせて、黄色と赤色がオレンジ色の強化によって出現したと仮定するなら、われわれが束上の増大と呼んでいるものの非常に単純な例を得るだろう。しかし、空想も比較も少しも必要ない。人為的に綜合する底意を捨て、生命を直視するだけで十分なのである。ある人々は意志的行為を複合的反射とみなし、他の人々は反射のなかに自発的意志の劣化を見るだろう。本当のところは、反射も有意行動も原初の不可分な活動に対する二つの可能的見地を物質的に表現しているにすぎず、この活動は反射でも自発的意志でもなかったが、回顧的に振り返ってみると、二つの見地に応じてこの活動は同時にそれら二つになるのである。われわれは、本能と知性、動物的生と植物的生、分岐するが補完し合う他の多数の諸傾向の対についても同じことを言うだろう。ただ、生の一般的進化では、二分法（dichotomie）によってこうして創造された諸傾向は大抵、判明に区別される複数の種へと発展する。これらの傾向はそれぞれ勝手に世界に乗り出すが、自ら手に入れた物質性に妨げられて、他の諸傾向と再び接合して、起源的傾向をより強く、より複雑で、より進化したものにして連れ戻すことができない。しかし、心理的で社会的な生の進化については事情は同じではない。この場合、諸傾向は分離によって構成され、同一の個人のなかか同一の社会のなかで進化する。そして、これらの傾向は通常は順繰りにしか発展できない。ほとんど例外なくそうなるように、傾向が二つであるなら、人が特に執着するのはまず二つのうち一方の傾向である。この傾向とともに、人は多少なりとも遠くへ、総じて可能な限り遠くへと進む。次いで、この進展の途中で獲得したものを携えて、後方に置いてきたもう一つの傾向を探しに戻る。今度は最初の傾向を無視してこの傾向を発展させるのだが、この新たな努力は、新たな獲得物によって強化されたものとして、最初の傾向を再開し、それをもっと遠くまで推し進めるまで継続される。こうした操作がなされているあいだ、人は二つの傾向のうち一方だけに尽力しており、重要なのはこの傾向だけだから、この傾向のみが積極的で、もう一方の傾向については、その傾向の否定でしかないと進んで言うだろう。事態をこのような形で捉えようと欲するなら、他方の傾向は現実に最初の傾向の反対物である。進歩は対立する二項のあいだで行われる振り子運動によって果たされ、しかも、振り子が出発地点に戻るときには状況は同じではなくなっており、何か成果が実現されているということが――場合によって真である度合いは異なるが――確認される。けれども、この表現が厳密に正確で、振り子運動がなされたのはまさに対立する項の間であったということもありうる。それ自体で有利な傾向が、対立する傾向の作用によって以外の仕方では抑制されえず、かくしてこの対立する傾向も等しく有利であるときがそうである。知恵というものがあれば、それは二つの傾向の協働を勧めるように思われる。最初の傾向は諸事情がそれを求めるときに介入し、もう一方の傾向は、最初の傾向が度を越して進んでいくときにはそれを抑制せよ、と。残念ながら、どの地点で傾向が度を越し、危険が始まるのかを言うのは難しい。しばしば、妥当と思われるよりも遠くへ突き進むというだけで、まったく新しい環境に導かれ、まったく新しい状況が創造され、この新しい状況が利点を強めると同時に危険を除去する。このことはとりわけ、社会の方向性を決定し、発展すると必ず多寡はあれいくつもの世代へと配分される非常に一般的な諸傾向にあてはまる。知性は、それが超人的なものであってさえも、人がどこへ導かれるのかを言うことはできない。なぜなら、前進活動は自分固有の経路を創造し、その作用が果たされるための諸条件の大部分も創造し、こうして計算を寄せつけないからだ。こうして、人は次第に遠くへと進んでいくだろう。停止するのは、非常に多くの場合、大災厄が差し迫った場合だけである。敵対的傾向はそのとき空いたままの場所を占め、今度は、独りで行けるところまで進んでいく。最初の傾向が作用と呼ばれたが、そうであるなら、この敵対的傾向は反作用であろう。二つの傾向は、それらが手を携えて歩んだなら、互いに抑制し合っていただろうし、また、未分化な原初的傾向におけるこの相互浸透こそ当の抑制を定義するものなのだから、一つの傾向が場所のすべてを占拠するだけで、傾向に弾み《エラン》が伝えられ、この弾み《エラン》は障害が消え去るにつれて激昂にまで至ることがある。傾向は狂乱的な何かを持つのだ。自由の領域では「法則」という語を濫用してはなるまい。だが、十分な規則性を呈する顕著な事実を前にするときには、この簡便な語を使うことにしよう。われわれが二分法の法則（*loi de dichotomie*）と呼ぶであろうものははけだし、最初は単一の傾向に対する異なった見地でしかなかった諸傾向がただ二つに分解されるだけで、それらの傾向を現実に存在させる、そのような法則のことである。そして、二重狂乱の法則（*loi de double frénésie*）と呼ぶことをわれわれが提案するものは、分離することで実現された、二つの傾向各々に内在する要求のことで、最後まで――あたかも最終地点というものがあるかのように――各傾向が追求されることを要求する。もう一度言うが、単純な傾向は二つに分かれることなく成長し、推進力と停止力――この場合停止力は潜在的には別種の推進力である――との一致によって適度に維持されたほうがよかったのではないかと思わずにはおれない。そうすれば、不条理に陥る危険はなかっただろうし、大災厄に対して自分の安全を確保していただろう。その通りである。だが、量においても質においても、最大限の創造が獲得されることはなかっただろう。ある一つの方向が後に与えるものを知るためには、その方向の進展に最後までついていかなければならない。もはや前進できなくなったときには、無視されるか放棄されていた方向へと、獲得物すべてを携えて戻ってそこに身を投じるだろう。おそらく、外側からこの往還運動を眺めれば、二つの傾向の敵対、ひとつの傾向の進展を阻もうとする別の傾向による無駄な企て、後者の最終的な失敗と前者の巻き返ししか見られない。人類はドラマを好み、多少とも長い人類史の総体のなかから、二つの政党、二つの社会、二つの原理の闘争という姿が歴史に刻みつけた描線を進んで拾い上げる。両者は交互に勝利していただろう。しかし、そこでは闘争は一つの進歩の表面的な相貌でしかない。本当のところは、二つの異なる見地を取ることが可能な一つの傾向が量と質において最大限のものを与えうるのは、この傾向がこれら二つの可能性を動的実在として具体化する場合だけであって、ここでは、どちらの実在も前方へと飛び出して場所を独占するが、そうできなかった実在はというと、絶えず自分の番が回ってきたかどうか知るために最初の実在を監視するのである。こうして、起源的傾向の内容は発展していく。ただし、誰も、また意識的になった傾向それ自体でさえ、この傾向から何が出て来るかを言えないにもかかわらず、内容ということを語りうるとしてだが。こうした傾向が努力を生むが、その結果は一つの驚きである。このようなものが自然の作法なのだ。自然はわれわれに闘争という光景を与えるが、この闘争は反感というよりも好奇心へと解消されるのだ。そして、まさに人類が自然を模倣するとき、人類が原初的に受け取った推進力のなすがままにするとき、人類の歩みは一定の規則性に応じ、非常に不完全な仕方であるとはいえ、われわれが先ほど簡潔に述べたような法則に従属するのである。しかし、われわれの長すぎた挿入部の括弧を閉じる時がついに来た。われわれはただ、これら二つの法則が、この挿入部を開始させた事例にどのように当てはまるのか示すにとどめたい。

われわれが問題としていたのは、人類の主たる関心事と化した、快適さと贅沢への配慮であった。どうしてこの種の配慮が発明精神を発展させたのか、どうして多くの発明がわれわれの科学の応用であるのか、どうして科学は終わりなく発達するように定められているのか見るなら、同一方向への果てしない進歩があると思いたくもなる。実際、まったく新しい数々の発明が古い欲求を満足させたとしても、それらの発明が人類をそこにとどめることは決してありえない。新しい種類の欲求が出現するが、それらは前のものに劣らず抗し難く、数も増える一方だ。次第に密度を増していく群衆が殺到した競技場《ピスト》で、安楽を求める競争が加速するのが見られた。今日では、それは氾濫である。しかし、この狂乱そのものもきっとわれわれの目を開いてくれるはずではないか。別の狂乱のごとき何かがあって、現在の狂乱はそれに続いて起こり、現在の狂乱がその補完物であるような活動を反対方向に展開したのではないか。事実からすると、人間が物質的生活の向上を渇望し始めるように見えるのは、一五世紀か一六世紀からのことである。中世の間はずっと、禁欲主義の理想が最も優勢であった。この理想が辿り着いた行き過ぎを呼び起こすのは無用である。すでに狂乱はあったのだ。この禁欲主義は少数の人間たちに係る事実であったと言う人がいるかもしれない。彼らは正しい。しかし、若干の人々の特権であった神秘主義が宗教によって通俗化されたのと同様に、おそらく例外的なものだった濃縮された禁欲主義も大多数の人間のために希釈され、日常生活の諸条件全般への無関心となった。われわれが驚かされるのは、当時はすべての人にとって快適さが欠如していたということだ。持つ者も持たざる者も贅沢品なしで生活を営んでいたのだが、現在われわれはそれらを必需品とみなしている。領主は農民よりも暮らしぶりがよかったが、何よりもそれは、領主のほうが豊富に食べたというほどの意味だ、との指摘がなされた(23)。爾余《じよ》のことについては、相違は微々たるものだった。したがって、まさにこの場合、われわれは二つの対立する傾向を前にしており、これらの傾向は相次いで継起して両方とも狂ったように進んでいった。これら二つの傾向は、原初の一つの傾向に対して取られた二つの対立する見方に対応していると推測することができようが、この原初の傾向は、二つの道に交互に入り込み、それまで他の道で集めたすべてのものを携えて別の方向へ今度は身を置き直すことによって、量と質において可能な限りすべてのものを、自分が持っていなかったものさえも自分自身から引き出す手段を見出したのだろう。したがって、振り子運動と進歩が、振り子運動による進歩があることになる。そして、絶え間なく生が錯雑さを増していった後で、単純さ(simplicité)への回帰があるのを予見する必要があるだろう。明らかに、この回帰は確実なものではない。人類の未来は人類に懸っているのだから、それはいまだ決定されていない。しかし、未来の側には、すぐ後に検討するように、可能性か蓋然性しか存在しないとしても、過去については事情は同じではない。われわれがたった今指摘した二つの相対立する発展はたしかに唯一の起源的傾向が発展したものなのである。

すでに思想史がこのことを証言している。ソクラテスの思想から、キュレネ学派とキュニコス学派〔犬儒学派〕の学説が生じた。これは、ソクラテスのところでは、相互補完的であった二つの対立する方向が推し進められた結果である。前者の学説は、人生に最大限満足することを求め、後者は逆にそうすることなく生活することを学ぼうとする。二つの学説は、二つの相対立する原理、弛緩と緊張を伴って、エピクロス主義〔快楽主義〕とストア主義〔禁欲主義〕へと延長されていった。これらの二つの原理が対応する二つの魂の状態のあいだに本質の共通性があることに疑念があるなら、エピクロス学派自体のなかに、また、しばしば度外れに快楽を追求する大衆的なエピクロス主義のかたわらに、エピクロス自身のエピクロス主義があることに着目するだけで十分である。それによれば、至上の快楽は様々な快楽を必要としないのだ。本当のところは、二つの原理が、幸福について絶えず作り上げられてきた観念の根底にあるということだ。幸福というこの語によって指示されるのは、複雑で不明瞭な何かであり、各人が自分流儀で定義できるよう人類が不確定なままにしておくことを欲した諸概念の一つである。しかし、どのように幸福というものを理解するにせよ、安心のない幸福はない。すなわち、満足して受け入れている状態が持続する見通しのない幸福はない。このような確信は、諸事物を支配するときか、諸事物から独立できるよう自己を制御するときにそれを抱くことができる。力を内側から知覚するにせよ、力が外側へとあらわになるにせよ、いずれの場合にも、享受されるのは自分の力である。すなわち、人は慢心あるいは虚栄への途上にいるのだ。しかし、生の単純化と錯雑化はまさに「二分法」の帰結であって、「二重狂乱」という仕方で展開することが当然可能であり、要するに、これらは周期的に相次いで継起するために必要なものをしっかり備えている。

単純な生活への回帰は可能か

これらの条件を考慮すれば、すでに述べたように、単純さへの回帰は決してありえないことではない。科学そのものがその筋道をしっかりわれわれに示すことができる。物理学と化学はわれわれの欲求を満足させることを助け、こうして、われわれに欲求を倍加するよう促しているが、他方予見できるのは、生理学と医学がこのような欲求の倍加には危険な要素があること、欲求が充足されるほとんどの事例にわれわれを失望させる要素があることを徐々にあばいていくということだろう。私は肉料理が大好きだ。けれども、かつては私と同じくらい肉料理を好んでいたある菜食主義者は今日では肉を見れば嫌悪感を覚えずにはいられない。このように言えば、われわれは双方とも正しく、色彩についてと同じように、味覚〔趣味〕について議論してはいけないと言う人がいるだろう。多分その通りである。だが、菜食主義者である彼が以前の体質に戻ることは決してなく、私はこうした彼の揺るぎない確信を認めざるをえないが、他方、私はといえば、これからもつねに自分の体質を保ち続けていくことを彼ほど確信しているわけではない。彼は両方を経験したが、私は一方だけである。彼の嫌悪感は、彼がその嫌悪感に注意を固定するときに強まるが、他方、私の満足感は逆に不注意に由来し、むしろ光に照らされれば失われていく類のものだ。思うに、これはありえないことではないが、肉を食べると特殊な仕方でゆっくりと中毒症状に至るということが実験により決定的に証明されることがあれば、私の満足感は消滅するだろう。(24) われわれが学校で学んだように、栄養成分は身体の有機組織の諸要求と等しく知られており、そこから、必要栄養摂取量として必要なものと十分なものを計算して導き出すことができる。食物へのそれらの含有が健康に必要不可欠であるような複数の「ビタミン」を化学分析が見逃していたことを知ったなら、先生には非常な驚きであっただろう。今日、医学の努力が追いつかない少なからざる病気の遠因が、われわれの予想だにしない何らかの「欠乏」にあるということはおそらくいずれ分かるだろう。われわれに必要な成分すべてを摂取する唯一確実な方法は、食物をいかなる仕方でも加工しないこと、おそらく調理しないことでさえあるかもしれない(本当のところは誰にも分かるまい)。ここでも、獲得形質の遺伝への信念が多大な害を及ぼした。人間の胃はかつての習慣を失い、もはや原始人のように食物を摂取することはできないように思われるとよく言われる。これが、われわれは幼少期以来生まれつきの体質を眠らせたままにしているので、ある年齢になって、その体質を覚醒させることは難しいという意味ならこの言葉は正しい。しかし、生まれつき体質が変容していたということは、ほとんどありえない。われわれの胃は有史以前の祖先のそれと異なると仮定しても、その相違は、時代が経つに従って身につけた単なる諸習慣には由来しない。これらすべての点を、科学は遠からずわれわれに解明してくれるだろう。今、科学がわれわれの予見する方向で解明すると仮定してみよう。われわれの食生活が改革されるだけで、われわれの産業、商業、農業に無数の反響があり、それらは著しく単純化されるだろう。他の欲求についてはどうだろうか。生殖に係る感官の諸要求は抗しがたいものであるが、自然の状態で事足れりとするなら、それらはすぐに始末できるだろう。ただ、強力だが貧困な一つの感覚がいわば基音として選ばれ、その周りに、人類は不断に増大する倍音を出現させた。人類はその基音から非常に豊富な種類の音色を引き出したので、今では何であれある側面から叩かれれば、強迫観念のような音を出す。それは官能への想像力を介した恒常的な呼びかけである。われわれの文明の全体が催淫的である。ここでも科学にはそれなりの言い分があり、いつか科学はそれを非常にはっきりと口に出すだろうから、しっかりそれを聞かねばなるまい。すなわち、快楽をかくも甚だしく好むなら快楽はもはや存在しなくなるだろう、というのだ。女性はまだ、音楽家の弓で振動させられる楽器の地位に甘んじているが、その代わりに、男性と同等な存在になろうと現実に、また真摯に欲するに応じて、女性はこのような時機の到来を速めるだろう。このような変容がなされると、われわれの生活はより単純であると同時により誠実なものになるだろう。男性に好かれるための、また跳ね返って、自分に満足するための女性の贅沢品の大部分は無用になる。無駄遣いは減少し、妬みも同じく減少する。――もっとも、贅沢、快楽、安楽は寄り合い支え合ってはいるとはいえ、一般的に想像されているような関係を相互に有しているわけではない。人々はこれら三者を梯子状に配置する。こうして安楽から贅沢へは、漸進的上昇によって至ることになる。つまり、われわれが安楽を確保しているときには、そこに快楽を重ね合わせ、しかる後に贅沢を愛する、とされるのだ。しかし、これこそ純粋に主知主義的な心理学であり、この心理学は精神的諸状態をそれらの対象の写したらしめうると信じている。贅沢は単なる楽しみよりも高くつき、快楽は安楽よりも高くつくのだから、それらに対応する正体不明の欲望も漸増すると思われてしまう。本当のところは、安楽が欲望されるのは大抵は贅沢への愛によってである。なぜなら、人々が持たない安楽は贅沢として現れ、彼らは安楽さを手にしている人々を模倣し、彼らに肩を並べようと欲するからだ。初めに虚栄があったのだ。どれほど多くの料理が、それらが高価であるというただそれだけの理由で追求されたことか！　何年もの間、文明化した諸国民は香辛料を獲得するために、海外へ向かう努力の大部分を費やした。香辛料の獲得が、当時非常に危険であった航海の最大の目的であったことを知れば、また、幾千人もの人々がそこで命をかけたこと、勇気、エネルギー、冒険心から偶々《たまたま》アメリカ大陸は発見されたわけだが、それらが本質的には生姜と丁字《ちょうじ》、胡椒とシナモンを追い求めて使用されたことを知れば、人々は唖然とするだろう。非常に長く格別の品だった香料も、街角の食料品店で幾らか出せば手に入れることができるようになって以来、誰がそれを気にかけたりするだろうか。こうした事実の確認は、道徳学者《モラリスト》を悲しませる何かを持っている。けれども、それらについてよく考えてみていただきたい。そうすれば、希望を抱くための動機が見出されよう。安楽を求める不断に増大する欲求、楽しみへの渇望、贅沢に対する度外れの嗜好、人類の未来に対するかくも大きな不安――なぜなら人類はそこに確たる満足を見出す様子だからだが――をわれわれに吹き込むすべてのものは、まるで乱暴に空気を入れられ、ついで、同じように一挙に空気が抜けて収縮してしまう風船のように見える。狂乱が反対の狂乱を呼ぶことをわれわれは知っている。もっと細かく言うと、現在の事実と過去の事実を比較することは、現在決定的に思える嗜好を一時的なものとみなすようわれわれを促している。今日、自動車を所有することは、多くの人間にとって最大の野心である以上、自動車が与える比較不可能な有用性に感謝し、この素晴らしい機械を賛美しようではないか。そして、それが必要とされるところではどこでも数が増え普及していくことを願おうではないか。しかし、単なる楽しみのためであれ、贅沢する快楽のためであれ、近い将来自動車は今のようにはもはや欲しがられなくなることもありえると言いたい。とはいえ、今日の丁字とシナモンと同じように自動車も顧みられなくなるということはないだろうし、われわれもそれを希望したい。

機械主義と神秘主義

われわれは議論の本質的な点に触れている。われわれは機械の発明に由来する贅沢心の満足に言及したところである。多くの人が贅沢の嗜好を発展させたのは、もっとも単なる安楽の嗜好もそうだが、機械の発明一般であると多くの人は考えている。たとえわれわれの物質的欲求がつねに増大し激化していくことを人々が通常認めているとしても、それは人類がいったん機械発明の道に入った後で、この道を放棄する理由が見つからないからだ。科学が進むにつれて、その発見はより多くの発明を示唆すると付言しておこう。しばしば、理論から応用へはほんの一歩である。科学は前に進むのを止めることができないので、われわれの古い欲求の満足ならびにまったく新しい欲求の創造にも実際終わりはないはずだと思われる。だが、発明精神は必ず不自然な人為的欲求をかき立てるのかどうか、それとも、ここで発明精神を方向付けていたのはむしろその人為的欲求のほうではないのかどうかをまず考えなければならない。

第二の仮説のほうがはるかに蓋然性が高い。この仮説は機械化《マシニスム》の諸起源に関する最近の研究によって確証されている(25)。人間はいつの時代にも機械を発明してきたし、古代にも驚くべき機械《マシン》があり、近代科学が誕生するずっと以前にも、創意工夫に富んだ装置《ディスポジティフ》が考案されており、その後でも、非常に多くの場合、近代科学とは独立して考案された、との指摘がなされた。今日でもなお、単純な労働者が、科学的教養なしに、創意あふれる科学者も思いつかない仕方で機械を改良している。機械的《メカニック》発明は自然の賜物である。その発明が現実的で可視的なエネルギー、すなわち筋力や風力、落水力を利用することにとどまる限りでは、おそらく発明の効果は限定されていたのだろう。機械が全力を発揮し、能率を向上させうるようになったのは、幾百万の年月に亘って蓄積された潜在エネルギーを突発的な仕方で機械の使用に利用することが可能になった日からである。このエネルギーは太陽から取り入れられ、石炭や石油等に溜められていた。それは蒸気機関発明の日であったが、この発明が理論的考察から出たものでないことは知られている。ただ、急いで付言しておくと、最初は緩慢であった進歩は、科学が関与したとき巨大な一歩を踏み出したのである。それでもやはり、単独で働く限りでは狭い川床のなかを流れ、科学と出会って無際限に拡大した機械的発明は科学とは別物であり続け、場合によっては、科学から離れていく可能性がないわけではない。例えば、ローヌ川はジュネーブの湖に流れ込み、川の水は湖に混じり合うように見えるが、川が湖を抜け出すときには、川は実は湖から独立したままであったことを示すのと同様である。

だから、そう思いたくなるのとはちがって、実は科学には、それが発展していくだけで徐々に自然さを失っていく諸欲求を人間に課すという要請は存在しなかったのだ。さもなければ、人類は増大して止まない物欲に没入してしまうだろう。なぜなら、科学の進歩が停止することはないだろうからだ。しかし、本当のところは、科学は人々が求めたものを与えただけであり、また、主導者は科学ではなかったということだ。必ずしも人類の様々な利害関心に最も都合よく働かなかったのは発明精神のほうである。発明精神は多数の新しい種類の欲望を創り出した。発明精神は古い欲求の充足を最大多数の人間に対して、可能であったならば万人に対して確保することを十分に配慮することはなかった。もっと簡単に言えば、この精神は必要を無視することこそなかったとはいえ、必要のない余剰品についてあまりにも考えすぎた。必要と余剰というこれらの二つの語を定義することは簡単ではないし、ある人々にとっての贅沢品も他の人々にとっては必需品であると言われるかもしれない。おそらくそうだろう。ここで、繊細な区別に没頭することはたやすい。けれども、巨視的な見方をしなければならない場合もある。幾百万の人間が日々食べることに困って腹を空かしている。餓死する人間もいる。土地の収穫量がもっと向上すれば、食べ物に困る人、餓死する人が減少する可能性はある。(26) 土地は耕す人手を欠いていると主張する人がいる。そうかもしれない。しかし、どうして、土地が人力に必要以上の努力を求めたりするだろうか。機械化《マシニスム》が間違っているとすれば、それは、農耕というこの過酷な労働部門でそれが人々を支援するための努力を十分にしなかったことである。このように言うと、数々の農耕機械がすでにあり、現在、その利用は非常に普及していると答える人がいるだろう。私はそれに同意する。だが、機械が農業において人間の負担を軽減するために行ったこと、科学の側で土地の収穫量を増大させるために行ったことは、比較的限定されたものでしかない。農業は人間に食料を供給するものであるから、残余のものに優先されねばならないし、いずれにせよ、産業《アンデュストリー》そのものの第一の関心事でなければならないと、われわれははっきり感じている。大概、産業は充足すべき諸欲求の重要性の度合いを十分に気にかけてこなかった。産業は進んで流行を追い、売ること以外は考えずに製造した。他の場合と同じくここでも、中心から全体を組織するような思想が必要とされる。それがあれば、産業を農業に連携させ、機械に道理にかなった場所を割り当てていただろうし、この思想において機械は人類にとって最大限有用でありうる。機械化を訴えるとき、肝腎の苦情が無視されているのだ。人々は機械化を、それが労働者を機械の状態に陥らせると、まず非難し、次いで、画一的な生産に達し、芸術的感覚に反すると非難する。しかし、機械は労働者により多くの休息時間を与えるし、この増加した余暇を、誤って方向づけられた産業主義が万人の手の届くところに置いたいわゆる娯楽以外のことに利用するなら、労働者は彼が望んだだけ自分の知性を発達させるだろう。その代わり、機械が消滅し、単純な道具へ回帰した場合には（もっとも、このようなことは不可能であるが）、つねに制限された範囲内で果たされる知性の発達で労働者は満足してしまう。生産の画一性に関して言えば、時間と労力の節約がこうして国民全体によって実現され、それが知的文化を更に遠くまで推進し、真の独自性を発展させることを可能にするなら、生産の画一性がもたらす不都合は取るに足りないものだろう。アメリカ人たちは皆同じ帽子をかぶっていると非難する人がいた。だが、頭は帽子よりも重要なはずだ。自分の好みに応じて私の頭を豊かにできるようにしてもらえれば、私は自分の頭に万人と同じ帽子をかぶることを受け入れよう。われわれが機械化を難じる理由はこのような点にあるのではない。機械を利用することは、それが現実の必要を満たす手段を広く発展させたので、人間にとって有用であった。このことにわれわれは異議を唱えることはしない。われわれが機械化を非難するのは、それが過度に人為的な欲求を促進し、贅沢へと駆り立て、地方を犠牲にして都市部を優遇し、遂には、雇用主と労働者、資本と労働の隔たりを拡大し、その関係を変形してしまったことである。もっとも、これらの結果はすべて修正可能であろうし、そうすれば、機械はもはや恵み深いものでしかないだろう。人類は狂ったように自分の生を錯雑にしたが、それと同じぐらい熱狂的に生を単純化することを試みねばならないだろう。これを主導するのは人類でしかありえない。なぜなら、発明精神をある特定の場所に投げ込んだのは人類自体であり、いわゆる事物の力のせいではないし、ましてや機械に内属する宿命的決定性のせいではありえないからだ。

しかし、以上のことは人類が百パーセント欲したことだろうか。人類が最初に与えた推力は、産業主義が採用した方向へと正確に進んでいったのだろうか。起点においては気づくことができないほど小さかったずれも、もしわれわれが直進し、その道のりが長かったならば、到着点では大きな隔たりになる。ところで、後で機械化《マシニスム》に至る定めにあったものが有していた最初の下絵が、民主主義への最初の熱望と同時に描かれたということは疑いえない。これら二つの傾向の親和性は一八世紀に完全に明らかになる。この親和性は、百科全書学派の人々において顕著である。その場合、人類と年齢を同じくするが、十分な場所を与えられていなかった間は十分に活動的ではなかったこの発明精神を前面に押し出したのは民主主義の息吹であった、と仮定してはならないのだろうか。万人を贅沢させることも、ましてや万人に安楽な生活を与えることも考えられていなかったのは間違いない。しかし、万人のために確実な物質的生活を、安全のなかでの尊厳を願うことは可能だった。では、この願いは意識化されていたのだろうか。われわれは歴史における無意識的なものを信じていない。幾度も語られてきたことだが、思想の隠れた大きな諸潮流は、大量の人間が一人もしくは幾人かの人間によって牽引されたことに発する。後者の人々は彼らがなしたことは知っていたが、そのすべての帰結を予見しはしなかった。続きを知っているわれわれは、その後生じたことのイメージを起源にまで遡行させないではいられない。そのとき、蜃気楼のような効果によって過去のなかに浮かび上がる現在を、われわれは過去の無意識的なものと呼ぶ。現在というものの遡及性は、多くの哲学的錯覚の起源にある。したがって、われわれは一五世紀、一六世紀、一八世紀に、われわれの時代と比較可能な民主主義への配慮があったと考えることは慎みたい（ましてや、他の世紀と非常に異なり、崇高な挿入部とみなされてきた一七世紀にそれがあったとは考えない）。われわれは同じく、発明精神が可能性として内蔵していたものをこれらの時代に看取することもない。それでもやはり、宗教改革、ルネサンス、発明の推進力という三つの最初の徴候ないし先駆的現象は同じ時代に属している。当時までキリスト教的理想がまとっていた形式に抗する、相互に類似した三つの反応がそこにあったということは不可能ではない。キリスト教的理想はそれでも存続したが、人類にいつも同じ面を向けている星のように見れた。人々は同じ星を見ていると必ずしも気づくことなく、そのもう一方の面を垣間見始めたのだ。神秘主義が禁欲主義を呼び寄せることは疑いえない。どちらもつねに少数者の専有物であろう。しかし、活動的で完璧な真の神秘主義がその本質たる仁愛の力で拡大を熱望しているということも同様に確かである。この神秘主義は、たとえそれが必然的に希釈され弱められるとしても、飢えの恐怖に捉えられた人類の間にいかにして伝播されるというのか。人間が大地の上高く立ち上がるのは、強力な機械群が支えを提供する場合だけである。人間が物質から離脱しようとするならば、それを足下に踏みつけなければならない。言い換えるなら、神秘主義《ミスティック》〔神秘思想〕が機械主義《メカニック》を呼出すのだ。この事実は十分に気づかれなかった。なぜなら、機械主義はいわば転轍機の事故により、万人の解放よりもむしろ、ある一定数の人々のために度が過ぎる安楽と贅沢へと向かう線路に乗り入れてしまったからだ。われわれは偶発的な結果に目を奪われ、機械化《マシニスム》のあるべき姿、その本質を構成する要素を見ていない。もっと先へ進もう。われわれの身体諸器官が自然の機具であるなら、われわれの機具はまさにそれゆえ人工的な身体器官である。労働者の道具は彼の腕を延長する。だから、人類の機械設備は身体の延長物である。自然はわれわれに本質的に製作的な知性を授け、こうしてわれわれに一定の拡大を準備した。石油、石炭、いわゆる「白い石炭」〔水力エネルギーのこと〕で作動し、無数の年月に亘って蓄積された潜在エネルギーを運動へと転換する機械は、身体組織を莫大に拡張させ、身体組織にその大きさと力に釣り合わない並外れた能力を与えた。間違いなく、これらのいずれも人間種の構造図においては予想されていなかった。これは比類のない幸運であったし、人間が地球上で収めた物質面での最大の成功だった。おそらく、精神的な推進力は起点において刻印された。拡張は、鶴嘴の偶然の一撃が奇跡的に地下の財宝に当たり、それが力を貸すことで自動的になされた(27)。ところで、この途方もなく肥大した身体のなかで、魂はというと、それはかつてそうであったままであり、今、その身体を満たすためにはあまりに小さく、それを指揮するにはあまりにも力がなかった。このような事態から、身体と魂のあいだに空隙が生まれ、社会、政治、国際関係に係る恐るべき諸問題が生じる。これらの問題はいずれも身体と魂の空隙の定義であって、今日この空隙を埋めるために、統制も効果もない努力がかくも多く傾けられている。今度は道徳的な潜在エネルギーの新しい備蓄が必要であろう。したがって、先に述べたように、神秘主義は機械主義を呼び求めると言うだけで済ますわけにはいかない。拡大された身体は魂による補完（supplément）を待望し、機械主義は何らかの神秘主義を要請しているかもしれないと付言しておこう。この機械主義の起源はおそらく、通常信じられている以上に神秘主義的である。機械主義がその真の方向を再び見つけ、その能力と釣り合いが取れた有用性を発揮するのは、機械主義によってこれまで以上に大地へと屈曲させられた人類が、やはり機械主義によって身を起こし、天を眺める場合だけである。

エルネスト・セイエール氏は、その深さと力を幾ら賛美しても足りない著作で、いかにして、国民的熱望が神的使命を自分に付与するのかを示した。つまり、「帝国主義」は通常「神秘主義」となる、というのだ。この神秘主義という語が、エルネスト・セイエール氏がこの語に与える意味、(28) 氏の数多い一連の著作のうちで十分に定義された意味を持つならば、以上のことに異論の余地はない。この事実を事実として認め、それを諸原因に結びつけ、その結果を辿ることで、著者は歴史哲学に計り知れない貢献をなしている。だが、彼自身もおそらくこう考えると思うが、このように解された神秘主義、しかも彼が示すように「帝国主義」に含まれる神秘主義は、真の神秘主義の偽造物、われわれが前章で研究した「動的宗教」の偽造物でしかない。われわれはこの偽造のからくりを見破ったと思う。それは古代人の「静的宗教」から借り受けたものであった。「静的宗教」の符牒は剝がされ、動的宗教が与えた新しい符牒のもと、静的形式のまま放置されたのだ。もっとも、この偽造はいかなる邪な意図も蔵していなかったし、意図的なものでもほとんどなかった。実際「静的宗教」は人間に生来のもので、人間の本性は変化しないということを想起しよう。われわれの祖先が生まれつき持っていた数々の信念は、われわれ自身の最も奥底で存続している。これらの信念は、対抗する力によってもはや抑圧されなくなるや否や再び現れる。ところで、古代宗教の本質的な特徴の一つは、人間の集合体と、これらの集合体の各々に結びついた神々とあいだの紐帯という観念であった。都市国家《シテ》の神々は都市国家のために、都市国家と共に戦った。この信念は真の神秘主義とは相容れなかった。ということは、分け隔てなき愛によって自分が万人を愛し、万人が相互に愛することを要求する神の機具であるという感情とは相容れなかったのだ。けれども、この信念が魂の暗い深みから意識の表面にまで上昇し、そこで近代の神秘主義者たちが世界に示したような神秘主義のイメージと出会うなら、この信念は本能的に神秘主義を名乗るようになる。そして、この信念は、近代の神秘主義者の神に、古代の神々の民族主義《ナシオナリスム》を帰属させる。帝国主義が神秘主義を招来するのはこの意味においてである。真の神秘主義にとどまるなら、神秘主義は帝国主義と相容れないと判断されるだろう。われわれがたった今述べたように、せいぜい神秘主義は非常に特殊な「力への意志」(volonté de puissance)を鼓舞することなしには拡大できないと言われるかもしれない。たしかに神秘主義は支配ではあるが、人間に対する支配ではなく事物に対する支配であって、ほかでもない、人間がもはや人間に対してこれまでのように支配を及ぼさないための支配なのである。

神秘主義の天才が出現したとしてみよう。そうすれば、彼は自分の背後に、すでに途方もなく成長した身体を備え、彼によって変貌させられた魂を宿した人類を引き連れていくだろう。この天才は人類をまったく新しい種とすることを望む、というよりもむしろ、生物種であることの必然性から人類を解放したいと望むだろう。ここで種とは集団的な停止の謂であり、十全な生存は個体性における動性である。地球を通り抜けた生の偉大な息吹は、従順であると同時に反抗的な自然が許す限り遠くまで有機的組織化を推進した。知られているように、われわれは自然という語によって、生命がなまの物質のなかで出会う迎合と抵抗の総体を指し示しているが——、この総体をわれわれは、生物学者に倣って、あたかもそこに諸々の意図を与えることができるかのように取り扱っている。製作的知性に加えて、その周りを縁取る直観の縁暈を備えた身体は、自然が作りえたもののなかでも最も完璧なものである。それが人間の身体であった。生命の進化はそこで停止した。しかし、知性は、自然が予想さえしなかったところまで（自然は機械の構築に非常に不向きである）機具製作の錯雑さと完全性の度合いを高め、自然が思いつくことさえできなかったエネルギーの備蓄物をこれらの機械に注ぎ込むことで（自然は節約というものを驚くほど知らない）、われわれに多大な力能を授けた。この力に比べれば、われわれの身体の力など何ものでもない。重さのある物質の最小の一片に濃縮された力を科学が解放できるようになるとき、この力能は制限なきものとなるだろう。物質的障害はほとんど消滅した。明日になれば、道は開くだろう。この道は生を導き、生をそれが停止せねばならなかった点へと至らせた息吹の方向そのものへ向かう。そして、英雄の呼びかけが到来する。われわれ全員が英雄の呼びかけに従うわけではないが、われわれ全員がそうしなければならないと感じ、われわれは進むべき道を知るだろう。そして、もしそこを通れば、われわれは道を広げることになるのだ。と同時に、至上の責務の謎がどんな哲学に対しても明かされるだろう。旅はすでに開始されていたが、中断しなければならなかった。旅を再開する際には、すでに欲していたことを改めて欲するだけでいい。説明を要するのはつねに休止であって運動ではない。

しかし、傑出した偉大な魂の出現を当てにしすぎてはならない。こうした魂が出現しなくても、他の影響によって、われわれを楽しませる玩具と、われわれがその周りでもがいている蜃気楼から注意を背けることができるだろう。

実際、科学に支援された発明の才能によって、想像だにされていなかったエネルギーがいかにして人間にとって使用可能となったかをわれわれは見た。それは物理-化学的エネルギーであり、物質を対象とする科学であった。しかし、精神に関してはどうだろうか。可能な限りぎりぎりまで精神は科学的に深く究明されただろうか。このような深い究明が何を与えうるかは知られているのだろうか。科学はまず物質に専念した。ここ三世紀の間、科学は物質以外の対象を持たなかった。今日でもなお、科学という語を形容辞なしで口にする際には、物質科学についての話であるとの了解がある。かつてわれわれはその幾つもの理由を挙げたことがある。われわれは、物質の科学的研究が精神の科学的研究になぜ先行したのかを示した。最も緊急なことに取りかからねばならなかったのだ。そのとき幾何学はすでに存在していた。それは古代人たちによって十分遠くまで発展させられていた。それゆえ、数学から、われわれが生きる世界の説明のためにそれがもたらしうるすべてのことをまず引き出さねばならなかった。それに、精神科学から出発することは望ましいことではなかった。なぜなら、精神科学は、幾何学から物理学、化学、生物学へと伝播した正確さや厳密さや証明への配慮には自力では到達できず、これらの科学から跳ね返ってそれらが与えられるのを待たねばならなかったからだ。にもかかわらず、この科学は非常に遅れて登場したことで損害を受けないわけにはいかなかった。実際、精神科学が登場するまでの間、人間的知性は、すべてを空間のなかに見、すべてを物質によって説明するという自分の習慣を科学によって正当化し、こうして、この習慣に異論の余地なき権威を与えることができた。このとき、人間的知性が魂に目を向けるや否や、人間的知性は内的生の空間的表象を与える。それは、古い対象について保持していたイメージを新しい対象にまで拡張する。そこから、意識の諸状態の相互浸透を考慮しない原子論的な心理学の数々の誤謬が生じる。そこから、持続（durée）のなかに精神を探し求めることなく精神に到達できると言い張る哲学の無益な努力が生じる。魂と身体の関係は如何。混同ははるかに重大である。この混同は形而上学に道を誤らせただけではなく、ある種の事実の観察から科学を遠ざけてしまった。というよりもむしろ、この混同はある種の科学の誕生を妨げ、わけの分からない教義の名のもとに、これらの科学は生まれる前に追放されてしまったのだ。

実際、心的活動の物質的随伴物が心的活動そのものの等価物であるということが前提的了解となった。いかなる実在も空間的基盤を持つとみなされ、精神のなかには、これに対応する脳のうちに、超人的な生理学者が読み取るであろうもの以外は何も見つからないはずだとされた。この主張が単なる形而上学的仮説であり、諸事実についての恣意的解釈であることを忘れてはならない。しかし、この種の形而上学に対置される精神主義の形而上学もこれに劣らず恣意的で、それによると、魂の各状態は脳の一状態を利用し、後者は前者に単に手段として役立つだけなのだ。精神主義の形而上学にとってもなお、心的活動は脳の活動と広がりを同じくし、現在の生において心的活動は脳の活動と一対一対応している。しかも、この第二の理論は第一の理論の影響を受け、それにいつも魅惑されてきた。二つの陣営で受け入れられている諸々の先入観念を斥け、可能な限り諸事実に寄り添うことによって、われわれは身体がまったく異なる役割を担っていることを確証しようと試みた。精神活動はなるほど物質的な随伴物を持つが、この随伴物は精神活動の一部分しか描いていない。残りの精神活動は無意識の状態にある。また、なるほど身体はわれわれにとって行動の手段であるが、同様に知覚を妨害するものでもある。身体の役割は、どんな機会にも有用な振舞いを遂行することである。まさにそれゆえ、身体は、現状を解明しない記憶ならびに、われわれがいかなる接点も持たない事物の知覚をも意識から閉め出す(29)。身体とは言ってみればフィルターないし遮蔽幕である。つまり、現実化すると行動を邪魔する可能性があるものについては、身体はそのすべてを潜在的状態にとどめ置く。身体は必要な行動に都合がいいように、われわれの面前にあるものを眺めることを助けるが、その代わり、ただ単に目的もなくあちこち見回すのを妨げる。身体は夢の広大な領野から、現実の心理的生を摘み取る。要するに、われわれの脳は表象の創造者でもその保存者でもないのだ。脳は単に、表象が効力を持って働くようそれを制限するだけである。脳は生への注意（*attention à la vie*）の器官である。しかし、そこから帰結するのは、身体のなかにせよ、それが制限する意識のなかにせよ、特殊な仕掛け、本質からして人間の行動に係らない対象を人間的知覚から引き離すことを機能とした特殊な装置が存在しているはずだということである。これらの機制が乱されると、それらが今閉ざしている扉が少しだけ開く。「外部」から何かが通り抜ける。おそらくは「来世」という外部から。「心霊科学」が研究の対象とするのは、まさに、このような数々の異常な知覚である。この科学が出会う抵抗はある程度まで理解できる。この科学は、つねに警戒を要する人間の証言に支えを見出す。われわれにとって、科学者の典型とは物理学者である。物質が物理学者をだまして楽しむことなど明らかにないが、その物質に対する物理学者の正当な信頼の態度がわれわれにとってすべての科学の特徴となった。研究者に、その至るところに欺瞞を嗅ぎ分けよと要求するような研究をなおも科学的と呼ぶのは難しい。心霊科学の研究者が持つ警戒心はわれわれを不安にさせるが、彼らの確信はそれ以上にわれわれを不安にさせる。われわれは、警戒という習慣を人のすぐに失ってしまうのを知っている。この坂道は滑りやすく、好奇心から盲信へと進んでいく。もう一度言うが、ある種の嫌悪はこのようにして納得される。しかし、真の科学者たちの「心霊研究」に対する不受理は、彼らが報告された諸事実を、まずもって「ありそうもない」こととみなしているという理由でしか理解されないだろう。ある事実の不可能性を確証できるものとして考えうるいかなる手段も存在しないのを知らないならば、彼らは「ありそうもない」という代わりに「ありえない」と言っているだろう。にもかかわらず、彼らは心の奥底では、報告された事実の不可能性を確信している。彼らがそう確信しているのは、有機体と意識、身体と精神のある特定の関係を異論の余地がないもの、決定的な仕方で証明されたものと判断しているからだ。われわれが見てきたところでは、この関係は純粋に仮説として想定されているにすぎず、科学によって証明されたわけではないが、ある形而上学によって要求されている。数々の事実はというと、これとは大いに異なる仮説を仄めかしている。もしこの仮説を受け入れるなら、「心霊科学」によって指摘された諸現象、あるいは、そのうちの幾つかの現象は、非常にありそうなことと思われるようになり、むしろ、あまりにも長きにわたってこの種の研究のみが日の目を見なかったことに驚くだろう。ここで、われわれがかつて他の場所〔一九一九年出版『精神エネルギー』所収の一九一三年論文「生者の幻影と心霊研究」〕で議論した点には立ち戻るまい。われわれは最も確証されていることだけを述べるため、次のように言うにとどめよう。例えば、無数の一致する証言が蒐集されたにもかかわらず、「テレパシー現象」の実在を疑うなら、人間の証言一般が科学の目には実在しないと明言しなければならないだろう。だが、そうであるなら歴史学はどうなるのか。本当のところは、心霊科学がわれわれに示す数々の成果のあいだで選別を行わねばならないということだ。心霊科学自体、その諸成果をすべてを同列に置くなどということはよもやしていない。つまり、この科学は確実であると思われるもの、単に蓋然的なもの、あるいは、せいぜいその可能性が考えられるだけのものを区別しているのだ。だが、確実だと心霊科学が主張するものの一部しか受け入れないとしても、それは広大な未知の大地の存在をわれわれに気づかせるには十分であり、この大地は心霊科学により開拓が始まったばかりである。この未知なる世界からの微光がわれわれに届き、身体の目にそれが見えると仮定してみよう。何という人類の変化であろうか。人類が何と言おうと、人類は大概、見えるものと触れるものしか存在者として受け入れないよう習慣づけられていた。このような仕方でわれわれに到来する情報はおそらく、魂における劣ったもの、最低水準の精神性にしか係らない。しかし、ほとんどの人間において出会われるように思えるが、大抵は言葉だけで抽象的で効力なきものにとどまっている来世信仰が、生き生きと働きかける実在に転じるには、それだけで十分である。この信仰がどれだけ重要かを知るためには、人々がいかに快楽に飛びつくかを注視するだけでよい。快楽を、無から奪取したもの、死を愚弄する一つの手段とみなさないなら、これほどまで快楽に執着することはないだろう。実際、もしわれわれが死後の生を確信し、それも絶対的に確信するなら、もはや他の事柄について考えることはあるまい。諸々の快楽は存続するだろうが、輝きを失い色彩を失う。なぜなら、それらの強度は、われわれがそれらに向けていた注意に由来するにすぎないからだ。快楽は弱まっていくだろう。朝焼けで電球の光が薄れていくように。快楽（plaisir）は歓喜（joie）によって蝕が起こるときのように覆い隠されてしまうだろう。

実際、歓喜とは、拡散した神秘主義的直観が世界中に伝播させる生の単純さのことであろう。拡張された科学的経験における来世のヴィジョンに自動的に後続する生の単純さも歓喜であろう。これほど完全な道徳的改革がなされないなら、弥縫策《びほうさく》に訴え、次第に権限を増していく「法的規制」に従い、われわれの自然本性がわれわれの文明につきつける障害を一つずつ回避しなければならないだろう。しかし、われわれが大いなる手段を選ぶにせよ、ささやかな手段を選ぶにせよ、決意しなくてはならない。人類は自分がなしとげた進歩の重さで半ば押し潰されてうめき苦しんでいる。人類は自分の将来が自分次第であることが十分に分かっていない。第一に、人類はこれからも生き続ける意志があるのか否かを考えてみなければならない。第二に、ただ生きることを望むのか、それとも、ただ生きることに加えて、神々を作り出す機械たる宇宙の本質的な機能が、反抗的なこの地球でも果たされるのに必要な努力を払うことを欲するのかどうかを考えてみなければならない。

原註

第1章

（1）キップリングの『多くの発明』（*Many inventions*）（1893）と題された文集中にある『ラクのなか』（*In the Rukh*）からの引用。

（2）多くの例外があることは言うまでもない。例えば、宗教的な熱情は、女性において思いがけない深みへと到達しうる。しかし、おそらく自然は一般的な規則として、女性が最も優れた感受性を子供へと集中させること、そして、この非常に狭い範囲に限定することを望んだと思われる。そのうえ、この領域において、女性は秀でている。この場合、感動は、それが予知と化すという点で、知性以上のものとなる。幼子を見つめる母の感激した眼差しには、無数の未来が現れているではないか！　錯覚かもしれない。それは確実ではない。むしろ次のように言おう。実在は様々な可能性を含んでおり、そして、母親は子供のうちに彼が将来そうなるであろうものだけを見ているのではなく、子供が人生の各瞬間に選択すること、つまり、他の可能性を締め出さずに済むならば彼がなりうるあらゆるものを見ているのである、と。

第2章

（3）『社会学年報』（*L'année sociologique*, vol. II, p. 29 ets.）〔ベルクソンが指示しているページ数は誤りであり、実際には、同書の p. 26 からの引用である〕。

（4）言うまでもなく、不変性は絶対的ではないが本質的である。この性質は原理上は存在するものの、実際には、ひとたび措定された主題の幾つもの変奏を許容する。

(5) 『創造的進化』(*L'évolution créatrice*)、特にその第一章と第二章を参照されたい。

(6) このイメージが幻覚的であるのは、それが原始人に対してまとう形態のもとでしかないのは言うまでもない。死後生という一般的な問題については、前著作等でわれわれの考えを説明した。本著作でも、われわれはこの問題に再び立ち戻るだろう。本書第三章の三六二頁以下、第四章の四三五頁から四三六頁を参照されたい。

(7) 『原始的心性』(*La mentalité primitive*, Paris, 1922, p. 17-18)。

(8) 同書 (p. 24)。

(9) 特に『原始的心性』(pp. 28, 36, 45, etc.) を参照されたい。『低級社会における精神諸機能』(*Les fonctions mentales dans les sociétés inférieures*, 1910, p. 73) を参照のこと。

(10) われわれは一八九八年のコレージュ・ド・フランスにおける講義で、アフロディシアスのアレクサンドロスの運命について『運命について』(περὶ εἱμαρμένης) を検討し、この偶然概念の形成について詳しく説明した。

(11) 『原始的心性』(p. 38)。

(12) ウィリアム・ジェームズ『回想と研究』(*Memories and Studies*, p. 209-214)。この文章は、H・M・カレンの『なぜ宗教か?』(*Why religion*, New York, 1927) において引用されている。

(13) 「活気も意図も、人間の行動に、これ以上現前したことはかつて一度もなかった (Animus and intent were never more present in any human action)」

(14) このテーマに関しては、ウェスターマークの『人類婚姻史』(The History of human marriage, Londres, 1901, p. 290 ets.) を参照されたい。

(15) トーテムの動物が氏族の先祖であるという観念——それをファン・ヘネップ氏は『トーテム問題の現状』(*L'Etat actuel du problème totémique*, Paris, 1920) で強調している——は、われわれが示す表象とつねにうまく接合することができた。

第3章

(16)「というのは、人間のばあいでも観照する力が弱いときに、観照やロゴスの影としての行為を行うからである」(エンネアデス、第三巻、第八章四)(『プロティノス全集』第二巻、中央公論社)

(17) われわれは、古代に新プラトン主義と仏教とは別の神秘主義が存在したことを知らないわけではない。だが、われわれの関心を占める対象については、最も遠くまで進んだ神秘主義を考察すればわれわれには十分である。

(18) キリスト教の偉大な神秘主義者たちにおける、本質的に活動的な要素については、アンリ・ドラクロワ氏が、古典となるに値するであろう著作で注意を喚起している(『神秘主義の歴史と心理学研究』[*Études d'histoire et de psychologie du mysticisme*, Paris, 1908])。類似する考えが、エブリン・アンダーヒルの幾つかの重要な著作に見出されるだろう(『神秘主義』[*Mysticism*, London, 1911] および『神秘の道』[*The mystic way*, London, 1913])。アンダーヒル氏は、幾つかの見解を、われわれが『創造的進化』で提示し、本章で更に敷衍するために再び取り上げる見解に結びつけている。この点に関しては、特に『神秘の道』を見ていただきたい。

(19) ピエール・ジャネ『苦悶から忘我へ』(*De l'angoisse à l'extase*)

(20) マキシム・ドゥ・モンモラン『正統カトリック神秘家の心理学』(*Psychologie des mystiques catholiques orthodoxes*, Paris, 1920, p. 17)

(21)『物質と記憶』(*Matière et mémoire*, Paris, 1896) の特に第一章を参照のこと。

(22) ここで、われわれは「ほとんど同じ」と言った。なぜなら、生物がいわば祖先によって与えられた主題に基づいて行う変奏を考慮しなければならないからだ。しかし、これらの変奏は偶然的で、どんな方向へも行われるので、時間が経っても積み重なっていくことができず、種を変容することはできない。獲得形質の遺伝可能性を主張する説ならびにこの説に基づく進化論については、『創造的進化』（第一章）を参照されたい。すでに指摘しておいたように、人間種を生んだ突然の跳躍は、完全には成功しなかったが、時間と空間の複数の点で企てられえたということを付言しておこう。かくしてこの跳躍は「人間」という名で呼ぼうと思えば呼びうる諸存在に到達したが、それらは必ずしもわれわれの祖先ではない。

(23) ジーナ・ロンブローゾの興味深い著作、『機械利用の代償』（*La Rançon du machinisme*, Paris, 1930）を参照されたい。

(24) この点について、われわれはいかなる特殊な知識も持たないと取り急ぎ言っておこう。われわれは肉の事例を選んだが、同様に、普段食べている他のいかなる食物も例として挙げてもよい。

(25) 再び、ジーナ・ロンブローゾの見事な著作を参照していただきたい。マントゥの『十八世紀における産業革命』（*La Révolution industrielle au XVIIIe siècle*, 1906）も参照のこと。

(26) たしかに、「過剰生産」という危機がある。この危機は農業製品にも広がっていくし、また、農業製品から始まりさえする可能性もある。しかし、この危機は、もちろん人類に食料が過剰にありすぎることから生じるのではない。それは単に、生産一般が十分に組織されていないので、製品が交換できないからである。

(27) 言うまでもないことだが、ここでわれわれは比喩的に語っている。石炭は、蒸気機関がそれを貴重品へと変換する以前にもたしかに知られていた。

(28) もっともわれわれはここでその意味の一部しか考察しない。「帝国主義」という言葉に対しても同様である。

(29) われわれはどうして視覚のような感官がより遠くへ届くのかを先に示した。その理由は、視覚の道具〔目のこと〕がこの拡張を不可避のものとしたからである〈本書二三四—五ページを御覧いただきたい。『物質と記憶』第一章全体も参照のこと〉。

解説

小野浩太郎

本書は、フランスの哲学者アンリ・ベルクソン（一八五九―一九四一年）の一九三二年に出版された『道徳と宗教の二つの源泉』（以下、『二源泉』と略す）の邦訳である。ベルクソンの哲学的主著は四冊あり、『二源泉』は最後の主著にあたる。第三主著『創造的進化』において、生命進化と認識論を問題にした後、この第四主著において、彼は道徳、宗教、社会の問題を扱っている。

わたしは以下に、まず、（1）同書が書かれた社会的背景について簡単に述べ、ついで、（2）同書全体の内容を概観し、解説としたい。

（1）『二源泉』を取り巻く社会的状況

第一次世界大戦と欧州

『創造的進化』を出版したあと（一九〇七年）、ベルクソンが第四主著の『二源泉』を出版（一九三二年）するまでに約四半世紀が経った。この間、欧州で生じたもっとも重要な社会的出来事は第一世界大戦であるということに異議を唱える方は少ないだろう。ちょうど今から約一〇〇年前、一九一四年に同大戦は勃発した。この戦争は人類史上初めて世界規模で展開され、欧州だけでなく、アメリカ、アフリカ、中東、そして、アジアを巻き込み、多くの犠牲者を出した。

一九一八年に戦闘は終了するが、一八七〇年の普仏戦争後、社会経済と「ベル・エポック」と呼ばれる文化芸術の繁栄を見てきたフランスは、大戦の第一の戦勝国ではあるものの、戦闘による人的、物質的被害が甚だしかった（フランスの死傷者・行方不明者は一四〇万人、またドイツは二〇〇万人と言われている）。また、同大戦により、欧州が世界の中心から退いていき、国際的な政治秩序は変更されざるをえなくなった。アメリカの政治的影響力が強まり、日本が列強国の一つとして世界的なパワーゲームに加わるとともに、他方で国際連盟（一九一九年―一九四六年）が設立された。その上、同戦争では最新の科学兵器が利用され、被害を甚大なものにしたことから、その後、フランス革命期の思想家コンドルセが標榜した「人類の進歩」という一九世紀を特徴づける考えのひとつは根底から考え直さなければならなくなるにいたった。こうして、第一次世界大戦は欧州に暗い影を投げかけ、世界の政治経済の情勢を大きく変化させるとともに、思想、芸術など、さまざまな分野に多大な影響を与えた。

ベルクソンの第一次世界大戦期の活動

さて、第一次世界大戦に対する欧州の哲学者、文学者を含めた知識人の反応は多様であったが、ベルクソンのそれは極めて積極的なものであったと言える。一九一四年八月初頭の対独戦の開始直後、当時議長を務めていた道徳・政治科学アカデミーの演説で、ベルクソンはドイツに対する戦争を「野蛮に対する文明の戦い」と述べた。また、彼は、戦中に書いたフランス哲学史に関する論文においてフランス哲学のドイツ哲学に対する優位を説いたが、それはプロパガンダ的側面を持たないわけではなかった。このような積極的な社会参加は、自らユダヤ系フランス人でありながらも、一九世紀末から二〇世紀初頭にかけてフランス社会を動乱させたドレフュス事件に関しては、公には沈黙を守ったことと比べると対照的である。

さて、ベルクソンの大戦期の言動は当時大きな影響力を持つとともに、さまざまな批判にもあっている。戦時中の言動とそれ以後の彼の哲学との関係は、アカデミックな哲学史研究のテーマでもあり、現在研究者により研究が進められている。

なお、戦争期におけるベルクソンの活動は国内に留まらない。彼は大戦中に渡米し、当時アメリカの大統領であったトーマス・ウッドロー・ウィルソンに会い、同国が第一次世界大戦へ参戦することに貢献した。さらに、大戦後も、彼は一九二二年に国際連盟の一機関である「国際知的協力委員会」(現在のUNESCOの前身機関)の議長に選出され、一九二五年にリューマチによる体調不良を理由に辞職するまで、科学者マリー・キュリーなどと共に業務にあたっている。

第一次世界大戦の『二源泉』への影響

では、第一次世界大戦の経験は、ベルクソンの哲学に、そして、一九三二年に出版された『二源泉』にどのような影響を与えたのか。この問いに答えることは本の解説という範囲を超えるものであり、解説者の手に余る。ここではただ、『二源泉』において、戦争についての考察が同書の根幹にあることのみ指摘しよう。

同書の最大の特徴のひとつは、「閉じたもの」と「開かれたもの」という区別が道徳と社会を考察する際の決定的な規準として導入されることである。本書では、「閉じた道徳」である「同国人に対する義務」を拡大していくことによって、「開かれた道徳」、すなわち、全人類を包摂する「人間として人間に対する義務」に到達することはないのであり、それらはそれぞれ異なる本性と源泉を持つという主張がなされる。

さて、『二源泉』第一章で、『マクベス』の言葉を引きながら（本文三九―四〇頁）、ベルクソンはこの二つの道徳の区別が明白になる事例として戦争を挙げていることに着目しよう。たとえもし平時において、二つの道徳に根本的な違いを見出すことができないとしても、戦争がいったん開始されるならば、「人間として人間に対する義務」はいとも簡単に放棄され、「同国人に対する義務」は（敵側の）人間を殺すことさえ要求する。戦時中には、道徳的価値の転換がいとも簡単になされる。ベルクソンによれば、戦争は、「人間として人間に対する義務」が社会の要求ではないこと、その要求は「閉じたもの」であることを暴露するひとつの事実である。

もちろん、このような事実にはベルクソンだけが気づいていたわけではないし、これら二つの義務の区別は「祖国愛」と「世界市民主義」の齟齬として、第一次世界大戦以前においても議論の対象となってきたとも言える。だが、ベルクソンの哲学的反省の特徴は、これら二つの道徳の齟齬を事実として認めるだけではなく、この齟齬を徹底的に推し進めたことにあるだろう。つまり、それは、これら二つの義務を「閉じた道徳」と「開かれた道徳」という全く異なる本性を持つ二つの道徳として捉え直し、それぞれ異なる二つの源泉を見出したことにあると思われる。そのため、ベルクソンは「閉じたもの」、「開かれたもの」という概念《コンセプト》を創造したとも言えよう。こうして、『二源泉』の最大の特徴の一つである「閉じたもの」と「開かれたもの」の区別を示唆する事実として戦争の例が挙げられており、戦争に対する考察が、『二源泉』の哲学的反省の根幹にあることを示唆している。

『二源泉』出版後のベルクソンと第二次世界大戦

一九三二年の『二源泉』出版後、隣国ドイツでは、一九三三年にアドルフ・ヒトラーが政権を奪取し、欧州に不穏な空気が漂い始める。ナチスが掲げる反ユダヤ政策とユダヤ人という自らの出自に対するベルクソンの考えを知る上で、有用な次の二つの挿話を紹介しよう。

ベルクソンの書簡集によれば、一九三三年にドイツでアドルフ・ヒトラーが政権を取った際に、彼はナチスの反ユダヤ主義政策に反対する文書への署名を求められた。だが、彼はその要求を断っている(一九三三年四月一〇日、E・ムニエへの手紙)。その理由のひとつは、人種差別が非難されるべきであることは当然であり、そのような署名はユダヤ人ではない人間が行わなければ意味をなさないというものであった。ドレフュス事件に対するベルクソンの沈黙も、このような態度に由来すると推測することが可能ではあるが、伝記的な資料がないので確証することができない。

ベルクソンはキリスト教カトリックにユダヤ教の完成形態を見ていた。そして、彼の遺書にも記されているが、カトリックへの関心は次第に高まり、彼はカトリックへと転向しようと思うまでに至っていた。しかし、結局、当時興隆していたナチスの人種主義を考慮して、彼は転向しなかった。虐げられるユダヤ人への連帯感情は、カトリックというひとつの宗教に対する彼の個人的な信仰よりも強かったと言えるかもしれない。ベルクソンが、ナチスに対する一つの抵抗とも言える、このような他者への連帯を自らどのように分析していたのか知ることは困難である。それは「閉じたもの」だったのだろうか、それとも「開かれたもの」だったのだろうか。ベルクソンのこのような態度を通して、「開かれたもの」はいかに発現するのかという『二源泉』において十分に論じられたとは言えない問題がかいま見れるように思われる。

一九三九年にナチス・ドイツのポーランド侵攻とともに、不幸にも世界大戦は再び勃発した。ベルクソンはドイツ軍によるパリ占領下の一九四一年一月三日に没しており、第二次世界大戦も経験している。死の直前に、「わたしは長く生きすぎた」と語ったと言われており、当時の様子が伺われる。ベルクソンは、一八七〇年の普仏戦争を含め、結局三度戦争を経験しており、戦争に翻弄された生涯であったと言える。

(2)『二源泉』の概観

以上、時代背景を踏まえたところで、『二源泉』の内容全体を概観していきたい。

本書において、「閉じたもの」と「開かれたもの」という区別が道徳と社会について考察する上での決定的な規準として導入されることはすでに述べた。同書ではこの区別に基づき、第一章「道徳的責務」、第二章「静的宗教」、第三章「動的宗教」において、道徳と宗教の二つの本性と源泉が理論的に論じられ、「生 (vie)」の二つの意味が示される。『二源泉』に示されたベルクソン哲学の特徴のひとつは、道徳も宗教も「社会的」なものとも考えられており、道徳、宗教、社会という三項が切り離されて考察されていないことである。道徳も、宗教も、社会も生の発現形態である。重要なことは、これから見るように、二つの意味でそうであることとである。なお、ベルクソンは『二源泉』において、これら三項を最終的に「生」の概念により説明しようとするのだが、このような試みに、「社会」という概念に道徳と宗教の説明原理を見出すデュルケーム社会学への批判を見ることもできる。

以下にまず、道徳、宗教、社会の三項の関係に注目しながら、本書の第一章から第三章までの内容を概説したい。こうすることによって、『二源泉』の各章の内的な連関を示すことができるだろう。その後、社会の実践的問題が扱われる第四章の解説に移りたい。

閉じた道徳と閉じた社会

すでに触れたように、ベルクソンは「閉じた道徳」と「開かれた道徳」というように道徳を二つに区別するが、前者については、『二源泉』第一章前半部で、その本性と源泉について集中的に論じられる。

まず重要なことは、彼は閉じた道徳について扱う際に、善や悪の観念、あるいは特定の道徳規則などではなく、ある一定の行動原理を問題にしていることである。これは後述する開かれた道徳に関しても同様である。つまり、これら二つの道徳は知性や表象を介さず、人間の意志に直接働きかけることにより、一定の精神的態度を取らせ、判断、そして、行動させる力として考察されている。

ついで、このように道徳を行動原理として捉え、ベルクソンは特定の道徳的規則への従属に合理的な根拠を与えようとはしていない。むしろ、人間が実際に道徳的規則に従っていること、ある特定の行為を批判していること、一定の人間たちの行為に魅惑されていることを「説明」しようとしている。ベルクソンの哲学は、一定の人間の行動を説明することにあり、特定の規則に従った行為を「正当化」しようとはしない。

閉じた道徳は「習慣」という形態を取り、機能することが大きな特徴である。まず、閉じた道徳は習慣として、社会秩序を形成するように人間の諸行動に「規則性」を与える。ついで、習慣は個人に「内在」することによって、内側からその圧力を発する。そして、この圧力は「直接的に」意志に働きかけ、多くの場合、人間に意識させることなく、「自動的に」社会的責務を遵守させる。閉じた道徳によって、たいていの場合、人間は社会を明白に対象として定めたり、行動理由を反省することなく、無意識的に社会秩序の維持を狙って活動している。

責務が強制的な性格を現すのはむしろ例外的な場合である。それは、知性が可能とする利己主義によって（知性によって、人間は社会のために活動する際の苦痛や犠牲について反省することが可能になる）、人間が責務を遵守するのを止めた後、責務が彼を元の社会秩序に引き戻そうとする時だけである。

この道徳の源泉は人間種（生物の一種としての人間）が持つ自然本性にある。もちろん、動物の本能と習慣は、後者に人間は従わないことができるという点からして異なるが、社会的習慣の存在自体は必然的である。各習慣の根底には、「習慣をつける習慣」とも言われる「責務一般」があり、それは知性と共存可能な「潜在的本能」という生命の必然的な力である。

では、閉じた道徳、閉じた社会というように、これらが「閉じた」と形容されるのはなぜだろうか。閉じた道徳とは、敵集団を前にする時の態度を常に各人に取らせ、己の関心のみを追求する閉鎖的な集団を形成する社会的圧力であり、そのような集団が閉じた社会と言われる。このような集団の閉鎖性、排他性が「閉じた」の意味である。

なお、閉じた社会に生きる諸個人の連帯、すなわち、社会的連帯は有機体の諸細胞間の階層的な一体性に類似する。つまり、個人と社会は、閉じた道徳により、有機体の諸細胞とその全体の関係と同じように、互いに利益をもたらし合う関係を持つ。有機体内の細胞は有機体全体を生かすと同時に、その全体から生命力を受け取り、己の利益のためにも有機体全体の利益のためにも生きている。このように相互依存的で、円環的な関係を個人と社会も有しており、そこで人間の魂は全く同時に個人的かつ社会的である。

重要なことは、この閉じた社会が、例えば、家族から国家へと膨張していくことによって、世界市民主義が実現されるような人類社会に至ることはないということである。「閉じたもの」と「開かれたもの」には自然の差異があり、閉じた社会に見出される個人と社会の円環的関係は人類全体にまでは及ばない。人類を抱合するような社会、すなわち、開かれた社会の実現は、全く別の道徳、すなわち、開かれた道徳による。この開かれた道徳とは、閉じた社会を「開く」行動原理であり、有機体の比喩を考慮すれば、社会有機体論的な社会を超克するような行動原理である。

静的宗教と閉じた社会

宗教に関しても、ベルクソンは「静的宗教」と「動的宗教」と二つに区別し、前者に関しては、『二源泉』第二章全体で、その本性と源泉が探求される。そこでは、二〇世紀初頭からフランスの社会学者たち（レヴィ・ブリュール、エミール・デュルケーム、マルセル・モースら）が盛んに行っていた原始社会の研究成果と、内観心理学的方法によって取得された文明社会に生きる人間の経験的所与を突き合わせることによって、宗教が考察されている。ベルクソン哲学は一般的に実証科学の成果と意識の直接所与への回帰に存する直観的認識を合流させ、後者を前者により検証することを方法としているが、特に静的宗教に関しては、このように社会学の研究成果が考察されている。

ベルクソンは、呪術、精霊信仰などの原始社会の宗教、そして、多神教、一神教を独自に解釈して、静的宗教と呼んでいる。当時の宗教社会学の成果を検討するとはいえ、静的宗教に関するベルクソンの説明は社会学的である以上に、心理学的、そして、生物学的である。知性は、生命進化の過程で人間に特に与えられた有用な精神的機能であるが、同時に、人間へ危険ももたらしうる。静的宗教は、知性がもたらす危険に対する生命からの対抗措置として定義され、「作話機能」という精神的機能が源泉として特定されている。

知性が人間にもたらす危険は、社会的な危険と個人の生に関わる危険に区別される。社会的な危険とは、知性が促す利己主義の危険である。この危険に対しては、作話機能が、一定の行いを禁止し、罰する神の如き表象を生み、社会秩序を乱す利己主義的な行動を抑制する。こうして、静的宗教は社会的連帯を維持し、閉じた道徳を補助する。

個人の生に関わる危険とは、精神衰弱、恐怖などであり、二つの形態がある。一つは、死の不可避性という知性が生み出す表象であり、もう一方は、同じく知性が産出する、行為の成功の予見不可能性という表象である。作話機能は、死の不可避性という表象には死後の生という表象によって、また、行為の成功の予見不可能性という表象には行為の成功を保証する表象によって対抗し、行動の障害となる過度な知性的反省を停止させる。こうして、静的宗教は、恐怖や不安に襲われた人間を安心させ、生に執着させて、より効果的に行動させる。

作話機能は責務一般と同じく、「潜在的本能」と呼ばれ、人間の自然本性に属するものである。だが、この機能は、責務一般が習慣という形態で働くのと異なり、架空の表象を知性の内側に産み、神話などを物語ることを通し、事実を捏造することによって知性の過剰な働きを抑制している。

閉じた道徳と静的宗教

では、閉じた道徳と静的宗教はどのような関係を持つのだろうか。重要な点は、これらは共に社会的秩序を維持するとしても、常に相互補完的な関係にあるわけではないことである。『二源泉』第二章末で、ベルクソンは、宗教の神が不道徳な行為、または犯罪的な行為さえ命令する場合があるという歴史的な事実を提示している。閉じた道徳と静的宗教が補完的な関係を常に持つわけではないのだ。

原始社会では、道徳と宗教が完全に一致する「慣習（coutume）」が社会秩序を保持するために働いている。そこでは、どんな社会にも共通して存在する、社会の成立に必要不可欠な一般的な責務である社会的責務と、宗教が維持し、集団ごとによって異なる特殊で具体的な社会的紐帯が混合していたのだが、それらは別々に発展していったのだった。こうして、閉じた道徳と静的宗教は共に閉じた社会の維持をするものであるものの、別々に分離されうる。

それでは、なぜ社会的責務と宗教が維持する社会的紐帯は分離し、どのように、発展していったのか。ベルクソンは、社会的責務は慣習から純化と単純化、抽象化と一般化により、諸規則は合理的に調整され、また法制度化されうるとしており、閉じた道徳と静的宗教の分離に理性の働きを見ていると考えられる。彼は、理性の道徳における役割を、もろもろの規則や責務の格律の間に「論理的整合性」を確保することとして規定している。理性は道徳の源泉でも、その本質的な要素でもない。それは、社会的圧力を被って、社会秩序を遵守する諸理由を定式化し、相互に調整することを役割として持つだけである。道徳自体は慣習の中に圧力として理性の働きに先立って存在し、人間の意志に働きかけているのであって、諸規則間の論理的整合性は社会が後に獲得したものである。

では他方で、静的宗教はどのような発展を遂げたのか。まず、先に触れたように、宗教は起源では道徳と混合しており、道徳と国家という二つの機能を果たしていたのだが、道徳と分かれ、第二の方向へと展開していったとされる。また、このような展開のほかに、ベルクソンは静的宗教が一直線上に進展したことを否定しつつも、この宗教がだんだんとはっきりとした「人格（personnalité）」を有する神々の方へと、すなわち、多神教、そして、一神教へと進んでいく展開を認めている。彼は、神話とともに、多神教は古代の数々の文明と同じ範囲に広がっていき、多神教と一神教に向かう宗教の進展を文明の進歩の第一段階として捉えている。そして、その第二段階は、動的宗教の誕生により達成されたのだった。明示的に述べられるわけではないのだが、あたかも、多神教と一神教が動的宗教である神秘主義を準備したかのようである。いずれにせよ、重要なことは、人間の自然本性に由来する静的宗教がただ発展することによって、動的宗教と開かれた道徳が生まれたわけではなく、それらは別の源泉から誕生したことが示されることである。

なお付言すれば、『二源泉』第二章で、一神教と言っても、それはエジプトのファラオ、イクナートンの一神教を指し、ユダヤ教、キリスト教は含まない。これらの宗教は『二源泉』第三章で、一神教と呼ばれることもなく、神秘主義として取り扱われ、従来の一神教という枠組みから離れて考察されている。

開かれた道徳と動的宗教

全人類を抱合する愛である開かれた道徳に関しては、『二源泉』第一章中盤で、「感動」という情動的本性が示され、第三章全体で、その歴史的起源が考察されており、両章は相互に補完し合う関係にある。このため、道徳は一定の個人に具現する行動原理であり、このため、ベルクソンは歴史上の道徳的偉人、ソクラテス、イエス・キリスト、そして、キリスト教神秘主義者を考察の対象としている。このだが単に彼ら個人の行為や経験が研究されるだけでなく、彼らが他の人々を牽引する側面も考察されている。て、「模範」、「呼びかけ」であり、ある一定の精神的態度を取り、判断、行動することを要求する力であり、そこに開かれた道徳の社会性がある。

この道徳の本性と源泉の探求に際し、ベルクソンは道徳的偉人の出現という歴史的事実を、社会学者が社会環境により説明しようとするのと異なり、キリスト教神秘主義者の直接経験と創造的進化という二つの事実を交差させることによって考察している。一九〇七年に出版された『創造的進化』におけるベルクソンの生命進化論は、神秘経験の可能性を補強し、逆に神秘経験は創造的進化の意義を示し、生命進化論を延長する。ベルクソンは、神秘経験という、人間種の条件、すなわち、自然本性を超克するいわば非人間的な経験を研究することによって、人間種の経験と行為の諸条件を問い直そうとしている。

では、「人間として人間に対する義務」とも定式化される開かれた道徳の源泉は何か。『二源泉』第三章では、ギリシア神秘主義、東洋の神秘主義、ユダヤ教、キリスト教について論じられるが、開かれた道徳はキリスト教、イエス・キリストとともに誕生した。知性、あるいは理性は閉じた道徳の場合と同じく、開かれた道徳の源泉でも、その本質的な要素でもなく、この道徳は動的宗教を源泉とする。

ベルクソンによれば、ストア派の哲学者は「全ての人間は一つの共通の神を父として持ち、兄弟である」という普遍的な友愛の理想をキリスト教に先立って構想したが、「諸権利の平等性」と「人格の不可侵性」を含むこの理想はおそらく実現不可能なものとして構想されていた。なぜなら、いかなるストア派の哲学者も自由人と奴隷の間にある垣根を引き下ろすことが実際に可能であると判断していたとは考えられないからである。ストア派の哲学者たちが掲げていた普遍的友愛の観念が人間に訴えかけるようになるには、キリスト教を待たなくてはならなかった。こうして、人類的友愛という理想を実現する原動力は、知的表象や理論ではなく、「動的」とベルクソンが呼ぶ宗教に由来する。

だが宗教と言っても、それを生み出した神が原動力である。より狭い意味で宗教という言葉を定義すれば、一方で、キリスト教神秘主義者の純粋な直接的経験に現れる神とは「愛」であるが、他方で、動的宗教とはその愛が教説として結晶化したものである。ベルクソンの関心はキリスト教の教説や組織にはなく、キリスト教を他の宗教から決定的に分かつ情動的要素、すなわち、愛を探求することにある。

では、開かれた道徳の源泉である神、すなわち、愛とは、キリスト教の神であるのか。解説という性質上、この問いに包括的に答えることはできない。だが、まず重要なことは、キリスト教の教義において定義される神の神学的な理解、ましてやその護教は、『二源泉』の目的ではないことである。ついで、はっきりとベルクソンの神はキリスト教の神ではないとする解釈者がいることも紹介しよう。ベルクソンと神の概念について書簡を交換したこともある神学者ジョセフ・ド・トンケデックは、その理由を、キリスト教の神の永遠性は全く同時的であり（継起を含まないという意味で）、またその神は不変化であるのに対して、ベルクソンの神は変化し、自らを創造する存在であるからだとしている。

なお、神の概念自体は『創造的進化』にもすでに登場しており、もろもろの世界の「湧出の連続性」として定義され、生の弾みの源泉を意味していたが、『二源泉』において、新たに道徳、また宗教的観点から捉え直されている。

開かれた道徳と開かれた社会

では、もう少し詳しく開かれた道徳の本性、愛について解説し、社会との関係を見てみたい。この愛の特徴を二点挙げよう。第一に、愛は芸術や文学等における創造行為の起源にある「感動」と比較可能であり、「創造的エネルギー」として思い浮かべられなければならない。「神は愛である」という定式よりも、この比較にこそベルクソンの独自性を見なければならないだろう。この感動は知的表象や自然の諸事物により惹起されるものではない。それは知性以上、知的表象以上のものであり、人間の意識内部の知性および社会の平面の外側に位置する創造の要請そのものであるとされる。だが、同時に、この感動はこの人間の意志に従属したままであり、努力により参照することができる。つまり、感動は人間に創造的行為を要求する力であるとともに、その方向を決める参照点であり、こうして、彼の内側にある感動が彼の判断と行為を決定する。したがって、この感動という観念は、通常われわれが思い浮かべるものとはかなり異なるだろう。

その上、自我と人格という観点から言えば、この愛は個人の自我の底にある「根」として考えられており、個人の自我および人格に還元されるものではないようである。だが他方で、この愛を経験した者の人格が愛に吸収されてしまうわけではない。むしろ、この経験の間、彼はこれほどまで自分自身であったことはなかった。つまり、愛に侵入されつつも、各神秘主義者は自分の人格を維持し、「独自性」を持つ存在である。むしろ、独自性の発露はこの感動にこそ由来すると言え、愛は人間に自己を与える努力を要請する力である。

ベルクソンは、このような感動に動かされた道徳的偉人の内側の視点に立ち、解放された魂には「物質的な障害」は存在しないとも述べていることを付言しよう。行動の障害を表象し、人間の意志をくじくのは、実は対象を果てしなく分析していく知性、感官の作用である。開かれた魂を持つ道徳的偉人は物質的な障害を表象することなく、動き続ける。

さて、ベルクソンは、動的宗教のことを「本質的に個人的なものだが、個人的であることで間違いなくより社会的なものと化した宗教」(本文二七三頁)と言う。これは感動の第二の性格、社会性に関わる。道徳的偉人が経験した感動は人から人へ伝わっていき、他者を揺さぶり動かすのであって、そこには社会的習慣を媒介するのとは異なる人間同士の関係がある。開かれた社会とは、まずもってこの人間同士の「関係」という点から理解されるべきであろう。

この点を理解するために、『二源泉』には、知覚論および認識論が挿入されていることを指摘しよう。『二源泉』第二章では、原始人が静的宗教により、事物、出来事、宇宙一般をどのように知覚し、どのようにそれに対して反応するかという知覚、認識、行為に関わる問題が扱われているが、第一章では、開かれた魂を持つ道徳的偉人の知覚と認識、道徳的偉人を前にした人間の知覚と彼の言葉の認識が問題である。道徳的偉人を前にした人々に、彼は一つの「呼びかけ」として現れ、また彼らの言葉は多くの人間のうちに反響を呼ぶ。ベルクソンにとって、芸術が開かれた道徳と社会を理解させるモデルであり、愛の感動に発する道徳的偉人の行為と言葉は、見る者、聞く者の魂の内に反響、感動を生み、そして、この新たに生み出された感動は、新たな道徳的創造者を生んでいく。つまり、呼びかけはそれを聞く者を彼の内部へと引き込み、閉じた社会から離れる努力を行うことを要求する。こうして、人間同士は情動的に、そして、動的につながりあう。

イエス・キリストを起源とする感動は、次の感動の起源となり、道徳的創造はこのようにして続けられてきたのであって、愛はある一定の個人を通して人間同士のつながりを根本的に変更してきた。この運動の極限に見出される開かれた社会は、神的個人が直接情動的かつ動的につながることによって構成され、彼らは前進し続けることを止めないだろう。

だが、実際にわれわれが生きる社会は閉じた社会である。開かれた道徳と動的宗教は生じた後、一挙に全人類に伝えられることはなく、既存の閉じた道徳と静的宗教にだんだんと重ね合わさりながら、混合的な道徳と宗教を形成していった。完全に開かれた社会は極限にかいま見られる社会であり、現実の社会はむしろ開きつつある閉じた社会である。先に見たように、閉じた社会について論じる際に、ベルクソンは社会と有機体を比較し、社会秩序を単純化して考察するが、このような図式的な理解から出発することは、実際には閉じた道徳と開かれた道徳が混じり合う現実の社会を分析するための一つの方法であるのだ。

最後に、開かれた社会と言って、ベルクソンは人間以外のものも、つまり、植物と動物を含めた自然全体も含めた社会のビジョンを持っていることをつけ加えよう。人間の自然本性から解放され、開かれた魂は自然全体とさえ「共感」する。「開かれた道徳」は人類的友愛をも超えていく側面があり、生命進化という観点から考察されている。

理論的問題から実践的問題へ

『二源泉』第四章では、「閉じたもの」と「開かれたもの」の理論的区別を実践的問題へと適用する試みがなされる。だが、実践的な問題と言っても、ベルクソンは特定の道徳的規則の実践を求めるわけではない。彼にとって実践的な問題とは、人間本性に由来する戦争の回避である。つまり、『二源泉』において、戦争は哲学的考察の対象であるとともに、実践的問題でもある。また、戦争と言えば、国家間の争いがまず思い浮かぶが、ベルクソンは閉じた社会と言って、その範囲を決定しているわけではなく、国家だけでなく、宗教や民族に関わるさまざまな集団も含意しうるだろう。

国際的連帯

戦争が人間の自然本性に由来するならば、それを回避することは不可能なのか。人間に与えられた自然を脱する大神秘主義者ではないわれわれが、どのように戦争を回避できるのかも問われなければならない。ベルクソンによれば、戦争は人間本性だけでなく、他にさまざまな原因を持ち、第一次世界大戦、そして、将来起こるであろう戦争の原因はわれわれの社会の産業的性格と切り離せない。そして、彼はその原因として、特に人口の過剰な増加、生産物の販路の喪失、燃料と原料の欠乏を挙げており、社会経済的に原因を分析している。

さて、この問題に対する彼が挙げる主な方策の一つは、国際機関による法的規制である。国際機関が各国内の立法や行政に介入することなく、戦争を回避することは不可能である。ところで、国と国がつながる国際的な連帯がなければ、国際機関の設立と運営は実現されえないだろう。つまり、閉じた社会内の閉じた社会的連帯とは別の次元で社会的連帯が戦争回避の措置の一つとして考えられている。

なお、このような国際的連帯への期待には、ベルクソン自身、国際連盟の国際知的協力委員会の議長であったことも思い出される。だが、このような期待は、第二次世界大戦(日本は『二源泉』が出版された翌年の一九三三年に国際連盟を脱退している)、そして、「国際連合」(一九四五年—)の機能不全を経験したベルクソン以降の世代の人間にはさほど説得力のないものと映るかもしれない。そもそも、国際機関による統治という考えはベルクソン独自のものではないだろうし、実際の問題は実効力のある国際機関をどのように組織し、運営できるのかというところにあるのだろう。『二源泉』において、ベルクソンは詳細な手段に係る問題には触れず、戦争回避の方策に国際機関による法的規制という方向性を示すことに留まっている。

重要なことは、まず、彼は国際連盟の創設者を人類の庇護者、そして、解決すべき問題を解決済みと想定する「偉大な楽観主義者」と呼び、国際連盟の創立にも神秘的な愛の作用を見ていることである。ついで、ベルクソンにとって、国際連盟の設立は、それがいかに不完全であれ、開かれた社会の実現への第一歩であったのであり、国際機関による法的規制は閉じた社会へ抵抗する努力である。

祖国愛

『二源泉』で扱われるすべてのテーマが十分に深く論じられているわけではない。祖国愛(patriotisme)はそのひとつである(本文三八一頁)。第一次世界大戦中、ベルクソンは極めて積極的な言動をとったことはすでに述べたが、『二源泉』第四章において、社会統合の原理として祖国愛について論じる彼の口調は決して明瞭なものではない。彼は古代人の都市国家に対する祖国愛とは異なる近代における祖国愛の存在を認めている。だが、後者の祖国愛がいかなるものかは詳しく説明されてはいない。それは「戦争の徳であるのと同程度に平和の徳」であり、「神秘的状態を模倣する感情」と言われるだけで、開かれた道徳および動的宗教との関係が明らかではない。この祖国愛は、閉じた道徳と開かれた道徳の混合した道徳であるのだろうか。あるいはまた、別の道徳であるのか。『二源泉』において、ベルクソンはこの後者の祖国愛を理論的に決して正当化しようとはしていない。それは歴史上存在する社会統合の原理である。だが、このような社会は、暴力的な閉じた社会、そして、非暴力的な開かれた社会というベルクソンの社会論の単純な図式的理解に再考を促すものであるように思われる。

以上、簡単にではあるが、ベルクソンの『道徳と宗教の二つの源泉』を解説してきた。他の哲学者と比べて、彼の議論は時には奇抜にも見え、驚かされる場合もないわけではない。だが、他の著作におけるのと同じように、『二源泉』においても、直観的に把握される実在を概念と論理を駆使し、対象に見合った仕方で表現し、説明しようとしたのだろう。それを検証し、その射程を定める作業は読者に委ねられている。

訳者あとがき

本書は、Henri Bergson : *Les deux sources de la morale et de la religion*, Presses Universitaires de France, 1932 の全訳である。翻訳の底本としたのは、Frédéric Worms, Frédéric Keck, Ghislain Waterlot によって成った同書の単行本新版 (Presses Universitaires de France, 2008) である。訳出の過程で、この新版の訳註や解説に盛られた豊富な情報、そしてまた、すでに存在する数種類の邦訳を参照させていただいた。屋上屋を架すとはまさにこのことかもしれないが、こうした研究の成果を活用させていただいたことに深く感謝申し上げたい。翻訳の作業について記しておくと、まず小野が全文を訳し、その訳文の全体を合田が修正を加えて成った第一稿に、再び、小野、合田の順で大幅に修正を加えた。その意味で本書はその全体が共訳の所産であるけれども、訳文の最終的な責任は合田にある。読者諸氏の忌憚のないご指摘、ご批判を請う次第である。

『道徳と宗教の二つの源泉』は、『創造的進化』から二五年、七三歳のベルクソンが出版した哲学者最後の書き下ろしの大著である。膨大な資料を読み込んだ労作であるとはいえ、

『物質と記憶』が持つような読者を寄せつけない高密度な議論が展開されているわけではなく、また、キリスト教神秘主義——それをもってベルクソンが何を言わんとしているかはともかく——の賛美が例えば日本の読者たちにもたらす違和感も手伝って、哲学者の老いをそこに読み取る者もいないわけではない。逆に、ベルクソン『講義録』（全四巻、邦訳法政大学出版局）の編者アンリ・ユード（Henri Hude）のように、本書はベルクソンの到達点ではなく、むしろ出発点であったとする論者もいる。「創造的進化」や「持続」など、本書に鏤められた前三作の術語群はいったい何を物語っているのか。それは読者諸氏の判断に委ねることにしたい。

それにしても、本書ほど広範な影響力を持った哲学書も珍しいのではないだろうか。「閉じたもの」「開かれたもの」といった言い方は、世界の数多くの領域で、また、数多くの言語で日常的に使用される語彙となっているのではないだろうか。歴史家のアーノルド・トインビー、科学哲学者のカール・ポパーなども本書と無縁ではあるまい。日本におけるベルクソン受容についてはすでに幾つもの詳細な研究がなされているので、それらを参照されたいが、日本でも多くの哲学者たちを刺激した。訳者が特に関心を抱いてきたのは、「種の論理」を錬成していく途上で、田辺元が本書との対決を敢行せざるをえなかったということである。解説で小野が書いているように、ベルクソンは幼少期から「戦争」とその予感に取り憑かれた哲学者であったが、新たな戦争への予感ゆえにそのありうべき原因ならびに抑止策を説いた本書が、そしてまた、第一次大戦時のベルクソンの対ドイツ発言が、欧米西洋との「戦争」を選び取っていく日本の哲学者たちを時に震撼させ、時に鼓舞したのである。一九四一年、奇しくもベルクソンの没年だが、まだ戦争の終結していないこの年に本書の邦訳が出版されたというのも、初めてそれを聞いた者の胸を衝く事態ではないだろうか。この点については、拙著『田辺元とハイデガー』(PHP新書)を参照していただければ幸いである。

連合軍の上陸後、次第にその数を増していった自由フランス軍は、連合軍と共にドイツを叩いた後、次は日本だと考えていた。ところが、艦隊が派遣される前に日本が降伏してしまったのだ。ポツダム宣言の末尾には、この宣言を受諾しなければ「迅速かつ全面的な破壊」とある。数年前に知ったことだが、サルトルは、原爆投下よりも艦砲射撃で日本を降伏させるべきだったと書いている。原爆投下は日本を被害者にしてしまうと共に、人類の滅亡という問題を新たにつきつけるものだからだ。そう言えば、サルトルは本書をどのように読んだのだろうか。その痕跡を彼の著作に見出すのはおそらく容易ではないだろう。もちろん、ウラディーミル・ジャンケレヴィッチは、本書出版直後に、「社会」という新たな問題系をベルクソンが選んだことへの驚きを表明すると共に、それを発条として、みずからの『徳論』を書き進めた。その好敵手ともいうべきモーリス・メルロ゠ポンティも一九五九年のベルクソン生誕百年記念のシンポジウムで本書に言及してはいる。再版されたジャンケレヴィッチの著作の読解をもひとつの契機として、一九七〇年代以降、レヴィナスも本書とみずからの倫理との平行性を強調するに至る。しかし、日本のケースとはむしろ逆に、戦争直前の、そしてまた戦後のフランス哲学のなかで本書はさほど大きな位置を占めているようには思えない。

ここ数十年、日本で多くの読者を獲得した哲学者、例えばミシェル・フーコー、ジャック・デリダ、ジル・ドゥルーズはどうだろうか。フーコーについては、ベルクソンにおける時間と空間との序列を逆転した哲学者と言われたことがある。デリダを論じる者のなかで本書に言及する者はほとんどいないように思える。ひとりドゥルーズだけがベルクソンをみずからの思考の中核に据えた。そのことは誰もが認めるだろう。けれども、その場合にも、ドゥルーズはほとんど『道徳と宗教の二つの源泉』には触れない、との留保がしばしば付されるのだ。この点について、訳者はベルクソンをめぐる数多くの国際シンポジウムで様々な意見が出されるのを目撃してきたが、正直言って、いまだ納得のいく回答は得られていない。ドゥルーズにとって、本書のベルクソンはそれまでのベルクソンではなかったのだろうか。ベルクソンはベルクソンでなくなったのだろうか。「道徳」と「宗教」という主題に抵抗があったのだろうか。

この点については稿を改めて論じるつもりだが、ドゥルーズは本当に『道徳と宗教の二つの源泉』に言及することがほとんどないのだろうか。『哲学とは何か』の読者は、「作話」(fabulation)をめぐる本書の議論を参照するドゥルーズ(とガタリ)を見出すはずである。しかし、そのような細部だけが重要なのではない。ピエール・ジャネを援用しつつ、ベルクソンが精神病者に比すキリスト教神秘主義の聖人たちを、そしてまた、「二分法」「二重狂乱」を「スキゾフレニー」と関連づけることはできないだろうか。帝国的に拡大しながらも開かれることのない社会を、相対的限界を設定してはそれを乗り越え、乗り越えてはまた相対的限界を設定するような資本主義の運動とみなし、聖人たちの「愛の弾み」を絶対的限界への「逃走」とみなすことはできないだろうか。誤解を恐れずに言うが、『アンチ・オイディプス』『ミル・プラトー』は、本書の、それと知られることなき続編である。親殺しの続編と言うべきだろうか。

その意味では、一九三三年にパリに亡命したハンナ・アーレントの『人間の条件』も、本書で語られるような「生の弾み」を斥けた次元に「政治的なもの」を据えようとした試みではないだろうか。本書はもしかすると、原形をとどめないほど変形されながら、思いがけない場所で生き続けているのかもしれない。いや、それだけではない。先に、「閉じたもの」「開かれたもの」というある意味では常套句になってしまった語彙について述べたように、本書は、われわれにとって現代的なもの、そしてまた、来るべきものを語り続けているのだ。本書を乗り越えたと思うのは遺憾な錯覚である。本書は決して「古典」ではない。たとえその根本的発想に異議を唱えるにせよ、本書が語る「開かれた社会」は、サルトルがマルクス主義についてかつて言ったように、現代の「乗り越え不能な地平」をなしている。すでに読んだ者たちにも、初めて読もうとする者たちにも、ぜひ本書と対決してもらいたいと思う所以である。

一九歳か二〇歳であったはずだが、ひとりの貧しく病弱な青年がフランスの植民地アルジェリアのアルジェで本書を読んだ。彼は決して満足しなかった。ここには、現代の福音は書かれていない、と彼は感想を書き記している。青年の名はアルベール・カミュ。しかし、彼は「よそ者」(étranger)という語を本書に見出したのではないだろうか。

二〇一五年六月一八日

合田 正人

Beethoven, 1770-1827. ドイツの作曲家） 348
ヘロドトス（Hérodote, 紀元前５世紀頃に活躍した古代ギリシアの歴史家） 299
ホメーロス（Homère, 紀元前８世紀頃活躍した古代ギリシアの詩人） 259
ホラティウス（Horace, 65-8. 古代ローマの詩人） 246

マ行

マクシム・ドゥ・モンモラン（Maxime de Montmorand） 439
マントゥ（Paul Mantoux, 1877-1956. フランスの経済史家） 440
ミル、ジョン・スチュアート（John Stuart Mill, 1806-1873. 英国の哲学者・経済学者） 166
モース（Marcel Mauss, 1872-1951. フランスの人類学者） 227

ヤ行

ユベール（Henri Hubert, 1872-1927. フランスの人類学者） 227

ラ行

ライプニッツ（Gottfried Wilhem Leibniz, 1646-1716. ドイツの哲学者） 111, 359
ラーマクリシュナ（Ramakrishna, 1834-1886. インドの神秘家） 311
リビングストン（David Livingstone, 1813-1873. 英スコットランドの探検家・宣教師） 336, 338
ルクレティウス（Lucrèce, 98/94-55. 古代ローマの詩人・哲学者） 57
ルソー（Jean-Jacques Rousseau, 1712-1778. フランスの哲学者・作曲家） 55-6, 389
レヴィ＝ブリュール、リュシアン（Lucien Lévy-Bruhl, 1857-1939. フランスの哲学者・人類学者） 141, 196, 204-6
ロンブローゾ、ジーナ（Gina Lombroso, 1872-1944. イタリアの犯罪学者） 440

77
スペンサー、ハーバート（Herbert Spencer, 1820-1903. イギリスの哲学者） 376
スミス、アダム（Adam Smith, 1723-1790. 英スコットランドの哲学者） 19
セイエール、エルネスト（Ernest Seillere, 1866-1955. フランスの随筆家・歴史家） 427
ゼノン（Zénon d'Élée, 紀元前５世紀頃活躍したギリシア哲学者） 72, 271
ソクラテス（Socrate, 469-399. 古代ギリシアの哲学者） 82-85, 412

タ行

ダーウィン（Charles Darwin, 1809-1882. 英国の自然科学者） 154
デカルト（René Descartes, 1596-1650. フランスの哲学者） 296, 359
デュルケーム、エミール（Émille Durkheim, 1858-1917. フランスの社会学者） 142, 184, 253
聖テレサ、アヴィラの（Sainte Thérèse d'Avila, 1515-1582. スペインの神秘家） 313
ドラクロワ、アンリ（Henri Delacroix, 1873-1937. フランスの哲学者・心理学者） 439

ナ行

ナポレオン（Napoléon Bonaparte, 1769-1821. フランスの軍人・政治家） 314
ニーチェ（Friedrich Nietzsche, 1844-1900. ドイツの哲学者） 382
ニュートン（Isaac Newton, 1642-1727. 英国の数学者・物理学者） 296

ハ行

パウロ（Saint Paul, 1世紀頃活躍したキリスト教の伝道者・理論家） 313
パスカル（Blaise Pascal, 1623-1662. フランスの哲学者） 355
ピタゴラス（Pythagore, 紀元前６世紀頃活躍した古代ギリシアの哲学者・数学者） 301, 303
ファゲ、エミール（Émile Faguet, 1847-1916. フランスの文芸批評家） 390
ファン・ヘネップ、アルノルト（Arnold Van Gennep, 1873-1957. フランスの文化人類学者・民俗学者） 438
仏陀（Bouddha, 紀元前５世紀頃に活躍した仏教の開祖） 308-9
ブライス卿（Lord James Bryce, 1838-1922. 英国の法律家・歴史家・政治家） 392
プラトン（Platon, 427-347. 古代ギリシアの哲学者） 12, 82-4, 96, 104, 301, 303, 332-3, 363, 372
聖フランチェスコ、アッシジの（Saint François D'Assise, 1181/1182-1226. イタリアの聖人） 313
プロティノス（Plotin, 205-270. 新プラトン主義の代表的哲学者） 84, 301, 303
ベートーヴェン（Ludwig van

人名索引

ア行

アウグストゥス（Auguste, 27-14. ローマ帝国の皇帝） 260-1
アフロディシアスのアレクサンドロス（Alexandre d'Aphrodise, 200年頃活躍した古代ギリシャ最大のアリストテレス註解者） 438
アリストテレス（Aristote, 385-322. 古代ギリシアの哲学者） 301, 332, 334, 336
アンダーヒル（Evelyn Underhill, 1875-1941, 英国の著名なキリスト教神秘主義作家） 439
アンモニウス（Ammonius Saccas, 2世紀末から3世紀初頭頃活躍した新プラトン主義の創始者） 84
イエス（Jésus, キリスト教の創始者） 85
イザヤ（Isaïe, 紀元前8世紀頃に活躍したユダヤ預言者） 104
ヴィヴェーカーナンダ（Vivekananda, 1863-1902. インドの哲学者） 311
ウェスターマーク（Edvard A. Westermarck, 1862-1939. フィンランドの哲学者、人類学者） 438
エピクロス（Épicure, 341-271. 古代ギリシアの哲学者） 413

カ行

カエサル（Jules César, 101-44. 古代ローマの軍人・政治家） 260-1
聖カタリナ（Sainte Catherine de Sienne, 1347-1380. イタリアの神秘家） 313
カント（Emmanuel Kant, 1724-1804. ドイツの哲学者） 24, 31, 117, 388-9
キップリング（Rudyard Kipling, 1865-1936. イギリスの小説家・詩人） 83, 437
クセノポン（Xénophon, 430-354. 古代ギリシアの哲学者） 83
コドリントン（Robert Henry Codrington, 1830-1922. イギリスの人類学者） 227
コント、オーギュスト（Auguste Comte, 1798-1857. フランスの実証主義哲学の創始者） 160

サ行

ジェームズ、ウィリアム（William James, 1842-1910. アメリカ合衆国の哲学者） 210, 213-6, 219, 300, 338, 438
ジャネ、ピエール（Pierre Janet, 1859-1947. フランスの哲学者・心理学者・精神病理学者） 439
ジャンヌ・ダルク（Jeanne d'Arc, 1412-1431. フランスの聖人） 313
スタンレー（Henry Morton Stanley, 1841-1904. 英国生まれのジャーナリスト・探検家） 338
スピノザ（Benedictus de Spinoza, 1632-1677. オランダの哲学者）

二分法（dichotomie） 99, 404, 406, 408, 413
熱望（aspiration） 67-9, 74, 86, 88-9, 114, 120, 125, 132, 137-8, 370, 373

は行

弾み（élan） 65, 74, 76, 81, 102, 107, 109, 134-6, 178-9, 189-91, 231, 271, 273, 289, 291, 297, 306-7, 309, 312, 318, 324, 330, 349, 370-1, 405, 408
　愛の弾み（élan d'amour） 130, 132, 136, 325
　生の弾み（élan vital） 77, 130, 152-5, 157-8, 178, 284, 293, 322, 342-43, 344, 353, 377
発明（invention） 165, 187-8, 222, 410
平等（égalité） 100, 106, 108-9, 388-9
ヒンズー思想（pensée hondoue） 305-8, 311
福音書（Evangile） 79-80, 329, 334, 339
仏教（bouddhisme） 44, 305, 308-10
物質（matière） 157, 161, 196, 228, 230, 234-5, 288, 290, 343, 352, 354-5, 357, 430
文明（civilisation） 38, 112-3, 173, 195-6, 205, 224, 235, 258, 273, 279, 311
文明人（civilisé） 37, 112, 167, 174, 200, 206, 208, 252
忘我（extase） 304, 307, 309, 315-8, 320, 325
法則（loi） 11-3, 170, 198, 231, 234, 408
本能（instinct） 36, 38, 52, 68-9, 74, 116, 128, 151, 161, 163, 165, 176, 189, 220-4, 229, 231, 254-5, 284-5, 321, 343, 368, 378, 387, 392, 397

ま行

民主主義〔民主制〕（démocratie） 85, 100, 388, 390, 423-4
民族主義〔ナショナリズム〕（nationalisme） 91, 428
迷信（superstition） 139, 146, 149, 204, 285
命法（impératif） 13
　定言命法（impératif catégorique） 31-32, 124
命令（commandement） 12-3, 115
模倣（imitation） 44, 133, 136, 410

や行

友愛（fraternité） 76-7, 106, 321, 388-9
有機体（organisme） 8-10, 33, 49, 112, 155, 160, 287
ユダヤ教（judaïsme） 104, 329-30
呼びかけ（appel） 45, 92, 115, 217, 307-8

ら行

利害〔関心、利害関心〕（intérêt） 49, 61, 120, 123, 127, 202, 247, 273, 281, 343, 371, 390
利己主義（égoïsme） 47, 118, 122-3, 126, 166, 372
理性（raison） 43, 92-3, 116-7, 119,

102, 109-10, 113-4, 116, 118-25, 127, 129, 368-9, 371, 373
善（Bien） 119, 120, 182, 281, 373
善のイデア（Idée du Bien） 333-4, 372-3
旋回（tournoiement） 152, 256, 273
戦争（guerre） 41, 75, 218-9, 295, 380-2, 392-401
全体（tout, Tout） 97-8, 286, 308, 361
創造（création） 53-4, 60, 101-2, 106-7, 130-1, 163, 303, 310, 349, 351
創造的エネルギー（énergie créatrice） 287, 290, 350, 353-4, 362
想像力（imagination） 13-4, 147-8, 226, 268, 278, 321, 328, 357, 362
祖国（patrie） 41-2, 321
祖国愛（patriotisme） 51, 381
尊敬（respet） 89-92
尊厳（dignité） 89, 92
存在（Etre） 331-2, 340, 361

た行

ダイモーン（démon） 83
多神教（polythéisme） 258, 273, 275, 277, 279
タブー（tabou） 172-5
魂（âme） 50-2, 71-2, 84-6, 101-2, 130-1, 181-3, 185-6, 226, 300, 304, 315-9, 338, 362-4, 426
閉じた魂（âme close） 48, 50, 52, 85
開かれた魂（âme ouverte） 48, 50, 52, 79, 85
単純さ〔単純性〕（simplicité） 313, 412, 414
知性（intelligence） 14, 46, 58-9, 62, 64-5, 79, 86-7, 126-7, 133, 141-3, 149, 159, 161, 175-6, 179, 189-91, 200-1, 206, 208, 216, 221-3, 225, 229, 249-50, 256, 271, 281, 285-6, 288-9, 291, 303, 323, 328, 343, 347-8, 368, 378
秩序（ordre） 160, 170, 172, 282
注意（attention）
生への注意（attention à la vie） 433
調教（dressage） 132-4
跳躍（saut, saltus） 57, 99, 158-9, 173, 298
直観（intuition） 85-6, 270, 291, 340, 343, 348, 353, 354-5, 429, 436
天才（génie） 60, 77, 85-6, 109, 130, 315, 428
道徳（morale） 16-7, 43-6, 65-7, 75-76, 78, 86, 110, 116, 122, 134-5, 138, 168-9, 283, 374, 397
閉じた道徳（morale close） 78
開かれた道徳（morale ouverte） 78
動物（animal） 35, 114, 140, 173, 177-8, 190, 216, 243, 249-53, 255, 281-2, 284, 323, 343, 350, 359
都市国家（cité） 14, 35, 46, 69, 77, 100, 121, 193, 238, 258, 306, 368, 381, 428
トーテミズム（totémisme） 184, 251

な行

二重狂乱（double frénésie） 404, 409, 413

32-3, 37-8, 52, 68-9, 74, 90, 112, 273, 213, 220, 278, 375
宗教（religion）
静的宗教（religion statique） 246, 256-7, 282, 285, 289, 292, 294, 297, 332, 370, 427
動的宗教（religion dynamique） 139, 256-7, 277, 297, 370, 427
呪術（magie） 198, 201, 204, 222-26, 228-34, 236-41, 245, 256-7, 281, 297
常識（sens commun） 14, 122
女性（femme） 57, 59- 60, 393, 416
仁愛（charité） 30, 47, 65, 79, 115, 310
進化（évolution） 110, 129, 131, 137, 150-1, 157, 159, 162, 176, 271, 282, 284, 293, 343, 354, 367
創造的進化（évolution créatrice） 132, 152, 342
心性（mentalité）
原始的心性（mentalité primitive） 90, 140-146, 196, 201-2, 205, 208
個人的心性（mentalité individuelle） 146
社会的心性（mentalité sociale） 146
身体（corps） 177, 181-3, 185-6, 229, 241, 278, 355-7, 426, 429-33
神秘主義〔的〕（mysticism, mystique） 57, 114-5, 134, 292-5, 298-9, 301-3, 307, 310-2, 314-6, 320-2, 324, 326-31, 337-8, 340-1, 344-5, 347-8, 354, 364, 370, 401, 420-1, 426, 436
神秘主義者（mystique） 69-71, 293-4, 313-7, 320-1, 323-6, 328-9, 336-41, 344-8, 350-2, 354-5, 360, 362, 428
神秘主義的経験（expérience mystique） 135, 136
神秘性（mysticité） 132, 133
新プラトン主義（néo-platonisme） 84-5
心理学（psychologie） 144, 146-7, 221-2, 226, 243, 269, 300, 417, 431
人類（humanité） 41-3, 68, 114, 321, 326-30
神話（mythe） 148, 169-170, 180, 209, 213, 257, 267, 270, 275-6, 279, 281, 297-8
数学（mathématiques） 80, 296, 431
ストア派〔ストア主義〕（stoïcisme） 81, 83, 86, 105-6
正義（justice） 79, 93-110, 115, 134, 169, 330
絶対的な正義（justice absolue） 97, 99
相対的な正義（justice relative） 97, 99
閉じた正義（justice close） 109
開かれた正義（justice ouverte） 109
生命〔生〕（vie） 72-3, 130, 137-8, 152-5, 158, 161, 165, 176, 178, 189, 221-2, 244, 246, 270, 286-8, 318-9, 351, 376
精霊（esprit） 185-186, 198, 201, 241-2, 244-9, 257-8, 272, 275
世界市民（cosmopolitain） 81, 105
責務（obligation） 9-10, 13, 21-3, 26-33, 38-9, 43, 46, 50, 73, 88, 94,

規律（discipline） 134
禁止（interdiction） 172, 175-6
経済（économie） 29
形而上学（métaphysique） 64, 68-9, 135, 322, 324-336, 342, 346, 371
芸術（art） 101-2, 121, 139, 272, 279, 348
言語（langage） 35, 69, 79, 142, 238, 247, 305, 349-50, 365
原始人（primitive） 29, 37, 112, 150, 173-5, 186-7, 197-8, 200-201, 204-6, 209, 227, 229, 252, 318
交換（échange） 94-5
　物々交換（troc） 94
幸福（bonheur） 309, 413
功利主義（utilitarisme） 49, 97, 122, 288
国際連盟（Société des Nations） 396
国民〔国家〕（nation） 41-3, 258, 379
個体（individu） 160, 163, 165, 221, 273-4, 288, 303, 355
子供（enfant） 112-3, 168, 289, 378
昆虫（insect） 146, 151, 160-1, 165, 288, 343, 383

さ行

作話（fabulation） 147, 371
　作話機能（fonction fabulatrice） 148, 163, 171, 181, 226, 256-7, 267-74, 282, 284, 289-90, 294-5, 298, 306, 370
産業（industrie） 311, 397-402, 421, 422-3
死（mort） 177-179, 189, 197, 200, 281
　死後の生（survie） 162-164, 362-4
自我（moi）
　社会的自我（moi social） 17-9, 90
事実の線（ligne de faits） 341
地震（tremblement de terre） 210-214
自然（nature） 11, 36, 68-70, 72, 74-7, 128, 162, 165, 167, 176, 179, 209, 217, 220-2, 235, 254, 281-2, 284, 375, 391
　所産的自然（Nature naturée） 78
　能産的自然（Nature naturante） 78
持続（durée） 336, 431
自動症（automatisme） 29, 288
市民（citoyen） 388
ジャイナ教（Jainisme） 305
社会（société） 8-11, 13, 23, 41-2, 74-6, 101, 122, 130, 160-3, 236, 273-4, 281, 288, 367, 386, 391
　閉じた社会（société close） 37-8, 40, 42, 130, 255, 367-8, 370, 373-4, 388, 396
　開かれた社会（société ouverte） 42, 368, 370
社交性（sociabilité） 74, 76-7, 112, 123, 159-60, 216, 282, 372
種（espèce） 68-70, 74, 76-7, 130, 137, 158-60, 166, 173, 221, 253, 255-6, 271, 289, 294, 322-3, 343, 354-5
自由（liberté） 108-9, 290, 388-9
習慣（habitude） 8-10, 14-5, 28-9,

事項索引

あ行

愛（amour） 42-43, 51, 57, 71, 106, 136, 292, 310, 312, 316, 320, 322, 330, 347, 351-4, 358, 362
　家族愛 51
　自己愛（amour de soi） 123
　人類への愛 42, 47-8, 51, 72, 136
　利己愛（amour-propre） 122, 371
　隣人愛 70
アイロニー（ironie） 82, 85
悪（mal） 169, 355
圧力（pression） 43, 52, 66-8, 73, 88, 99, 121-6, 132, 137-8, 368-9, 373
憐れみ（pitié） 33, 54-5, 123, 371
意志（volonté） 46, 65, 193, 204-5, 237, 244, 273, 304, 316, 373
　力への意志（volonté de puissance） 428
意識 288, 343, 356
　道徳意識 19, 30
イスラエル 44, 104, 329-30
イデア 82, 105, 301, 32-335, 336
遺伝（hérédité） 112, 141, 155, 173-4, 219-221, 375
英雄（héros） 44, 429,
　英雄性（héroïsme） 71

か行

科学（science） 144, 152, 195, 204-5, 223-5, 23-7, 272, 328, 419-20, 430-36
格律（maxime） 24, 28-9, 46, 67, 79, 106, 124
家族（famille） 41-3, 321
歓喜（joie） 53-55, 61, 69, 79, 315
感受性（sensibilité） 52, 54, 58-60
感情（sensibilité） 52, 54, 58-60
感動（émotion） 53-60, 69-71, 79, 216, 279, 315-6
機械（machine） 317, 418, 420, 422-3, 429
機械化（machinisme） 323, 402, 419, 422-3
機械主義〔機械的〕（mécanique） 323, 418, 420-1, 425-7
機械論〔機構〕（mécanisme） 150, 190-191, 204, 223-4
記号（signe） 35
犠牲（sacrifice） 45, 47-8, 278-9
義務（devoir） 16-7, 21, 24-8, 39-40, 46-7, 66, 87, 110, 116, 283, 388
教育（éducation） 133, 174, 213
　道徳教育 134, 136
共感（sympathie） 53-5, 123, 321, 371
狂気（folie） 314
共和国（république）
　普遍的共和国 104
虚構（fiction） 147-9, 269
キリスト教（christianisme） 44, 57, 65, 80, 84-5, 105-6, 310-13, 317, 325, 327, 329-30, 339-40

本書は「ちくま学芸文庫」のために新たに訳出したものである。

宗教の理論
ジョルジュ・バタイユ 湯浅博雄訳
聖なるものの誕生から衰滅までをつきつめ、宗教の根源的核心に迫る。文学、芸術、哲学、そして人間にとって宗教の〈理論〉とは何なのか。

純然たる幸福
ジョルジュ・バタイユ 酒井健編訳
著者の思想の核心をなす重要論考20篇を収録。文庫化にあたり「クレー」「ヘーゲル弁証法の基底への批判」「シャプサルによるインタビュー」を増補。

エロティシズムの歴史
ジョルジュ・バタイユ 湯浅博雄／中地義和訳
三部作として構想された『呪われた部分』の第二部。荒々しい力〈性〉の禁忌に迫り、エロティシズムの本質を暴く、バタイユの真骨頂たる一冊。（吉本隆明）

エロスの涙
ジョルジュ・バタイユ 森本和夫訳
エロティシズムは禁忌と侵犯の中にこそあり、それは死と切り離すことができない。二百数十点の図版で構成されたバタイユの遺著。（林好雄）

呪われた部分　有用性の限界
ジョルジュ・バタイユ 中山元訳
『呪われた部分』草稿、アフォリズム、ノートなど15年にわたり書き残した断片。バタイユの思想体系の全体像と精髄を浮き彫りにする待望の新訳。

ニーチェ覚書
ジョルジュ・バタイユ編著 酒井健訳
バタイユが独自の視点で編んだニーチェ箴言集。ニーチェを深く読み直す営みから生まれた本書には二人の思想が相響きあっている。詳細な訳者解説付き。

入門経済思想史　世俗の思想家たち
R・L・ハイルブローナー 八木甫ほか訳
何が経済を動かしているのか。スミスからマルクス、ケインズ、シュンペーターまで、経済思想の巨人たちのヴィジョンを追う名著の最新版訳。

分析哲学を知るための 哲学の小さな学校
ジョン・パスモア 大島保彦／高橋久一郎訳
数々の名テキストで哲学ファンを魅了してきた分析哲学界の重鎮が、現代哲学を総ざらい！ 思考や議論の技を磨きつつ、哲学史を学べる便利な一冊。

表現と介入
イアン・ハッキング 渡辺博訳
科学にとって「在る」とは何か？ 科学は真理を捉えられるのか？ 現代哲学の鬼才が20世紀を揺るがした問いの数々に鋭く切り込む！（戸田山和久）

マネの絵画
ミシェル・フーコー
阿部崇訳
19世紀美術史にマネがもたらした絵画表象のテクニックとモードの変革を、13枚の絵で読解。フーコーの伝説的講演録に没後のシンポジウムを併録。

間主観性の現象学 その方法
エトムント・フッサール
浜渦辰二／山口一郎監訳
主観や客観、観念論や唯物論を超えて「現象」そのものを解明したフッサール現象学の中心課題。現代哲学の大きな潮流「他者」論の成立を促す。本邦初訳。

間主観性の現象学Ⅱ その展開
エトムント・フッサール
浜渦辰二／山口一郎監訳
フッサール現象学のメインテーマ第Ⅱ巻。自他の身体の構成から人格的生の精神共同体までを分析し、真の関係性を喪失した孤立する実存の限界を克服。

間主観性の現象学Ⅲ その行方
エトムント・フッサール
浜渦辰二／山口一郎監訳
間主観性をめぐる方法、展開をへて、その究極の目的（行方）が、真の人間性の実現に向けた普遍的目的論として呈示される。壮大な構想の完結篇。

内的時間意識の現象学
エトムント・フッサール
谷徹訳
時間は意識のなかでどのように構成されるのか。哲学・思想・科学に大きな影響を及ぼしている名著の新訳。詳密な訳注を付し、初学者の理解を助ける。

風土の日本
オギュスタン・ベルク
篠田勝英訳
自然を神の高みに置く一方、無謀な自然破壊をする日本人の風土とは何か？ フランス日本学の第一人者による画期的な文化・自然論。（坂部恵）

ベンヤミン・コレクション1
ヴァルター・ベンヤミン
浅井健二郎編訳
久保哲司訳
ゲーテ『親和力』論、アレゴリー論からボードレール論を経て複製芸術論まで、ベンヤミンにおける近代の意味を問い直す、新訳のアンソロジー。

ベンヤミン・コレクション2
ヴァルター・ベンヤミン
浅井健二郎編訳
三宅晶子ほか訳
中断と飛躍を恐れぬ思考のリズム、巧みに布置された理念やイメージ。手仕事的細部に感応するエッセイの思想の新編・新訳アンソロジー、第二集。

ベンヤミン・コレクション3
ヴァルター・ベンヤミン
浅井健二郎編訳
久保哲司訳
過去／現在を思いだすこと——独自の歴史意識に貫かれた《想起》実践の各篇「一方通行路」「ドイツの人びと」「ベルリンの幼年時代」などを収録。

ベンヤミン・コレクション4
ヴァルター・ベンヤミン
浅井健二郎編訳
土合文夫ほか訳
〈批評の瞬間〉における直観の内容をきわめて構成的に叙述したベンヤミンの諸論考——初期の哲学的思索から同時代批評まで——を新訳で集成。

ベンヤミン・コレクション5
ヴァルター・ベンヤミン
浅井健二郎編訳
土合文夫ほか訳
文学、絵画、宗教、映画——主著と響き合い、新たな光を投げかけるベンヤミン〈思考〉の断片を立体的に集成。新編・新訳アンソロジー、待望の第五弾。

ベンヤミン・コレクション6
ヴァルター・ベンヤミン
浅井健二郎編訳
久保哲司ほか訳
ソネット、未完の幻想小説風短編など、ベンヤミンの知られざる創作世界を収録。『パサージュ論』成立の背後を明かすメモ群が注目の待望の第六弾。

ベンヤミン・コレクション7
ヴァルター・ベンヤミン
浅井健二郎編訳
文人たちとの対話を記録した日記、若き日の履歴書、死を覚悟して友人たちに送った手紙——20世紀を代表する評論家の個人史から激動の時代精神を読む。

ドイツ悲劇の根源(上)
ヴァルター・ベンヤミン
浅井健二郎訳
〈根源〉へのまなざしが、〈ドイツ・バロック悲劇〉という天窓を通して見る、存在と歴史の〈星座〉〈状況布置〉。ベンヤミンの主著の新訳決定版。

ドイツ悲劇の根源(下)
ヴァルター・ベンヤミン
浅井健二郎訳
上巻「認識批判的序章」「バロック悲劇とギリシア悲劇」に続けて、下巻は「アレゴリーとバロック悲劇」に、関連の参考論文を付して、新編でおくる。

パリ論/ボードレール論集成
ヴァルター・ベンヤミン
浅井健二郎編訳
久保哲司/土合文夫訳
『パサージュ論』を構想する中で書きとめられた膨大な覚書を中心に、パリをめぐる考察を一冊に凝縮。ベンヤミンの思考の核を明かす貴重な論考集。

意識に直接与えられたものについての試論
アンリ・ベルクソン
合田正人/平井靖史訳
強度が孕む〈質的差異〉、自我の内なる〈多様性〉からこそ、自由な行為は発露する。後に『時間と自由』の名で知られるベルクソンの第一主著。新訳。

物質と記憶
アンリ・ベルクソン
合田正人/松本力訳
観念論と実在論の狭間でイマージュへと焦点があてられる。心脳問題への関心の中で、今日さらに重要性が高まる、フランス現象学の先駆的著書。

現代という時代の気質
エリック・ホッファー
柄谷行人訳

群れず、熱狂に翻弄されることなく、しかし自分自身の内にこもることなしに、人々と歩み、権力と向きあっていく姿勢を、省察の人・ホッファーに学ぶ。

知恵の樹
H・マトゥラーナ／F・バレーラ
管啓次郎訳

生命を制御対象ではなく自律主体とし、自己創出を良き環と捉え直した新しい生物学。現代思想に影響を与えたオートポイエーシス理論の入門書。

社会学的想像力
C・ライト・ミルズ
伊奈正人／中村好孝訳

なぜ社会学を学ぶのか。抽象的な理論や微細な調査に明け暮れる現状を批判し、個人と社会を架橋する学という原点から問い直す重要古典、待望の新訳。

パワー・エリート
C・ライト・ミルズ
鵜飼信成／綿貫譲治訳

エリート層に権力が集中し、相互連結しつつ大衆社会を支配する構図を詳細に分析。世界中で読まれる階級論・格差論の古典的必読書。（伊奈正人）

メルロ＝ポンティ・コレクション
モーリス・メルロ＝ポンティ
中山元編訳

意識の本性を探究し、生活世界の現象学的記述を実存主義的に企てたメルロ＝ポンティ。その思想の粋を厳選して編んだ入門のためのアンソロジー。

知覚の哲学
モーリス・メルロ＝ポンティ
菅野盾樹訳

時代の動きと同時に、哲学自体も大きく転身した。それまでの存在論の転回を促したメルロ＝ポンティ哲学と現代哲学の核心を自ら語る。

精選シーニュ
モーリス・メルロ＝ポンティ
廣瀬浩司編訳

メルロ＝ポンティの代表的論集『シーニュ』より重要論考のみを厳選し、新訳。精確かつ平明な訳文と懇切な注釈により、その真価が明らかとなる。

われわれの戦争責任について
カール・ヤスパース
橋本文夫訳

時の政権に抗いながらも「侵略国の国民」となってしまった人間は、いったいにどう戦争の罪と向き合えばよいのか。戦争責任論不朽の名著。（加藤典洋）

哲学入門
バートランド・ラッセル
高村夏輝訳

誰にも疑えない確かな知識など、この世にあるのだろうか。近代哲学が問い続けてきた諸問題を、これ以上なく明確に説く哲学入門書の最高傑作。

論理的原子論の哲学
バートランド・ラッセル
髙村夏輝訳

世界は原子的事実で構成され論理的分析で解明しうる——急速な科学進歩の中で展開する分析哲学。現代哲学史上あまりに名高い講演録、本邦初訳。

現代哲学
バートランド・ラッセル
髙村夏輝訳

世界の究極的あり方とは？　そこで人間はどう描けるのか？　現代哲学の始祖が、哲学と最新科学の知見を総動員。統一的な世界像を提示する。本邦初訳。

存在の大いなる連鎖
アーサー・O・ラヴジョイ
内藤健二訳

西洋人が無意識裡に抱き続けてきた「存在の大いなる連鎖」という観念。その痕跡をあらゆる学問分野に探り「観念史」研究を確立した名著。　（高山宏）

自発的隷従論
エティエンヌ・ド・ラ・ボエシ
山上浩嗣訳
西谷修監修

圧制は、支配される側の自発的な隷従によって永続する——支配・被支配構造の本質を喝破した古典的名著。20世紀の代表的な関連論考を併録。（西谷修）

自己言及性について
ニクラス・ルーマン
土方透／大澤善信訳

国家、宗教、芸術、愛……。私たちの社会を形づくるすべてを動態的・統一的に扱う理論は可能か？　20世紀社会学の頂点をなすルーマン理論への招待。

中世の覚醒
リチャード・E・ルーベンスタイン
小沢千重子訳

中世ヨーロッパ、一人の哲学者の著作が人々の思考様式と生活を根底から変えた——。「アリストテレス革命」の衝撃に迫る傑作精神史。　（山本芳久）

レヴィナス・コレクション
エマニュエル・レヴィナス
合田正人編訳

人間存在と暴力について、独創的な倫理にもとづく存在論哲学を展開し、現代思想に大きな影響を与えているレヴィナス思想の歩みを集大成。

実存から実存者へ
エマニュエル・レヴィナス
西谷修訳

世界の内に生きて「ある」とはどういうことか。存在は「悪」なのか。初期の主著にしてアウシュヴィッツ以後の哲学的思索の極北を示す記念碑的著作。

倫理と無限
エマニュエル・レヴィナス
西山雄二訳

自らの思想の形成と発展を、代表的著作にふれながら語ったインタビュー。平易な語り口で、自身によるレヴィナス思想の解説とも言える魅力的な一冊。

柳宗悦　阿満利麿

私財をなげうってまで美しいものの蒐集に奔走した柳宗悦。それほどに柳を駆り立てたのは、美が宗教的救済をもたらすという確信だった。（鈴木照雄）

論証のレトリック　浅野楢英

議論に説得力を持たせる術は古代ギリシアの賢人に学べ！　アリストテレスらのレトリック理論をもとに、論証の基本的な型を紹介する。（納富信留）

貨幣論　岩井克人

貨幣とは何か？　おびただしい解答があるこの命題に、『資本論』を批判的に解読することにより最終解答を与えようとするスリリングな論考。

二十一世紀の資本主義論　岩井克人

市場経済にとっての真の危機、それは「ハイパー・インフレーション」である。21世紀の資本主義のゆくえ、市民社会のありかたを問う先鋭的論考。

増補　ソクラテス　岩田靖夫

ソクラテス哲学の核心には「無知の自覚」と倫理的信念に基づく「反駁的対話」がある。その意味と構造を読み解き、西洋哲学の起源に迫る最良の入門書。

英米哲学史講義　一ノ瀬正樹

ロックやヒュームらの経験論は、いかにして功利主義、プラグマティズム、そして現代の正義論や分析哲学へと連なるのか。その歴史的展開を一望する。

規則と意味のパラドックス　飯田隆

言葉が意味をもつとはどういうことか？　言語哲学の難題に第一人者が挑み、切れ味抜群の議論で哲学的に思考することの楽しみへと誘う。

スピノザ『神学政治論』を読む　上野修

聖書の信仰と理性の自由は果たして両立できるか。スピノザはこの難問を、大いなる逆説をもって考え抜いた。『神学政治論』の謎をあざやかに読み解く。

倫理学入門　宇都宮芳明

倫理学こそ哲学の中核をなす学問だ。カント研究の大家が、古代ギリシアから始まるその歩みを三つの潮流に大別し、簡明に解説する。（三重野清顕）

知の構築とその呪縛　大森荘蔵

西欧近代の科学革命を精査することによって、二元論による世界の死物化という近代科学の陥穽を克服する方途を探る。（野家啓一）

物と心　大森荘蔵

対象と表象、物と心との二元論を拒否し、全体としての立ち現われが直にあるとの「立ち現われ一元論」を提起した、大森哲学の神髄たる名著。（青山拓央）

思考と論理　大森荘蔵

人間にとって「考える」とはどういうことか？　日本を代表する哲学者が論理学の基礎と、自分の頭で考える力を完全伝授する珠玉の入門書。（野家啓一）

歴史・科学・現代　加藤周一

知の巨人が、丸山真男、湯川秀樹、サルトルをはじめとする各界の第一人者とともに、戦後日本の思想と文化を縦横に語り合う。（鷲巣力）

『日本文学史序説』補講　加藤周一

文学とは何か、〈日本的〉とはどういうことか、不朽の名著について、著者自らが縦横に語った講義録。大江健三郎氏らによる「もう一つの補講」を増補。

沈黙の宗教――儒教　加地伸行

日本人の死生観の深層には生命の連続を重視する儒教がある。墓や位牌、祖先祭祀などの機能と構造や歴史を読み解き、儒教の現代性を解き明かす。

中国人の論理学　加地伸行

毛沢東の著作や中国文化の中から論理学上の中国的特性を抽出し、中国人が二千数百年にわたって追求してきた哲学的主題を照らし出すユニークな論考。

基礎講座　哲学　木田元　須田朗　編著

日常の「自明と思われていること」にはどれだけ多くの謎が潜んでいるのか。哲学の世界に易しく誘い、その歴史と基本問題を大づかみにした名参考書。

あいだ　木村敏

自己と環境との出会いの原理である共通感覚「あいだ」。その構造をゲシュタルトクライス理論および西田哲学を参照しつつ論じる好著。（谷徹）

自分ということ　木村敏

自己と時間の病理をたどり、存在者自己と自己の存在それ自体の間に広がる「あいだ」を論じる木村哲学の入門書。（小林敏明）

自己・あいだ・時間　木村敏

間主観性の病態である分裂病に「時間」の要素を導入し、現象学的思索を展開する。精神病理学者である著者の代表的論考を収録。（野家啓一）

分裂病と他者　木村敏

分裂病者の「他者」問題を徹底して掘り下げた木村精神病理学の画期的論考。「あいだ＝いま」を見つめ開かれる「臨床哲学」の地平。（坂部恵）

新編 分裂病の現象学　木村敏

分裂病を人間存在の根底に内在する自己分裂に根差すものと捉え、現象学的病理学からその自己意識や時間体験に迫る、木村哲学の原型。（内海健）

近代日本思想選 西田幾多郎　小林敏明編

近代日本を代表する哲学者の重要論考を精選。理論的変遷を追跡できる形で全体像を提示する。『日本文化の問題』と未完の論考「生命」は文庫初収録。

近代日本思想選 九鬼周造　田中久文編

日本哲学史において特異な位置を占める九鬼周造。時間論、「いき」の美学、偶然性の哲学など、その思考の多面性が厳選された論考から浮かび上がる。

ドイツ観念論とは何か　久保陽一

ドイツ観念論は「疾風怒濤」の時代を担った様々な思想家たちとの交流から生まれたものだった。その実情を探り、カント以後の形而上学の可能性を問う。

レヴィナスを読む　合田正人

アウシュヴィッツという異常な事態を経験した人間の運命と向き合う思想家レヴィナス。その眼差しを通し、他者・責任など時代の倫理を探る。

増補改訂 剣の精神誌　甲野善紀

千回を超す試合に一度も敗れなかった江戸中期の天才剣客真里谷円四郎。その剣技の成立過程に焦点を当て、日本の「武」の精神文化の深奥を探る。

増補 民族という虚構　小坂井敏晶

〈民族〉は、いかなる構造と機能を持つのか。血縁・文化連続性・記憶の再検証によって我々の常識を覆し、開かれた共同体概念の構築を試みた画期的論考。

増補 責任という虚構　小坂井敏晶

ホロコースト・死刑・冤罪の分析から現れる責任の論理構造とは何か。そして人間の根源的姿とは。補考「近代の原罪」を付した決定版。（尾崎一郎）

朱子学と陽明学　小島毅

近世儒教を代表し、東アジアの思想文化に多大な影響を与えた朱子学と陽明学。この二大流派の由来と実像に迫る。通俗的理解を一蹴する入門書決定版！

増補 靖国史観　小島毅

靖国神社の思想的根拠は、神道というよりも儒教にある！　幕末・維新の思想史をたどり近代史観の独善性を暴き出した快著の増補決定版。（與那覇潤）

かたり　坂部恵

物語は文学だけでなく、哲学、言語学、科学的理論にもある。あらゆる学問を貫く「物語」についての領域横断的論考。（野家啓一）

流言蜚語　清水幾太郎

危機や災害と切り離せない流言蜚語はどのような機能と構造を備えているのだろうか。つかみにくい実態を鮮やかに捌いた歴史的名著。（松原隆一郎）

ニーチェ入門　清水真木

現代人を魅了してやまない哲学者ニーチェ。「健康と病気」という対概念を手がかりに、その思想の核心を鮮やかに描き出す画期的入門書。

現代思想の冒険　竹田青嗣

「裸の王様」を見破る力、これこそが本当の思想だ！　この観点から現代思想の流れを大胆に整理し、明快に解読したスリリングな入門書。

自分を知るための 哲学入門　竹田青嗣

哲学とはよく生きるためのアートなのだ！　その読みどころを極めて親切に、とても大胆に元気に考えた、斬新な入門書。哲学がはじめてわかる！

ちくま学芸文庫

道徳《どうとく》と宗教《しゅうきょう》の二《ふた》つの源泉《げんせん》

二〇一五年八月十日　第一刷発行
二〇二一年二月五日　第二刷発行

著　者　アンリ・ベルクソン
訳　者　合田正人（ごうだ・まさと）
　　　　小野浩太郎（おの・こうたろう）
発行者　喜入冬子
発行所　株式会社　筑摩書房
東京都台東区蔵前二―五―三　〒一一一―八七五五
電話番号　〇三―五六八七―二六〇一（代表）
装幀者　安野光雅
印刷所　星野精版印刷株式会社
製本所　株式会社積信堂

ISBN978-4-480-09615-9 C0110